公正から問う近代日本史

佐藤健太郎
［編著］荻山正浩
山口道弘

青木　健
若月剛史
佐々木雄一
池田真歩
中西啓太
藤野裕子
尾原宏之
冨江直子

吉田書店

公正から問う近代日本史

目次

第Ⅱ部　政治と外交

第Ⅲ部　地域と民衆

第Ⅳ部　思想と学説

各章での史料の引用においては、中略箇所は「……」で表記した。また、〔　〕は引用者による補注である。さらに読者の便宜を考えて、適宜句読点を付し、片仮名を平仮名に直し、旧字体を新字体に改めるなどの修正を加えたところがある。

序

一　公正をめぐる研究概況

不平等は現実的な問題である。そして、一般的には、この不平等の現実から出発して平等の理念が想定されるが、その理念は、平等の現実を見た上で構成されたものではない。それ故に、「現実の不平等のネガとしての平等が概念として簡明で経験的なものとしてイメージ」され易く、我々の日常生活では、平等といえば単純に形式的な平等や、機会の平等ばかりが想起され、用いられがちである。そのような簡明に過ぎる平等理念にのみ依拠した場合、「現実的な不平等を是正するために取られる現実の平等化政策は、著しく不格好」なものとならざるを得ない。そのような結果を避ける為には、何を、どこまで平等化するか、についての判断に当たっては、我々の平等概念の多元化、形式的「平等を超えた共同的な関係性の理念」の構築を、第一に行わなければならない。「包摂」や「公正」の名を冠する近時の議論は、そのような多元的で、共同的関係性を含み込んだ理念の構築を志向している（盛山 二〇一一：二七四～二七七）。本論集の刊行意図も、そこに存する。

公正（fairness）の概念については、社会心理学による公正研究に於いて議論が蓄積されてきた。

表　公正基準と社会理念（正義）

公正基準	社会理念（正義）	公正分配の資格条件
衡平	個人権利	個人の能力、努力、業績
平等	社会的調和	集団成員性
必要性	福祉・教育	発達段階、困窮、障害
出身階層	階層秩序	家柄、出自
貢献度	国家の繁栄	忠誠、役割遂行
信仰心	宗教的理念	信仰、帰依

出典：川嶋・大渕（2013：301）。

そこでは、まず、公正を「個人をその資格条件に相応しいやり方で処遇する事」（大渕 二〇〇八：二二三）、と定義する（但し、本論集では、個人だけでなく、人間集団を一つの単位として扱っている）。この処遇の基準、すなわち公正基準は、一つの社会に、同時に複数存在し得る。例えば、現代社会では、衡平（equity ヨリ多くの業績を挙げた者に多くの利益を与える）、平等（equarity ある集団の成員を文字どおり均しく処遇する）、並びに、必要性（need 困窮の度合の高い者に優先的に利益を配分する）が主たる公正基準として存在する。これらの異なる公正基準のうち、どれを選択するかは、その社会集団の目指す目標・社会理念（普遍的正義）による（表）。

注意すべき事は、特定個人の処遇に対する公正判断（ミクロ公正感）と社会全体の状態に対する公正判断（マクロ公正感）を区別せねばならない、という事である。「人々は個人的な公正判断に於いては社会に於ける自己の利益状態に注目するが、社会全体に対する公正判断に於いては自己利益への関心は弱く、たとえば効果的な格差是正政策が実施されているか否かなど、社会が全体として適切に運営されているかどうかに関心を持つ」。実際、二〇〇九年に実施された社会調査に基づく検証の結果、「社会階層の効果はミクロ水準の公正判断に於いては認められるものの、マクロ水準の公正判断に於いては弱いか、もしくは間接的なものであり、これまで全般的不公平感や領域的不公平感と社会経済的地位の間に一貫した関連が認められなかった〔海野道郎・斉藤友里子 一九九〇、織田輝哉・阿部晃士 二〇〇〇〕のは、それらがマクロ水準の公正感を問うていたからである」〔川嶋・大渕 二〇一三：三〇六〕。例えば、二〇一五年ＳＳＭ調査〔社会階層と社会移動調査〕に基づく分析でも、世帯所得に拘らず、「非正規雇用の増加と格差社会イメージの定着という社会変動は人々の不公平感の水準を〔一〇年間で〕高めた」事が明らかにされている〔金澤 二〇一八：六〇〕。

我が国に於いては、前世紀末に、効率や豊かさよりも公正を重んずるように国民意識が変わった事が知られる〔中央大学社会科学研究所 一九九六〕。かかる変化は、橘木俊詔『日本の経済格差』〔岩波書店、一九九八〕及び佐藤俊樹『不平等社会日本』〔二〇〇〇〕などによって喚起された社会的不平等への広汎な関心と共に、《客観的な経済的効率性に対する主観的な公正感情》という対抗図式に拠って立つ種々の格差社会論が、二〇〇五年以降に流行する素地と成った〔神林 二〇一五〕。

もっとも、それ以前から大規模社会調査に基づく階層研究を長く蓄積してきた社会学者は、つとに不平等の拡大に気が付いていた。「不平等は一九八〇年代からゆるやかに拡大していた。人びとが遅ればせながらその事に気づいてパニックに陥ったというのが、二〇〇〇年代の不平等認識の特徴だろう。そうしたなかで生まれた言葉の一つが『格差社会』である」〔神林 二〇一五：四二〕に過ぎない。それ故、ジャーナリズムならざる人文社会科学に属する学問が格差問題を扱うに当たっては、調査計量によって裏づけられない政策論議を避ける必要がある。特に、公正世界信念（just world belief 世界は公正に出来ており、世の中の人はその人に相応しい結果を現に与えられている、という信念）などの心理機構が、格差是正への心理的障壁となりがちである事に鑑みれば、「現システムの犠牲者とも言うべき低階層者……を不用意に犠牲者とみなすようなやりかたを取るなら、反発を招」きかねない（大渕 二〇一三：三三二）。

二　公正研究と歴史学

正にこの点で、我々の歴史学は公正研究に寄与することが出来る。

なるほど、歴史学の扱う史料は代表性のあるデータではない場合が多く、また、調査計量による検証も出来ない以上、歴史叙述は過去の事実を「理路」を以て語ることは出来ても、それを因果法則とは呼び得ない（津田［一九二九］二〇〇六）。従って、歴史学は「叙述」学ではあっても「説述」学ではなく（田口［一八九五］一九二八）、歴史学の提供する法則なるものは、遂にヘンペルいわゆる「法則スケッチ」に止まる。要するに、歴史叙述は、直ちに政策的に実現されるべき目標を提言し得ない。「歴史から手本を引きだして自分の生き方を律する人たちは、われらが騎士物語に出てくる遍歴騎士のような奇行におちいり、身の程知らずの計画をもくろみかねない」（デカルト 一九九七：一四）。

しかし、現在とは一旦因果的に切りはなされた限りでの過去を扱う過去研究であるが故に、歴史学は、現在研究に較べて、ミクロ水準の公正判断からヨリ遠く離れたマクロ水準の公正について語る事例（素材）を、公共理念を構築する為の現在の議論空間に提供する事が出来る。距離が議論の過熱を防ぐのである。また、その他の質的研究と同様に、歴史学は現象の背後の探究には長けているから、ある時代の多元的な公正基準の相互関係や、ある時代の公正基準と社会理念（正義）との繋がりの提示を通じて、実証系の社会科学研究の理論構築に裨益し得る事は言うまでもなかろう。

もっとも、歴史学に於いて、公正に関する研究は枚挙に遑ないが、公正を主題とする研究は必ずしも多くはない。また、精緻な研究の逐年的な増加は、対象を近代日本に限定したとしてもなお、歴史執筆者が、自らの主題とは少しく離れた、しかし実は関連する所の大きい研究に目配りする時間と労力とを益々奪いつつある。かかる現状に鑑み、我々は、近年の当該分野に於ける研究の動向をある程度は総括し、延いては、歴史学に於ける公正研究の継続的蓄積の土台たらん事をも目的として、ここに公正を主題に掲げる本論集を編纂し、公刊するに至った。

本論集は、以下の四部から成る。

第Ⅰ部　経済と制度　第一部所収の論文は、経済史に属する。いかに「個人をその資格条件に相応しいやり方で処遇する」か、という公正（な分配）の概念は、いかに有限の資源を効率よく配分するか、という効率性の概念とは、得てして二律背反の関係にある。この両者のバランスをいかに取るか、は、（公共）経済学の主題であるが（小塩 二〇一二）、第Ⅰ部所収の二論文は、そのバランスを上手く取り得た近代日本の事例として、人的資源の寡少にも拘らず粗放化を免れ得た国有林野経営（第1章）、及び、水力発電と農業との取水の競合を乗越えて自然資源の効率的利用を結果した、河川中流域に於ける電源開発（第2章）を紹介し、その成功の制度的条件として、地域社会の利用実態の承認を通じて国有林野経営に対する地域住民の積極的参与をもたらした施業制限地制度（第1章）、行政が構築した電力会社と流域自治体との事前協議制度（第2章）の存在を指摘している。

第Ⅱ部　政治と外交　公正そのものを効率性と大きく対比させて論ずる第Ⅰ部とは異なり、第Ⅱ

部以下の論文は、近代日本に於ける公正を、いわば内から、すなわち幾つかの領域（社会集団）に於ける複数の公正基準の相剋と、その相剋の背景を構成する社会理念（正義）の相違とを扱う。ここでは、まず第3章が、事務官と技術官との間に生じた組織内葛藤についての執筆者自らの研究を踏まえて、技術官内部に於いても、その学歴の多様性に由来する葛藤が生じていた事を、内務省の土木系官僚に取材して指摘し、その戦前最末期の帰結と、更に占領期に於ける変化とについて論ずる。

組織内マイノリティ内部での格差の拡大とそれに伴う公正基準の発散とに着目した第3章に対し、第4、第5章は、統治組織総体での公正基準の変遷に焦点を当て、第一次大戦がもたらした、国家主義と国際主義という、政治・外交をめぐる二つの社会理念（正義）の相剋、及びそれが惹起した公正基準の変遷とについて、外交担当者の対外認識枠組の変化（第4章）、佐々木惣一に於ける公民教育に対する姿勢の変化（第5章）を題材に論じている。

第Ⅲ部　地域と民衆　　全体国家規模の政治・外交に着目した第Ⅱ部に対し、第Ⅲ部は、地方ないし社会の周縁部を扱う。第6章は、一九〇〇（明治三三）年の天然痘流行を契機として、東京の医師集団が、「医は仁術」なる標語によって集団外部から強制された貧民施療を拒むに至った事、すなわち、医師集団が公正基準を必要性から衡平に変えた事と、その結果生じた、医師集団の都市社会からの遊離とを説く。

第7章は、市場の影響を受け難い受刑者の安価な労働力を利用した監獄の煉瓦製造と、日清戦後の経済成長による賃金上昇の影響を蒙った民間煉瓦製造業者とが競合したが、受刑者の製造した煉瓦を、新設の組合が販売し、その販売利益を出資者（民間業者）に分配するスキームの成立によって、官民双方の利益が調整された事実を明らかにした。

第8章は、近年の聞取り調査によって実態が解明されつつある、一九三二（昭和七）年の矢作事件について、裁判記録をも用いた史料批判による事件の再構成を通じて、日本人と朝鮮人と、あるいは、男性と女性との間の、叙述の厚薄を明らかにした。

第Ⅳ部　思想と学説　第Ⅳ部は、社会理念（正義）と公正基準との関係や複数の公正基準の関係について、整合的な言説を自覚的に構築する事を生業とする学者、思想家を取上げる。もっとも、学者、思想家による言説が常に一貫していたわけではなく、同一の問題に対して複数の公正基準を混在させてしまう場合もあった。第9章は、一八八三（明治一六）年徴兵令改正に対して福澤諭吉は、学校（慶應義塾）経営者として、言論人として、二つの立場から応対したが、それぞれの立場で必要とされた公正基準には齟齬があり、その結果として『全国徴兵論』とそれ以降の論説とでは議論が一貫していない事、その後、学校経営者としての主張が実現し得なくなった為、福澤の徴兵論は、言論人としての公正基準にしたがって一貫した事を述べる。

第10章は、公正基準のうち、特に平等や必要性と関わりの深い社会的弱者の救済を指向しながら、全く異なる救済手段を構想した、二人の法学者（穂積八束、岡村司）を取上げ、彼等が、弱者救済手段どころか、根本的な社会理念（正義）から完全に相容れなかった事を示す。すなわち、穂積が、ある種の性悪説を奉ずるが故に社会の自律的存立に悲観的であり、社会的強者の弱者に対する専横を抑止するには、国家への権力集中と社会的君主の介入に頼らざるを得ない、と主張するのに対し、理性による自然法の認識可能性を信ずる岡村は、社会の自律的存立に楽観的であり、いずれ完全に実現されるべき社会の連帯と調和とによって社会的弱者は救済されると主張したのである。

この穂積と岡村とは、手段こそ違え福祉や社会的調和といった共通の社会理念（正義）を抱いていたが、第11章が扱う中田薫は、同じく法学者と雖も、個人や自由を根本正義とし、衡平の観点を重んじていた。福祉や社会的調和を無視していたわけではなく、それらの社会的調整を望んでいたが、岡村とは異なって人間の理性にさしたる希望を抱いていなかった（その点では穂積に近い）中田は、未来の社会には希望を抱き得ず、廃れ行く伝統的共同体（家、村）に一縷の望みを託していた。

本論集の成立に当たっては、千葉大学リーディング研究育成プログラム「未来型公正社会研究」（代表：水島治郎、二〇一五〜）歴史動態班に属する、佐藤健太郎が学外研究者招聘と定例研究会開催にかかる事務とを担い、荻山正浩が学外研究者招聘に協力し、山口道弘が、会計及び論集刊行にかかる事務を分掌し、更に学外研究者のひとり池田真歩が論集刊行事務に協力した。また、編集の責は吉田真也（吉田書店）が、これを担った。また、序文は、山口が執筆し、佐藤・荻山が校閲した。

【山口道弘】

参考文献

海野道郎・斉藤友里子　一九九〇　「公平感と満足感――社会評価の構造と社会的地位」原純輔編『階層意識の動態（現代日本の階層構造　二）』東京大学出版会

大渕憲一　二〇〇八「不平等と公正」原純輔・佐藤嘉倫・大渕憲一編『社会階層と不平等』放送大学教育振興会
大渕憲一　二〇一三「よりよい社会を求めて」佐藤嘉倫・木村敏明編『不平等生成メカニズムの解明――格差・階層・公正』ミネルヴァ書房
小塩隆士　二〇一二『効率と公平を問う』日本評論社
織田輝哉・阿部晃士　二〇〇〇「不公平感はどのように生じるのか――生成メカニズムの解明」海野道郎編『公平感と政治意識（日本の階層システム　二）』東京大学出版会
金澤悠介　二〇一八「不公平感の構造変容――二〇〇五年と二〇一五年の時点間比較」石田淳編『意識Ｉ（二〇一五年ＳＳＭ調査報告書八）』二〇一五年ＳＳＭ調査研究会
川嶋伸佳・大渕憲一　二〇一三「不平等と公正観」佐藤嘉倫・木村敏明編『不平等生成メカニズムの解明――格差・階層・公正』ミネルヴァ書房
神林博史　二〇一五「階層帰属意識からみた戦後日本――総中流社会から格差社会へ」数土直紀編『社会意識からみた日本――階層意識の新次元』有斐閣
盛山和夫　二〇一一「平等の理念とメカニズム――実証を超えた階層研究に向けて」盛山和夫・片瀬一男・神林博史・三輪哲編『日本の社会階層とそのメカニズム――不平等を問い直す』白桃書房
田口卯吉　［一八九五］一九二八「歴史は科學に非ず――史學會に於て」『鼎軒田口卯吉全集　第一巻』吉川弘文館
中央大学社会科学研究所　一九九六「日本人の公正観」『中央大学社会科学研究所研究報告』第一七号
津田左右吉　［一九二九］二〇〇六「歴史の矛盾性」今井修編『津田左右吉歴史論集』岩波書店（岩波文庫）
デカルト（谷川多佳子訳）一九九七『方法序説』岩波書店（岩波文庫）

第Ⅰ部　経済と制度

第1章　近代日本の国有林野経営の展開と私権的利用の意義
――秋田営林局管内の町村を事例にして――

青木　健

はじめに

本章は、近代日本の国有林野経営において、地域住民が展開したその多様な林野利用の意義を考察することを課題とする。分析対象時期は、国有林野制度の大枠を定める国有林野法が成立した一八九九（明治三二）年から、アジア・太平洋戦争直前の一九三六（昭和一一）年までとする。

近代日本の森林行政史について検討した西尾隆は、「制度化」をキーワードとして、内外の環境に応じて適応反応を積み重ねながら樹立された近代日本の森林行政の展開の特質を明らかにした。同氏の研究は、林野利用に関する実態把握のため必要な情報生産や、組織・人員の体制整備の歴史的蓄積が薄い前提条件の下で、ドイツ林学やその森林管理の制度を参考にして進められた森林行政の樹立・展開の過程について仔細に検討したものである（西尾　一九八八）。

右の西尾の研究は、近代日本の森林行政史の研究の一定の到達点と位置づけることが可能である。

ただしこの研究は、森林行政の「制度化」過程についての検討対象を、あくまで森林行政組織（農商務省ないし農林省山林局とその地方出先機関）それ自体の樹立・展開と、当該組織と他分野の行政組織（内務省等）との関係性という論点のみに限定していた。そのため、森林行政の権威の確立過程の問題、いわば国家による森林管理の必要性をいかに被治者に説得していくのかという行政の正統性の確立の問題についての考察は不十分なものとなった。つまり、森林行政組織のゼロからの立ち上げという近代日本固有の問題をめぐっては、いまだ追究していくべき論点が残されているといえる。

近年、右に述べたように、国家による森林管理の経験的蓄積が薄い近代日本にとって、幕藩体制期において在野で蓄積された林野利用や森林管理法の蓄積、特に旧村（部落）レベルで共有・伝承されてきた持続可能性のある森林管理の営みの意義が評価されている。とりわけ幕藩体制崩壊後、旧秋田藩有林を引き継いで成立した国直轄林（官林）の初期の経営において、一九世紀の藩政末期に山元の村々で蓄積された森林資源の調査法とその計画的利用（施業）のノウハウ、そしてそれを伝承してきた地域住民の存在が重要だったと指摘されている（芳賀・加藤 二〇一二）[1]。

このように、森林行政の樹立・展開の過程で、合理的な国有林野経営（森林施業の計算可能性などを追求する立場から、特に針葉樹中心の人工林経営が企図される）を展開していく上でも、国有林野の所在する地域社会の役割は無視できない。特に地域社会では、生業に付随した社会関係を創り出し、それを持続させていくための林地利用の論理が、国有林の経営当局の観点からのものとは別に存在する（丹羽（一九八九）。明治期の福島県における地域社会の事例については青木（二〇一九）を参照）。森林行政のゼロからの立ち上げに際して、特に在野で蓄積されてきた森林施業のノウハウや経験に依存していた日本の国有林野経営では、当局が地域社会の林野利用を一方的に規制する側面だけでなく、むしろ地域社会側の論理から一定の影響をうける側面も否定できない（脇野二〇一〇）。したがって、公式的な意味での行政組織の論理やその下での森林経営の自律化路線から、現実の国有林野経営の展開が部分的に脱線してゆく過程を、その意味を含めて分析し、近代日本の国有林野経営の展開の特質についてより踏み込んだ検討を加えることが必要となる。その観点から、本章では、国有林野における施業制限制度の意義について考察する。

第一節　近代日本の国有林野経営に関する組織面の特質

既述したように、近代日本の国有林野経営は、幕藩体制期に地域社会で蓄積された森林管理の一定のノウハウや地域住民の経験則を基盤に、ドイツの林学や森林行政の学問的知識を導入しつつ展開されてきた(2)。実態面からすると、ドイツ森林行政に関わる参考知識は、日本の国有林野経営の樹立・展開にとって、いわば「接ぎ木」のような役割を果たしたという言い方がより適切である。

ただし日本の国有林野の経営展開において、そのドイツの影響は、あくまで「接ぎ木」の役割に限定される中で、ドイツ流の制度化の途という公式路線からの逸脱が各所に見出された。中でも注目するべきは、国有林野の管理経営組織の具体的なあり方である。

近代日本の国有林野の経営組織の整備は、一八八六年の大・小林区署官制の公布からはじまった。小林区署は、林業経営の現場で直接的に施業の実行を担う一方、大林区署はその小林区署の業務の指導監督を担う上位機関であった。この大・小林区署官制は、一九二四（大正一三）年公布の営林局署官制に引き継がれた（秋山　一九六〇、太田　一九七六）。

日本が参考にしたドイツでも、この営林局署官制に相当する組織が運用されていたが、現場レベルの営林署の管轄面積（プロイセンの例）は、両大戦間期の時点で平均約四〇〇〇ヘクタールとなっていた。一九世紀からの長い時間軸の中で、この管轄面積は当初の最大約五万ヘクタール（一二万五〇〇〇エーカー）から順次縮小してきたものである。しかも、この管轄面積の細分化の傾向にもかかわらず、営林署長の権限や裁量権は、森林犯罪人の検挙や訴追を含めて、その強化や拡大が進んできたといわれており（Fernow 1907 : 113 – 115）、プロイセンの国有林野施業の集約性は明瞭である。この充実した経営管理機構を前提にして、ドイツでは、国家が直接的かつ自律的な森林管理行政を展開してきた。他方近代日本では、一九一八年の内地の営林署の平均管轄区域が二万五〇〇〇ヘクタールとなっており、プロイセンの約六倍強の広さであった。この営林署の管轄面積の比較に照らしてみても、その経営組織の「疎放性」は明らかであった（秋山　一九六〇：一二三〇～一二三二）。

この管理組織のあり方からみた当時の国有林野経営の「疎放性」は何に由来するのか。山林技官として一九一五年から農林省に奉職し、一九四七年に林業試験所長の職を最後に退官した太田勇治郎は、昭和初期の時点で、管理組織の運営費用の不十分さにその「疎放性」の原因を求める立場から次のような説明をしている。

国有林経営の為には全国有林を事業区に分割す。事業区は独立経営の単位にして、各1個の施業案を有し、独立の計算を以て経営せらるべきものにして、現在に於ては327個の事業区を設定す。然れども現下之等事業区の内には利用充分ならず、2個以上の事業区を合わせて1営林署を置くもの尠からず。即ち事業区は森林資源の齢級配置其他将来独立するに至りたる場合の準備を要する関係上、予め分割し置くの要ある為右の如き現象を示す次第なるも、将来各森林の利用充分に発揚せられたる暁に於ては、各事業区は夫々1営林署たるべき性質を有するものなり（太田 一九七六：四一九）

右のように、近代日本の営林署の管轄面積の広大さは、本来独立の営林署を構成するべき事業区を一営林署が複数抱えていることに由来している。しかも、一八八六年公布の林区署官制の運用開始以来、約半世紀の時間が経過した昭和初年においても、「経済事業低く管理費を節約する」（太田 一九七六：四一九）という理由で、依然としてこの現状が続いている点に太田は着目している。

右の国有林野の管理組織のあり方は、林区署官制が開始された一八八〇年代から性格的に一貫したもので、むしろ近代日本の国有林野経営の組織構造上の特質を具現化したものと思われる。尚、昭和初期の営林署と各署内の事業区との関係をめぐって、太田は内地の国有林野経営の地域差が読みとれる統計も提示している。その統計の一部を示したのが次の表1である。

表1は、各営林署が事業区数をどの程度抱えているかについて、その内訳を営林局別に集計した表である。本表中にある営林局の各エリアは、東日本では「青森」が青森県、岩手・宮城各県の大部分、そして秋田県の一部を管轄し、「秋田」が秋田・山形各県の大部分、岩手県の一部を管轄し、「東京」

表1　管轄事業区数別の営林署数（1934年4月現在）

管轄事業区数別の内訳	青森営林局	秋田営林局	東京営林局	大阪営林局	高知営林局	熊本営林局	合計
1事業区を管轄するもの	24	10	11	18	8	19	90
2事業区を管轄するもの	9	7	21	9	3	14	63
3事業区を管轄するもの	6	2	3			2	13
4事業区を管轄するもの	1	1					2
4事業区の一部宛を管轄するもの		2					2
3事業区の一部宛を管轄するもの							0
2事業区の一部宛を管轄するもの		1	3	1	1	1	7
1事業区の一部宛を管轄するもの	2			2	4	1	9
1事業区と1事業区の一部を管轄するもの		3	6		4	7	20
2事業区と1事業区の一部を管轄するもの		4				1	5
3事業区と1事業区の一部を管轄するもの		2					2
営林署合計	42	32	44	30	20	45	213

出典：太田（1976：420）。原典表の項目記載を若干修正している。

が東京府、福島県、栃木県、茨城県、千葉県、神奈川県、埼玉県、群馬県、宮城・山形各県の一部、新潟県、長野県、山梨県、静岡県を管轄している。西日本をみると、「大阪」が前三営林局所管以外の本州内二府一八県、「高知」が四国内の四県、「熊本」が九州の全県を管轄している。

この表1を詳しくみると、右の太田のコメントにある通り、全国的にも半数以上の営林署が複数の事業区を抱えている点が明瞭である。加えて、地域差の視点からみると、多様な地域を管轄する広域の東京営林局管内を別にすると、特に秋田営林局管内で、各営林署が事業区を数多く抱えている点が明らかになる。具体的な数字をあげると、「秋田」で管内三二営林署中一九署、つまり六割近くの営林署が複数の事業区を抱えている。同様に、他の営林局をみると、「青森」の場合で管内四二署中一六署（三八％）、「大阪」で管内三〇署中九署（三〇％）、「高知」で管内二〇署中七署（三五％）、「熊本」で管内四五署中二四署（五三％）が、それぞれ複数の事業区を抱えていた。

右に述べた通り、営林署管轄面積の広狭の視点からみた国有林野経営の特質として、近代日本の「疎放性」が比較史的にも明らかとなった。その原因については、各営林署が本来独立の営林署となるべき事業区を複数抱え込んでしまっているという組織体制上の「脆弱さ」が挙げられる。本章では、この特質が比較的濃厚な秋田営林局（前身の秋田大林区署時代を含む）の事例について検討していくことになる。

第二節　近代日本の国有林野経営と各種施業制限

公的主体だけが持続可能な森林管理を自律的に担うというドイツ流の森林管理行政の理想像に照らした場合、右で述べた近代日本の国有林野経営の組織体制上の「脆弱さ」や財源的裏付けの薄弱さは、森林管理の成否に直結する。[3]具体的に言えば、限られたマンパワーや財源を何の優先順位もつけずに、広大な国有林野に投じてしまえば、必然的に森林管理への資源投入は広くかつ薄いものとなり、森林管理の質は実態としても疎放的なものになってしまうからである。

ところが、近代日本では、その質の著しい劣化は生じず、当事者の間でも国有林野行政は総体としては成功と観念されてきた。[4] そこで問題なのは、国有林野事業の質の劣化を実際には招かず、成功と当局者が判断を下すことが結果的に可能になった背景要因は何かという点である。本節では、この国有林野経営の疎放化の防止に結果的に貢献した要因を考察するため、国有林野上の各種の施業制限措置についてみていきたい。以後の部分で検討する各種の施業制限により、森林管理への資源投入に際し、その優先順位付けが可能になった。

(1)　国有林野における各種の施業制限措置

国有林野の使用収益について、近代日本ではどのような方針を採用していたのか、前に引用した太田勇治郎の著書の解説を引けば、左の二項目である。

1．国有林ニシテ社寺上地ノ林又ハ保護上必要アルモノ若クハ維新前地元住民ニ於テ使用収益等縁故アルモノハ官民共同ヲ以テ周到ナル保護ヲ為シ森林火災盗伐等林害ノ禍根ヲ絶ツコトヲ期スベシ

1．国有林ニシテ政府ニ於テ直接営林ノ必要アル場所ハ部分林ノ設定又ハ長期ノ貸付ヲ為スコトヲ得ス（太田　一九七六：三六五）

右の解説文にある二つの方針の趣旨は、「維新前の縁故竝国有林野の保護に関する地元民協力の必要

を認め、国有林野の産物を与へて両者依存関係を強化し、又営林上の支障なき場合には土地の使用収益をも許容し、地元住民の生活及産業の助成を図らんとするもの」（太田 一九七六：三六五）である。

周知の通り、明治初年に行われた地租改正では、山林原野の官民所有区分が行われ、山元住民の共同利用（入会利用）の程度が希薄で、「培裁」の労費の投下の事実が証明できない林野は、官有へ編入された（北條 一九九四）。右の太田による解説によれば、この山元住民の入会利用の事実を踏まえて、国有林野の使用収益（私権的利用）の方針が樹立されたことになる。この方針にしたがって施業法が定められ、施業法に各種の制限が設けられることとなった。

林地と除地　施業法は施業案の編成により定められた。施業案の編成にあたって、国有林野当局は全国有林野を大きく二分し、森林の成立を期待する土地を林地、「森林経営以外の利用を主目的とする土地」を除地と区分した。このうち除地の大部分を占めるのが採草地・放牧地であり、この区分や画定作業は、地域住民の入会利用の慣行事実を多分に反映したものとなった。

国有林野における採草・放牧地の区分の経緯をみると、一八八〇年六月官有荒蕪地及原野貸渡規則の制定以来、明治初年は畜産用地は貸下ののち、成功の暁には払下を進めて国有林野からの切り離し（離権）を企図する向きもあった。しかし、その離権の各種手続きは畜産業の盛んな地域ではあまり利用されず、無届での採草・放牧利用が継続していた。その後、採草・放牧地は離権を強いて進めるより、むしろ国有林野上に畜産向け土地利用を残す路線が強まっていった。その帰結として、一八九九年に成立した国有林野法で随意契約による貸付や使用収益を許すことが規定された（松波 一九一九：二四五〜二四八）。

国有林野法で採草・放牧利用を許容する規定が設けられた後も、この規定が積極的に運用されることはすぐにはなかった。特に、一八九七年成立の森林法の趣旨徹底の流れを受けて、まず採草・放牧地の維持の際、荊棘除去などを目的に行われる火入れが厳重取締の対象とされた。加えて、一八九九年から開始された国有林野特別経営事業の一環で未立木地の造林事業が進展して、国有林野上の採草・放牧利用を圧迫しはじめた（大瀧 二〇〇三）。

こうした国有林野の畜産向け利用を結果的に圧迫する動向に激しく抗ったのが、東北各地の有力畜産地であった。中でもその抵抗が目立ったのは岩手県の上閉伊地方であり、この実態は、当局者によって、次のように描写された。

舊藩來同郡下ニ於ケル官山ハ殆ント全部草野ニシテ、人馬ヲ没スルノ良草繁茂セシモ、明治ノ初年畜産熱勃興セル當時濫牧セシカハ忽チ荒廢シテ、野草尺餘ヲ超エサルノ狀態ト化シ、加フルニ火入取締ノ嚴重トナリシ爲メ、荊棘ノ繁茂年ト共ニ甚シク、爲ニ屢々無願火入ヲ爲シ、漸ク草野ノ縮小ヲ防遏シ來レリ。然ルニ特別部造林事業開始以來年々其ノ地區ヲ擴張セラレシカハ、此儘進行セラルルニ於テハ、從來ノ放牧採草地消滅シ、唯一ノ産業タル畜産業ヲ廢止スルノ外ナキニ至ルヘク、從テ地方民ノ生活ヲ驚異スルノ惧アルモノトシテ、國有林ノ造林事業ニ出役スル者ハ、村内ノ交際ヲ絶チ、或ハ之ヲ防害シ、或ハ屢々集會シテ、所轄小林區署ニ事業ノ中止ヲ嘆願シ、聽サレサルヲ知ルヤ、造林地ノ燒拂ヲ計畫スルコト一再ナラス（青森営林局 一九二六：二一五）

有力畜産地である上閉伊郡下の各村は、地元県庁・大林区署に止まらず、中央では農商務省へ陳情を行ったほか、軍馬養成に関心を寄せる陸軍省にも働きかけを行った。そうした運動の流れで、明治末期頃から馬政局が馬産専用地の保持への関心から農商務省山林局との折衝をもつようになった。そして馬政局と山林局との協議が一九一六年に整い、馬産用に限定した採草・放牧地の設定作業が進められた（太田 一九七六：三七二）。

表2は、幕藩体制期以来の畜産向け慣行利用地が結果的にどの程度国有林野上で存置されたかをみ

表2　国有林野における採草（飼料採取）・放牧用地と従来の慣行利用地の比較（1914年、単位：町）

		青森大林区署	秋田大林区署	東京大林区署	大阪大林区署	熊本大林区署	鹿児島大林区署	合計
国有林野上の旧藩来慣行地域	放牧地	39,128	7,442	13,701	2,273	72	14,450	77,067
	飼料採取地	35,133	39,925	40,858		7,379	17,801	141,097
	放牧及飼料採取地		494	19,728		8,713		28,935
国有林野における放牧採草地域	放牧地	54,515	6,453	11,735	126	349	3,190	76,368
	飼料採取地	32,587	16,769	36,406	455	7,431	6,721	100,369
	放牧及飼料採取地		570	10,977				11,547

出典：松波（1919：256～260）。原典表の項目記載を若干修正している。旧幕藩以来の慣行利用地で既に離権処分されたものは除く。

たものである。本表を見る限り、東北地方では、従来の慣行利用地は、国有林野上でもほぼ許容されたことが分かる。後述の分析でみる通り、秋田営林局管内でも国有林野の中で、除地に区分された畜産向け利用地が相当な比重をもつ地域が存在する。

施業制限地　既に述べたように、国有林野のうち、森林の成立が期待できる土地は林地と区分されるが、この林地にも各種の施業制限がかけられた。その制限には公益的なものと私権的利用に伴うものとの二種類の制限がある。

まず公益制限に服する林地は、保安林・史蹟名勝天然記念物保存地・国立公園及風致地区があるが、その最たるものは保安林である。本章の課題は、地域住民による国有林野の私権的利用の実態の検討なので、保安林制度の詳しい検討は割愛するが、これは一八八二年太政官布達第三号で規定された「水源ヲ養ヒ土砂ヲ止メ又ハ風潮ヲ防禦シ頽雪ヲ支柱スルノ類國土保安ニ關係アル箇所」について施業の制限を課す制度である（松波 一九一九：四二）。

つづいて私権的利用に伴う諸施業制限であるが、これらの制限が先に論じた除地の区分と同様に、国有林野施業の優先順位付けに大きく貢献する結果となった。これらの施業制限に服する林地には、主に社寺保管林・委託林・部分林がある。

社寺保管林　明治維新後、幕藩体制期の社寺領は、境内の土地を除いて、すべていったん上地（官有）となった。その境外の上地林について、その後、旧社寺領の時代以来の縁故などを尊重して、政府から元の社寺に委託する手続きが社寺上地官林委託規則（一八八四年制定）として早くからつくられ、結局一八九九年成立の国有林野法に、社寺保管林制度として規定された。この制度は、社寺による保管期間を一期五〇年以内（更新可）とし、その間の同森林の保護・手入義務を当該社寺に課すものであった。その代わり、同制度の下では、当該社寺に保管期間中の副産物全部・主産物（樹木等）の一定割合の採取が許可された。昭和初年のその面積は約二万五〇〇〇ヘクタール（合計一八六カ所）にのぼったが、これも私権的利用にもとづく施業制限の一種となった（太田 一九七六：三三六）。

委託林　幕藩体制期、東北や九州諸藩では、藩有林について、その林地上の柴草落枝などの採取を許可する代わりに、その保護義務を課す制度が布かれていた。明治初年の林野の官民所有区分以後、本制度はいったん否認されたが、国有林の保護管理の必要性と地元住民の慣行が再び重視されるに及んで、一八九一年制定の官有森林原野特別処分規則（勅令第二〇二号）中に、国有林の保護・手入義務と引き換えで、手入れ過程で採取される柴草などの副産物・主産物の一部の譲与（無料採取）を地元住民に許すことを可能にする規定が設けられた。この趣旨の規定が、結果的に国有林野法でも引き継がれ、委託林制度となった（太田 一九七六：三六七）。

ただし、国有林野法やその関連で定められた国有林野委託規則（一八九九年勅令第三六四号）による委託林は、当初あまり積極的に設定されたとはいえない状況であった。地方出先の各大・小林区署は、委託する保護・手入の義務内容と、無料採取を許す産物の範囲との関係を慎重に検討する傾向が根強かった。青森大林区署は、委託義務の内容を保護にとどめ、保護作業の一環で下草など副産物の無料採取を許可する「弱度ノ委託林」を設定し、その担い手としてそれぞれの地域に森林保護組合を組織させた。同大林区署では、この森林保護組合の結成が進み、全組合で管轄面積の三分の二程度（約六七万ヘクタール）をカバーする森林保護組合が組織された。この組合は、当局によって造林作業時の出役人夫の調達母体として活用された。その一方で、地域社会は、薪炭材生産用の立木など国有林野の主産物を特価で買い受ける窓口として、この組合を位置づけた（青森大林区署　一九一九：六五～七〇）。同じような保護組合は、秋田大林区署管内では、森林保護労働組合などの名称で、大正初年からその結成が進められた（秋田大林区署　一九一九および同　一九二一：八四～八五）。

その後委託林は、一九二〇年に発せられた山林局通牒により、積極的な設定方針が示され、特に秋田大林区署・同営林局管内で積極的に設定が進められた。その設定対象については、右の通牒によると、国有林野の多い地域で「従来国有林野ニ林産物ヲ仰グ慣行アリシ地元ノ林野ニシテ地元ト密接ノ関係ヲ有スルモノ」が中心とされた。その委託区域は、地元所在の国有林野の一〇分の一を標準に設定するとされ、自家用薪炭材として、設定区域から薪炭材生産量の半額以内の分の主産物（立木）、そして保護・手入作業で除伐される樹木などの無料採取が許可される方針であった。加えて、この方針に沿って委託林が設定される際、受託部落から差し入れる「規約書」の雛型には、「林区署ニ於テ委託林又ハ其ノ附近ノ国有林野ノ管理経営上必要ナル作業ヲ為スニ方リ林区署ヨリ労力供給ノ要求ヲ受ケタルトキハ受託部落住民ハ総代ノ指命ニ従ヒ相当賃金ヲ以テ之レニ応スルモノトス」と記された（菊間　一九七六：三九一～三九五）。

右の委託林設定の積極化方針の発布は、それまで青森・秋田両大林区署での森林保護組合の組織化・育成の成果の延長線上に位置づくものであった。委託林設定により、地元民に採取を許可する産物として薪炭材などが明示されたことで、該当区域で施業に制限が課され、当局が目指した針葉樹中心の人工林施業は控えられることになった（太田　一九七六：三六八）[5]。その代わり、少ない財源でも一定の造林労働力が調達できる出役人夫の母体（プール）を国有林野当局が確保できることになった（奥地　一九七四～一九七九）。

部分林　幕藩体制期、特に東北・九州地方では、一八世紀前期頃から旧藩当局が藩有林における人工林の育成林業を促す林野制度を採用していった。その一種が部分林制度である。本制度では、成木の暁には現木ないしは現金収入を藩・民で分け合う取り決めの下で、山元の住民が樹木を植栽・育成した（塩谷　一九五九、斎藤　二〇一四）。

明治になって、当局はこの従来の部分林を含む民間植栽木の扱いに腐心することになった。当初は、育成林業の担い手が山元住民しかいなかったことから、一八七八年内務省布達である部分林仕付条例で、当局は右の部分林制度を官有地において実質的に引き継ぐ姿勢を明らかにした。同時並行で行われた林野の官民所有区分の手続きでは、収益分収の取り決めのある民間植栽地について、地盤を官有とし、立木の分収権を民有とする措置がとられた。この路線は、一八九九年成立の国有林野法で部分林制度が規定される結果につながった。

ところが、地域住民による樹木植栽に対する当局の姿勢は次第に厳しいものとなっていく。例えば、青森大林区署管内では、民間植栽木、特に慣行として旧藩政期以来続いてきた官民の収益分収を当て込んで「無願植樹」されたものについて、次のような拒絶反応や厳格な取扱路線が強くなっていった。

青森縣ニ屬スル國有林内ニ少畝歩ノ既設部分林及無願植樹地多數點在セルハ舊藩制中ノ植樹奬勵熱ニ基因シタル遺物ニシテ殊ニ要存置林内ニ存スルモノノ如キハ林野經營上ノ支障不尠ヲ以テ可及的速ニ林地ヲ引上ケムトスルモ造林者ハ部分林ニ於テ皆伐ヲ爲サス少數ノ樹木ヲ殘シテ他ノ伐跡地ニ無願植樹ヲ爲スコト數回ニ亘リ隨テ樹齡參差不同トナリ或ハ主木ノ生立區域ヲ超ヘテ擅ニ植樹地ヲ擴張シ其ノ面積倍蓰スルモノアリ或ハ全ク部分林ニ關係ナキ國有地ニ窃ニ植樹ヲ爲シ數年ノ後ニ至リ貸付ヲ出願シ來ルアリ此等ノ弊害ハ從來鋭意禁遏ニ努メツ、アリシモ容易ニ根絶スルコト能ハサル實況ニシテ既ニ存スルモノモ遽ニ分収又ハ収去セシメ難ク加フルニ民有林僅少ニシテ國有林ノミ地元林野ノ大部ヲ占ムル地方ニ在リテハ多年漸成ノ植樹熱ヲ一時ニ冷却セシメムトセハ徒ラニ人民ノ怨嗟ト反感トヲ招キ國有林野ノ保護上ニ及ホス影響尠カラサルベキヲ憂慮シ明治四十年以來右林野ノ整理ニ付審議ヲ重ネ結局本省へ稟議ノ上既設部分林外ニ改租以後明治四十三年六月迄ニ植樹シタルモノニ限リ既存生要樹木ノ伐期ヲ以テ存續期間終期トナシ以テ特ニ新ナル部分林ノ設定ヲ認容シ同時ニ同年以降植栽ノモノニ對シテハ斷然収去若シクハ棄權ノ手續ヲ採ラシムルコトニ決定シ以テ無願植樹地ノ整理落着ヲ告クル（青森大林区署 一九一九：四六～四七）

右の引用文から分かることは、部分林の植栽は、成木林地について一斉に伐採（皆伐）を行って、その林木の商品化などをはかるものではなく、あくまで選択的伐採（択伐）を施しながら、農民経済の論理にしたがってその収益化を少しずつ行う慣行にもとづいていた点である。それゆえ、その造林者である住民の植栽行為は、植樹地において樹木齢級が不斉一な構成になる結果をもたらし、次第に国有林野当局の部分林に対する拒絶反応を引き起こすことになった。したがって、齢級構成が均一で、林産物収益の規則性・計算可能性が成り立つ林地の造成を目指す当局は、部分林慣行の整理に舵を切ったのである。ただしその後の国有林野における設定部分林の分布は、当局の部分林の整理方針や、地元住民の植樹熱の状態如何に依るのが実態であった。後に述べるように、林区署（営林局署）によっては、当局が管轄林地の大半部分に部分林を設定し、直接的営林を控える地域も生じた。

その他の施業制限　これまで住民の私権的利用に伴う施業制限について述べてきたが、公益制限以外で残る最後の施業制限についてみていきたい。この最後の施業制限は、これまでに言及した私権的利用に伴う諸制限が順次明文規定にされた後、文字通り残部として規定された制限である。その経緯を踏まえ、ここでは国有林野における施業案編成に関わる諸規程の変遷について振り返ってみたい。

まず一八九九年農商務省訓令第四二号で発布された国有林施業案編成規程である。同規程第一条では「國有林ノ施業案ハ本規程ノ定ムル所ニ依リ之ヲ編成スヘシ但保安林施業案ニ關スル規程ハ別ニ之ヲ定ム」とされ、公益上の施業制限項目である「保安林」について冒頭で言及されている。続いて第二二条で「林業上ノ生産地」「除地」が登場した後、第七四条は「參考事項ニ付テハ記録、傳説及現況ニ依リ左ニ掲グル事項ヲ調査スヘシ」と規定し、次々に調査事項の列挙（甲・乙・丙の順）がある。

その中に、乙「森林保護ニ關スルコト」と戊「施業制限ニ關スルコト」の項が記載されている。このうち「森林保護ニ關スルコト」では、「社寺保管林」と「市町村委託林」への言及がある。そして「施業制限ニ關スルコト」では、公益制限事項である「砂防法ニ依ル砂防設備地」「保安林」が掲げられるとともに、私権的利用に関わる制限事項として、「地上権及地役権ノ承役地」「部分林」「入會地」が挙げられている。右の通り、この規程の時点では、施業制限に関わる参考事項としては、「部分林」がいち早く明示されているのみで、その他の私権的利用に関わる制限は、「地上権及地役権ノ承役地」「入會地」、特に「入會地」の事項に包括されていたと思われる（松波 一九一九：七七七〜七九六）。

次に注目すべき規程は、一九一四年農商務省訓令第九号で発布された国有林施業案規程である。この時点では、国有林野の区画事項がかなり整理されてきている。具体的には、同規程第三条で、「本規程ニ於テ除地ト稱スルハ道路、河川、池沼、溝渠、固定防火線、土場、貯木場、不毛地、建物敷地、苗圃、貸付地、賣拂豫約地、採草放牧専用地等國ノ林木育成ノ用ニ供セサル土地ヲ謂フ」とあるように、除地の定義が精緻になっている。続いて第四条では、「本規程ニ於テ施業制限地ト稱スルハ保安林、砂防法第二條ニ依ル指定地、部分林、混牧又ハ混農ノ林業地等法令、契約又ハ慣行ニ依リ施業上制限アル土地ヲ謂フ」、第五条では、「本規程ニ於テ準施業制限地ト稱スルハ施業制限地及除地ヲ除クノ外特設試験林、参考林及國土保安其ノ他公益ノ爲施業ノ制限ヲ要スル土地ヲ謂フ」との規程になっている（松波 一九一九：八三二）。

一九一四年の右の規程で、国有林野施業にかかる施業制限の諸項目がほぼ出揃ったことになる。公益面の制限は、同規程第四・第五条（「施業制限地」・「準施業制限地」）に分かれて規定されているが、私権的利用に関わる制限（一八九九年の規程における「入會地」等）は、第三条の「除地」と第四条の「施業制限地」の定義文にその細目が列挙された。具体的には採草・放牧地は「除地」、部分林は「施業制限地」の文に明示されている。ここで問題となるのが、「混牧又ハ混農ノ林業地等法令、契約又ハ慣行ニ依リ施業上制限アル土地」の文書であるが、この中の「契約」による制限地に社寺保管林・委託林などが含まれていると解された。そして、「慣行」による制限地に林間放牧・採草地などが含まれていると解釈されていた（太田 一九七六：三九二）。つまり、最後に残された施業制限は、「慣行」による施業制限であり、具体的には林地内での採草・放牧に伴うものがこれに相当する。

(2)　国有林野での各施業制限地の分布状況

右に述べたように、国有林野施業では、さまざまな施業制限が課され、その種類に応じて、当局が目指す針葉樹中心の合理的な人工林施業がどの程度貫徹できるかが決まっていた。言い換えれば、施業制限地をうまく区画することで、当局が少ない行政資源を集中投下するエリアが自ずと決定されることになる。ここでは、この各種の施業制限地の分布状況を府県別に概観した後、次なる秋田大林区署（営林局）の管轄地域の分析に移りたい。

表3は、国有林野における各種の施業制限地の面積とその割合を府県別にまとめたものである。本表にしたがって、私権的利用に関わる施業制限地の府県毎の割合について、内地国有林野の概観をしていきたい（社寺保管林の分布については検討を割愛する）。まず除地（採草・放牧地）についてだが、本表では「其他」の欄中にまとめられている。この欄中の「採草地」「放牧地」とその合計の割合で

（1935 年 3 月、単位：町）

其他				国有林野総面積（1936年）	国有林野総面積に対する割合（%）				
貸付地	採草地	放牧地	小計		部分林（A）	委託林（B）	「法令契約又ハ慣行」によるその他の施業制限地（C）	採草・放牧地（D）	(A)+(B)+（C）+(D)
2,333	1,318	13,834	17,484	381,678	1%	4%	2%	4%	11%
1,684	18,731	59,273	79,687	295,311	0%	0%	0%	26%	27%
337	313	377	1,027	126,090	2%	0%	0%	1%	2%
786	6,545	7,096	14,428	388,559	0%	2%	1%	4%	7%
2,559	9,995	1,853	14,407	346,843	0%	4%	1%	3%	9%
1,897	22,575	12,096	36,568	424,022	0%	1%	1%	8%	10%
826	2,127	2,132	5,084	49,097	7%	0%	0%	9%	15%
1,232	2,717	1,646	5,594	117,778	1%	0%	0%	4%	4%
673	8,999	2,667	12,339	173,122	1%	0%	0%	7%	9%
5			5	16,202	1%	1%	0%	0%	2%
49	341		390	6,826	21%	0%	0%	5%	26%
233		122	355	2,962	0%	0%	0%	4%	4%
–	–	–	–	–	–	–	–	–	–
145	178		323	248,515	0%	0%	0%	0%	1%
41			41	48,227	0%	0%	0%	0%	0%
7			7	13,155	0%	0%	0%	0%	0%
12			12	4,613	0%	8%	0%	0%	8%
			0	2	0%	0%	0%	0%	0%
790	227	896	1,913	163,401	2%	1%	7%	1%	11%
64	17		81	77,055	0%	0%	14%	0%	14%
–	–	–	–	–	–	–	–	–	–
–	–	–	–	–	–	–	–	–	–
4			4	9,144	0%	0%	0%	0%	0%
2			2	6,732	0%	7%	0%	0%	7%
8			8	3,150	0%	0%	0%	0%	0%
2			2	864	0%	0%	0%	0%	0%
53			53	24,455	0%	1%	0%	0%	1%
9			9	2,755	0%	2%	0%	0%	2%
119			119	10,508	0%	1%	0%	0%	1%
160			160	22,498	0%	0%	0%	0%	0%
20	34		54	16,288	0%	0%	0%	0%	0%
14	21		34	27,380	0%	0%	0%	0%	0%
24	8		32	37,909	0%	0%	0%	0%	0%
1	3		4	4,524	0%	0%	0%	0%	0%
1			1	1,840	0%	0%	0%	0%	0%
61	205		265	8,032	15%	3%	0%	3%	21%
6,646	103		6,749	34,262	1%	0%	2%	0%	3%
167	129	117	413	121,923	0%	0%	0%	0%	0%
118	25		142	26,654	0%	0%	0%	0%	0%
148	151		298	17,852	0%	0%	0%	1%	1%
145	86	1,646	1,876	23,584	0%	0%	3%	7%	11%
300	276		575	65,847	1%	0%	0%	0%	2%
36	12		48	44,334	0%	0%	0%	0%	0%
1,996	5,797	741	8,534	154,358	12%	1%	3%	4%	20%
1,016	3,894	577	5,487	164,633	4%	4%	1%	3%	12%

四捨五入の関係で(A)+(B)+(C)+(D)の各列合計（右端列）と完全一致しない場合もある。

表 3　国有林野における各施業制限地

	施業制限地							準施業制限地			
	保安林	「砂防法第二條ニ依ル指定地」	部分林	委託林	保管林	「法令契約又ハ慣行」によるその他の施業制限地	小計	特設試験林	参考林保護林	「国土保安其他公益ノ爲メ施業ノ制限ヲ要スル土地」	小計
青森	11,591		3,773	15,442	135	8,066	39,008	153	12,365	28,514	41,032
岩手	12,260		216	1,438	825	196	14,935	30	5,952	21,457	27,440
宮城	10,788	8	1,975	269	367		13,406	7	702	8,393	9,102
秋田	44,798		226	8,337	430	3,442	57,234	82	1,434	27,860	29,377
山形	97,971	15	912	14,072	272	4,462	117,704	30	29	14,562	14,621
福島	36,308	900	1,160	2,796		4,363	45,527	25	785	68,904	69,715
茨城	1,197		3,194	35	512	0	4,939	148	1	788	937
栃木	17,540		712		693	1	18,945			10,911	10,911
群馬	10,327		1,862	600	406	634	13,829	150	485	34,394	35,030
埼玉	28		162	184	63		436			2,769	2,769
千葉	287		1,448	6	13		1,754	40	3	156	199
東京	14				9		23	41	93	703	838
神奈川	–	–	–	–	–	–	–	–	–	–	–
新潟	105,795		26	454	58	983	107,316		25	19,129	19,154
富山	74,525	5,745					80,270				
石川	13,953						13,953		3,526	2	3,529
福井	1,120			346			1,466				
山梨							0				
長野	39,729	7,443	2,660	1,763		11,718	63,312	137	6,771	15,695	22,603
岐阜	4,155	124				10,469	14,748		14,305	686	14,991
静岡	–	–	–	–	–	–	–	–	–	–	–
愛知	–	–	–	–	–	–	–	–	–	–	–
三重	1,308	2,555					3,863				0
滋賀	3,780	119		446	639		4,984				0
京都	960	6			1,066	0	2,033				0
大阪	23				765		788				0
兵庫	2,806		3	166	2,585	2	5,561		4	147	151
奈良	436	18		54	531		1,039		65		65
和歌山	139		4	129	2,977		3,248				0
鳥取	2,853		12		109	8	2,982				0
島根	43				126		169		10	26	37
岡山	2,846				364		3,210	17			17
広島	5,398				770		6,169		28	28	56
山口	225						225		15		15
徳島							0				0
香川	987		1,230	236			2,453	11		124	135
愛媛	1,705		232			656	2,593	1	22	235	258
高知	7,345			61			7,405	12	414	1,890	2,316
福岡	6,664		38		18	12	6,733		181	288	469
佐賀	1,866		47		94	6	2,013			170	170
長崎	5,111		108			788	6,007		2	637	639
熊本	2,347		726	94			3,167	140	382	1,718	2,240
大分	992		51		101		1,144	4	771	4,121	4,896
宮崎	2,576		18,615	1,098	1,078	3,876	27,243	6	3,257	11,056	14,319
鹿児島	4,079		5,777	7,198	81	1,719	18,854		4,421	16,572	20,993

出典：農林省山林局（1935）、林野庁（1971）。「国有林野総面積に対する割合（%）」の（A）～（D）の合計は、

ある「採草・放牧地」の数字をみると、やはり畜産利用地の確保に熱心な運動をしていた岩手県をはじめとする東北地方の県の数字が非常に大きいことが分かる。また林内放牧地に相当する面積は、「法令契約又ハ慣行」によるその他の施業制限地」の欄の数字に含まれており、これをみると岐阜・長野などが上位にくる。

また委託林についてみると、その設定のあり方が早くから積極的に模索されてきた東北各県の面積がやはり圧倒的に大きい。ただし割合でみると、福井・滋賀の両県が上位にくる[6]。だが委託林制度の中心がやはり東北各県にある点は揺るがない。

そして部分林については、既に述べた通り、無届や無願のかたちで進んだ住民植林は、特に東北地方の場合、択伐作業により、樹齢が不齐一な造林地を形成する傾向にあった。樹齢が不均一な造林地を不合理と断ずる当局は、その整理を強化した。その結果、東北地方の部分林は、次第に縮小傾向をたどり、一九三五年ではその割合も小さな県が多くなっている。他方、本章の分析対象時期である二〇世紀前半では、特に九州各県で部分林の面積が非常に大きくなってきている。その面積・割合ともに非常に大きい県として、宮崎県が挙げられる。同県では、特に弁甲材と呼ばれる造船用材の販路や市場が分厚く形成され、その木材市場に向けた用材林業が活発に展開された。その用材林業の展開過程で、国有林野においても、民間造林者による植林が進展し、当局もその植林地を部分林として積極的に設定するに至った（齋藤 一九五四、塩谷・鷲尾 一九六五、濱田 二〇一〇）。

右のように、近代日本の国有林野では、地域事情に応じて、林区署ないし営林局署単位で、最適な施業制限の組み合わせが常に模索されてきた。各種施業制限地では、当局が目指す計算可能性のある合理的森林施業に制約がかけられる結果となった。その場合、施業制限の態様に応じて、針葉樹人工林の造成作業を控えるという対応がとられた。ただし、その帰結は、行政資源に特に限りのある近代日本の国有林野経営にとって、必ずしもマイナスの結果を招くものではない。むしろ施業制限の措置は、施業制限地以外の林地の経営に資源投入を集中させ、その林地の集約的経営を実現することに貢献した。

第三節　秋田大林区署（営林局）管内の国有林野の事例分析

(1)　秋田大林区署管内の概観

本章残り後半では、これまでの分析内容について、より地域事情に応じた検討を進めるために、秋田大林区署・営林局管内の分析に移りたい。図1の通り、秋田大林区署（営林局）は秋田・山形県域を主にカバーする。

秋田県内の小林区署は、一九二〇年時点の状況を示した図1によると、花輪、毛馬内、扇田、大館、早口、七日市、阿仁合、上小阿仁、荷上場、能代、秋田、大曲、角館、生保内、湯澤、本荘の各署である。そして、山形県内の小林区署は、酒田、鶴岡、新庄、舟形、楯岡、寒河江、山形の各署である。

秋田大林区署（営林局）における森林資源の状況について、地理的な概観に関しては、次の説明が比較的理解しやすい。

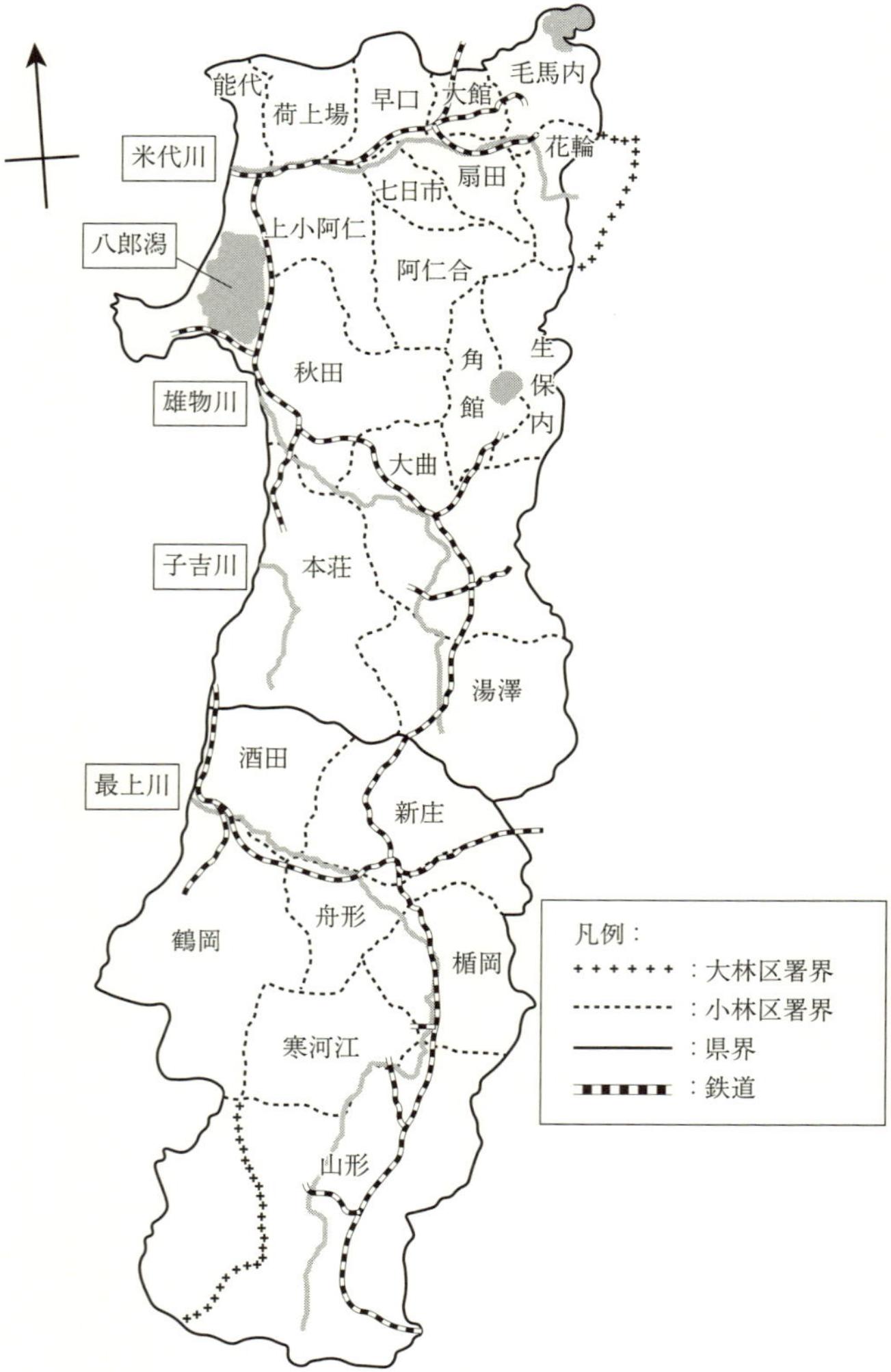

図１　秋田大林区署管内の各小林区署の概観
出典：秋田大林区署（1920）添付地図より作成。

當局管轄ノ國有林ハ大體南部（山形縣秋田縣ノ南部トヲ含ム）中部、北部ノ三大流域ニ大別スルコトヲ得ベシ。即チ南部ハ最上川及子吉川流域、中部ハ雄物川流域、北部ハ米代川流域ニ屬シ、各流域ニヨリ林況自ラ差異アリ。南部最上川及ビ子吉川ノ流域ニ於テハ濶葉樹林ニシテ針葉樹ハ所々ニ僅カニ點在スルヲ見ルヲ得ベク、雄物川ノ流域ニ入リ針葉樹ノ混淆ノ度ヲ増加シ尚北ニ進ミテ漸次針葉樹ノ數ヲ増シ更ニ米代川流域ニ至レバ頓ニ激増シテ純林ヲ形成ス。（秋田営林局 一九三四：一二三）

図1と関連させて、右の説明を補足すると、秋田大林区署の管内南部については、山形県内の各小林区署及び秋田県内の本荘小林区署（子吉川流域）エリアで、広葉樹林が多く分布していた。また雄物川流域である秋田県内の湯澤・大曲・角館・秋田小林区署エリアでは、広葉樹に針葉樹が混ざる混交林が分布し、管内最北の米代川流域である花輪・毛馬内・大舘・扇田・早口・七日市・荷上場などの各署のエリアでは、針葉樹（杉など）の純林が分布していた（岩崎 一九三九：三一七～三三五）。

このような各小林区署（営林署）の配置と森林資源の状況を前提に、国有林野経営と地域社会の私権的林野利用の関係性について検討していきたい。まず国有林野から伐り出される木材には、用材と薪材がある。用材は、一般に針葉樹林から伐り出されることが多く、その伐出作業（素材生産事業）は、当局直営（官行）によって実施される傾向にある。したがって、官行の素材生産事業は、杉などの純林が分布する米代川流域の各小林区署内で盛んに実施された。当然、その関連で木材流通拠点や製材業は米代川域沿いの河港に集積することになった（秋田大林区署 一九二一：一七～一二三）。

他方の薪材は、一般に広葉樹林から伐り出される。また通常、その伐り出しと商品化は、官行で実施されることはなく、むしろ立木の売却を通じて、薪や木炭が立木の購入者（地元住民など）によって伐出・生産されることになる。その伐出エリアは、右に述べた雄物川流域と最上川流域の各小林区署（営林署）管内がその中心となった。

表4は、秋田大林区署（営林局）管内における小林区署（営林署）毎に、国有林野での薪材用立木売却量およびその内の「慣行」[7]にもとづく薪材立木の売却量の動向を一九一三年から五年おきに一九三三年まで追ったものである。秋田・山形県内各署の全体動向としては、薪材の立木売却量は変動が激しい一方、「慣行」による売却量は傾向的には増加していることが分かる。その結果、「慣行」による売却量の割合も上昇傾向をたどっている点が確認できる。

さらに確認できるのは、秋田・山形県内の各小林区署（営林署）の内、当初「慣行」による薪材立木売却量の割合が非常に低い状況から、その割合が後年になるにしたがい、急上昇していく署がある点である。具体的にそれらは、表4の中の大館・荷上場・上小阿仁・秋田・本荘・新庄・楯岡の各署である。大館・荷上場などの米代川流域の各署では、杉などの針葉樹の純林地帯であることから、当初は国有林野からの産物の伐出も、おそらく用材の官行による伐出に活動の重点があり、その後に薪材立木の地元向けの縁故払下が進んだためかと思われる。

また、残りの秋田・本荘・新庄・楯岡の各署では、木炭市況の状況もさることながら、地域社会の林野利用の慣行に対する当局の認識の深まりなどの要因が、右に述べた動向の背景として考えられる。後に山形県域の事例でみるように、これら各署内の国有林野所在町村では、委託林の設定が進む中で、それに応じた国有林野からの薪炭材供給も同時並行的に重視されていくようになる。

(2) 秋田営林局管内における国有林野所在町村

右のような秋田・山形県域の国有林野の森林資源状況とその利用実態の概観を踏まえて、次に国有林野が所在する各町村の状況についての検討に移りたい。表5は、表3と同じ手順で、国有林野における各種の施業制限について、今度は秋田営林局管内の二五町村の数字をまとめたものである。この二五町村は、所在国有林野上で、部分林・委託林・「法令契約又ハ慣行」によるその他の施業制限地・採草地・放牧地といった私権的利用の設定に伴う施業制限地の合計面積の割合が大きい上位二五町村である。因みに、この二五町村は、右の施業制限地の合計面積の割合が、軒並み二〇％以上の町村である(8)。

右の上位町村の内訳を表5で詳しく検討すると、これら諸町村は、大きく三つに分類できる。一つ目は、国有林野の畜産向け利用が大きい町村である。具体的には、林内採草・放牧地に相当する「法令契約又ハ慣行」によるその他の施業制限地と、除地内の採草・放牧地の合計面積が相対的に大きい一三町村である。二つ目は、委託林設定面積の割合が大きい九町村である。最後の三つ目は、部分林設定地の大きい三町村である。

(3) 現地町村にとっての施業制限地の意義

秋田営林局管内で、所在国有林野における主な施業制限地の割合が大きい諸町村を、右の手続きで

おける薪材用立木の売却動向

<table>
<tr><th colspan="2">1923 年</th><th colspan="3">1928 年</th><th colspan="3">1933 年</th></tr>
<tr><th>「慣行」事由による薪材立木売払量（石）</th><th>「慣行」事由による薪材立木売払量の比率（%）</th><th>薪材立木売払量（石）</th><th>「慣行」事由による薪材立木売払量（石）</th><th>「慣行」事由による薪材立木売払量の比率（%）</th><th>薪材立木売払量（石）</th><th>「慣行」事由による薪材立木売払量（石）</th><th>「慣行」事由による薪材立木売払量の比率（%）</th></tr>
<tr><td>46,204</td><td>59%</td><td>66,755</td><td>8,531</td><td>13%</td><td>62,198</td><td>56,532</td><td>91%</td></tr>
<tr><td>31,703</td><td>29%</td><td>87,687</td><td>30,183</td><td>34%</td><td>60,406</td><td>28,239</td><td>47%</td></tr>
<tr><td>15,912</td><td>50%</td><td>32,806</td><td>28,915</td><td>88%</td><td>46,889</td><td>27,309</td><td>58%</td></tr>
<tr><td rowspan="2">1,219</td><td rowspan="2">52%</td><td rowspan="2">13,070</td><td rowspan="2"></td><td rowspan="2">0%</td><td>1,878</td><td>894</td><td>48%</td></tr>
<tr><td>4,844</td><td></td><td>0%</td></tr>
<tr><td rowspan="2">5,364</td><td rowspan="2">12%</td><td rowspan="2">23,956</td><td rowspan="2">8,794</td><td rowspan="2">37%</td><td>28,235</td><td>21,949</td><td>78%</td></tr>
<tr><td>32,421</td><td>10,192</td><td>31%</td></tr>
<tr><td>13,179</td><td>89%</td><td>57,855</td><td>43,940</td><td>76%</td><td>38,639</td><td>25,302</td><td>65%</td></tr>
<tr><td>40,856</td><td>49%</td><td>50,514</td><td>25,929</td><td>51%</td><td>75,815</td><td>65,988</td><td>87%</td></tr>
<tr><td rowspan="2">25,238</td><td rowspan="2">75%</td><td rowspan="2">41,103</td><td rowspan="2">35,008</td><td rowspan="2">85%</td><td>52,234</td><td>10,691</td><td>20%</td></tr>
<tr><td>3,306</td><td></td><td>0%</td></tr>
<tr><td rowspan="2">42,951</td><td rowspan="2">99%</td><td rowspan="2">17,767</td><td rowspan="2">15,736</td><td rowspan="2">89%</td><td>9,170</td><td>7,945</td><td>87%</td></tr>
<tr><td>8,748</td><td>7,993</td><td>91%</td></tr>
<tr><td>7,477</td><td>29%</td><td>25,031</td><td>6,142</td><td>25%</td><td>14,878</td><td></td><td>0%</td></tr>
<tr><td rowspan="3">23,467</td><td rowspan="3">34%</td><td rowspan="2">11,887</td><td rowspan="2">582</td><td rowspan="2">5%</td><td>1,659</td><td>1,181</td><td>71%</td></tr>
<tr><td>21,197</td><td>14,866</td><td>70%</td></tr>
<tr><td>73,541</td><td>61,836</td><td>84%</td><td>55,745</td><td>44,864</td><td>80%</td></tr>
<tr><td>63</td><td>0%</td><td>23,004</td><td>18,486</td><td>80%</td><td>48,895</td><td>15,663</td><td>32%</td></tr>
<tr><td>37,732</td><td>85%</td><td>57,725</td><td>4,442</td><td>8%</td><td>90,992</td><td>57,433</td><td>63%</td></tr>
<tr><td>9,466</td><td>45%</td><td>17,480</td><td>10,242</td><td>59%</td><td>25,661</td><td>17,056</td><td>66%</td></tr>
<tr><td rowspan="2">32,380</td><td rowspan="2">45%</td><td>81,845</td><td>54,930</td><td>67%</td><td>105,493</td><td>81,281</td><td>77%</td></tr>
<tr><td>32,566</td><td>14,192</td><td>44%</td><td>50,149</td><td>43,550</td><td>87%</td></tr>
<tr><td>26,520</td><td>40%</td><td>65,062</td><td>30,590</td><td>47%</td><td>60,395</td><td>47,345</td><td>78%</td></tr>
<tr><td>359,731</td><td>47%</td><td>779,654</td><td>398,478</td><td>51%</td><td>899,847</td><td>586,274</td><td>65%</td></tr>
<tr><td>55,026</td><td>92%</td><td>64,612</td><td>54,118</td><td>84%</td><td>81,319</td><td>48,264</td><td>59%</td></tr>
<tr><td>49,582</td><td>66%</td><td>125,031</td><td>25,569</td><td>20%</td><td>96,092</td><td>86,182</td><td>90%</td></tr>
<tr><td rowspan="2">166,146</td><td rowspan="2">91%</td><td>119,652</td><td>85,635</td><td>72%</td><td>141,639</td><td>104,135</td><td>74%</td></tr>
<tr><td>117,138</td><td>41,320</td><td>35%</td><td>120,819</td><td>86,365</td><td>71%</td></tr>
<tr><td>114,072</td><td>80%</td><td>94,859</td><td>18,411</td><td>19%</td><td>93,251</td><td>50,954</td><td>55%</td></tr>
<tr><td>27,038</td><td>114%</td><td>41,822</td><td>24,214</td><td>58%</td><td>61,064</td><td>19,372</td><td>32%</td></tr>
<tr><td>27,755</td><td>35%</td><td>70,790</td><td>56,070</td><td>79%</td><td>75,186</td><td>59,297</td><td>79%</td></tr>
<tr><td rowspan="2">25,000</td><td rowspan="2">79%</td><td>40,692</td><td>38,086</td><td>94%</td><td>46,170</td><td>37,173</td><td>81%</td></tr>
<tr><td>7,029</td><td>862</td><td>12%</td><td>7,859</td><td>3,365</td><td>43%</td></tr>
<tr><td>464,619</td><td>78%</td><td>681,625</td><td>344,285</td><td>51%</td><td>723,398</td><td>495,106</td><td>68%</td></tr>
</table>

いては、集計対象から除外した。「棚」・「㎥」で示された払下量は、石単位に換算した。

表4　秋田大林区署（営林局）管内に

県	小林区署→営林署	1913年			1918年			
		薪材立木売払量（石）	「慣行」事由による薪材立木売払量（石）	「慣行」事由による薪材立木売払量の比率（%）	薪材立木売払量（石）	「慣行」事由による薪材立木売払量（石）	「慣行」事由による薪材立木売払量の比率（%）	薪材立木売払量（石）
秋田	花輪	121,837	28,441	23%	58,362	8,649	15%	78,276
	毛馬内				162,997	24,440	15%	109,724
	扇田	17,539	9,034	52%	34,601		0%	31,948
	大館	1,194		0%	5,480		0%	2,357
	大館→白沢	1,761		0%				
	早口	56,148	16,080	29%	61,709	2,164	4%	44,013
	早口→山瀬							
	七日市→鷹巣	53,419		0%	19,968	16,907	85%	14,885
	阿仁合	16,662	2,162	13%	112,105	1,457	1%	84,111
	上小阿仁（旧羽根山を含む）	18,280		0%	27,568	4,493	16%	33,719
	上小阿仁→七座							
	荷上場	24,570		0%	66,555	23,151	35%	43,569
	荷上場→藤琴							
	能代	67,806	17,569	26%	23,061	2,362	10%	25,578
	秋田	36,689		0%	129,429	29,887	23%	68,338
	秋田→和田							
	五城目	39,108	8,913	23%				
	大曲	29,650	7,311	25%	24,674	5,480	22%	19,854
	角館	30,807	9,344	30%	65,723	18,580	28%	44,445
	角館→生保内				33,435		0%	21,250
	湯澤	58,590	4,649	8%	53,044		0%	71,179
	湯澤→横手							
	本荘	50,266		0%	82,541		0%	66,782
	秋田県計	624,327	103,504	17%	961,252	137,570	14%	760,028
山形	酒田	51,922	8,830	17%	52,501	1,058	2%	59,598
	鶴岡	103,451	8,943	9%	82,183	12,054	15%	75,286
	新庄	316,454	10,221	3%	245,864	118,892	48%	182,667
	新庄→真室川							
	新庄→舟形				201,822		0%	142,648
	楯岡	120,779	794	1%	52,928	27,148	51%	23,744
	楯岡→寒河江				92,883	19,566	21%	79,435
	山形	24,510	4,748	19%	37,623	19,255	51%	31,640
	山形→米澤							
	山形県計	617,115	33,536	5%	765,804	197,973	26%	595,018

出典：秋田大林区署・秋田営林局『統計書』（各年度）により作成。「束」などの単位がつく払下粗朶量につ

（1935年3月調の施業制限地が大きい町村、単位：町）

制限地		其他				国有林野総面積(1936年)	国有林野総面積に対する割合（%）				
「国土保安其他公益ノ爲メ施業ノ制限ヲ要スル土地」	小計	貸付地	採草地	放牧地	小計		部分林(A)	委託林(B)	「法令契約又ハ慣行」によるその他の施業制限地（C）	採草・放牧地(D)	(A)+(B)+（C）+(D)
13	13	1			1	4,681	0%	0%	24%	0%	24%
60	60	1	68	9	77	1,081	1%	0%	23%	7%	31%
	0	0	245		245	837	0%	0%	0%	29%	29%
	0	6		304	310	773	0%	0%	0%	39%	39%
	0	2	136		138	422	0%	0%	0%	32%	32%
17	17	4	239		243	851	0%	14%	0%	28%	43%
38	38	6	110		116	825	0%	14%	0%	13%	28%
46	46		48	72	121	1,116	0%	13%	0%	11%	24%
28	28	10	45		55	1,069	0%	14%	2%	4%	20%
49	49	28	906	437	1,372	3,402	1%	0%	0%	39%	40%
	0	5			5	185	28%	0%	0%	0%	28%
1	1	9	12		21	266	0%	16%	0%	4%	21%
4	4	2	86		88	540	5%	12%	0%	16%	33%
277	277	59	186		245	10,550	0%	8%	13%	2%	23%
286	286	19	510		529	16,232	0%	3%	16%	3%	22%
9	9	41	454		495	1,694	0%	2%	0%	27%	29%
32	32	13	312		325	3,048	1%	18%	3%	10%	32%
	0	11	102	100	213	470	0%	0%	0%	43%	43%
106	106	11			11	705	0%	41%	0%	0%	41%
59	59	21			21	749	0%	39%	0%	0%	39%
	0	6	99		106	1,764	0%	28%	0%	6%	33%
216	216	18	102		121	1,607	1%	13%	0%	6%	20%
198	198	3	460	187	650	3,087	0%	0%	0%	21%	21%
89	89	7			7	364	21%	0%	0%	0%	21%
	0	34			34	356	59%	0%	0%	0%	59%

表５　秋田営林局管内における国有林野所在町村と施業制限地

管轄小林区署→営林署	郡	市町村	施業制限地							準施業	
			保安林	「砂防法第二條ニ依ル指定地」	部分林	委託林	保管林	「法令契約又ハ慣行」によるその他の施業制限地	小計	特設試験林	参考林保護林
花輪	鹿角	柴平村						1,125	1,125		
花輪	鹿角	花輪町			6			252	257		
扇田	北秋田	上川沿村							0		
阿仁合	北秋田	阿仁合町	47						47		
秋田→五城目	南秋田	豊川村							0		
大曲	仙北	外小友村				123			123		
大曲	仙北	南楢岡村				118			118		
大曲・生保内	仙北	豊岡村	844			143			987		
角館	仙北	中川村	87			154		20	260		
本荘	由利	院内村	1,116		20				1,136		
酒田	飽海	一条村	0		51				52		
酒田	飽海	上郷村	20			43			63		
鶴岡	東田川	東栄村	79		26	66			171		
新庄→真室川	最上	及位村				858		1,357	2,215		
新庄→真室川	最上	安楽城村				429		2,597	3,026		
新庄→真室川	最上	真室川村				40			40		
新庄→舟形	最上	戸沢村	286		22	536		94	939		
新庄→舟形	最上	八向村							0		
楯岡	北村山	戸沢村				286			286		
楯岡	北村山	富本村			1	294			295		
楯岡	北村山	高崎村	806		2	487			1,295		
楯岡	北村山	尾花沢町			10	213			223		
楯岡	北村山	玉野村	207						207		
山形	南村山	上ノ山町			75				75		
山形	南村山	柏倉門傳村			209				209		

出典：農林省山林局（1935)、同（1937)。

抽出できたので、これらの諸町村の詳細をタイプ別に検討していこう。因みに、ここで用いる史料は、昭和初年につくられた秋田営林局編『國有林野所在町村勢調査書』である。

国有林野の畜産向け利用が盛んな町村　一つ目は、国有林野と畜産の結びつきが強い町村である。ここでは、特にその特質が明瞭な秋田県鹿角郡・北秋田郡の町村についてみよう。両郡の畜産発展の背景を成す共通要因のひとつは、郡内で盛んに金属鉱山の稼業がなされていたことである。特に、早くから鉱山からの金属鉱石の搬出や鉱山町へ出入りする物資運搬には多くの牛が使役されていたとされる。具体的にこの点は、明治初年（一八七九年）における秋田県内全九郡の飼育牛頭数一七一三頭の内、鹿角郡で四六四頭、北秋田郡で三七七頭飼育されていたことからも看取できる（鹿角市　一九九一：二八九）。

こうした背景で右の両郡域では、国有林野の畜産向け利用が盛んとなった。表5に登載された町村について、昭和初年の具体的な国有林野の利用実態をみてみよう。ここで挙げるのは、鹿角郡柴平村における採草・放牧地の事例である。

本村ハ民有林野少ナキニアラザルモ濫伐ノ結果蓄積僅少トナリ自家用薪炭材ヲモ採材シ能ハザルタメ其ノ大部分ハ年々國有林ヨリ供給ヲ受クル外地元畜産業ノタメニモ廣大ナル放牧地ノ開放セラルルアリ　又間接的ニハ國有林ガ耕地ノ水源ヲ涵養シ其ノ効果大ナルコト等諸多ノ恩澤ヲ自覺シ來リ　惹テ地元ト國有林トハ密接不離ノ關係ニアルコトヲ痛感スルニ至レリ　而シテ地元民ノ

今後ニ要望スル處ハ國有林副産物タル雜菜雜菌等ノ無料採取許可及本村放牧地〔林間放牧〕ハ現状立木繁茂シ牛馬ノ放牧ニハ不適當ナル個所アルニヨリ其ノ整理伐ノ實行又國有林所在地元交付金ノ増額等ナリ（秋田営林局　一九三七a：五五～五六）

右の通り、畜産向け国有林野利用のニーズは依然として高かった。そして、その利用実態は次のような状況であった。

本放牧地ハ林間放牧ナルニ依リ區域面積一、一二五町ノ内〔馬産〕専用面積三七五町ニシテ他ハ大部分立木地ナリ　年々整理ニ着手シツツアリ　牧野改良ニ付テ其事業補助金トシテ其事業高2/5ノ補助アリテ〔昭和〕八年度ニハ三百円交付ヲ受ケ認容頭數馬三五頭牛三百頭ナレ共　現在ハ牛一八〇頭馬一二〇頭ヲ放牧セリ（關係部落柴平村一面）（秋田営林局　一九三七a：三八）

右の事例の通り、柴平村における畜産業と国有林野の結びつきは昭和初年でも引き続き強かった。この点は、本村の畜産用採草・放牧所要地一四二五町歩の内で、国有林内の放牧地が一一二五町歩を占めていることからも明らかである（秋田営林局　一九三五b：五九）。その結びつきから、本村では国有林野の中でも放牧地が除地ではなく、林地内に設定された。そして放牧地としての土地利用を保つため、設定区域上で繁茂した立木を整理伐採する要望が花輪営林署に寄せられていた。

北秋田郡について、阿仁合営林署管内の阿仁合町の事例をみると、同町所在国有林は、古河鉱山付属の古河林業部所有林もあり、その林業面での存在感は小さい。しかし、同町内の畜産用所要放牧地三五〇町歩の内、国有林野内の放牧地が三〇四町歩を占めていた（秋田営林局 一九三七ｂ：四二〇、四五八～四五九）。その放牧地の利用状況は、次のようなものであった。

本町ハ牛馬放牧地トシテ國有林三〇四町歩ノ開放ヲ受ケ馬五九頭ヲ六月ヨリ八月迄ノ間 牛二三頭ヲ五月ヨリ十月マデノ間放牧シ昭和八年内ニハ仔駒三五頭犢四頭ノ生産ヲ見シ等畜産ノ經營振興上寄與スル處尠カラズ

尚（馬産）限定地限定地外共ニ従來整理完全ナラザリシヲ以テ小柴荊棘等ノ繁茂ヲ來シ居ルタメ其ノ整理伐ヲ施行シ飼料ノ増殖ヲ促シツツアレバ漸次放牧頭數ヲ増加スル傾向ニアリ（秋田営林局 一九三七ｂ：四五〇）

右の通り、鹿角・北秋田郡での国有林野の畜産向け利用は、昭和初年頃も継続しており、その意義も大きかった。放牧地利用では、特にムラ毎の共同利用が主流で、周囲の土手づくりとその維持や家畜の見張りのための共同組織がその単位となっていた。国有林野は地域社会の人的諸関係を保つ機能を果たしたのである（鹿角市 一九九六：三三八～三四一）。

委託林が大きい町村　表5で委託林の面積割合が所在国有林野で大きいのは、山形県域の町村に多い。中でもとりわけ最上川流域の旧新庄・楯岡小林区署管内各町村の事例が注目される。既に述べた通り、同河川流域は広葉樹林が支配的な状況で、一九二〇年代頃から薪材立木の売却と伐出が進んだ。ここで重要な役割を演じたのは、「慣行」による地元向けの薪材立木の売却、そして委託林の設定である。

まず表5の中で、委託林設定面積の国有林野上の割合が非常に高い楯岡営林署内の北村山郡戸沢村の事例をとりあげよう。戸沢村では、一九三三年時点の数字によると、村内所要の自家用薪材は四一二二石に対し、村内所在国有林から一〇四四石の薪材が払い下げられ、かつ委託林設定区域からも一九一石が譲与されていた。また稼用木炭生産用材は、所要量二七七九石中、村内所在国有林からは、その七一%分の一九八三石が払い下げられていた。また合計三〇二七石分の右の薪材立木の払下量中、「慣行」事由による払下分は二一七四石（七二%）にのぼった（秋田営林局 一九三八b：一七八、二一二）。

右の薪炭用原木の供給は、北村山郡戸沢村住民の国有林野経営に対する態度を好意的なものへと変化させていった。以前は、「本村内ノ國有林ハ明治維新ト同時ニ國有林ニ編入セラレタルモ其ノ後監督行届カザリシ爲盜伐盛ニ行ハレ又延テ民林ニモ其ノ被害ヲ及ボシ林地ハ一帶ニ荒廢シ私有林所有者ハ勿論村ノ有識者ヲシテ慨歎セシメタルモノナリ」（秋田営林局 一九三八b：二一五）というのが、住民の態度であったとされる。その後、「慣行」による薪材立木売却などの進展に伴い、一九一九年森林保護組合の一種である「山林組合」が当地では組織され、その後一九二九年に委託林設定に至った。この委託林設定は、次のような森林管理上の効果をもったとされている。

國有林野ノ經營上ニ就テハ人夫出役關係良好ニシテ且ツ樹木ノ傷害等ナク林野ノ蔓莖類等漸次減少ノ傾向ナリ　尚委託林ニ通ズル道路ハ受託者一同之ヲ修理シ委託林産物其ノ他國有林産物及民有林産物ノ採取搬出ノ便宜ヲ圖リ居レリ（秋田営林局　一九三六：一五一）

右の通り、薪炭材利用の地元慣行の尊重や委託林の設定は、国有林野経営がその所在町村で受容される過程で、国有林野事業の労務調達の円滑化に貢献するなど、重要な役割を果たした。

もう一例は、最上郡戸沢村（旧新庄小林区署、のち舟形営林署管内）の事例である。国有林野比率が五八％である本村では、一九三三年時点で、自家用薪材の委託林設定区域からの譲与は二三二二石にのぼり、その他自家用薪材四二五八石が払い下げられた。また稼用の木炭用材の払下は、六五四一石にのぼった。右の合計薪材立木の払下量一万七九九石中、「慣行」事由の払下は八二〇三石（七六％）を占めた（秋田営林局　一九三八a：二九八）。

最上郡戸沢村の場合は、委託林の設定が一九二四年にあり、その効果は次のようなものであった。

設定以前ハ舊來ノ陋習ニシテ當地方特有ノモノトモ謂ハル、漫植侵墾並ニ森林窃盗森林火災等ノ件數年々相當ニ上リ是ガ防遏ノ爲曩ニ山林保護組合ヲ地元部落民ニ組織セシメ森林愛護觀念ノ助長ニ努力シ來レルモ容易ニ之ガ域ヲ脱シ得ザルヲ痛感シアリシニ一度委託林制度ノ實施セラル、ヤ各地元部落民ハ眞ニ理解アル施設ナリトシ自發的ニ之ヲ行動ニ移シ來リ以前ニ倍スル愛護心ノ強化トナリ人爲被害ノ著シキ減少ヲ見ルニ至レリ……

委託林ノ保護義務観念ノ徹底ハ其ノ區域外ノ個處ニ入林シタルトキト雖モ随時蔓類ノ芟除ヲ爲シアリ……

未立木地ニ對シテハ生草ノ採取ヲナシ稚樹ノ發生ヲ促進スルコトニ努メツ、アリ（秋田営林局 一九三六：一二七）

右の通り、最上郡戸沢村の事例でも、薪材立木の「慣行」による縁故払下や、委託林の設定は、地域社会側の国有林経営に対する態度を軟化させることにつながった。

既に述べたように、委託林制度は、当局による経営にとっては、その設定区域における施業制限（針葉樹人工林の育成を控えて天然の薪炭林を維持する義務）を伴うものである。その代わり、国有林野の所在町村の各部落がその林野の保護義務を受託し、国有林作業への出役人夫の組織化を請け負うなどの機能を果たした。この意味で、委託林制度は、過大な管轄面積を抱える中でも、現場の営林署が国有林野を安定的に管理することを容易にした。

部分林設定地の大きい町村　最後に部分林の設定面積が大きい町村である。ただし、東北日本では、一般に部分林設定面積の割合は大きいとはいえず、そうした町村数も限定的である。ここでは、山形営林署管内の南村山郡柏倉門傳村の事例について検討して分析を締めくくりたい。

柏倉門傳村では、国有林野比率は一六％ほどであるが、その経営は、次のように認識されていた。

村内國有林野總面積ハ三五九町歩ニシテ此ノ内面積二〇九町歩ニ對シテハ部分林ヲ設定シ其他農耕植樹等ノタメ開放セルモノアルヲ以テ地元民ハ多大ノ利益ヲ享受シ居ルモノナルガ之ヲマタナキ恩恵トシテ深ク感謝シ山林保護組合ヲ造リ互イニ相戒メテ國有林保護ニ盡力シ成績ミルベキモノアリ（秋田営林局　一九三八b：七五一、七七九）

右のように、部分林は単にその設定区域について、私的造林者による林業経営を容認し、当局による直接経営を制限するという機能を果たすだけではない。むしろ、当局の立場では、当地所在の国有林野全体について、地元住民に森林保護組合の一種である「山林保護組合」を結成させ、その保護義務の一翼を担わせる触媒の役割を果たしていた点に、部分林の設定の意味があった点が重要である。その意味で、部分林はある意味で、既述の委託林と同様の機能を果たしていたといえる。

おわりに

本章では、秋田営林局管内の事例分析を手がかりに、近代日本の国有林野経営における各種の施業制限と、地域社会による私権的利用の関係、そしてその両者が国有林野経営の展開において果たした役割について論じてきた。ここでの分析の意義をもう一度まとめて、本章の締めくくりとしたい。

近代日本は、国家による森林管理制度を樹立することを決め、その行政組織の整備を進めた。しかし実態面をみると、日本では、その参考としたドイツの事例と幾分異なる国有林野行政の制度化が展開した。その特質は、特に限りある行政資源を森林管理に投じなければならない中で、現場レベルの国有林野管理組織（小林区署・営林署）が過大な管轄面積を抱えこむ構造と関係していた。

右の構造にみられる管理組織の「疎放性」を補うため、近代日本がとった路線は、各種の施業制限地（除地・委託林・部分林など）を組みあわせて、当局が直接的に施業する区域を限定し、その森林区域に国家が行政資源を傾注するという路線であった。各施業制限地では、その態様に応じて、当局が採用する施業法の選択肢は限定されるが、そのことは国有林野への行政資源投入において、その優先順位づけと、優先区域での集約的施業を可能にした。

そして、各種の施業制限地では、具体的に地域社会における多様な林野利用が展開していた。まず国有林野の畜産向け利用では、除地と林地の施業制限地内に設定された採草・放牧地が利用され、ムラ毎の共同組織による土地利用が展開された。そこでは、採草・放牧地としての土地利用を保つため、時には立木を整理伐採して、畜産のための林野使用を貫徹できる条件整備が求められた。

次に委託林設定区域では、当局が自家用薪炭材の立木を譲与する代わりに、受託主体（部落）に委託区域の国有林野の保護・手入義務を課したり、国有林野事業への出役作業を要請する仕組みがつくられた。これにより、当局が地域社会の労働力のプールを確保しながら、安定的な国有林野経営を展開できる条件が生まれた。部分林制度も、委託林制度と同様な機能を果たし、部分林設定区域が大きい地域を中心に林野の保護組織が現地で組織化された。ここでの部分林の機能は、単に国有林野において、私的主体に育成林業を通じた収益機会を与えるだけではなく、部分林を含む所在国有林野全域の経営に対して、地域住民の参与意識を植え付けるものであった。

このように、近代日本による森林管理制度の定着過程では、国家が公式的に目指す森林経営の論理（合理的かつ排他的管理の指向）をそのまま単純に貫徹するだけでは、制度の正統性を担保することができなかった。そのためには、当局が地域社会の私権的利用の論理と、それにより保たれる社会関係を尊重することが不可欠であったのである。

＊　本章は、私立大学戦略的研究基盤形成支援事業「ユーラシアにおける「生態経済」の史的展開と発展戦略」（二〇一四〜二〇一八年度・研究代表者：慶應義塾大学・細田衛士）における研究成果の一環である。

註

（1）森林資源の計画的利用について、日本では、治者の側ではなく、むしろ被治者の側で蓄積されてきた不文律や準則の方を重視する研究がはやくから存在する（筒井　一九七三）。森林管理の国際比較を行った研究の一つは、欧州の森林管理の歴史では、森林利用の「法的規制化」（Juridification）の経験が蓄積され、治者・被治者を問わず、さまざまな利用主体が法的手段で、自らの森林利用の妥当性の主張を相互に交わす伝統がある点が強調されている。その結果、森林制度の運用を通じて、土地利用の実態把握に必要な情報が生産・収集される。その一方、そうした経験を欠く地域では、森林資源の管理において重要な役割を演じるのは、「非公式な制度、不文律、そして長く持続してきた慣習によって確立された集団的な行動の諸様式」であるとされる（Radkau 2008：184-

187)。そして日本は、後者の地域類型に入ると思われる。

(2)もちろん、明治初年の新政府による多様な森林制度の模索過程において、ドイツ林学・林政学がはじめから有力な参考事例として位置づけられていたという見方は不適切である。特に、一八八二(明治一五)年に参事院(内閣法制局の前身)での審議に附された森林法草案は、むしろフランス森林法制の影響を多分に受けたものであった(西田 二〇一六)。

(3)近代日本の国有林野経営の財源的裏付けの弱さは、夙に指摘されているところであり、一定の妥当性をもっている。特に国有林野の使命を明示した根拠法が近代日本では結局成立せず、予算も年々の大蔵省との折衝を通じてしか確保できないという国有林野行政の根本的な弱点は見逃すことができないであろう(林野庁 一九六九)。

(4)例えば、帝大法科卒で内務行政畑を歩み、一九〇八年から農商務省山林局長に就いた上山満之進は、同局長への自らの就任時期から、山林局の行政について「國有林野の經營は歴代當局者の努力に依つて、大體の方針も定まり事業も著々として進行してゐて、いはば守成の時代へ入つてゐた」との所感を示していた(上山 一九三一:三五四)。

(5)具体的には、針葉樹の人工林育成を企図する喬林作業ではなく、薪炭材用の広葉樹林の育成に資する雑木林(矮林)作業が選択されることを意味する。

(6)おそらく特定の町村で委託林の設定面積が大きくなる場合、県全体の国有林野面積が小さいこの二県では、その割合が大きく出るためであろう。

(7)正確には、表4の出典の各年『統計書』で、一九一三年の数字は薪材の「立木賣拂事由別」表の内、「特賣」欄中の「慣行」から、一九一八・一九二三年の数字は、「主副産物賣拂事由別」表の「從來ノ慣行ニ因リ地元民ニ」欄中の「薪材」からとっている。また、一九二八・一九三三年の数字は、「立木及副産物賣拂事由別」表の「随意契約賣拂」中にある「從來ノ慣行ニ依リ地元民ニ」欄にある「薪材」からとった。

(8)秋田営林局管内で、国有林野が所在する町村は、二二一町村である。この町村の内、国有林野に私権的利用地の設定がない町村は五五町村で、残りの一六六町村が何らかの私権的利用地の設定がある町村である。この上位二五町村は、右の一六六町村中でいうと約一五％となる。因みに国有林野上で、部分林・委託林・「法令契約又ハ慣行」によるその他の施業制限地・採草・放牧地の合計面積が占める割合が五％未満なのは、私権的利用のある右の一六六町村中七七町村、五％以上一〇％未満なのが三〇町村、一〇％以上一五％未満なのが一九町村、一五％以上二〇％未満なのが一五町村あった（農林省山林局　一九三五）。

刊行史料

青森営林局　一九二七『放牧採草地分割限定誌』
青森大林区署　一九一九『管内施設一班』
秋田営林局　一九三一、一九三五a『秋田營林局統計書』
秋田営林局　一九三四『管内概要』
秋田営林局　一九三五b『國有林野ト地元町村ニ於ケル畜産業トノ關係』経済更生資料第五輯
秋田営林局　一九三六『委託林實績調』経済更生資料第一一輯
秋田営林局編　一九三七a、b、一九三八a、b『國有林野所在町村勢調査書』第一巻・第二巻・第六巻・第七巻
秋田大林区署　一九一五、一九二〇、一九二六『秋田大林區署統計書』
秋田大林区署　一九一九『森林労働保護組合調』
秋田大林区署　一九二一『秋田大林區署經營要録』
農林省山林局　一九三五『全國林野施業制限地調査』
農林省山林局　一九三七『國有林野ノ市町村別分布及地元施設』
林野庁　一九七一『林野面積累年統計』

参考文献

青木健　二〇一九「近代日本の国有林野制度の定着過程と地域社会――福島県東白川郡鮫川村の事例」松沢裕作編『森林と権力の比較史』勉誠出版
秋山智英　一九六〇『国有林経営史論』日本林業調査会
岩崎直人　一九三九『秋田県能代川上地方に於ける杉林の成立竝更新に関する研究』興林会
太田勇治郎　一九七六『保続林業の研究』日本林業調査会
大瀧真俊　二〇〇三「近代馬匹改良政策と馬産地域の対応――青森県上北郡を対象にして」『農業史研究』第三七号
奥地正　一九七四〜一九七九「国有林における労働組織の形成と展開（一）―（四）――東北・秋田国有林を中心に」『立命館経済学』第二三巻第四〜第六号、第二七巻第四号
鹿角市　一九九一、一九九六『鹿角市史』第三巻（上）、第四巻
上山満之進　一九三二「山林局時代の思い出」『明治林業逸史　續編』大日本山林会
菊間満　一九七六「国有林経営における造林労働組織と委託林制度――秋田営林局角館営林署管内における委託林制度を対象にして」『北海道大學農學部 演習林研究報告』33（2）
斎藤修　二〇一四『環境の経済史――森林・市場・国家』岩波書店
齋藤實正　一九五四『飫肥杉の部分林』熊本林野共済會
塩谷勉　一九五九『部分林制度の史的研究――部分林より分収林への展開』林野共済会
塩谷勉・鷲尾良司　一九六五『飫肥林業発達史』服部林産研究所
筒井迪夫　一九七三『林野共同体の研究』農林出版
西尾隆　一九八八『日本森林行政史の研究――環境保全の源流』東京大学出版会
西田真之　二〇一六「フルベッキと明治15年森林法案」『明治学院法学研究』一〇一（上）
丹羽邦男　一九八九『土地問題の起源――村と自然と明治維新』平凡社選書
芳賀和樹・加藤衛拡　二〇一二「19世紀の秋田藩林政改革と近代への継承」『林業経済研究』第五八巻第一号

濱田武士　二〇一〇　『伝統的和船の経済——地域漁業を支えた「技」と「商」の歴史的考察』農林統計出版
北條浩　一九九四　『日本近代林政史の研究』御茶の水書房
松波秀實　一九一九　『明治林業史要』大日本山林会
林野庁　一九六九　『国有林野造林事業——その歴史的変遷と今後の方向』林業経営研究所
脇野博　二〇一〇　「青森県下の国有林経営と地域社会」『農業史研究』第四四号
Fernow, Bernard. 1907. *A Brief History of Forestry in Europe, the United State, and Other Countries*. Tronto: University of Tronto Press.
Radkau, Joachim. 2008. *Nature and Power: a Global History of the Environment*. Cambridge: Cambridge University Press.

第2章　公正な自然資源の開発と戦前日本の工業化

――河川の電源開発の事例を中心に――

荻山正浩

はじめに

いかなる社会においても、河川水や鉱物といった自然資源を開発し、経済活動のために利用することは、工業化にとって不可欠な行為である。だが、その一方で、こうした自然資源の開発は、人々にさまざまな被害をもたらす要因と考えられてきた。日本でも、工業化の開始からまもない一九〇〇年代には足尾銅山の鉱毒事件といった深刻な鉱害が発生している。では、自然資源の開発は、人々に被害を必然的にもたらす不公正なものでしかないのだろうか。それとも、こうした被害を生むことのない公正な自然資源の開発は可能なのだろうか。本章では、戦前日本の河川の電源開発に注目することで、この問題を考えてみたい。

まず、公正な自然資源の開発を定義することから始めよう。その手掛かりとして、ここでは逆に不公正な開発に注目し、開発業者が自然資源を採取することで、資源開発とは直接関係のない周辺住民が被害を受けるケースを考えよう。こうした開発のあり方は、誰の目にも不公正なものに映るであろう。その理由は、開発行為が直接関係のない第三者に被害を及ぼす点にある。これは、経済学の概念を借りれば負の外部性が発生する、すなわち企業や個人の活動が経済的な取引を直接行っているわけではない第三者に広義の経済的損失を与えることと定義される。この広義の経済的損失とは、自然資源の開発によって周辺住民が受ける被害に関して、農作物の減収などの狭義の経済的損失だけでなく、健康被害なども経済的損失に換算して集計したものを指す。そこで以下では、自然資源の開発によって生ずる負の外部性を開発による被害と定義し、それがどの程度抑制されるかを開発の公正さを評価する基準としよう。

ただ、自然資源の開発をめぐっては、開発が始まった後で当初想定されていなかった負の外部性の存在が判明するケースも少なくない。実際、イタイイタイ病の場合、鉱山から河川に流出した有害物質が深刻な健康被害を発生させていた事実が長い年月を経て解明された（松波 二〇一〇）。そのため、負の外部性の有無だけで開発が公正か否かを判断するならば、被害の不明な時期には公正と考えられていた開発についても、被害が判明した時点から評価を不公正なものと一転させねばならない。従って、ここでは、被害の防止に一貫して成功した事例に対象を絞って考えよう。すなわち、開発による被害が予測可能であり、開発業者がその被害を防止する義務を負い、開発が開始された後も、開発業者による被害の防止策が効果的に機能した事例を、公正な自然資源の開発と定義したい。

こうした公正な開発が重要なのは、それが実現する状況の下では、被害の発生を未然に防止しながら、自然資源を開発することが可能となるためである。それゆえ、公正な自然資源の開発は、開発による被害が放置される場合と比べて、はるかに社会的に望ましい結果をもたらす。この点をめぐって、鉱山の開発が有害物質の河川への流出を引き起こすことが予測されるケースを例にとって説明しよう。この場合、開発業者にとって、被害を防止する義務を負い、有害物質の流出防止に巨額の投資が必要であれば、鉱山の開発自体が中止される。もっとも、開発業者は、有害物質の流出防止の費用を負担しても収益を得られるならば、必要な設備を取り付けて被害の発生を防止しながら鉱山を開発するであろう。(1) こうして開発が行われると、未開発の自然資源の利用は社会に経済的な富をもたらす。もちろん、その富が社会全体に等しく分配されるとは限らない。だが、それでもこの公正な開発は、富を産み出すことで、所得に偏りはあるにせよ、社会構成員の所得を全体として増大させると同時に、開発による被害を未然に防止する役割を果たす。その結果、公正な自然資源の開発が行われる社会では、開発による富を享受する者はいるが、逆に開発による被害を受ける者は誰もいないという状態が実現するわけである。

にもかかわらず、これまで関心を集めてきたのは、むしろ公正な開発には明らかに該当しない事例であった。日本では、なかでも鉱害の事例が注目され、深刻な被害が生じていたのに、その防止策が充分に行われなかったケースが数多く解明されてきた（都留 一九七二、菅井 一九七九、神岡 一九八七、岡田 一九九〇、清水 一九九五、岡田 一九九六、菅井 二〇〇一、宮本 二〇一四）。その背景には、戦前から戦後の高度成長期に至るまで経済成長が優先され、開発による被害を防止することが逆に軽視されてきたという問題意識が存在した。だが、その結果、戦前の日本には、むしろ肯定的に評価すべき特徴として、ここで定義した公正な自然資源の開発が実現しうる状況が存在した事実が見逃されてきた。

そして、まさにこの点で注目されるのが河川の電源開発である。戦前の日本では、電力供給の約八割は河川を利用した水力発電によって賄われていた。だが、こうした水力発電は、河川を利用するため、農業用水の取水を妨げ、農業生産に深刻な被害を与えるおそれがあった。周知のように日本では、河川の水は農業生産の基幹をなす稲作に使用されてきた。従って、各地には河川から取水する農業用水が存在し、その管理組合が一定量の取水を行う水利権を有していた。そして河川管理者である府県知事は、こうした農業用水の水利権を保護していた。河川の利用をめぐっては、農業用水の管理組合は、経験や実測によって、水力発電所が建設され、取水を始めると、それが河川の水量をどう変化させるか精確に予測することができた。そのため、河川管理者の知事は、電力会社から水力発電所の建設計画が提出されると、農業用水の管理組合を配下に持つ流域の町村に対し、水力発電所の河川の利用が農業用水の取水の妨げとならないかどうかを諮問し、その意見をもとに開発計画の認可の可否を判断していた。

もっとも、こうした知事の審査が存在したからといって、それだけでは公正な開発が実現した証拠にはならない。なぜなら、河川の電源開発による被害がどの程度防止されたのかという問題は、これまで充分に解明されてこなかったからである。これには、戦前の日本では、水路式発電が主流であった点に注目する必要がある。水路式発電とは、図1のように河川の水流の一部を水路に分流し、高低差のある地点から発電所に落下させて発電し、河川に戻す方式を指す。水路式発電は建設費が安く、その出力はダム式に劣るが、戦前には、まだ水路式発電で電力需要を賄うことができた。さらに水路

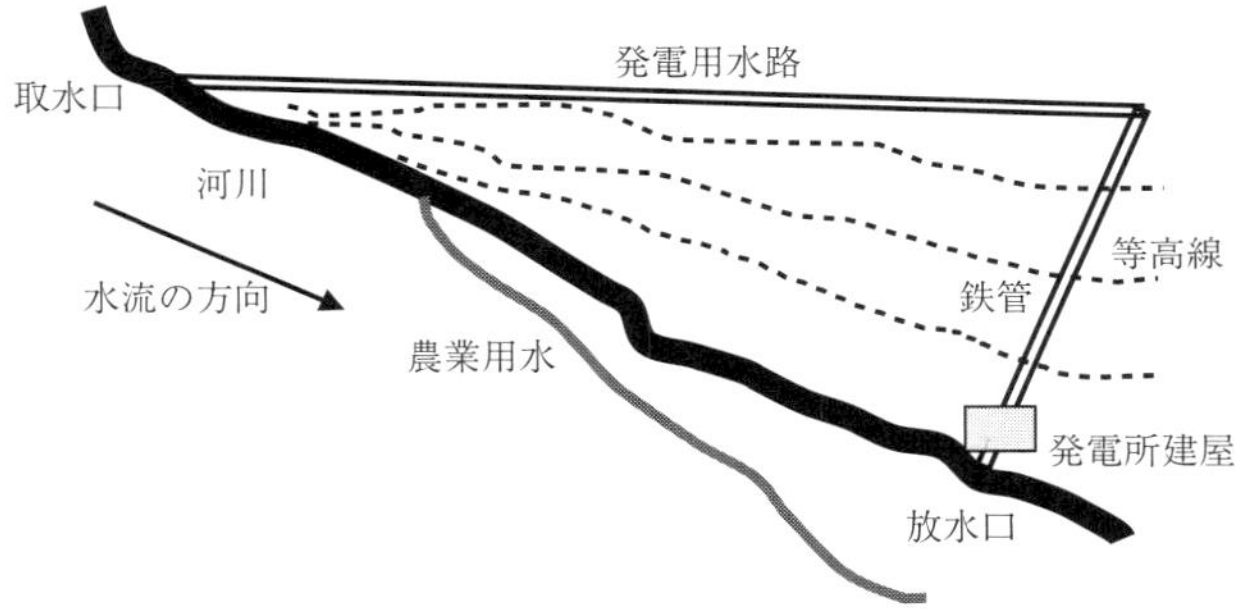

図１　水路式発電の仕組み

式では、ダム式と違って、発電に使用された水が河川にすべて還流される。そのため、従来の研究は、耕地の少ない山奥の河川上流に水力発電所が建設され、そこで使用された水が河川に戻され、耕地の広がる中下流域で灌漑に利用される仕組みが発展した事実に注目し、こうした発電と灌漑の地理的区分を水路式発電の河川利用の特徴と位置付けてきた。それゆえ水路式発電の下では、発電と農業の取水の競合が問題となることはなかったと考えられてきた（新沢 一九六二）。

だが、電力会社は、河川の上流に限らず中流でも電源開発を行うことを計画していた[2]。水力発電所の出力は、使用可能な水量と高低差の積として求められ、電力会社にとって、河川の中流では、上流よりも高低差は減少するが、逆に水量は増加するので、充分な出力を持つ発電所を建設することができたからである。だが、耕地の広がる河川の中流域では、発電と農業の取水の競合が問題となる。水路式の場合でも、水力発電所の取水口から放水口までの区間では、河川の水流は発電用水路への分流によって減少し、この区間から取水する農業用水は充分な水量を確保できないおそれがあった。実際、電力会社は、自社の水力発電所の出力を増大させるため、農業用水の水利権を考慮せず、発電用の取水量を過大に見積もった建設計画を作成する傾向があった。従って、知事の審査が充分に機能しなければ、農業用水の取水の妨げとなる河川の電源開発が認可される危険性が存在したわけである。

当時、農業用水は各町村に灌漑用水を供給する役割を担っていたから、水力発電所の建設によって農業用水の取水量が不足すれば、それは町村レベルで稲の減収といった被害を引き起こした。だが、これまで農業生産の地域的動向は、むしろ府県や郡のレベルで分析されてきた（嵐　一九七五、荻山　二〇一五）。そのため、水力発電所の建設によって一部の町村で稲の減収が発生しても、府県や郡の単位で集計した収量には目立った変化が現れず、町村レベルで発生した被害が見逃されてきた可能性も否定できない。つまり、発電と農業の取水の競合が問題となる河川中流の電源開発に注目し、流域の農業生産の動向を町村単位で分析しなければ、水力発電所の建設が農業に与えた影響を解明できないわけである。

そこで本章では、電力需要の急増した一九二〇年代の日本を対象とし、長野県の千曲川中流の電源開発に焦点を当て[3]、水力発電所の建設が農業生産に被害を与えかねない状況の下でどのように行われたかを分析する。それによって、この地域の河川の電源開発が流域の稲作の減収を未然に防ぐことに成功した点で、公正な自然資源の開発と評価されることを明らかにしたい。長野県は、千曲川以外にも木曽川と天竜川という大河川を擁し、水力発電の中心地であった。従って、この千曲川の事例は、河川中流の電源開発の代表例と位置付けられる。また資料として、水利権の審査過程を記した未公刊の長野県行政文書、さらに長野県から監督官庁の内務省へ送付された未公刊の報告資料を使用する。

これらは、知事の下で県庁の担当者が電力会社や流域の町村と交渉した記録をまとめたものであり、それを分析することで水力発電所の建設過程を解明することが可能となる。以下、第一節では、一九二〇年代に長野県の河川の電源開発が加速したことを、第二節では、千曲川の水が流域の稲作を支えていたことを説明し、第三節と第四節では、千曲川中流の水力発電所の建設計画は当初農業用水の取水を阻害しかねない不充分なものであったが、この計画が流域の村の要求に従って修正された結果、農業への被害が防止されたことを明らかにする。

第一節　電力需要の増加と長野県下の河川の電源開発

日本では、一九一〇年代後半の大戦景気が全国的な電力需要の増加を促す契機となった。図２は、一九一四〜三八年の全国的な電力供給量の推移を示したものである。それによれば、一九一〇年代後半から一九三〇年代にかけて電力供給量は増加の一途をたどっている。このことは、当時、全国的に電化が急速に進行し、それによって電力需要が著しく増大していたことを示している。なかでも電灯と電動機の普及は電力需要の伸びを牽引する役割を果たした。実際、一九一〇年から一九三〇年にかけて、日本では、全世帯のうち電灯の使用世帯の比率は六・〇％から八九・三％へ（通信省電気局 一九二一〜三八：昭和七年度）、製造業の原動機の総出力に占める電動機の割合も二一・八％から八一・六％へそれぞれ増加している（Minami 1987：Table 6-3）。そして重要なのは、この時期、水主火従として、河川を利用した水力発電所が主要な電力源として常時稼働し、火力発電所は河川の渇水時や電力需要

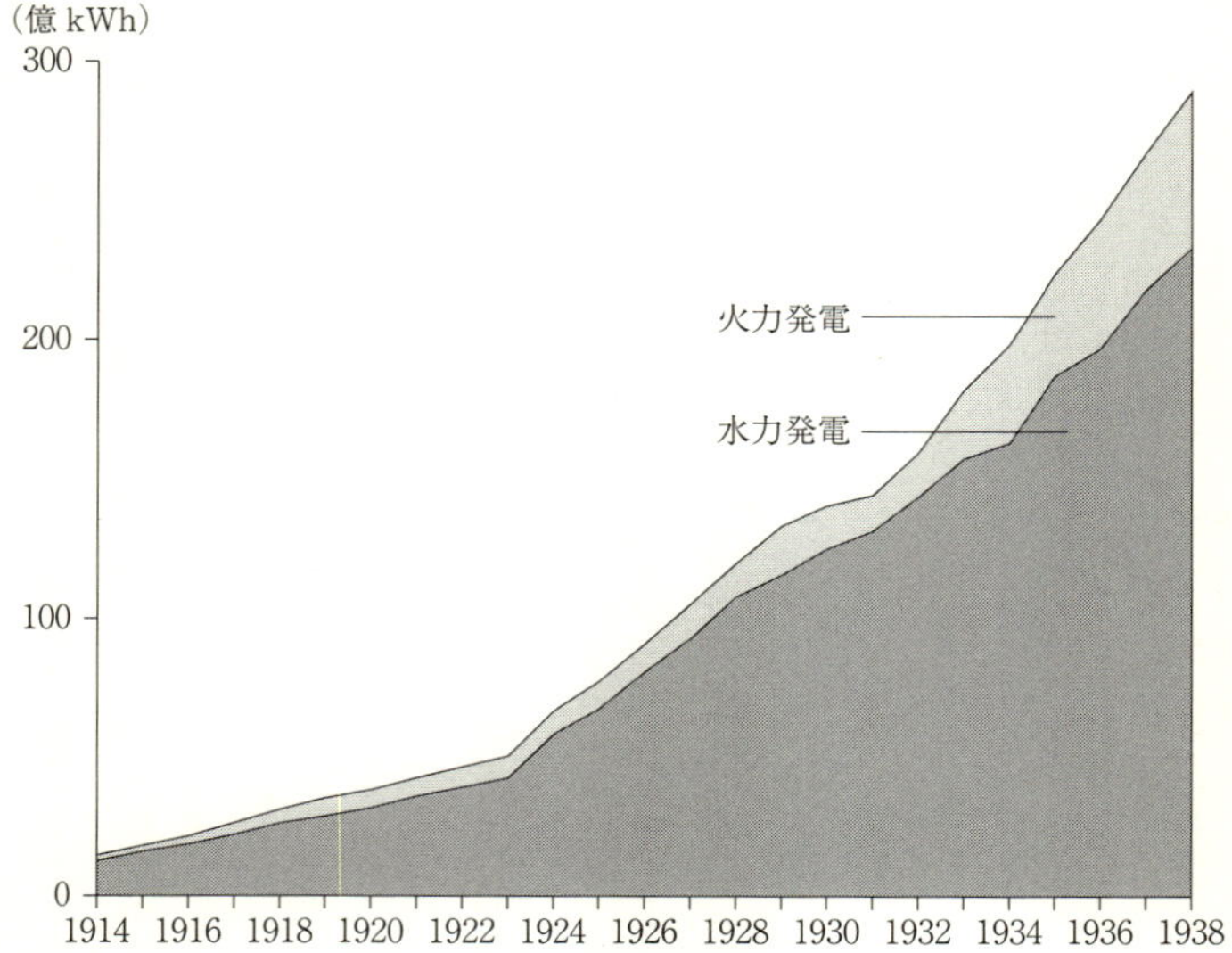

図2　日本の電力供給量の推移

註：自家発電量は含まれない。1922年のみデータの欠損のため前後の値から直線補間で推計。
出典：通商産業省公益事業局（1953）。

のピーク時に水力発電を補助するため運転されていた点である（橘川 二〇〇四）。この点は、図2の水力と火力による電力供給量の構成比に反映されている。それによれば、火力発電の比重は次第に増加したものの、一九三〇年代に至ってもまだ電力供給量の八割程度は水力発電によって賄われていた。

こうした状況の下で、長野県は、電力需要の中心地である首都圏と近畿圏への電力供給地としての役割を果たした。同県では、一九一〇年代中頃まで県内の中小の電力会社が小規模な水力発電所を建設し、地元の電力需要を充たす状況が続いていた。しかし、一九一〇年代末から、東京や大阪への電力供給を主な目的とした電力会社が長野県の豊富な水力に注目し、同県の河川

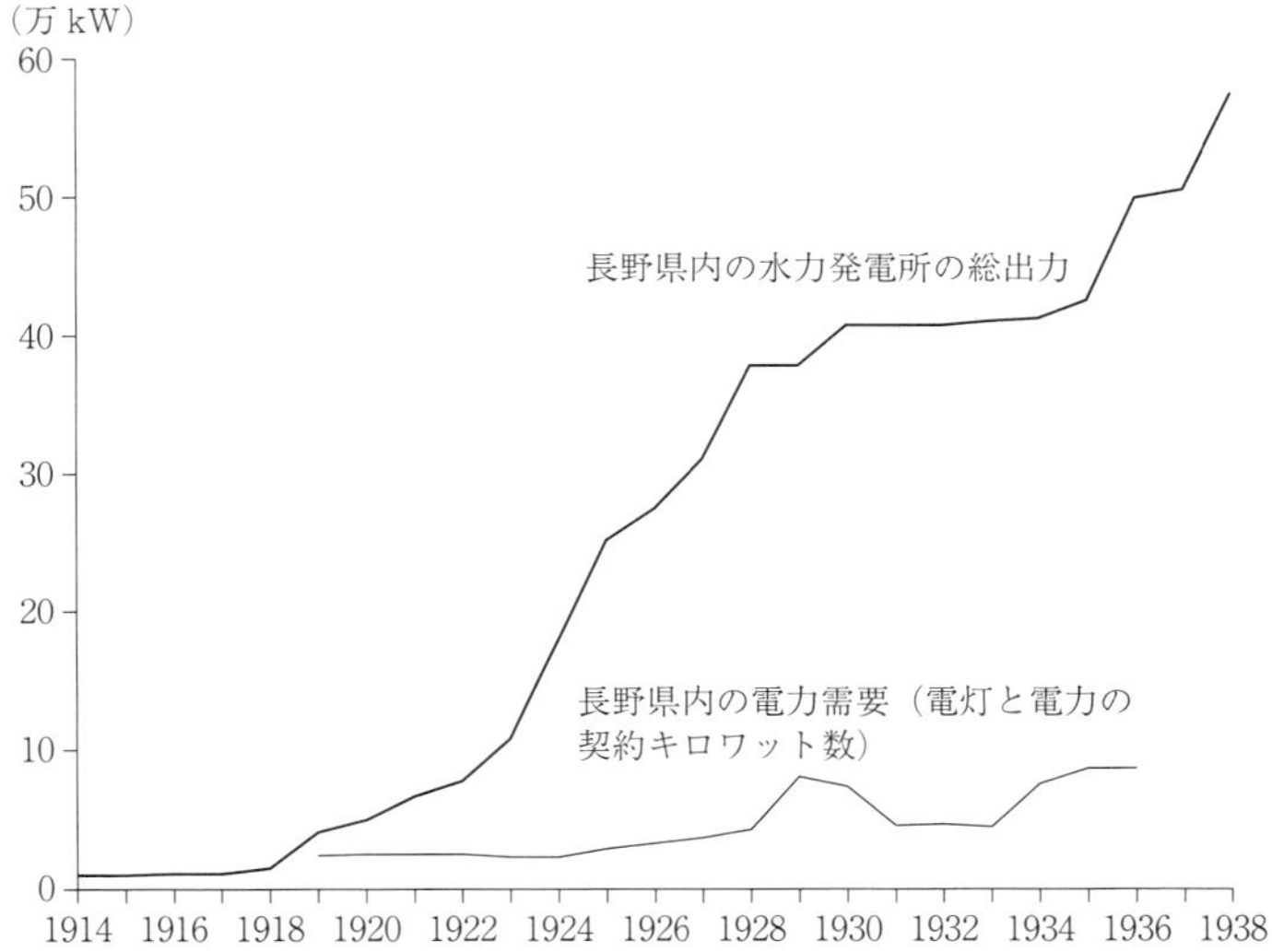

図3　長野県内における水力発電所の総出力と電力需要

註：長野県内の水力発電所の最大出力を集計した値を総出力として示した。また長野県内の電灯と電力の契約キロワット数の集計値を電力需要の指標として使用した。電灯契約のうちメーター制による使用電力量については、1日8時間の点灯としてキロワット数に換算した。電灯の1920年と1933年の値、電力の1920年と1922年の値に関しては、いずれもデータの欠損のため前後の値から直線補間で推計した。1918年以前と1937年以降については、資料的制約から、この電力需要の精確なデータ自体が得られない。

出典：水力発電所の総出力：逓信省電気局（1936）、逓信省電気局（1936-38）。電灯と電力の契約キロワット数：逓信省電気局（1921-38）。

に水力発電所を次々に建設し、首都圏や近畿圏に送電を行う動きが加速した（橘川二〇〇四）。この点は図3から窺えよう。これは、一九一四～三八年の長野県を対象とし、県内の水力発電所の総出力ならびに県内の電力需要の推移を示したものである。それによれば、同県では、県内の電力需要は次第に増加したが、その伸びは緩やかであったのに対し、県内の水力発電所の総出力は、昭和恐慌期の一九三〇年代前半に一時停滞したものの、総じて目覚ましい伸びを示している。こ

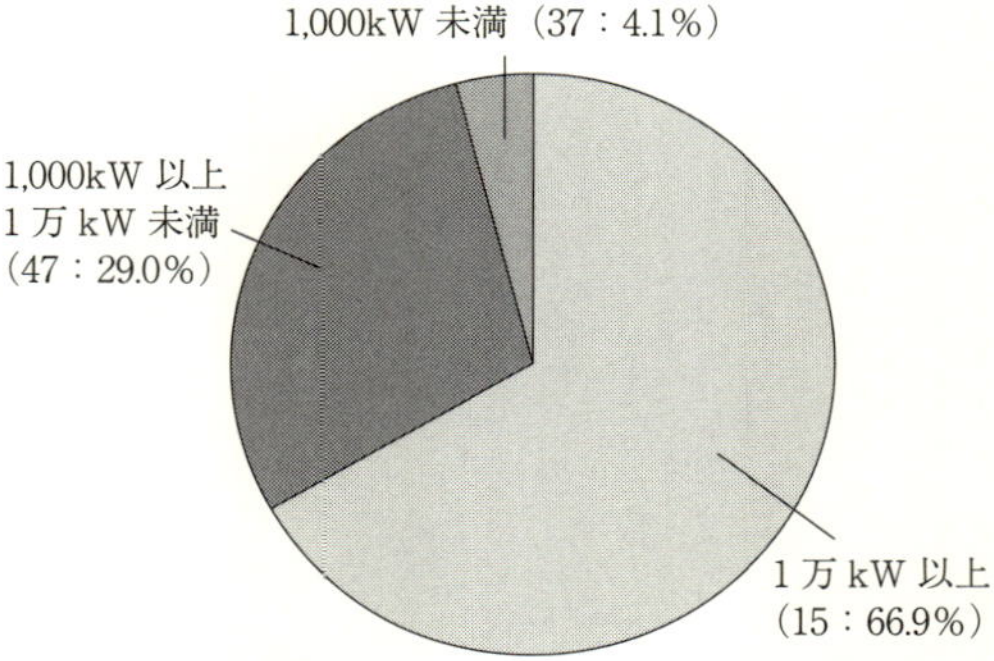

図4　長野県内の水力発電所の出力規模別構成

註：対象は1935年末時点で長野県内に所在した水力発電所。最大出力100kW以下の発電所は含まれない。カッコ内は、順に、各出力規模の水力発電所の総数、それらの最大出力の合計が全体の総出力に占める比率を示したものである。
出典：逓信省電気局（1936）。

のため、一九三五年には、府県単位で水力発電所の出力を集計すると、各地の河川で電源開発が行われたため突出した値ではないが、それでも全府県の総出力に占める長野県の割合は一三・二%と最大の値を示していた（逓信省電気局 一九二一～三八：昭和一二年度）。

とはいえ、戦前の日本では、水力発電所の出力は、一般に水路式が採用されたため、戦後と比較すれば相対的に小規模にとどまっていた。従って、当時の河川の電源開発は、多数の発電所を建設し、全体として発電出力を増加させる方法を選択した。実際、長野県では、一九三五年末時点で水力発電所の総数は九九ヵ所に達していたが、[4] このうちダム式は二つしかなく、その出力の合計は水力発電所の総出力の二・〇%にすぎなかった（逓信省電気局 一九三六、日本ダム協会 一九六二）。しかも、戦後の大規模な電源開発の先駆けとなった佐久間ダムの場合、その発電所の最大出力は三五万キロワットであったのに対し（日本人文科学会 一九五八）、上記九九ヵ所の水力発電所のうち、最も大きな発電能力を持つのは木曽川の読書発電所であったが、その最大出力でさえ四万二一〇〇キロワットであった（逓信省電気局 一九三六）。そのため、戦前には、比較的規模の小さな発電所も重要な電力源とされていた。この点は図4から読み取れよう。これは、一九三五年末時点の長野県内の水力発電所九九ヵ所を出力規模で分類し、全体の総出力に対して各出力規模の出力の合計がどの程度の割合を占めていたかを示したものである。それによれば、一万キロワット以上の発電所は、計一五ヵ所と少数とはいえ、全体の総出力の六六・九％を占めていた。だが、その一方で、全体の総出力のうち、一〇〇〇キロワット未満の発電所の比率は計四・一％とわずかであったが、一〇〇〇キロワット以上一万キロワット未満の発電所の割合は二九・〇％に達していた。この事実が示すように、電力会社にとって、急増する電力需要を充たすため、河川の上流から中流まで開発可能な地点に多くの発電所を建設する必要があったわけである。

第二節　河川中流の電源開発と農業用水の供給

電力会社にとって、河川の中流は有望な電源開発の候補地であったが、こうした中流での水力発電所の建設は、流域の耕地への灌漑用水の供給を妨げるおそれがあった。千曲川中流の電源開発も、そうした危険性を潜在的に有していた。

(1)　千曲川中流の水力発電所の建設

千曲川本流は、図5（左側）に示したように長野県東部の山岳地帯に源を発し、北上して佐久盆地を抜け、西に流れを変えて上田盆地を貫流する。これらの両盆地は、千曲川とその支流によって形成された河岸段丘からなり、そこに広がる平坦部は耕地として利用されてきた。こうした土地利用を考慮し、ここでは千曲川のうち佐久盆地から上田盆地へ流れる区間を中流とみなし、中流域の先端にあたる佐久盆地南端に建設された穂積発電所と海瀬発電所の事例を分析する。両発電所は、東信電気によって建設され、それぞれ六五〇〇キロワット、三八〇〇キロワットの最大出力を擁していた（逓信省電気局 一九三六）。東信電気は、大戦景気下の一九一七年に東京で設立され[5]、当初、電気化学工業を主な事業とし、それに必要な電力を得るため長野県内に水力発電所を建設し、副業として余剰電力の卸売、すなわち配電業者への電力の販売を計画していた。しかし、大戦景気終息後の一九二〇年代初頭に至ると、化学製品の需要の伸びが減速し、逆に電力需要が急増した結果、同社は、電気化学工業に代えて、電力の卸売を事業の中核に据え、長野県内で河川の電源開発を加速し、首都圏で配電事業を営む東京電灯に大量の電力を販売するようになった（麻島・大塩 一九九七）。従って、穂積発電所と海瀬発電所は、首都圏の電力需要を支える役割を担っていた点で、長野県内の水力発電所を代表する存在と位置付けられる。

図5（右側）は、穂積発電所と海瀬発電所の位置関係を示したものである。ここでは、千曲川は下から上へ北上する形で流れている。両発電所はいずれも水路式であり、地形の制約から二つの発電所に分離されているが、同じ水路で結ばれている事実から判明するように一体的に建設された。すなわち、上流の取水口で千曲川から発電用水路に分流された水は、穂積発電所で利用され、元の河川に戻ることなく発電用水路で下流に送られ、海瀬発電所で使用された後、放水口から千曲川に還流された。従って、千曲川の自然流の水量は、両発電所の取水口から放水口に至る約七キロメートルの区間では、

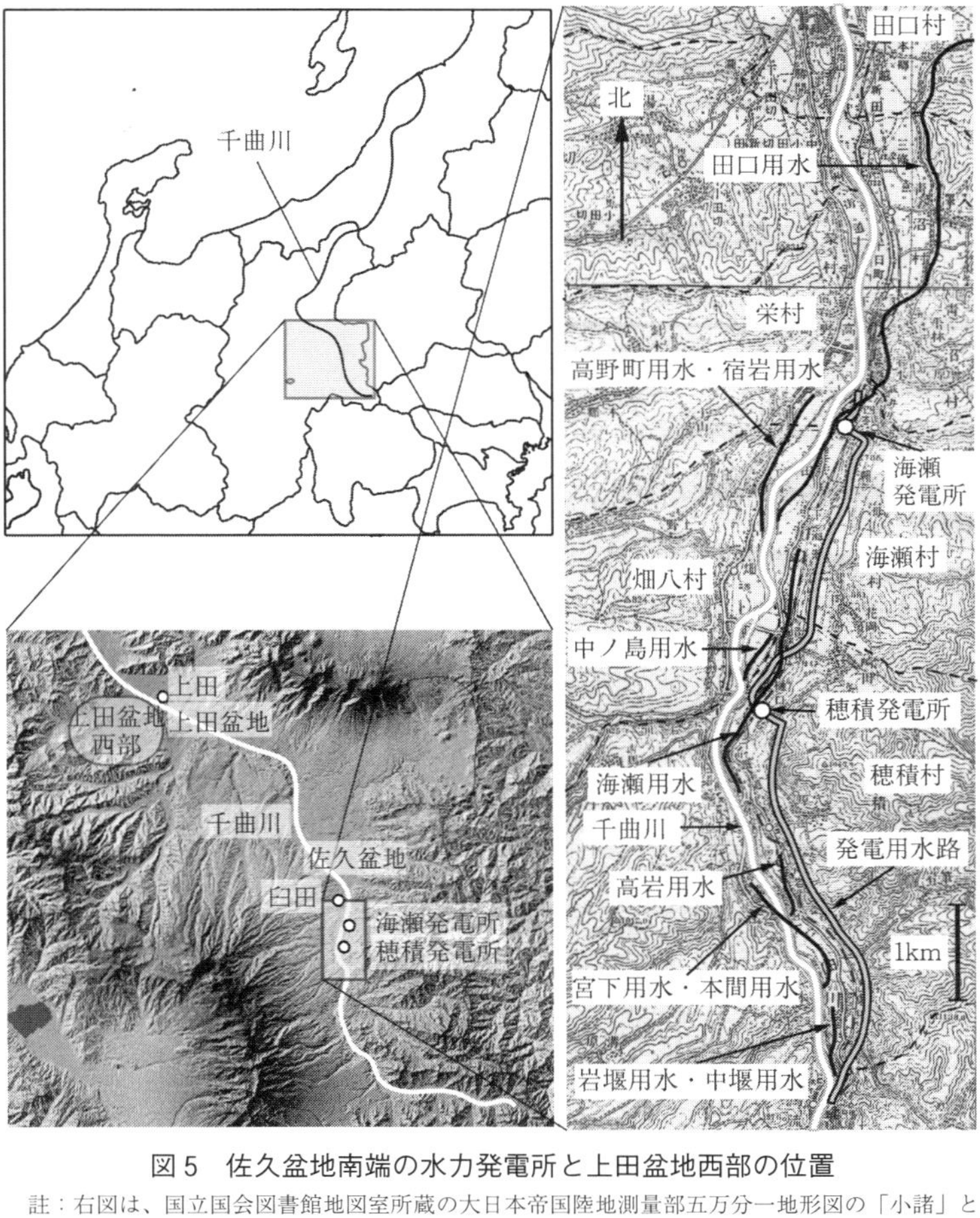

図５　佐久盆地南端の水力発電所と上田盆地西部の位置

註：右図は、国立国会図書館地図室所蔵の大日本帝国陸地測量部五万分一地形図の「小諸」と「蓼科山」をもとに作成。高野町用水・宿岩用水、宮下用水・本間用水、岩堰用水・中堰用水については、それぞれ後者が前者の支流にあたる。発電用水路は穂積発電所と海瀬発電所の水路が直結された最終計画の経路を、農業用水は両発電所の建設前の経路を示す。

出典：発電用水路と農業用水：「行政文書建設省」：「東信電気　長野　信濃川系千曲川　二〇二冊」（昭48建設24600120）。

発電用水路へ分流された分だけ減少したわけである。

だが、千曲川の水は、工業化以前から流域の稲作を支える灌漑用水として使用されてきた。実際、一九二〇年には、穂積発電所と海瀬発電所の所在する南佐久郡では、全世帯の七二・三%が農業に従事し[6]、農産物の総生産額に占める米の比率は五三・二%に達していたから[7]、この地域の世帯にとって稲作はきわめて重要な収入源であった。そこで図5（右側）では、両発電所の取水口から放水口に至る千曲川の区間から取水する農業用水がどのように分布していたかを示した。当時の農業用水は、河川の上流で取水して高低差を利用し、下流方向に送水する仕組みであったから、農業用水は千曲川に沿って設けられていた。図5では、各農業用水の幹線部分のみを示したが、そこから細かな水路が枝分かれし、流域の水田に灌漑用水を供給していた。実際、穂積発電所と海瀬発電所の名前の由来となり、両発電所の所在した穂積村と海瀬村では、詳細の判明する一九二六年の事例となるが、両村の水田の総面積一六九・七町のうち六八・四%にあたる一一六町は千曲川から灌漑用水を取水していた[8]。同様の状況は、さらに下流の流域にも認められる。たとえば、両発電所の放水口から三キロメートル以上も下流にあった田口村では、一九二六年には、水田の総面積二三三・七町のうち千曲川から灌漑用水を得ていた水田は六四・二%にあたる一五〇町にも達していた[9]。これは、田口村の主要な農業用水である田口用水が両発電所の取水口と放水口に挟まれた千曲川の区間から灌漑用水を取水していたためである。この事例が示すように、両発電所の建設によって灌漑用水が不足する危険性のある水田は、両発電所の周辺はもとより、それよりも下流の地域にまで及んでいた。

(2) 灌漑用水の不足による稲作の減収

では、千曲川流域の農家は、千曲川に水力発電所が建設され、灌漑用水が不足したならば、どの程度の被害が発生すると予想していたのだろうか。この点をめぐっては、自然現象とはいえ農家が同様に灌漑用水の不足をもたらす旱魃を経験していた事実が注目される。そこで以下では、同じ長野県内の上田盆地西部において一九二四年に発生した旱魃の事例を検討しよう。上田盆地西部は、図5に示したように千曲川西岸の内陸部に位置し、そこでは、千曲川よりも標高が高く、東側の丘陵に阻まれて千曲川から取水して奥地まで水を送る農業用水を建設することも難しいため、域内の小河川を水源として稲作が行われていた。元来、上田盆地は、長野県内でも降水量の少ない地域であったが、とくに一九二四年には、年始から夏場まで極端な少雨に見舞われた。実際、上田での観測記録によれば、一月から八月までの降水量は、一九二四年には三三七ミリメートルにすぎず、一九二三年と一九二五年には順に九〇四ミリメートル、六九八ミリメートルであったから、これらと比べて一九二四年の降水量がいかに少なかったかが分かるだろう[10]。上田盆地西部の小河川の場合、その集水域、すなわち水源となる降雨の得られる範囲は同盆地西部に限られるので、この集水域における降水量の多寡が同地域の小河川の流量に反映された。それゆえ、上田盆地西部の降水量の多寡は、域内で使用しうる灌漑用水の水量を示す指標となる。上述した上田の観測記録によれば、一九二四年の一月～八月の降水量三三七ミリメートルは、一九二五年の六九八ミリメートルと比べてもその四八・三%にすぎない。従って、上田盆地西部では、一九二四年に使用可能な灌漑用水は例年の半分程度まで激減し、農家は、田植のため水田に充分な水を溜めることも、田植後の稲に充分な水を供給することもできない事態に見舞われた。

ただ、これには例外が存在した。上田盆地西部の東端の川辺村は、千曲川本流に接する地理的条件に恵まれ、一九二四年には同村の水田総面積の約七割は、千曲川から取水する農業用水を利用していたからである。[11]この点は、同村にとって灌漑用水を安定的に確保するうえできわめて有利な条件となった。千曲川の集水域は、支流も含めれば長野県東部全域に及ぶ。しかも極端な少雨は局地的に発生することが多く、上田盆地が旱魃であった一九二四年でさえ、上流の佐久盆地の臼田では（図5）、一月〜八月の降水量は五三七ミリメートルに達していた。そのため、千曲川本流の水量は、流域の一部が旱魃でも大幅に減少することはなかった。実際、千曲川の水量の記録が判明する一九二六年と一九二八年の場合、上田の年間降水量は、一九二六年には再度旱魃に見舞われたため五六三ミリメートルしかなく、一九二八年の一〇九五ミリメートルと比べてその五一・四％にすぎなかったが、上田盆地東端の羽毛山測水所では、最も水量の減った時期の値を比較しても、千曲川の流量は、一九二八年の毎秒一五・六立方メートルに対し、一九二六年にはその八〇・八％に相当する毎秒一二・六立方メートルに達していた（逓信省電気局 一九二八、逓信省電気局 一九三〇）。

従って、川辺村のように千曲川から取水できた地域は、旱魃でも稲作の減収を防ぐのに充分な灌漑用水を確保することが可能であった。この点は図6から読み取れよう。これは、域内の小河川を水源としていた上田盆地西部の中塩田村ほか八ヵ村と千曲川から取水していた川辺村を対象とし、[12]水稲の一反あたり収量の変化を比較したものである。こうした土地生産性に注目するのは、当時の日本では、北海道を除き、耕地面積はほとんど増加せず、単位面積あたりの収量が農業生産力を示す指標となる

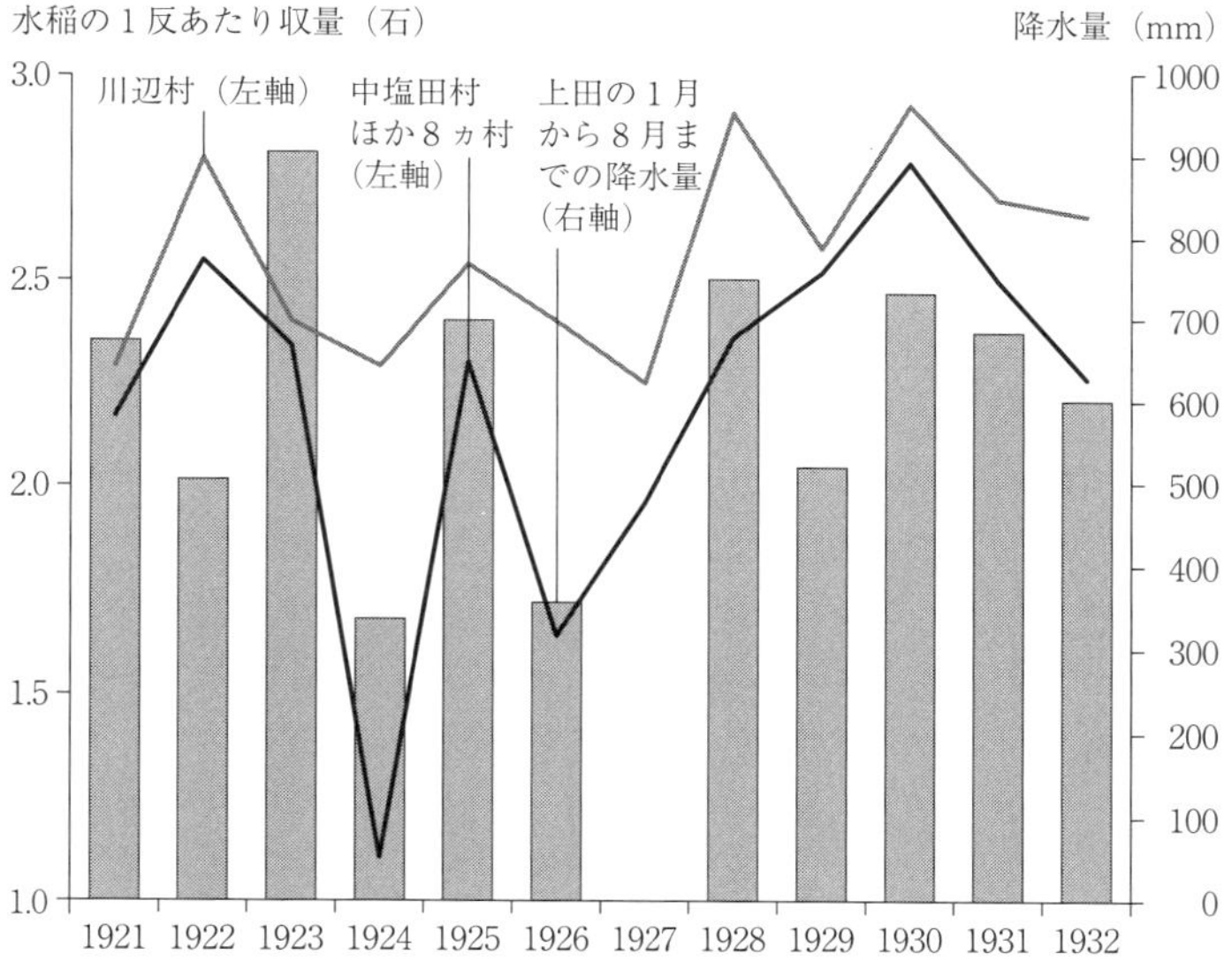

図６　上田盆地西部の水稲の１反あたり収量と降水量の推移

註：対象は粳米収量。中塩田村ほか８ヵ村とは、中塩田村、東塩田村、西塩田村、泉田村、浦里村、室賀村、青木村、別所村、富士山村を指す。1927年のみデータの欠損によって降水量が判明しない。

出典：水稲の１反あたり収量：長野県（1922-33)。降水量：中央気象台（1927)、中央気象台（1933)、中央気象台（1938)。

からである。図６によれば、年始から夏場にかけて極端な少雨に見舞われた一九二四年には、一反あたり収量は、中塩田村ほか八ヵ村では著しく減少したのに対し、川辺村ではそれほど低下しなかった。こうした違いは、同じく旱魃であった一九二六年にも認められる。そこで図６では、降水量との関係を比較するため、上田の一月〜八月の降水量の推移も示した。それによれば、たとえば一九二二年と一九二九年には、少雨とはいえ、中塩田村ほか八ヵ村の水稲の一反あたり収量は川辺村とほぼ同水準に達している。もっとも、旱魃被害が顕著であった一九二四年ならびに一九二六年と異なるのは、一九二二年と一九二九年には上田の当該期間の降水量はいずれも五〇〇ミリメートル以上に達していた点にある。逆にいえば、千曲川から取水できない地域では、当該期間の降水量が五〇〇ミリメートルを下回ると、水稲の収量は極端に低下した。従って、千曲川流域の農家は、水力発電所の建設によって灌漑用水の供給量が不足し、稲の生育に必要な最低水準を下回ると、稲作の著しい減収に見舞われると危惧していたわけである。

第三節　千曲川中流の水力発電所の建設計画

戦前の日本には、河川の電源開発が灌漑用水の不足を招くことがないように、知事が水力発電所の建設計画を審査する制度が存在した。だが、それでも電力会社は自社の取水を優先し、農業用水の取水を阻害しかねない建設計画を作成する傾向があった。以下では、千曲川中流の水力発電所の建設計画もこうした問題を有していたことを明らかにする。

(1)　農業用水の水利権と河川の電源開発

日本では、すでに近世には各農業用水の管理組合が河川から一定量の取水を行う慣行水利権を有し、幕府や各藩もこうした水利権を保護していた。これは明治以降にも継承され、政府は農業用水の慣行水利権を保護する政策をとっていた。この方針は、当時の政治的、経済的状況を反映したものであった。近世には人口の過半は農民であり、近代に至っても、戦前には就業人口の半数近くは農業に従事していた。それゆえ、農業用水の取水が妨げられ、稲作の減収といった農業への被害が生ずると、それは人口の多数を占める農民の生活水準を低下させ、政治的に不安定な状況を生み出すおそれがあった。

こうした状況の下で、一八九六年に政府は河川法を制定して水利権の管理体制を制度化した。それによって政府は、府県知事を各管轄域内の河川管理者と定める一方で、各農業用水の管理組合の慣行水利権を法的権利として認め、それを保護する政策をとることとなった（森 一九九〇）。この方針の下で、知事は、新規の水利権の申請に対し、既存の水利権を侵害しないことを認可要件として求めた（宮崎 一九五六）。その際、知事は、漁業や水運などに関しても、その従事者の河川の使用権を保護する姿勢を示したが[13]、一般には、既存の農業用水の水利権を保護することを主眼としていた。こうした方針は、水力発電所の水利権の申請にも適用された。そのため、知事は、電力会社から水力発電所の建設のため河川の利用申請が提出されると、その計画を該当河川の流域の町村に諮問し、各町村は、町村内の意見をまとめ、それを知事に回答していた（宮崎 一九五六）。当時、農業用水の水利権を有する主体はその管理組合であったが、こうした管理組合は各農業用水を使用する耕地の所有者から構成され、こうした所有者の多くは該当河川の流域の町村に居住していた（渡辺・金沢 一九六一、玉城 一九八四）。従って、知事は、流域の町村へ諮問を行うことで、水力発電所の建設が流域の農業用水の取水にいかなる影響を及ぼすかを把握することができた。そして知事は、各町村の意見をもとに電力会社に計画の変更を求め、各町村の同意を得たうえで、監督官庁の内務省に新規の水利権を認可する旨の伺いを立て、その許可を待って電力会社に認可を与えていた。ただ内務省は、明らかな瑕疵については修正を求めたが、一般には知事の決定を追認していた。

(2) 海瀬発電所の建設計画

穂積発電所と海瀬発電所の建設計画についても、上記の手続きを経て審査が行われた。両発電所の建設計画が長野県知事に最初に提出されたのは一九一七年八月のことであった。当時、河川の電源開発をめぐって、最も懸念されていたのは農業用水の水利権との関係であった[14]。そのため、東信電気は、既存の農業用水との関係を一応考慮して両発電所の建設計画を作成していた。ただ、穂積発電所の場合、最初に提出された当初計画を記録した資料が残されていないので、その建設計画については、後に計画の修正を説明する際に言及するとし、以下では、詳細の判明する海瀬発電所に注目しながら当初計画の概要を説明しよう[15]。

海瀬発電所の当初計画では、図7に示すように後に実現した最終計画と異なり、穂積発電所で使用された水は同発電所の放水口から千曲川にすべて戻され、その下流に海瀬発電所の取水用堰が設置され、それに付属した取水口から再度取水が行われる設計がなされていた[16]。そして海瀬発電所の当初計画は、穂積発電所の放水口から使用後の水が全量還流された後、海瀬発電所の取水口まで千曲川を流下する水量を基準として、次のように取水量を決定している。まず東信電気は、一九一二〜一三年に電気事業を監督する逓信省が行った千曲川の流量調査を参考とし、自社でも一九一六〜一七年に同様の調査を行い、海瀬発電所の取水口予定地点の流量を算定した。その結果、同社は、該当地点の千曲川の流量を平水時には毎秒一五・二九立方メートル以上、渇水時でも毎秒九・一七立方メートル以上と

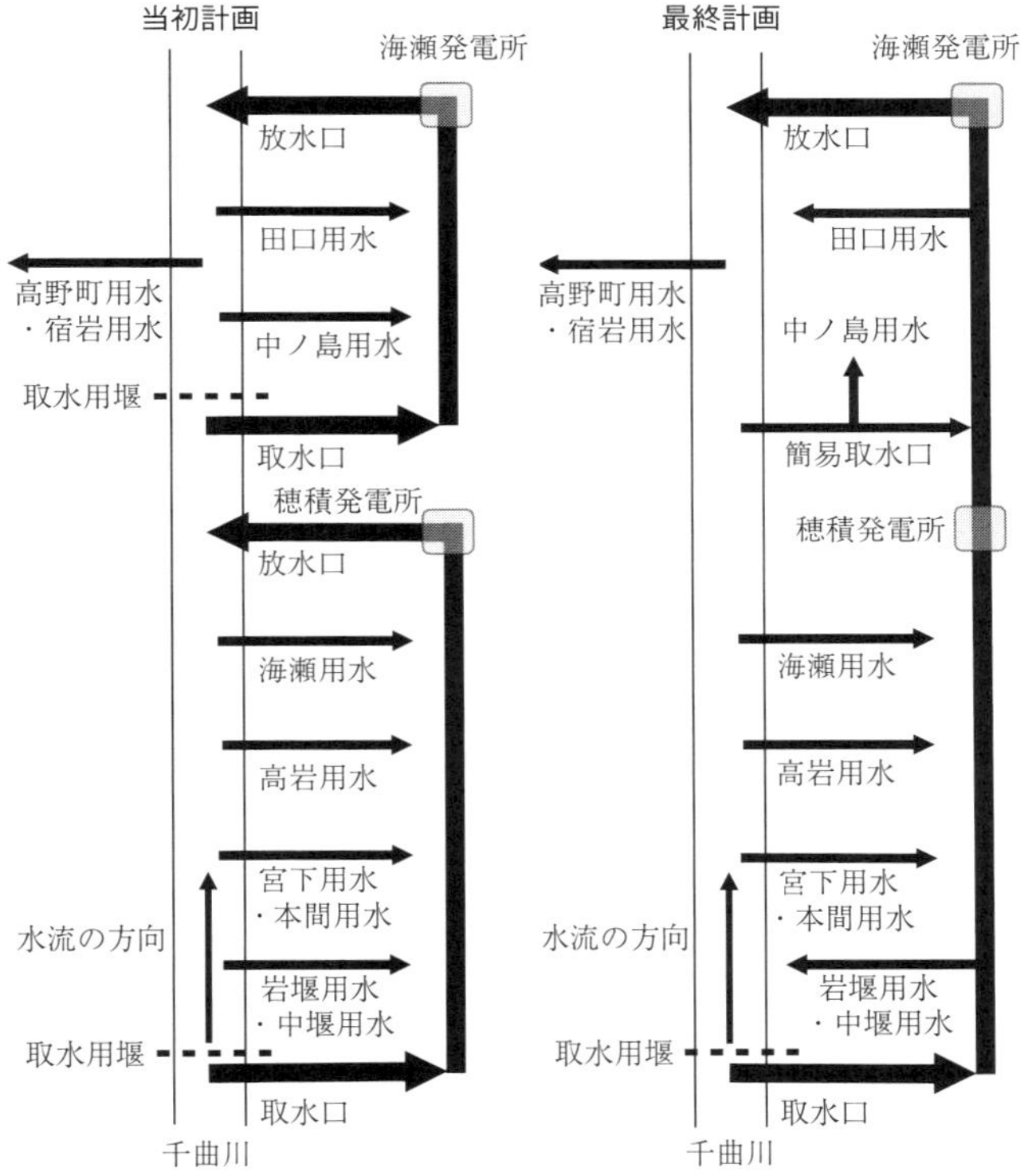

図７　当初計画と最終計画の発電用水路と農業用水

註：資料的制約から穂積発電所の当初計画は判明しないので、本図の当初計画のうち、穂積発電所の取水口から放水口までの区間から取水する農業用水に関しては、発電用水路からの分水が行われる前の状況を示した。

予測している。逓信省の定義によれば、このうち平水時の流量とは年間に六ヵ月以上確保される河川の水量を、渇水時の流量とは年間に計一〇日未満しか発生しない最低水準の河川の水量を指す（逓信省 一九一四）。また平水時毎秒一五・二九立方メートル、渇水時毎秒九・一七立方メートルという値は、いずれも余裕を持って設定された最低限の値であり、実際の流量はこれらの値をある程度上回っていた。ただ、平水時と渇水時の水量には顕著な差があるため、当時の水力発電所は、平水時を基準に取水量を定めて最大出力を決定し、渇水時には取水量を減らして出力を抑えていた。これは、東京電灯など、配電を担当する電力会社が火力発電所を建設し、渇水時の電力不足を火力発電で補う体制が形成されていたためである（橋川 二〇〇四）。そのため、海瀬発電所の当初計画は、その使用水量を平水時毎秒一三・九〇立方メートル、渇水時毎秒八・三四立方メートルとし、これらの水量を千曲川から取水することを予定していた。

　以上から、海瀬発電所の取水口予定地点で、過少なきらいはあるが、千曲川の流量を平水時毎秒一五・二九立方メートル、渇水時毎秒九・一七立方メートルとすれば、前述の海瀬発電所の使用水量が取水口から発電用水路へ分流されると、千曲川には平水時毎秒一・三九立方メートル、渇水時毎秒〇・八三立方メートルの流量しか残らないこととなる。それでも、この計画は、海瀬発電所の取水口予定地点の下流にある中ノ島用水の取水に配慮したものであった。同用水は、畑八村に帰属する千曲川東岸の水田に灌漑用水を供給する役割を持ち、海瀬発電所の取水口と放水口の予定地点に挟まれた千曲川の区間から取水を行っていた（図7）。海瀬発電所の当初計画は、この中ノ島用水の取水量を毎秒〇・四二立方メートルと算定し、千曲川に平水時毎秒一・三九立方メートル、渇水時毎秒〇・八三立方メートルの水量が残されていれば、同用水の取水が可能となると想定していた。

だが、海瀬発電所の当初計画は、すべての農業用水の取水を保障するとは到底いえないものであった。まず中ノ島用水の使用水量は、当初計画では毎秒〇・四二立方メートルとされていたが、後述するように実際には最大毎秒〇・七〇立方メートルまで増加する場合があった。さらに、この当初計画はそれ以上に深刻な問題を孕んでいた。東信電気は、海瀬発電所の建設が下流の地域に灌漑用水を供給する農業用水の取水を阻害する危険性を考慮していなかったからである。具体的には、高野町用水、宿岩用水、田口用水がこの問題に関係していた。これら三本の農業用水は、図7に示したように海瀬発電所の取水口と放水口の予定地点に挟まれた千曲川の区間から取水を行っていたが、海瀬発電所の当初計画には、これらの農業用水の取水を確保する措置が一切記載されていなかった。

この背景には、海瀬発電所の当初計画が提出された一九一七年はまさに大戦景気の最中にあり、東信電気は化学製品の生産を早期に開始するため電源開発を急いでいたという事情が存在した。それを裏付けるように、この当初計画には、中ノ島用水の使用水量以外にも、明らかに充分な検討を怠った箇所が認められる。たとえば、この計画は海瀬発電所の取水口予定地点を「海瀬村大字樋口」と記しているが、計画の審査に関与した南佐久郡の郡長から該当地点は正しくは「穂積村」である旨の指摘がなされている。また知事の諮問に対する畑八村の回答によれば、この計画は中ノ島用水の取水口を海瀬発電所の取水口予定地点から下流へ「五十間」の位置にあると記載しているが、実際の距離は「弐十間」しかなかったという。東信電気にとって、上記三本の農業用水の管理組合を配下に持つ流域の村と事前に協議を行ったとすれば、計画の提出が遅れ、さらに発電所の取水量を制限される可能性もあった。逆にいえば、同社は、そうした自らに不利となる交渉を後回しにして計画を急いで作成し、その提出を優先したわけである。

第四節　流域の村の対応と建設計画の修正

電力会社は、農業用水の取水を妨げかねない水力発電所の建設計画を作成する傾向があった。だが、知事の水利権の審査は、こうした不充分な計画に歯止めをかける役割を果たした。千曲川中流の水力発電所の建設計画に関しても、知事の審査過程で流域の村からの要求に従って計画の修正が行われた結果、農業への被害が未然に防止されることとなった。

(1)　当初計画の修正

長野県知事は、穂積発電所と海瀬発電所の建設計画が提出されると、農業用水の水利権との関係を調査するため審査を開始した。そこで、まず詳細の判明する海瀬発電所の事例を中心にその後の経緯を説明しよう。[17]当時、知事は各郡の郡長を介して町村への諮問を行っていた。そのため、海瀬発電所の場合、南佐久郡の郡長が当初計画に記されていない農業用水の存在に気付き、関係する二つの村として、田口村と栄村から意見の聴取が行われることとなった。その結果、両村の求めに応じて、東信電気は以下の対応を迫られた。

まず田口村の場合、海瀬発電所の建設は同村の主要な農業用水である田口用水の取水に支障をきたすおそれがあった。そのため、一九一九年三月に田口村は、知事に対して、同発電所の建設によって「本村引用ノ水量ハ殆ント皆無」となると強く「抗議」している。これは決して誇張ではなかった。当初計画に従って海瀬発電所が建設されると、その取水によって中ノ島用水、高野町用水、宿岩用水、田口用水の水源となる千曲川の水量が減少することが予測されていた。このうち高野町用水、宿岩用水、田口用水の使用水量は、後述するようにいずれも最大で毎秒〇・四二立方メートルであったから、前述の中ノ島用水の毎秒〇・四二立方メートルと合わせて、上記の農業用水四本の使用水量は計毎秒一・六八立方メートルに達していた[18]。一方、海瀬発電所の当初計画によれば、これらの農業用水の水源となる同発電所の取水口予定地点の千曲川の水量は、同発電所の使用水量を控除すると、平水時でも毎秒一・三九立方メートルまで減少すると想定されていた。従って、田口用水は、灌漑用水の需要が増加した場合、千曲川の水量の不足によって取水が不可能となるおそれがあった。そこで田口村は、東信電気と協議し、一九一九年一二月に協定を締結した。それによって東信電気は、同村に譲歩して田口用水に必要な水量を供給する義務を負うこととなった。具体的には、同社は、海瀬発電所の水路に田口用水へ分水する施設を設置し、同発電所の取水口から、発電用の使用水量に田口用水のそれを上乗せした水量を取り込み、発電用水路から田口用水に給水を行うことが決定された。

また栄村に対しても、東信電気は同様の対応を行った。海瀬発電所の当初計画は、栄村の水田四〇町に千曲川から灌漑用水を供給する高野町用水と宿岩用水の取水を阻害するおそれがあった。栄村では、千曲川から灌漑用水を得ていた水田の比率は田口村よりも少なく、一九二六年を例にとれば、栄村の水田の総面積一五七・二町に対し[19]、上記の四〇町はその二五・四%にとどまっていた。だが、それでもこの割合自体は決して低いとはいえず、また当初計画の下で海瀬発電所が建設されると、高野町用水と宿岩用水でも、田口用水と同様に取水が不可能となるおそれがあった。そこで栄村は、東信電気と協議し、一九二〇年三月に同社に対して高野町用水と宿岩用水への給水義務を認めさせる協定を結んだ。それによれば、東信電気は、海瀬発電所の取水用堰に水門を設け、千曲川の水量が少ない場合、この水門を開放して両用水の取水を確保することとなった。ただ同社にとって、こうして水門を開放して自然流の流下量を増やせば、海瀬発電所の使用水量は逆に減少した。しかも、この水門を開放しても、なお千曲川の水量が不足する場合、東信電気は、「其事業ヲ休止スルコトアルモ異議ヲ唱フルコトヲ得ズ」とあるように、海瀬発電所ならびに穂積発電所の運転を休止しても両用水の取水を保障する約束までも交わしている。

東信電気は、こうして農業用水の取水を確保する対策を講じ、この間、大戦景気の終息による遅れもあり、ようやく一九二一年三月に知事から海瀬発電所の水利権を認可された[20]。一方、穂積発電所の場合、すでに一九一九年一二月には水利権が認可されていた。穂積発電所に関しても、認可計画によれば、農業用水の取水をめぐって流域の村とは「協定済」との記載があり、発電用水路に分水施設を設置して岩堰用水と中堰用水に給水を行うことも決定されていた[21]。この事実が示すように、穂積発電所の場合も、東信電気は、農業用水の取水を確保するため流域の村と事前に協議を行っていたわけである。

ただ、ここで注目されるのは、水利権の認可に際して、知事が発電所の使用水量を減らし、農業用水の使用可能な水量を増やす措置を行った点である。海瀬発電所の場合、東信電気は、当初計画では使用水量を平水時毎秒一三・九〇立方メートル、渇水時毎秒八・三四立方メートルと申請したが、知事は、平水時、渇水時ともに使用水量を毎秒一・一一立方メートル減らし、最大で平水時毎秒一二・七九立方メートル、渇水時毎秒七・二三立方メートルの使用しか許可しなかった。また穂積発電所の場合、当初計画の使用水量は判明しないが、一九一九年一二月の認可の際、東信電気は、最大で平水時毎秒一三・九〇立方メートル、渇水時毎秒八・三四立方メートルの水量の使用を認められた[22]。だが、その後、一九二一年九月の時点で、穂積発電所の使用水量の上限は平水時毎秒一三・〇七立方メートル、渇水時毎秒八・〇六立方メートルに制限されていた[23]。従って、この間、知事は、穂積発電所の使用水量を認可時点よりもそれぞれ毎秒〇・八三立方メートル、毎秒〇・二八立方メートル減らす変更を命じたことが判明する。穂積発電所と海瀬発電所の運転開始後の状況から判断すれば、上記の措置は農業用水に必要以上に多くの水量を配分するものであった。しかし、このことは、知事が何より農業用水の取水の確保を重視していたことを物語っている。

こうして使用水量は減少したが、それでも穂積発電所と海瀬発電所の建設計画は、水利権の認可を受けて実現に向けた歩みを始めた。ただ、両発電所の建設計画は依然として改善の余地を残すものであったため、東信電気は、その後も修正案を作成し、知事の認可を得る手続きを繰り返している。なかでも最大の変更は、両発電所の水路を直結するものであった。すなわち、東信電気は、早くも一九二一年九月には、建設費を抑制するため、海瀬発電所の取水を目的として千曲川に設置する予定であった堰の建設を取り止め、その取水口を千曲川から少量の水を追加で取り込むだけの簡易なものに変更したうえで、穂積発電所と海瀬発電所の水路を直結し、穂積発電所の使用した水を千曲川に戻さず、すべて海瀬発電所の水路に直送する修正案を知事に提出した。[24] 両発電所の場合、すでに発電所の使用水量を減らし、農業用水の使用可能な水量を増やす形で認可が行われていたので、上記の水路の直結を含めて、計画の修正案はいずれも知事から許可されている。だが、その後、東信電気は、両発電所の工事に着手したが、まもなく電力の卸売に事業の中心を移した結果、自社の発電出力を増強する必要に迫られた。そこで同社は、一九二三年の関東大震災による中断を経て、一九二四年一二月に最終計画として両発電所の使用水量をいずれも平水時毎秒一三・九〇立方メートル、渇水時毎秒八・三四立方メートルまで増加させる修正案を提出した。[25] これは、海瀬発電所の使用水量を当初計画した水準へ、穂積発電所のそれを当初認可された水準へ戻すものであった。もっとも、東信電気にとって、この変更に関して知事から認可を得るには、その修正案が農業用水の取水を保障するものであることを示す必要があった。そのため、上記の最終計画の提出に際し、同社は農業用水の取水を確保する修正案を併せて申請している。

以下では、詳細の判明する海瀬発電所に焦点を当て、こうした農業用水の取水の改善策を説明しよう。[26] まず海瀬発電所の取水口地点で、過少なきらいはあるが、前述したように千曲川の本来の水量を平水時毎秒一五・二九立方メートル、渇水時毎秒九・一七立方メートルとすれば、このうち平水時毎秒一三・九〇立方メートル、渇水時毎秒八・三四立方メートルが上流の穂積発電所の取水口から発電用水路に取り込まれ、千曲川に戻ることなく海瀬発電所の水路へ直送されると、海瀬発電所の取水口よりも下流の千曲川には、平水時毎秒一・三九立方メートル、渇水時毎秒〇・八三立方メートルの水量しか残らないことになる。この残水は、中ノ島用水、高野町用水、宿岩用水、田口用水の水源となるが、東信電気が再度調査した結果、上記四本の農業用水の使用水量は最大で順に毎秒〇・七〇立方メートル、毎秒〇・四二立方メートル、毎秒〇・四二立方メートル、毎秒〇・四二立方メートルに達し、その合計は毎秒一・九六立方メートルとなることが判明した。灌漑用水の需要は稲の生育する夏季の平水時にピークを迎えるが、それでも毎秒一・九六立方メートルという使用水量は、平水時の千曲川の残水毎秒一・三九立方メートルを上回っていた。そのため、東信電気は、当初の認可計画では、下流の灌漑用水が不足する場合、海瀬発電所の取水用堰の水門を開き、千曲川の自然流を増やすこととなっていた。だが、この堰の建設が中止されたため、こうした対策は不可能となった。

そこで東信電気は、中ノ島用水の使途を調査し、その使用水量毎秒〇・七〇立方メートルのうち、灌漑用水には毎秒〇・一四立方メートルのみが使用され、毎秒〇・五六立方メートルは精米所の水車に用いられていたことから、この精米所に電力の提供を条件に水車の使用を停止させ、同用水の取水量を毎秒〇・五六立方メートル減らすことに成功した。併せて、中ノ島用水の灌漑用水については、海瀬発電所の簡易取水口から取り込んだ水を分流する施設を設置し、同用水に給水を行う変更がなされた。その結果、上記四本の農業用水の使用水量は、最大でも計毎秒一・四〇立方メートルと平水時の千曲川の残水毎秒一・三九立方メートルと同水準まで抑制された。実際には、千曲川の残水毎秒一・三九立方メートルという値は過少のきらいがあり、通常、千曲川の水量はそれをある程度上回っていた。それでも降水量の不足から、万一、千曲川の水量が毎秒一・三九立方メートルを下回るまで減少すると、千曲川から直接取水を行う高野町用水と宿岩用水の取水に支障が生ずるおそれがあったが、この場合、栄村との協定にあるように、東信電気は海瀬発電所と穂積発電所の取水量を減らしても両用水の取水を確保することとなっていた。従って、以上の措置によって上記四本の農業用水の取水は完全に保障されたわけである。

ただ田口用水については、海瀬発電所の水路から給水が行われるので、穂積発電所の水路から給水を受ける岩堰用水と中堰用水と合わせて、穂積発電所の取水口から取り込む水量を、両発電所の使用水量に農業用水への分水量毎秒〇・八三立方メートルを加えて、平水時毎秒一四・七三立方メートル、渇水時毎秒九・一七立方メートルまで増大できるように変更が行われた[27]。さらに最下流の田口用水への給水量が不足しないように、海瀬発電所の水路には、同発電所の取水口から取り込んだ千曲川の水を追加する修正もなされた。その際、岩堰用水と中堰用水への分水が行われない場合、海瀬発電所の水路には、最大で平水時毎秒一四・七三立方メートル、渇水時毎秒九・一七立方メートルの水量が直送されるため、それらに毎秒〇・二八立方メートルの水量を追加し、同発電所の水路に対しては、平水時毎秒一五・〇一立方メートル、渇水時毎秒九・四五立方メートルまで供給量を増加できるように設計が変更された[28]。

(2)　水力発電所の運転開始と流域の農業生産

この最終計画は、農業用水の取水の確保を可能にするものであったため、穂積発電所と海瀬発電所に分けて、それぞれ一九二五年四月、翌五月に知事から認可を受けている[29]。そして東信電気は、急ぎ工事を進め、一九二五年一一月には両発電所の運転を開始した（逓信省電気局 一九三六）。この工事中、土木工事で一部の井戸が涸れたり、運転開始後、発電機の音漏れへの苦情が寄せられたりする事態も発生したが、それらが運転の中止を求める深刻な問題に発展することはなく、その後も両発電所は運転を継続することができた[30]。これは、何より事前の調整によって、地元の住民にとって当時最も重要な農業用水の取水が保障されていたためである。

そこで図8では、両発電所の運転開始後、海瀬発電所の取水口地点で、千曲川の水流が発電所、農業用水、自然流にどのように配分されていたかを平水時と渇水時に分けて示した。東信電気は、一九一七年に提出された当初計画では、該当地点の千曲川の流量を平水時毎秒一五・二九立方メートル以上、渇水時毎秒九・一七立方メートル以上と想定していたが、その後、夏季の水量の変化に注目し、一九一七～二一年に同地点の流量を継続的に計測している。それによれば、夏場でも旱魃のため渇水として水量が大幅に減少する場合があり、上記の計測期間中、千曲川の流量は、一九一八年六月に最少の

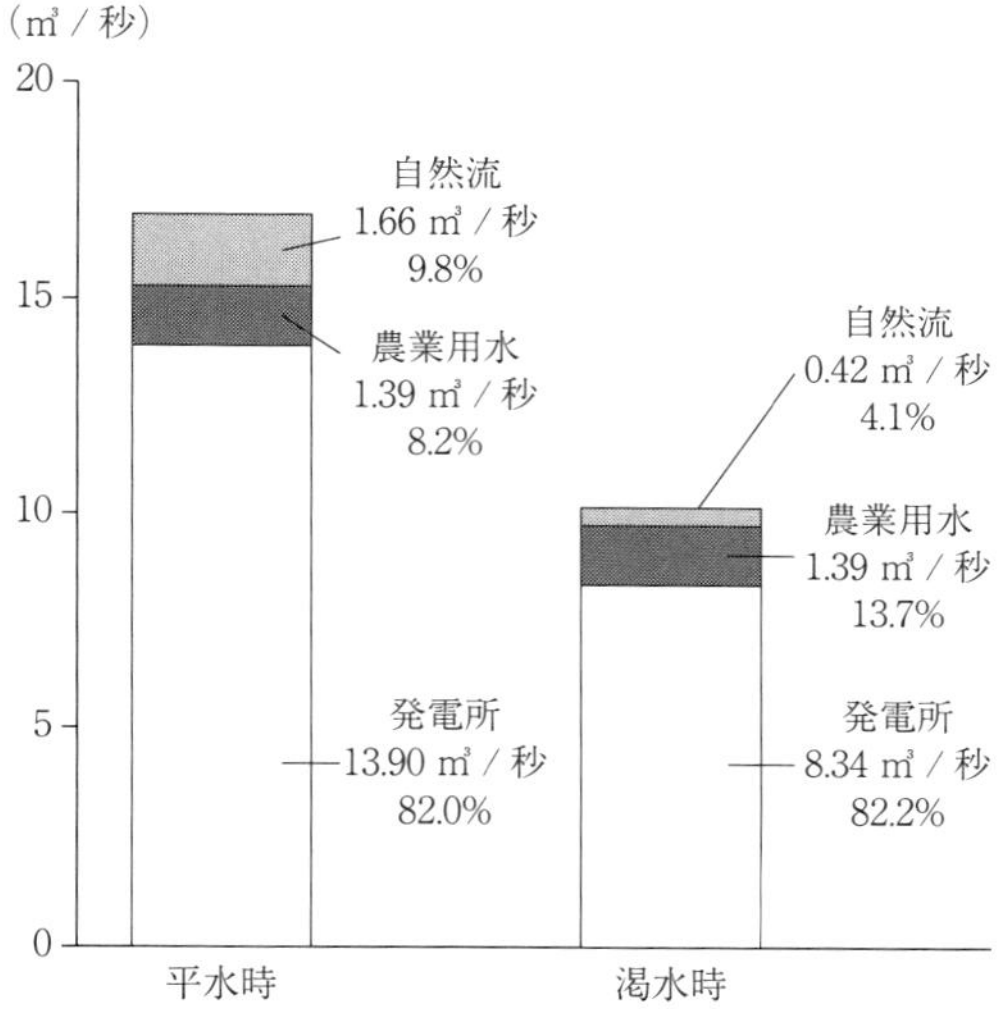

図8　千曲川の水流の配分

註：本章では、使用水量に関して原資料の立方尺をメートル基準に換算して四捨五入した値を使用している。そのため、各農業用水の使用水量を合計した本文の値と本図で示した農業用水の使用水量との間には若干の誤差がある。

出典：「行政文書建設省」：「大正十四年　長野　千曲川（海瀬水力）東信電気　三八」（昭48建設23500150）。

毎秒一〇・一五立方メートルまで低下したが、それでも当初計画で想定された渇水時の流量毎秒九・一七立方メートルを上回っていた[31]。発電と農業の取水の競合が問題となるのは灌漑用水の需要が増える夏季であったから、図8では、この毎秒一〇・一五立方メートルを渇水時の流量として配分比を求めた。一方、平水時の場合、同様の計測は行われなかったが、海瀬発電所の当初計画で想定された千曲川の流量として、平水時の毎秒一五・二九立方メートルは渇水時の毎秒九・一七立方メートルの一・六七倍に相当した[32]。従って、図8では、一〇・一五立方メートルに一・六七を乗じて求めた毎秒一六・九五立方メートルを平水時の流量として配分比を算出した。

図8によれば、穂積発電所と海瀬発電所の建設によって、千曲川の水流の大半は両発電所のために使用されるようになったことが分かるだろう。平水時には、千曲川の全流量のうち、発電所の使用水量は八二・〇%に達し、残りが農業用水八・二%、自然流九・八%という比率で配分されていた。確かに、今日の環境問題の視点からみれば、このような流量の配分は河川の自然流を激減させ、河川の生態系に悪影響を与える（池淵 二〇〇九）。だが、両発電所の建設された当時の社会には、まだ環境問題に対する意識は形成されていなかった。それゆえ、ここでは、歴史的な問題として、今日の価値観ではなく、むしろ灌漑用水の確保を最も重視していた当時の人々の価値観に即して評価を行うのが妥当である。こうした視点から、図8の流量の配分に注目すると、穂積発電所と海瀬発電所の河川の利用は、発電用の配分比が大きいとはいえ、発電よりもむしろ農業用水の取水に重きを置いていたことが判明する。こうした特徴は、とくに渇水時に明らかとなる。図8によれば、渇水時には、千曲川の全流量に占める発電所の使用水量の割合は八二・二%と大して変化しなかったが、発電所の使用水量

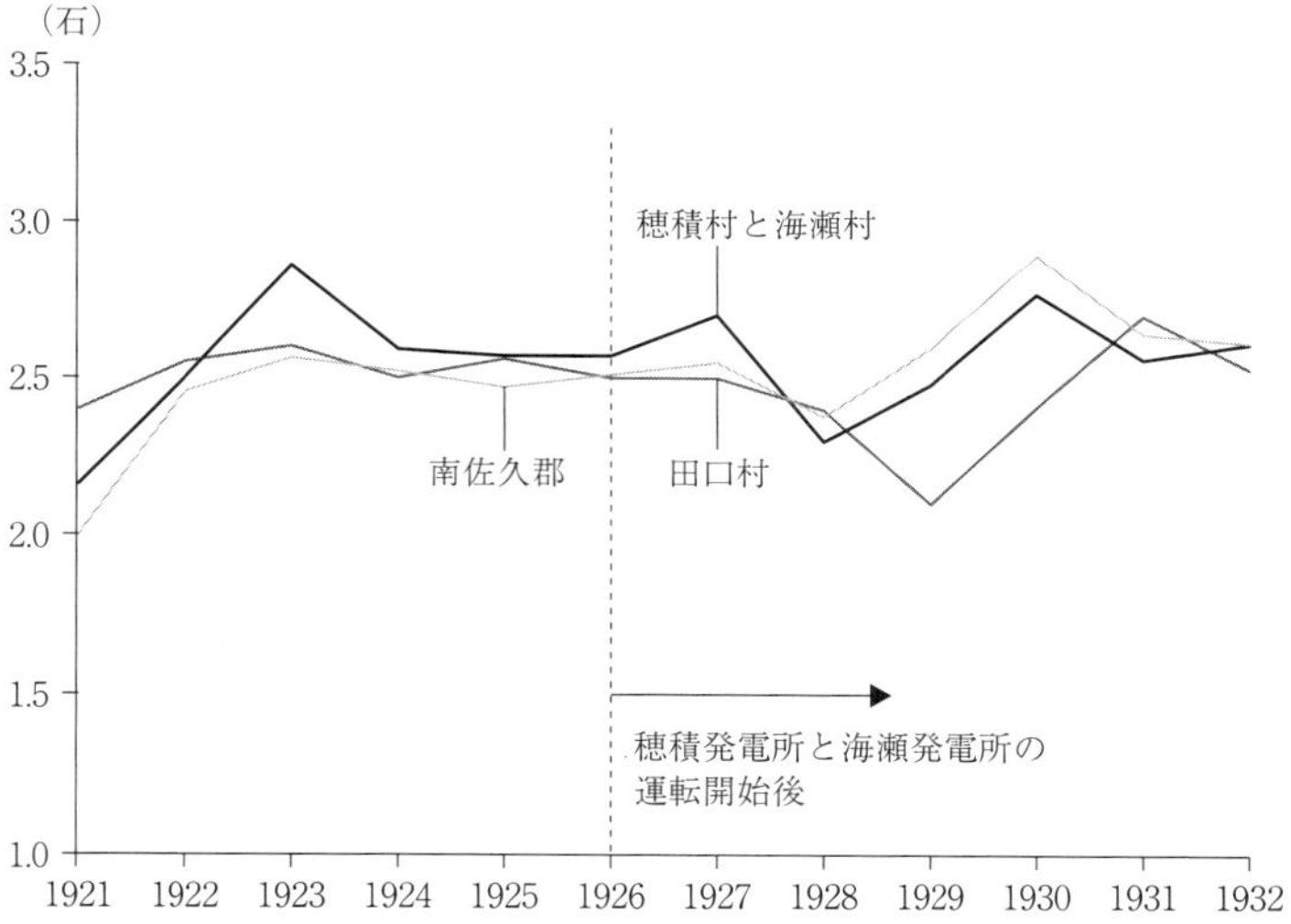

図９　水稲の１反あたり収量の推移

註：対象は粳米収量。穂積村と海瀬村の場合、両村を合わせた地域を対象とした。
出典：長野県（1922-33）。

自体は毎秒一三・九〇立方メートルから毎秒八・三四立方メートルへ大幅に削減され、自然流も毎秒一・六六立方メートルから毎秒〇・四二立方メートルへ減らされた。これは、何より農業用水の確保が最優先されたからに他ならない。そのため、渇水時でも、農業用水には平水時と同じ毎秒一・三九立方メートルの水量が配分され、全流量に占めるその比率も一三・七％へ上昇した。

　こうして農業用水の取水が確保された結果、穂積発電所と海瀬発電所の運転が流域の農業生産に被害をもたらすことはなかった。この点は図9から読み取れよう。これは、村内の水田の多くが千曲川から灌漑用水を得ていた穂積村と海瀬村、さらに同様の条件を有する田口村を対象とし、それぞれ水稲の一反あたり収量を求めたものである。もちろん、稲の作柄は、灌漑用水の供給状況に限らず、天候によっても左右された。従って、図9では、同様の天候条件を持つ南佐久郡全体を対象とし、水稲の一反あたり収量を求めて比較した。穂積発電所と海瀬発電所は一九二五年一一月に運転を始めたので、それが千曲川からの農業用水の取水を妨げたならば、図9で対象とした村では、一九二六年以降の稲の収量がそれ以前よりも減少し、南佐久郡全体のそれを大きく下回る傾向を示したはずである。だが、まず穂積村と海瀬村の事例に注目すると、その一反あたり収量は、ここで対象とした一九二一〜三二年を通して南佐久郡の値と連動して推移し、一九二六年以降乖離した傾向は認められない。一方、田口村では、その一反あたり収量は、一九二九年に南佐久郡の値と乖離して低下している。しかし、同村の値は、翌一九三〇年には上昇に転じ、一九三一年には南佐久郡の値と同水準まで回復し、一九三二年に至ってもその水準を維持している。そのため、田口村の一反あたり収量もまた、一九二九年に一時的に低下したことを除けば、一九二一〜三二年を通して全体として南佐久郡の値と同様の動きを示していた。これらの事実が示すように、穂積発電所と海瀬発電所は、農業用水の取水を確保しながら、千曲川を利用して発電を行い、急増する電力需要を充たす役割を果たしていたわけである。

おわりに

経済発展の途上にある国々では、工業化が重視され、自然資源の開発による被害を防止することが逆に軽視される傾向がある。こうした視点から、日本の経験をめぐっても深刻な被害をもたらした開発の事例が注目されてきた。だが、河川の電源開発の事例は、従来とは逆の視点から日本の自然資源の開発を再評価する必要があることを示している。戦前日本の河川の電源開発は、当時最も懸念されていた農業への被害を未然に防ぐことに成功した点で、公正な自然資源の開発と評価されるものであったからである。そして、これには、当時の日本では、農業社会を基盤として工業化が進行した事実が関係していた。日本では、一九二〇年代に至っても全世帯の半数近くは農家であり、農業社会に経済的打撃を与える自然資源の開発は、社会の不安定化を招く要因となった。そのため、河川の電源開発をめぐって、流域の町村には、開発による被害、とくに農業への被害が防止されない限り開発を拒否する権利が与えられ、河川管理者の知事は、流域の町村と開発業者の電力会社とが協議する場を設け、両者の妥結を待って電力会社に水利権を認可する仕組みが形成されていた。それゆえ、電力会社は、流域の町村に対し、開発による被害の防止策を講じなければ、河川に水力発電所を建設できなかったわけである。

確かに、河川の場合、水資源の利用がもたらす影響を精確に予測することが可能である。もっとも、他の自然資源の場合、鉱山の操業によって当初想定されていなかった有毒物質の流出が生じた事実が示すように、開発による被害の発生を予測できないケースが少なくない。だが、こうした鉱害の場合でさえ、戦前の日本では、鉱山の操業が農業に被害を及ぼす事実が判明すると、被害地域の農民の抗議を受けて府県はもとより政府も鉱害の防止策をとらざるをえなかった。一九〇〇年代には、足尾銅山の操業が農産物の減収要因である事実が判明すると、被害地域の農民が大規模な抗議活動を起こし、政府は、有害物質の流下を防ぐ遊水地を建設するため、土地収用を強行して建設予定地の農村を廃村としたが、それは廃村地の住民のさらなる抵抗を招く結果となった（東海林・菅井 一九八四、菅井 二〇〇一）。これ以降、開発業者に鉱害の補償を義務付ける公的制度はまだ存在しなかったが[33]、それでも各地の鉱山では、農業への被害が判明すると、政府と府県は、被害地域の農民の圧力を受け、加害者に被害者との協議を促した結果、被害者の要求を完全に満たすものではないにせよ、開発業者は損害を補償し、被害の防止策を講ずる必要に迫られた（菅井 一九七九、岡田 一九九〇、清水 一九九五、岡田 一九九六）。そして鉱害の経験が蓄積され、被害の予測がある程度可能になると、開発業者のなかには、不充分とはいえ、被害の発生を予防する対策をとる者さえ現れるようになった（菅井 一九七九）。

その後、一九三〇年代末以降、戦時下には、各地の町村にとって戦争継続に必要な自然資源の開発に異を唱えることは困難となった。この時期、資材の不足から開発事業自体は停滞したが[34]、戦争のため開発対象地の利害が軽視される体制が形成され、それは戦後へ引き継がれることとなった。そして戦後の一九五〇～六〇年代には、政府と都道府県は、開発対象地の町村の利害よりも、都道府県レベル、さらに国レベルで経済発展をはかることを優先し、経済成長を促進するため自然資源の開発を次々に認可する政策を推し進めた[35]。その結果、開発対象地では、ダム建設によって耕地に限らず宅地までも水没し、その地域の集落全体が消滅するような事態さえ発生した。しかし、時代を遡れば、一九三〇年代中頃までの日本には、農業社会の利害を尊重し、たとえ被害地域が一部の町村に限られていたとしても、農業の妨げとなり、農家の生活基盤を脅かす自然資源の開発には、歯止めがかけられる体制が存在した。そのため、開発による農業への被害をめぐって、政府と府県は、公的制度は未整備であったが、被害者に対して、被害の防止と補償を加害者に求める権利を実質的に認めたため、開発業者は被害地域の町村と協議し、被害を抑制する対策をとらねばならなかった。戦前日本の河川の電源開発は、このように農業社会の利害を重視して形成された自然資源の開発の枠組みをまさに象徴するものであり、それが最も効果的に機能した事例であったわけである。

註

（1）これは、Coase（1960）の説くように加害者と被害者の間で負の外部性が内部化され、市場で取引される状況に他ならない。周知のとおり、こうして市場を利用して負の外部性を解消する方法は、近年では、排出権の取引による環境問題の解決（Kolstad 2011）、水利権や漁業権の取引による自然資源の過剰使用の抑制などに応用されている（Brown 2000）。

（2）村山（二〇一二）は、千曲川の支流の梓川では、元来、河川の水は山岳地帯の上流では発電に、松本盆地に流れ出る中流では灌漑に使用されていたが、戦時期の一九三〇年代末以降、水資源の効率的な利用の必要性から、農業水利に支障を与えない形で上流との境にある農業用水に発電所を付設する計画が作成され、一九四〇年代に施工された事実を指摘している。ただ、梓川で発電と灌漑の地理的区分が行われたのは、村山（二〇一二）も言及するように、梓川の水量が灌漑用水の需要に対して不足する傾向があったためである。実際、梓川の中流域は全国有数の灌漑用水の不足地域であった（Hatate 1979）。そのため、電気事業を管轄する逓信省は、一九一〇年代から全国の河川で電源開発の候補地を選定する調査を行っていたが（逓信省 一九一四）、そこでは梓川の中流は対象から除外されていた。しかし、この調査では、各河川で上流に限らず中流にも候補地が選定され、長野県の場合、千曲川の佐久盆地、天竜川の伊那盆地などに候補地が設定されている。従って、いずれの河川でも発電と灌漑の地理的区分が当初から前提とされていたわけではない。
(3) 千曲川は長野県内の名称であり、河口部のある新潟県内では信濃川と呼ばれるが、ここでは長野県内の事例を対象とするので、千曲川の名称を使用する。
(4) 出力一〇〇キロワット以下の零細な発電所を除く。
(5) 会社名は設立準備の開始された一九一六年時点では東信電化工業であったが、最終的に一九一七年に東信電気という名称で会社が設立された。
(6) 内閣統計局(一九二七)の普通世帯の総戸数で長野県(一九二二)の農家戸数を除した値。
(7) 長野県(一九二二)を用いて、「米」、「麦」、「食用農産物」、「特用農産物」、「果実」の各生産額を集計し、それに養蚕の生産額を加えた値を農産物の総生産額とし、このうち「米」の割合を求めた。
(8) 水田の総面積として、水稲の作付面積を使用した(長野県 一九二二〜三三:大正一五年『米統計』)。長野県から内務省への報告資料である「行政文書建設省」:「長野　千曲川(穂積水力)東信電気　三三二」(昭48建設23500100)、「行政文書建設省」:「大正十四年　長野　千曲川(海瀬水力)東信電気　三八」(昭48建設23500150)によれば、穂積発電所と海瀬発電所の取水口と放水口に挟まれた千曲川の区間から取水していた農業用水は一〇本存在し(後掲の図7参照)、このうち穂積村と海瀬村に灌漑用水を供給する四本を対象として、その灌漑面積を集計した。ただ、この四本のうち高岩用水と海瀬用水については、灌漑面積の記載がないので、農林省農地局(一九六三)の値を代用した。
(9) 註(8)と同様に水田の総面積と農業用水の灌漑面積を算定。
(10) 以下、降水量に関しては、中央気象台(一九二七)、中央気象台(一九三三)、中央気象台(一九三八)の記録を使用。
(11)「旧川辺支所行政資料」:「自大正十五年度　揚水期成同盟会書類綴　川辺村役場」(農林/37/川辺)。
(12) ここで中塩田村ほか八ヵ村と川辺村を対象としたのは、一九二四年の旱魃を機に、これらの村が「川西揚水路開鑿期成同盟会」を組織し、国や県に対して千曲川から取水する用水路の建設の働きかけを開始したためである

（「旧川辺支所行政資料」：「自大正十五年度　揚水期成同盟会書類綴　川辺村役場」（農林／37／川辺））。この事実が示すように、これらの村は、旱魃に際して深刻な灌漑用水の不足に直面する地域を抱えていた。

(13) 他にも、木曽川の寝覚ノ床の保存をはじめ、知事は地元から景観保護の申請が提出されると、それを審査の対象に加えていた（昌子　一九九六）。

(14) 海瀬発電所の当初計画に関して、知事の審査結果の記録には、筏流しと漁業との関係も言及されているが、取水用堰に「流木路及魚道」を付設すれば支障がないとの簡単な報告がなされているにすぎない（「長野県行政文書」：「大正十五年　発電水利使用」（大15／2C／8／3））。

(15) 海瀬発電所の当初計画に関する下記の記述は、「長野県行政文書」：「大正十五年　発電水利使用」（大15／2C／8／3）による。

(16) 水路式発電所の堰は、取水のため河川を堰き止めて水位を上昇させるものであるが、河川を完全に堰き止めるダムと違って、高さを抑えて自然流が堰を超えて流下する形に設計されていた。

(17) 田口村と栄村との協議に関する以下の記述は、「長野県行政文書」：「大正十五年　発電水利使用」（大15／2C／8／3）による。

(18) これらの農業用水の場合、灌漑面積はそれぞれ異なるが、同じ使用水量が計上されていた。これは、農業用水は灌漑用水だけでなく、生活用水、さらに水車の動力源となる水の供給を担っている場合があり、また漏水や浸透による水量の減少などによっても、農業用水の使用水量には違いが生ずるためである。実際、知事の諮問に対する栄村の回答によれば、高野町用水と宿岩用水は、灌漑用水に加えて、同村の「三百戸」に「飲用水」を供給する役割も果たしていた（「長野県行政文書」：「大正十五年　発電水利使用」（大15／2C／8／3））。

(19) 水田の総面積を求める手続きは註（8）と同じ。農業用水の灌漑面積については、「長野県行政文書」：「大正十五年　発電水利使用」（大15／2C／8／3）の値を使用。

(20) 海瀬発電所の水利権の認可に関する下記の記述は、「長野県行政文書」：「大正十五年　発電水利使用」（大15／2C／8／3）による。

(21)「行政文書建設省」：「長野　千曲川（穂積水力）東信電気　三三」（昭48建設23500100）。
(22)「長野県行政文書」：「昭和十四年　穂積発電所水利使用関係」（昭14／D／13）。
(23)「行政文書建設省」：「大正十四年　長野　千曲川（海瀬水力）東信電気　三八」（昭48建設23500150）。
(24) この計画の変更については、「行政文書建設省」：「大正十四年　長野　千曲川（海瀬水力）東信電気　三八」（昭48建設23500150）。
(25)「行政文書建設省」：「長野　千曲川（穂積水力）東信電気　三三」（昭48建設23500100）、「行政文書建設省」：「大正十四年　長野　千曲川（海瀬水力）東信電気　三八」（昭48建設23500150）。
(26) 農業用水の取水の改善策に関する下記の記述は、「行政文書建設省」：「大正十四年　長野　千曲川（海瀬水力）東信電気　三八」（昭48建設23500150）による。
(27)「行政文書建設省」：「長野　千曲川（穂積水力）東信電気　三三」（昭48建設23500100）。
(28)「行政文書建設省」：「大正十四年　長野　千曲川（海瀬水力）東信電気　三八」（昭48建設23500150）。海瀬発電所は、供給された水量のうち使用水量を超過する分については、千曲川に戻すための余水路という設備を有していた。穂積発電所の場合も同様に、超過分の水量を海瀬発電所の水路へ放水できる余水路が設置されていた（「行政文書建設省」：「東信電気　長野　信濃川系千曲川　二〇二冊」（昭48建設24600120））。
(29)「行政文書建設省」：「長野　千曲川（穂積水力）東信電気　三三」（昭48建設23500100）、「行政文書建設省」：「大正十四年　長野　千曲川（海瀬水力）東信電気　三八」（昭48建設23500150）。
(30) 佐久町誌刊行会（二〇〇五）によれば、近隣の住民はこの音漏れに「次第になれるように」なり、井戸の水涸れに対しては東信電気が発電所の水路から給水を行う施設を設けて問題を解決したという。
(31)「行政文書建設省」：「大正十四年　長野　千曲川（海瀬水力）東信電気　三八」（昭48建設23500150）。
(32) 東信電気は、同じ佐久盆地に位置し、千曲川を使用する下流の小諸発電所を建設する際、一九二五年に取水口予定地点の流量を計測し、平水時の流量を渇水時のそれの一・七九倍と算定している（「長野県行政文書」：「昭和五年　小諸発電所水利使用許可関係」（昭5／B／39））。従って、ここで使用した平水時と渇水時の流量比一・

六七は妥当な値であると考えられる。

(33) 鉱業法の改正により鉱業権者に鉱害の賠償が公的に義務付けられたのは、一九三九年のことであった（石村 一九六〇）。

(34) 河川開発を例にとれば、戦時期には、食糧増産のため灌漑用水の供給も不可欠であり、資材不足から発電施設の建設も中断されたため、当時民間の電力会社から発電所の建設事業を継承した日本発送電の記録によれば、農業用水の取水量を削減して水力発電所の建設が強行された事例は認められない（日本発送電株式会社解散記念事業委員会 一九五五）。だが、華山（一九六九）は、戦時期のダム建設に際して、開発事業者が土地収用法の適用を示唆したり、軍人の示威行動を利用したりすることで、水没被害者の反対を抑えたことを指摘している。また銅山の事例として、菅井（一九八三）は、戦時期には、開発業者が近隣農村と結んだ鉱害防止協定の履行を怠り、採掘量の増加を強行した事実を解明している。

(35) 御厨（一九九六）によれば、戦後、各地で河川の大規模な開発が加速した背景には、各省庁が全国的な開発計画の実現を目指し、政治家もそうした開発計画を自らの選挙区に誘致し、その地域の経済発展を促進することを狙っていたという事情が存在した。また佐久間ダムの事例によれば、すでに一九五〇年代前半には、開発業者が水没地の地権者に対して土地収用法の適用を示唆して補償交渉を妥結させた状況が存在し（日本人文科学会 一九五八）、その後、一九五〇年代末から一九六〇年代にかけて、各地のダム建設に際し、開発業者が地元住民の反対を押し切って土地収用を強行した事実が指摘されている（華山 一九六九）。

原史料

「旧川辺支所行政資料」上田市立上田図書館蔵
「行政文書建設省」国立公文書館蔵（本館）
「長野県行政文書」長野県立歴史館蔵

刊行史料

中央気象台　一九二七　『自大正十年至大正十四年　雨量報告』中央気象台
中央気象台　一九三三　『自大正十五年昭和元年至昭和五年　雨量報告』中央気象台
中央気象台　一九三八　『自昭和六年至昭和十年　雨量報告』中央気象台
通商産業省公益事業局　一九五三　『第三五回　電気事業要覧』電気協会
逓信省　一九一四　『発電水力調査書』第一巻、逓信省
逓信省電気局　一九二一～三八　『各年度　電気事業要覧』電気協会（逓信協会）
逓信省電気局　一九二八　『発電水力調査概況　第三回』逓信省電気局
逓信省電気局　一九三〇　『発電水力調査概況　第四回』逓信省電気局
逓信省電気局　一九三六　『許可水力地点要覧』電気協会
逓信省電気局　一九三六～三八　『各年度　電気事業月報』電気協会
内閣統計局　一九二七　『大正九年　国勢調査報告　府県の部　長野県』内閣統計局
長野県　一九二二　『大正九年　長野県統計書』長野県
長野県　一九二二～三三　『各年度　米統計』長野県
日本ダム協会　一九六一　『ダム年鑑　一九六一年版』日本ダム協会
農林省農地局　一九六三　『信濃川水系農業水利実態調査』第二分冊、農林省農地局

参考文献

麻島昭一・大塩武　一九九七　『昭和電工成立史の研究』日本経済評論社
嵐嘉一　一九七五　『近世稲作技術史』農山漁村文化協会
池淵周一（編著）　二〇〇九　『ダムと環境の科学　一　ダム下流生態系』京都大学学術出版会

石村善助　一九六〇　『鉱業権の研究』勁草書房
岡田有功　一九九〇　「小坂鉱山煙害問題と反対運動――一九〇一～一七年」『社会経済史学』第五六巻第三号
岡田有功　一九九六　「公害問題と買鉱制度――花岡鉱山煙害問題を中心に」『土地制度史学』第三八巻第二号
荻山正浩　二〇一五　「後発の利益と農業生産の発展――戦前日本における府県別農業生産力の変化と農家の家計所得（一八九一～一九二九年）」『千葉大学経済研究』第三〇巻第三号
神岡浪子　一九八七　『日本の公害史』世界書院
橘川武郎　二〇〇四　『日本電力業発展のダイナミズム』名古屋大学出版会
佐久町誌刊行会　二〇〇五　『佐久町誌　歴史編三　近・現代』佐久町誌刊行会
清水みゆき　一九九五　『近代日本の反公害運動史論』日本経済評論社
東海林吉郎・菅井益郎　一九八四　『通史　足尾鉱毒事件　一八七七－一九八四』新曜社
昌子住江　一九九六　「戦前における発電用水利使用手続と地元諮問制度――木曽川筋の水力開発と風景美保存をめぐって」『土木史研究』第一六号
新沢嘉芽統　一九六二　『河川水利調整論』岩波書店
菅井益郎　一九七九　「日本資本主義の公害問題（一）（二）――四大銅山鉱毒・煙害事件」『社会科学研究』第三〇巻第四号、第三〇巻第六号
菅井益郎　一九八三　「吉乃鉱山の鉱毒問題――反故にされた鉱毒防止協定」『国学院経済学』第二九巻第四号
菅井益郎　二〇〇一　「公害の社会史――足尾鉱毒事件を中心として」舩橋晴俊編『講座　環境社会学　第二巻　加害・被害と解決過程』有斐閣
玉城哲　一九八四　「日本農業の近代化過程における水利の役割」玉城哲・旗手勲・今村奈良臣編『水利の社会構造』国際連合大学
都留重人　一九七二　『公害の政治経済学』岩波書店
日本人文科学会　一九五八　『佐久間ダム――近代技術の社会的影響』東京大学出版会

日本発送電株式会社解散記念事業委員会　一九五五　『日本発送電社史業務編』日本発送電株式会社解散記念事業委員会

華山謙　一九六九　『補償の理論と現実——ダム補償を中心に』勁草書房

松波淳一　二〇一〇　『定本カドミウム被害百年　回顧と展望——「イタイイタイ病の記憶（改題）」』桂書房

御厨貴　一九九六　『政策の総合と権力——日本政治の戦前と戦後』東京大学出版会

宮崎鐐二郎　一九五六　『水利権』建設省河川研究会編、河川全集第一巻、港出版合作社

宮本憲一　二〇一四　『戦後日本公害史論』岩波書店

村山研一　二〇一二　「農業用水利と発電用水利の競合と共生——梓川の水利を事例として」『信州大学人文学部人文科学論集　人間情報学科編』第四六号

森實　一九九〇　『水の法と社会——治水・利水から保水・親水へ』法政大学出版局

渡辺洋三・金沢良雄　一九六一　「農業水利制度と水利法制」農業水利問題研究会編『農業水利秩序の研究』御茶の水書房

Brown, Gardner M. 2000. "Renewable Natural Resource Management and Use without Markets", *Journal of Economic Literature*, Vol. 38 No. 4, pp. 875-914.

Coase, Ronald H. 1960. "The Problem of Social Cost", *Journal of Law and Economics*, Vol. 3, pp. 1-44.

Hatate, Isao. 1979. "Irrigation Water Rights Disputes in Japan: As Seen in the Azusa River System", *Working Paper Series, United Nations University*, HSDRJE-5/UNUP-87.

Kolstad, Charles D. 2011. *Environmental Economics*, 2nd edition. New York: Oxford University Press.

Minami, Ryoshin. 1987. *Power Revolution in the Industrialization of Japan: 1885-1940*. Tokyo: Kinokuniya.

第Ⅱ部　政治と外交

第3章　昭和戦前期の官僚人事システムにおける「公正」
――内務省土木系技術官僚を中心に――

若月剛史

はじめに

近代日本政治史において官僚制が大きな役割を果たしたことは贅言を要しないであろう。しかしながら、その果たした役割の大きさに比して、これまで官僚制について十分に検討が加えられてきたとは言い難い。なかでも官僚制の根幹をなす人事システムについては、長らく本格的な分析が行われてこなかった。その要因として、日本政治史研究で官僚制が論じられる場合、「山県閥」や「革新官僚」といったように政治勢力として把握されることが多く、組織として捉える視点は弱かったことが挙げられよう。

近年、日本近代史研究の分野では、大江（二〇〇七、二〇〇八）、安原（二〇一一、二〇一三）、鈴木（二〇一四）、池田（二〇一五）、松谷（二〇一七、二〇一八）など、官僚人事システムについて精力的な研究が見られるようになったが、明治期を対象としたものが中心となっている。

他方、行政学の分野では稲継（一九九六）、労働経済学の分野では早川（一九九四、一九九七）といった優れた研究が出されているが、いずれも戦後期を対象としたものである。このように、大正期から昭和戦前期にかけて官僚人事システムがどのように変化したのかについては未開拓な分野として残されてきたのである。

こうした研究状況に対して、筆者はこれまで、大正期から昭和戦前期において、あるべき官僚人事をめぐってどのように議論が展開されてきたのか、「法科偏重」[1]批判の問題を中心に明らかにしてきた（若月 二〇一四）。「法科偏重」批判とは、官民を通じて人事や待遇の面で法科大学（法学部）出身者が優遇されていることに対して行われた批判のことをいうが、官僚制内においては、次官・局長級の勅任文官ポストが法科出身者によって占められたことによって、他科出身者の昇進の機会が大幅に閉ざされていることへの不満を背景として展開された。

戦前の官吏制度の下では、事務官は主に法律系の科目によって行われた文官高等試験の合格者から任用されていたのに対して（試験任用）、教官や技術官などは、特別の学術技芸を要する官として、学歴などに基づいて任用の可否が審査される銓衡という方法によって採用されるのが一般的であった（銓衡任用）。そのため、工科大学（工学部）や農科大学（農学部）などの卒業生が技術官僚として官界に入る場合、その大半は銓衡によって任用された。

勅任文官の任用は原則として文官高等試験合格者に限られていたが、銓衡によって官界に入った者であっても、一定の条件を満たせば、勅任文官に任用されることも制度的には可能だった[2]。しかし、実際には、勅任文官ポストは、たとえそれが内務省土木局長や農商務省山林局長などの技術系部局の長であったとしても、試験任用によって採用された事務官に割り振られることが大半であった。このような官僚人事のあり方を不公平だとして、「法科偏重」批判は展開されたのである。

こうした「法科偏重」批判の声は、大正期から昭和初期にかけて官僚制内で高まっていき、昭和戦時期になると、部分的ではあれ、それを是正するような官吏制度改革が進められていった。なかでも、一九四一（昭和一六）年の文官任用令改正によって、勅任文官については文官高等試験の合格者でなくても、学識や技能、経験などを有する者を広く銓衡によって任用できるようになったことは、勅任文官への登用を原則として文官高等試験合格者に限ってきた明治後期以降の官吏制度の歴史のうえで画期的なことであった。この時期、こうした改革が急速に進められたのは、戦時体制化が進展するに伴って、科学技術や統制経済など特殊な領域の分野での専門性が重視されるようになり、それを有する人材の登用を拡大する必要性が高まったからである（滝口 一九九五、若月 二〇一六）。こうした戦前期での蓄積のうえに、占領期の公務員制度改革が展開され、戦後日本の官僚人事システムが形成されていったのである。

昭和戦前期において、官僚制内で「法科偏重」批判の動きを見せた主な官僚群の一つとして内務省の土木系技術官僚[3]を挙げることができる。彼らは中央（内務本省）では次官、局長級ポストが、地方（府県）では部長級ポストが、法科出身の事務官によって占められていることが自らの昇進の途を塞いでいるとして、その改善を求めて運動を展開した（若月 二〇一二、同 二〇一四）。

その際に用いられた論理が、部局長に必要な素養として法律学の知識よりも統括能力に重きが置かれるべきであり、そうであるとすれば、事務官だけでなく技術官にも部局長への道は等しく開かれるべきだというものであった。まさに官僚人事における「公正」が問題とされたのである。

しかしながら、こうした土木系技術官僚の主張は、多数の事務官を抱える内務省内ではなかなか受け入れられなかった。そのため、彼らは土木協会や土木倶楽部などの団体を結成し、内務本省や土木出張所、府県などに勤務する土木技術者を組織化することで省内での発言力を高めようとした。こうした技術官僚の動きは他官庁でも見られるものであったが[4]、内務省の土木系技術官僚の場合、その組織化の範囲が他官庁よりも格段に広かったことが特筆される。すなわち、他官庁のように高等官の技師だけではなく、判任官の技手や雇員の技手補といった、いわゆるノン・エリートの技術者も幅広く組織化されていたのである。例えば、本章で中心的に検討を加える土木協会は、技手や技手補などを会員とすることで、中央・地方あわせて五〇〇〇名以上の会員を擁し、その人数の多さゆえに内務省内で一定の影響力を確保することができた（若月 二〇一二）。

しかし、幅広い範囲の技術者を組織化しているということは、それだけ内部に多様な利害が存在しているということであり、団結力を弱めてしまう可能性を高めるものだった。実際、これから検討していくように、内務省の土木系技術官僚について言えば、出身学校によって昇進や給与などに大きな差が設けられており、このことが彼らの間で潜在的な対立を生じさせていた。内務省の土木系技術官僚のうち、事務官に対して「法科偏重」批判を展開していたのは主に帝大出身者であったが、その彼らが技術官の人事においては優遇されていることについて、他校出身者は「学閥打破」という形で、その是正を求めていた。帝大以外の学校出身者にとっては、自分たちに直接的には関係のない問題である勅任文官任用時における「法科偏重」の是正よりも、自らの昇進や待遇改善に密接に関係する

「学閥打破」の方がはるかに重要な問題だったのである。それゆえ、内務省の土木系技術官僚は、外に対して事務官優位の人事システムの改善に向けて影響力を行使するためには、まず内にあって、人事や待遇の面での学歴に基づく格差を縮めていくことで潜在的な対立を解消し、自分たちの団結を強める必要があったのである。

しかしながら、それは決して簡単なことではなかった。内務省の土木系技術官僚は、帝国大学工学部、官立高等専門学校、私立大学附属専門学校、甲種専門学校、乙種専門学校、工手学校、工業学校というように実に多様な学校の出身者で構成されており、そのなかで誰もが納得できるような「公正」な人事システムを構築することは至難の業だったからである。

本章では、昭和戦前期において、内務省の土木系技術官僚のなかで、あるべき人事システムをめぐってどのような議論が展開され、その実現に向けてどのように運動が展開されたのか、その模索の過程を検討することで、官僚人事における「公正」の問題について考えていきたい(5)。

第一節　昭和戦前期における内務省土木系技術官僚

本節ではまず、昭和戦前期の内務省において土木系技術官僚の人事がどのように行われていたのか確認しておきたい。

昭和戦前期において、官吏は高等官と判任官に分けられ、さらに高等官は任命の形式によって勅任官（次官・局長級）と奏任官（課長級以下）に分けられていた（日本公務員制度史研究会 一九八九）。また、官吏とは別に、私法上の契約によって雇用される雇員が置かれていた。雇員は、一般的には官吏の補助的業務を行うものと位置づけられ、制度的には雇員として四年以上の経歴を有していれば判任官になることができたように、判任官任用の前段階の存在として扱われていた（飯野 一九七二、石井 二〇一四）。官吏は各省官制によって定員が設けられているのに対して、雇員には定員が設けられておらず、各官庁の予算の範囲内で任意に採用することができた。また、官吏の給与は、高等官官等俸給令、判任官官等俸給令などによって固定化されていたのに対して、雇員の給与は各官庁が自由に設定することができた。

内務省の土木系技術官僚も上述の区分に従って、技師（高等官）－技手（判任官）－技手補（雇員）に分けられた。彼らの任用・昇進にあたって重視されていたのが学歴である。例えば、工業学校などの中等学校出身者は、土木出張所や府県などに採用され、「工事施工の主体者として物的、人的をば動員して、自然界天地の改良に努むる所、実に文字通り朝に、夕に、雨につけ、風につけ心身共に工事場を離れ」ないというように、長年にわたって国直轄事業の工事現場での生活を送っていた（福澤 一九三八）。昭和初期において、彼らは、採用後、技手に昇格するまでに一五～一六年を要し、なかには一七～一八年経過しても昇格できない者もいたという（栗原 一九三二）。それに対して、同じく昭和初期において、高等専門学校の卒業生は採用から六～七年で技手に、帝大の卒業生は六～七年で技手を経ずに技師に昇格することができた。

東京土木出張所の技師であった栗原良輔の回想によれば、それ以前の時期においても学歴によって昇進のスピードに差が生じていたが、例えば、採用されてから技手に昇格するまでに中等学校出身者が四～五年、高等専門卒業生が一～二年しか要しなかったように、その差は比較的小さいものであったという（栗原 一九三二）。

このように、昭和初期には、内務省の土木系技術官僚の間で学歴による昇進スピードの差が大きなものとなり、人事面における不公平感が強まることになった。それではなぜ、この時期に昇進スピードの差が大きくなったのであろうか。その主な理由として考えられるのがポストの不足である。一九二〇年代前半に第二次治水計画事業や震災復興事業などが開始されたことによって大量に採用された土木系技術官僚は、一九二〇年代後半になると、財政悪化に伴う土木事業の縮小・繰り延べによってポストの増設が抑制されたことによって、昇進の途が閉ざされることになったのである（若月 二〇一二）。

なかでも技手補から技手への昇格の途は大幅に閉ざされていた。雇員である技手補は、前述したように、定数や給与が官庁によって自由に設定できたため、例えば一人当たりの給与を引き下げるなどして採用数を増やすことが可能であった。これに対して、判任官である技手は、その定員が各省官制によって定められており、財政状況が悪化した昭和初期において、ポストを増やすことは困難であった。そのため、技手補と技手との間でポスト数のギャップが大きくなり、長期にわたって技手補のまま昇格できない者が多く生じたのである。

そのなかで、数少ない技手以上のポストは、帝大卒など高い学歴を有する者に優先して割り振られていたので、それ以外の者の不満が強まっていった。しかも、恩給は官吏として一五年以上勤務しないと支給されず[(6)]、雇員である技手補としての勤務年数は考慮されなかったため、技手への昇格までにかかる年数が延びたことは、それだけ恩給が支給されなくなる可能性が高まり、このことも中等学校卒業の学歴しか有していない者の不満を強めるものであった。

また、中等学校出身者からすれば優遇を受けているはずの官立高等専門学校出身者も、帝大出身者に対しては大きな不満を覚えていた。なかでも内務省の土木局や土木出張所、府県の土木部・課などの幹部が、ほぼ帝大出身者によって独占されていることについて[7]、土木協会幹事の高橋正久（内務省土木局技手）が「日陰者として下積に成つて、老成する彼等（帝大出身者以外の土木技術者）は、良材となり上長となる素質を、何時の間にか失つて仕舞ふ」と批判しているように、その改善を強く求めていた（高橋 一九三二）。

それでは、こうした学歴に基づく任用・昇進の差別がどうして生じたのであろうか。ある土木系技術官僚は、その理由を、以下の三点にわたって挙げている（一会員 一九三二）。

第一に、人事において実権を握っている「高級技術者」は帝大卒業などの高い学歴を有しており、彼らには「学閥打破」を行うインセンティヴが働かない点である。すなわち、「高級技術者の手加減」によって、ある程度公平な人事を行うことはできるかもしれないが、それは「現在高級な地位にある人達並に其の後輩の有する特殊な地盤」を自ら破壊することになり、「高級技術者」がそのような「自己に不利益なこと」を敢えてすることはないというのである。

第二に、土木系技術官僚全体を通じて、「封建時代に養はれた階級意識と資本主義的観念」に捉われていることである。具体的には、「高級な学校教育を受けた人達」に対して、その「実力及び功績」を問う前に、彼らは「永年に亙つて非常な学資を投じて勉強」し、「巨額の資本」を投じたのであるから、それに応じた待遇を受けるのは当然であるとの考え方が根強いという点である。そして、こうした考え方によって、「大学出の人達が技師に任官するのは、夫丈の実力が認められるが如き業務を為し遂げた為ではなくて、唯大学を出てゐると言ふ理由丈で立派に任官」するというような現象が生じているという。

第三に、「学閥」の存在である。「出身学校を基礎とせる学閥的な団結心」が強く、しかも「専門学校出の人達は大学出の人達が特殊な待遇を受けつゝあることを意識してはゐるが、自己も亦専門学校以下の学校出身者に対して矢張り学閥的恩恵に浴しつゝあることを意識してゐない」ため、学歴重視の人事が是正されることはないのである。

ここで示された三つの理由は、内務省の土木系技術官僚に限ったものではなく、官民を通じて広くあてはまるものであった。ただ、彼らの場合、前述したように、多様な学歴を有した者で構成され、しかも工事現場という同じ空間で働くことが多かったために、学歴重視の人事に対する不満は表面化しやすかったのである。このような「学閥打破」の声を拾うべくして設立されたのが、次節に見る土木協会であった。

第二節　土木協会の設立

大正期に入ると、一部の内務省土木系技術官僚の間で、「学閥打破」を訴える動きが見られるようになる。こうした動きを見せていた技術官僚の多くは、日本工人倶楽部の活動に参加していった。日本工人倶楽部とは、宮本武之輔ら若手の土木系技術官僚を中心にして一九二〇（大正九）年に設立された団体であるが、その会員の八割近くが内務省の土木系技術官僚によって占められていたという。

設立当初の日本工人倶楽部では、『土木講義録』の編纂や、技術者資格検定試験の実施など教育面での活動を通じて、「学閥打破」を進めることが目指されていた（大淀　一九八九）。なかでも、技術者資格検定試験は受験者数こそ少なかったものの、「正規の学歴なき為め優秀なる技能を有しながら其駿足を伸ばし得ざる隠れたる技術家を、汎く社会に推薦し其地位の向上と多望なる前途に光輝あらしめ、併せて学閥打破の理想に実現の一歩を印」すことを目的として実施されたように、技術者の資格を、学歴によって確認するのではなく、技術者のプロフェッショナル団体が付与するに改めることで、学歴社会問題を解決しようとする試みとして画期的なものであった。

このように設立当初の日本工人倶楽部は教育面での活動を中心としていたが、一九二五年の男子普通選挙法の成立を契機として、職業組合としての活動を強化していくことになる。この路線を主導したのが、民間企業の技術者であった小池四郎（鉱山技術者）と小山寿夫（機械技術者）である。彼らは、社会民衆党との連携を視野に入れて、技術者も「筋肉労働者」と同様に「労働側」に属しており、「無産階級意識」を持つべきであり、それを技術者としての職業意識よりも優先すべきだと主張していた（小池　一九二六ｂ）。さらに、小池らが「技術家だけが昇格昇給の特典に浴す様な制度が出来た処で、それは恩典に浴す少数者のみの幸福であるに止まつて、平凡なる一般下級技術者は相変らず生命を繋ぐにも足りない程の危しげな生活を続けて行かねばならない」として（小池　一九二六ａ）、技術官僚の待遇改善問題を低く位置づけたことによって、内務省の土木系技術官僚の態度は硬化していった。結局、彼らの強い反発によって、小池と小山が日本工人倶楽部から退くことになり、社会民衆党との連携が実現することはなかった。

しかし、日本工人倶楽部を退いたのは小池らだけではなかった。内部対立に嫌気がさした内務省の土木系技術官僚の多くも日本工人倶楽部の活動から手をひいたのである。この点について、一九二六年から一九三〇年にかけて日本工人倶楽部の理事を務め「学閥打破」の問題に取り組んでいた池本泰兒（内務省土木局技手）は、「日本工人倶楽部の組織は漠然と大きいために、其の一分子である土木技術者の希望を実現しやうとしても他の分子の会員に共鳴を得」ず、「学閥打破」の取り組みも進まなかったことを、同倶楽部から退いた理由として挙げている（池本 一九三〇）。

こうした認識に基づいて、内務省の土木系技術官僚は、まずは団結に重点を置いた団体を志向するようになっていく。当初、その受け皿として考えられたのが土木倶楽部である。土木倶楽部は、一九二六年に設立された、内務省及び府県に勤務する土木系技術官僚のうち高等官及び同待遇のみを会員とする団体である（エンテイ物語刊行委員会 一九八三）。同倶楽部は設立以来、帝大出身の高等官の親睦団体的な性格を強く有していたが、その後、「土木事業に最も重要なる、現場工事執行機関たる技術者」にも入会を認めるべきだとして、判任官以下の土木系技術官僚の入会を求める声が強まっていった（以下、土木協会設立の経緯は、富永（一九三〇））。

こうした声を受けて、一九三〇年一月、土木倶楽部の一部の役員に対して「土木倶楽部組織範囲の拡大」が建議されることになったという。しかし、土木倶楽部内では、建議の趣旨についてはほとんど同感であるが、同倶楽部の「創立日尚浅く、其の目的主義に対し着々邁進しつつある今日、直ちに改変をなす事には、相当困難なる事情あり」として消極的な姿勢が強かった。そのため、「土木倶楽部入会の資格なき同志は、漫然として、社会の進化線より後退没落し得ざる事である」として、判任官以下の土木系技術官僚が加入できる組織として土木協会が設立されることになったのである。

その設立の中心となったのが、内務省土木局や同土木試験所、東京府土木部などに勤務する技手（判任官）であり、その多くが官立高等専門学校出身者であった。彼らは、一九三〇年三月に土木協会の発起人会を開いたが、その際に土木倶楽部の会長（中川吉造内務技監）より「深甚なる同情」を得、「殊に将来適当の時期に於て合同する事を目標とし、夫れまでは合流の形式を採るもの」として、土木倶楽部より「絶対的援助」を受けることとなったという。実際、土木協会の規約の作成などにあたって、彼らは土木倶楽部幹事会から数回にわたって助言を受けている(8)。

その後、六月二一日には、「日本の土木技術者間に於て現在の如く団体的結合の乏しきは吾等の常に遺憾」であり、「今にして立たざれば遂に事務家の後塵を蒙るのみならず失はれつつある技術の神聖は永久に挽回し得ざるに至るべし」として、「主に判任官以下の土木技術者の親睦を図り和衷共同の実を挙」げることを土木協会設立の目的とする趣意書が、各府県の土木部課長や土木出張所長に宛てて送付され、概ね彼らの賛成を得ている。

こうして土木協会は一九三〇年一一月に設立されることになったが、これまで見てきた設立の経緯から窺えるように、また会長が土木倶楽部の会長である内務技監であったことにも示されているように、設立当初は、高等官によって構成される土木倶楽部と友好的な関係を維持する姿勢を見せていた。

しかし、土木協会内では、土木倶楽部の主な構成員である帝大出身の高等官との間で対立を惹き起こしかねない「学閥打破」を求める声が強く、協会としても「学閥打破」の問題に取り組まざるを得なくなっていく。

協会設立から一か月後の一九三〇年一二月三日に開かれた役員座談会は、土木倶楽部の幹事（いずれも帝大出身の高等官）も参加して開かれたが、「実力に依る機会均等を主張する本会として、学閥打破は相当重要なる事項」であるとして、「正当なる意義の元に其の調査を為し、実行に移るを可とす」ということが決定されている。(9)

また、会誌『土木』の内容についても「待遇の改善、実力に依る機会の均等等に関する会員の希望、主張」に重点を置くべきではないかという意見が出されている。結局、技術の向上も土木協会の目的の一つであるとして、技術欄の充実にも努めることになったが、そのこと自体も、「学閥打破」に繋がる側面があった。

この点について、土木協会の幹事であった落合林吉（東京府技手）は次のように述べている（落合一九三〇）。落合は、日本の技術者が「科学的研究にのみ重きを置き、実務上の工夫考案に対しては比較的無関心で居る如き傾向」を有しているとして批判する。それではどうして、そのような傾向を持つに至ったのか。その理由として、落合は、第一に急激に先進国の技術を取り入れるために「科学的方面の研鑽」が急務とされ偏重されたこと、第二に日本の土木事業は国の事業として行われることが多く、「安全第一主義」が採られ、「経済的考研」は等閑に付されてきたことを挙げている。

これらの結果、土木系の雑誌には、新しい学説や理論などはその実用的な価値の有無にかかわらず掲載されているのに対して、いかに工事を手際よく行ったのか、どのように経済的な設計を行うことができたのか、というような実際の業務に関する記事は乏しくなっているとする。それゆえ、会誌『土木』では、「学説万能の通弊」を打破し「実務的な資料」を多く提供することに重点を置くべきだと主張している。

このような落合の主張を、土木系技術官僚に求められる素養に敷衍して考えれば、技術者は、学説や理論を重視する高等教育機関での教育内容よりも、工事現場での経験を重視すべきということになり、学歴の価値を相対化するものであったと言えよう。

土木協会の幹部は、こうした帝大出身の高等官の技術官僚との間で生じていた潜在的対立に対して、前述した設立の趣意書にも示されているように、事務官優位の人事システム（「法科偏重」）の是正を、内務省の土木系技術官僚全体の課題であるとして前面に掲げることで表面化させないようにしようとしていた。

しかし、協会内では、「法科偏重」の是正よりも「学閥打破」の方を優先すべきだとする考え方が強かった。例えば、土木協会の発起人の一人で協会幹事の富永芳太郎（内務省土木局技手）は、「法科万能」ということは「大学卒業者の言葉」に過ぎないと喝破したうえで、次のように述べている（富永 一九三〇）。土木技術者の勅任官への昇進が少ないことをもって待遇改善問題を論じる者がいるが、「下級技術者」は「白髪になつても、待遇高等官にさへ有りつけないと謂ふ状況」であり、勅任官への昇進の問題は、自分たちにとっては全く無関係であると断ずる。むしろ、近年、帝大など「高級の学校」を出た「将来有為の人」が「下級技術者にて充分な所」にまで割込んで来ることを制限して、「下級技術者」にも「待遇高等官位の場所は開けて置いてもらいたい」と主張する。「一つの職業に十年以上も真面目に働いて来た者には、せめて一人前の給料を貰へる様」にすべきだというのである。
こうした「学歴打破」の要望に対して、内務省の土木系技術官僚たちは、どのように高等官から雇員に至るまでの全体の団結を維持しながら応えようとしたのだろうか。節を改めて見ていきたい。

第三節　「学閥打破」問題の展開

土木協会内で「学閥打破」の問題を解決する方法として第一に考えられたのが、今まで銓衡によって任用されてきた技術官僚を試験による任用に改めることであった。この方法によれば、銓衡任用の際に重視される学歴ではなく、試験によって問われる知識によって、任用や昇進の是非が判断されることになり、制度的には学歴に基づく差別を無くすことができた。もちろん、試験が知識を問うものである以上、帝大など高等教育機関出身者が優位であることは変わらないのであるが、「機会均等」という点では、「学閥打破」を進めるものであった。

この点について、青森県土木課長（土木協会青森県支部長）の桝井照蔵は、事務官については高等・普通の両試験制度があり、その合格者は大学卒業者であっても、専門学校卒業者であっても、そして、「独学者」であっても、「一定の資格」が与えられ、「正々堂々」と就職できるのに対して、技術官僚にはこの制度がないために「有為の才も空しく埋もれて、遂に芽を出す機会なくして、終るものも多々ある」と述べている（桝井　一九三二）。

他方で、技術官の試験任用化は、事務官と技術官僚との間で任用方法の差をなくすものでもあり、

「法科偏重」を是正する可能性を高めるものでもあった。桝井に言わせれば、「一は対外的に法科万能を撤廃せしむる事と、他は対内的に学閥を打破する事」が両立できる方法だったのである。

このように会員の間で試験制度導入論が盛り上がっていったのを受けて、一九三一年九月一〇日、土木協会の指名幹事会で試験制度について議論された。しかし、「試験は果して実力の検査機関たり得るや、又試験の方法制度建議に対する諸運動方法」など慎重に考慮する必要があるとして保留された。その後も、幹事会で数度にわたって試験制度問題が議論されたが、次の五つの考え方で議論が分かれて結論を出すことができなかったという（松田 一九三一）。

第一は、「資格試験絶対反対論」で、「技術的手腕相当の地位に待遇せられる様な世の中にするのが会の主義」であり、この点については年々少しずつ改善しているので「資格試験」を導入する必要はないというものである。

第二に、「資格試験」は「学術本位の試験」になりがちであり、逆に「長年の実務体験者」を不遇に陥れることになってしまう点を危惧するものであった。その解決法として実務面を考慮した内容の試験を行うことが考えられるが、実際問題として、それを行うことは困難であるとされた。

そして、第三に、「技術界の平和」が乱れることを恐れるものである。具体的には、試験の合格者のみ優遇すると、試験を受験しなかった者や不合格になった者の不満を生み出すことになるが、かといって試験の合格者に資格を与えるだけで優遇の途を講じないと彼らの不平を醸すことになり、いずれにしても「技術界の平和」を維持できないというものであった。

こうした反対論に対して、第四に、「人々の価値相当の待遇をなし、努力相当の評価する事は、技術界の向上進歩に資する意味から望ましい」という観点から「資格試験賛成」論が出されている。また、第五に、「若人達の真の希望」が試験にあるのならば実施すべきであるという主張もなされた。

しかし、こうした賛成論の論理では、試験制度反対論者を説得するのには不十分であった。なかでも、第二の反対論の論拠として挙げられた「実務」の重要性については、多かれ少なかれ現場での経験を有している土木協会の幹事たち誰もが認めるものであり、その能力を正当に評価する方法が見つからない限り、試験制度導入を積極的に推し進めることはできなかった。かくして、試験制度の導入に対して土木協会としては一致した方針を定めることができなかったのである。

これ以後、協会内では試験制度導入問題は下火になっていくが、「法科偏重」の是正を求める帝大出身の土木系技術官僚の間では、その後も積極的な姿勢が見られた。なかでも、第一次近衛文麿内閣が、「法科偏重」の是正や技術官僚の優遇などを骨子とする官吏制度改革を進める動きを見せた際に（滝口 一九九五、川手 二〇一五）、帝大出身の土木系技術官僚の間では強い期待が示された。他方、土木協会の幹事会では、「上層の組織改善が主で大衆技術官の待遇改善は考慮に居れていない」と冷ややかな意見が相次いだ[10]。

実際に近衛内閣によって立案された改革案は、高等文官での銓衡任用の範囲を拡大することで技術官僚を優遇しようとするものであり、帝大出身の土木系技術官僚が熱望していた技術官僚の試験制度の導入は見送られていた。銓衡任用の範囲拡大も技術官僚の登用拡大の可能性を高めるものであったが、これに対して、帝大出身の土木系技術官僚は「詮衡による任用者を特別扱となすの弊」が存在する限り、事務官優位の人事のあり方は本質的に変化しないとして批判的であった（金子 一九三八）。

結局、近衛内閣下で立案された官吏制度改革案は、ある土木系技術官僚が「技術官の優遇の道を広めることは、飽く迄拡張するに過ぎなくて、何だか新天地が開け相にも受け取れぬ」と述べているように（水野 一九三八）、内務省の土木系技術官僚にとって、出身学校の如何を問わず、期待外れのものでしかなかったのである。

また、一九三〇年代後半になると、一部の府県で技手への任官試験が実施されるようになった。しかし、大学や高等専門学校などの高等教育機関出身者は依然として銓衡によって採用されており、これは定員に空きが出た場合にのみ臨時で行われる試験でしかなかった。一九三八年に埼玉県で行われた技手の任官試験の場合、私大附属工業学校卒業者で技手補として四〜五年勤務した者または工手学校卒業者で技手補として八〜十数年勤務した者で、土木事務所長の推薦を受けた者が受験できた（古参技手補 一九三八）。受験者数一五名のうち技手に任官できたのは四名程度だったという。これでは、学歴重視の人事のあり方を抜本的に変えるのに程遠いことは言うまでもない。

このように試験制度が部分的にしか導入されないのであれば、どのようにして「学閥打破」を実現することができるのか。試験に代わる客観的な基準を設けることができない以上、土木協会の幹部が「学閥打破」のために主張し得たのは、公平な人事評価を求めることだけであった。例えば、『土木』第一二号（一九三三）の「巻頭言」では、任用にあたって「学校の種別、卒業の年次に依つて其の地位を定め、就任後の昇給は年数に依つて之を決定する」というのは「一見極めて公平に見え而も不公平の最も甚だしきもの」であり、このような「公平の仮面を冠つた不公平は無能、無気力な主脳者が、事なかれ主義に依り僅かに其の地位を保たんが為に採用し易い人事行政」であるとして批判されている。そして、「主脳者」が部下の「功罪」、「勤怠」を適切に評価する必要性が訴えられた。しかし、言うまでもないが、それが簡単に行うことができるのであれば、そもそも「学閥打破」を訴える必要も生じないはずである。

結局、土木協会の幹部は、「学閥打破」を実現する有効な方策を見つけることはできなかったのである。

第四節　ポストの増設をめぐって

土木協会の幹部が「学閥打破」をなかなか実現できずにいた間にも、協会員のなかでは「学閥打破」を求める声が強まっていった。そのため、協会は「学閥打破」の要望を抑える必要に迫られていた。その方法として協会によって選択されたのが、ポストを増やすことで任用、昇進における不公平感を緩和することであった。

折しも、一九三二年度から開始された時局匡救事業によって、土木系技術官僚のポストは大幅に増設されることになった。その結果、ポストをめぐる協会内の不満は抑えられ、「学閥打破」の問題はいったん後景に退くことになった。しかし、時局匡救事業はあくまで三年間に限定された事業であり、同事業が終了すれば人員が大規模に整理される可能性が高かった。それゆえ、土木協会としては、同事業の終了前に、増設されたポストをできるだけ恒常的なものとしなければならなかった。

その一環として、この時期の土木協会が強く求めたのが技手の定員増加である。前述したように、技手補に対して技手のポストが少ないため任官できない者が多く生じ、それが学歴重視の人事に対する不満へと発展していた。この点を踏まえて、技手の定員を増やしそれへの昇進の可能性を高めることで、ひとまず「学閥打破」の要求を抑えることが目指されたのである。

実際、当時の内務省の土木系部局における技手の定員は他官庁よりも少なかった。一九三一年段階で、技師一名に対する技手の人数の割合は、鉄道省で二〇・六名、農林省で八・〇名、海軍省で四・五名、製鉄所で一一・七名、専売局で一一・〇名だったのに対して、内務省の土木関係の部局では、一・八名しか置かれていなかったのである（技師一二〇二名、技手一五六五名）[11]。

こうした状況を背景として、一九三三年に入ると、土木協会の本部に各支部から「内務省土木関係の判任技術官〔技手のこと〕」の定員増加などを求める建議書が提出された[12]。これに対して、土木協会内では、建議書に基づいて運動を起こそうとする動きが見られた。しかし、運動を起こそうとした矢先に、一九三五年度の予算編成にあたって時局匡救事業の終了による土木事業費の大幅な削減が行われようとしており、「今運動を行うとかえって待遇の悪化をきたすのではないかという説」が出たため、運動は中止するに至ったという（池本 一九三七）。その後、一九三四年に連続して大規模な自然災害（北陸地方の大雨や室戸台風など）が発生し、多額の災害復旧費が計上されたため、内務省の土木系技術官僚たちは、大規模な人員整理を免れることになり（若月 二〇一二）、技手の定員増加問題は影を潜めることになる。

しかし、一九三七年には、物価騰貴を背景として待遇改善を求める声が強まり、その一環として技手の定員増加問題が再び取り上げられるようになった。この段階に至っても、内務省の土木局系部局の技師一名に対する技手の割合は二・三名と、他官庁と比較して依然として少なかったため、会員の間から技手の定員増加を求める声が相次いだ。また、「万年技手補」を優遇するために判任官待遇の途を開くことなども議論されるようになった（K・S生 一九三八）。

こうした会員の声を受けて、土木協会幹事会でも技手の定員増加が議論されるようになった。しかしながら、前述したように、判任官である技手の定員を増やすことは困難であり、慢性的なポスト不足が解消することはなかった。

さらに、この頃から、従来は雇員から直接高等官に任官していた帝大工学部出身者も、高等官のポスト不足による昇進の遅れを背景として、高等官に昇格する前にいったん判任官に任官されるようになり、その分、技手補を長く務めた者に対する技手ポストの配分が少なくなっていた[13]。この問題について、土木協会幹事会は、一九三八年九月一五日、辰馬鎌蔵内務技監や各土木出張所長らに対して、「僅少なる判任官定員に対して近来官立専門学校出身者を優先的に任官せしめらるゝ傾向有之更に大学工学部出身者を判任官として採用するに於ては一般雇員技術者は一層其の前途の閉塞せらるゝことなきやの不安を感ずる」として、「適当の御配慮」を求める建議書を提出している[14]。

これに対して、辰馬技監は今回の措置は「大学出身者以外の者の判任官昇格の機会を閉塞しない様に」調査したうえで決定したものであり、「従来に於ても判任官定員の増加は難しかつたので、今直に定員増加することは困難であるけれども、時局に適応する土木事業の拡張を極力諮り実質的に判任官の数を大ならしめて、従来より任官の機会を多くする様善処するつもりである」と返答した[15]。この辰馬の返答に表れているように、判任官の定員増に対して明確な展望を見出せなかったのである。

結局、ポスト増設を通じて人事面での不公平感を緩和することができなかった土木協会は、これ以後、初任給の引き上げ問題に傾斜していくことになる。すなわち、人事面でなく、給与面での改善を進める方向で、低い学歴しか有していない土木系技術官僚の不満を和らげようとしたのである。そして、土木協会は、この方向で一定の成果を上げることができた。一九三八年一二月二七日、土木協会の働きかけで、辰馬内務技監から内務省土木出張所長及び府県土木部・課長に宛てて初任給の引き上げを求める懇願書が送られたが[16]、これを受けて、一九三九年には、三重、岐阜、富山などの各県では初任給の引き上げが行われ、他府県でも引き上げの機運が高まっていったという（当番幹事 一九三九）。

昭和戦前期を通じて、政府内における給与の較差が縮小していったことが指摘されているが（稲継 二〇〇五）、その背景の一つとして、これまで検討してきたように、誰もが納得できるような「公正」な官僚人事システムの構築が困難であったことが挙げられよう。昭和戦前期の官僚制においては、人事面での「機会均等」ではなく、給与面での「格差縮小」を進めることによって、「公正」な待遇が追求されることになったのである。

おわりに

本章では、昭和戦前期における内務省の土木系技術官僚が、「学閥打破」という形で、「公正」な人事システムの実現に向けて試行錯誤を繰り返し、最終的には失敗に終わっていく過程を検討した。その結果として示唆される点は、内務省の土木系技術官僚のように、学歴や技能、経験など、あらゆる要素がそれ相応に評価され、そして、それがゆえに高い多様性を有する集団においては、構成員の大半が納得できるような「公正」な人事システムを構築するのは困難だということである。[17]

このことは、本章で対象とした時期以降において土木系技術官僚が直面した二つの制度的変化とその影響を見ていけば、より明確になるであろう。本章の結びとして、その後の内務省土木系技術官僚をめぐる環境の変化について概観しておきたい。

内務省土木系技術官僚が直面した第一の制度的変化は、それまで一部にしか認められてこなかった国直轄事業での民間への請負工事が広く行われるようになったことである（岩沢忠恭先生追想録刊行委員会 一九六八）。この措置は、中国大陸への土木系技術官僚の派遣や戦時体制下における軍需産業への人材のシフトなどによって土木系技術官僚の不足感が強まったことへの対応として行われたものであったが、その後、戦後にかけて国直轄事業においても民間への請負工事が中心となっていく。その結果、土木系技術官僚の間では、全体として以前ほど「現場」での経験は重視されなくなり、その事務官化が進展していくことになった。

第二に、占領期の公務員制度改革によって、技術官僚もその大半が試験任用を原則とするようになる（若月 二〇一六）。その結果、合格した試験の種類が任用や昇進にあたって意味を持つようになり、戦前に比べて学歴が持つ意味は小さくなった。また、占領期の教育改革によって六・三・三・四制が導入され、戦前のような複雑な学校体系が整理されたことも、学歴による区別の必要性を減じるものであった。

これら二つの制度的変化によって、土木系技術官僚の同質性は高まることとなった。そして、内務省土木局を系譜的に引き継いだ建設省において、土木系技術官僚の人事システムは確立することになる。その詳細な過程については、今後の検討課題としておきたい。

註

(1)「法科万能」、「法律学偏重」などと呼ばれる場合もあるが、本章では便宜上「法科偏重」に統一する。

(2) 一九一三年の文官任用令改正によって、技術官僚は高等官三等または特定の勅任文官まで進み在職二年以上であれば、高等試験委員の銓衡を経て、他のどの勅任文官にも任用されることが可能となった(文官任用令第三条による)。

(3) 本省が対象とする一九三〇年代において、内務省土木局、土木出張所、府県の土木部・課の人事は一体として行われていた。この点を踏まえて、本章では、これらの部局に在職していた土木技術者を総じて「土木系技術官僚」と呼ぶことにする。

(4) 逓信省では、工務局の技術官僚を中心として技術談話会が結成され、一九三七年には逓信技友会へと発展解消している(松前 一九八七)。また、農林省山林局では、一九二〇年代から一九三〇年代にかけて、興林会、一木会、山の会などの林業系の技術官僚の団体が設立された(西尾 一九八八)。

(5) なお、昭和戦前期における技術官僚を対象とした研究はすでに多く存在するが(新藤 二〇〇二、藤田 二〇〇八、沢井 二〇一二)、学歴重視の人事をめぐって技術官僚内に存在していた対立に着目した研究は、管見の限り、後述する日本工人倶楽部に関する大淀昇一氏の研究を除いて存在しない(大淀 一九八九)。

(6) 恩給法第六〇条による。なお、一九三三年の恩給法改正によって、最短恩給年限が一五年から一七年に延ばされた。

(7) 例えば、帝大出身者以外の府県の土木部・課長は、一九二三年から一九三一年にかけて、総計で一八名しかおらず、年度別に見ても、多い時で一一名（一九二七年六月）、少ない時には四名（一九二三年一一月）しかいなかった（高橋 一九三一）。

(8)『土木』第一号（一九三〇）に掲載された「会報」欄。

(9)『土木』第二号（一九三一）に掲載された「会報」欄。

(10)『土木』第四一号（一九三八）に掲載された「会務報告」欄。

(11)『土木』第三四号（一九三七）に掲載された「待遇改善に関する座談会」の記事。

(12)『土木』第一五号（一九三三）に掲載された「会報」欄。

(13)『土木』第四四号（一九三八）に掲載された「協会の動き」欄。

(14)『土木』第四六号（一九三八）に掲載された「会報」欄。

(15) 同右。

(16)『土木』第四八号（一九三九）に掲載された「協会の動き」欄。

(17) この点で、職種ごとに細かく採用・昇進のルールを設けることで、全体として安定的な人事システムを構築できた鉄道省とは対照的である（吉田・広田 二〇〇四）。

参考文献

飯野達郎編　一九七二『公務員任用制度詳解』帝国地方行政学会

池田雅則　二〇一五「明治の判任文官層――キャリア形成としての教育史における研究対象」『兵庫県立大学看護学部・地域ケア開発研究所紀要』第二二号

池本泰児　一九三〇「日本工人倶楽部より土木協会へ」『土木』第一号

池本泰兒　一九三七「待遇改善問題に就て」『土木』第三七号
石井滋　二〇一四「雇員・傭人制度研究についての一考察」『社学研論集』第二七号
一会員　一九三一「待遇改善問題に就て」『土木』第六号
稲継裕昭　一九九六『日本の官僚人事システム』東洋経済新報社
稲継裕昭　二〇〇五『公務員給与序説――給与体系の歴史的変遷』有斐閣
岩沢忠恭先生追想録刊行委員会編　一九六八『岩沢忠恭先生追想録』国政社
エンテイ物語刊行委員会編　一九八三『エンテイ物語　上巻』日刊建設産業新聞社
大江洋代　二〇〇七「明治期陸軍士官の任官・昇進実態に関する基礎的研究（一）――陸士旧期卒業少尉任官者と同時期下士出身少尉任官者」『東京大学日本史学研究室紀要』第一一号
大江洋代　二〇〇八「明治期陸軍士官の任官・昇進実態に関する基礎的研究（二）――陸士士官候補生歩兵科一期～五期任官者と同時期歩兵科下士および一年志願兵出身者」『東京大学日本史学研究室紀要』第一二号
大淀昇一　一九八九『宮本武之輔と科学技術行政』東海大学出版会
落合林吉　一九三〇「所感」『土木』第一号
金子源一郎　一九三八「技術者の自覚と団結」『土木』第四二号
川手摂　二〇一五「昭和戦前期の官吏制度改革構想――高文官僚優遇の制度的基盤（2）」『都市問題』第一〇六巻第七号
栗原良輔　一九三二「社会的重要性を有する土木事業」『土木』第一二号
小池四郎　一九二六a「職業意識より階級意識へ」『工人』第五七号
小池四郎　一九二六b「労働・資本対立の社会に於ける頭脳労働者の意識」『工人』第五四号
古参技手補　一九三八「任官試験を受けて」『土木』第三九号
沢井実　二〇一二『近代日本の研究開発体制』名古屋大学出版会
新藤宗幸　二〇〇二『技術官僚』岩波書店

鈴木淳　二〇一四　「官僚制と軍隊」吉田裕編『岩波講座日本歴史　第一五巻』岩波書店
高橋正久　一九三一　「学士以外の人々のため更に考慮を求む」『土木』第五号
滝口剛　一九九五　「「官界新体制」の政治過程」『近畿大学法学』第四二巻第三・四号
当番幹事　一九三九　「土木協会大会記」『土木』第五一号
富永芳太郎　一九三〇　「土木協会発会の経緯」『土木』第一号
西尾隆　一九八八　『日本森林行政史の研究――環境保全の源流』東京大学出版会
日本公務員制度史研究会編　一九八九　『官吏・公務員制度の変遷』第一法規出版
早川征一郎　一九九四　『国・地方自治体の非常勤職員――制度・実態とその課題』自治体研究社
早川征一郎　一九九七　『国家公務員の昇進・キャリア形成』日本評論社
福澤太己　一九三八　「吾等下級技術者に希望を与へよ」『土木』第四六号
藤田由紀子　二〇〇八　『公務員制度と専門性――技術系行政官の日英比較』専修大学出版局
桝井照蔵　一九三一　「技術官高等試験制度の設置を望む」『土木』第三号
松田勘次郎　一九三一　「偶言一束」『土木』第八号
松谷昇蔵　二〇一七　「官僚任用制度展開期における文部省――文部官僚と専門性」『史学雑誌』第一二六巻第一号
松谷昇蔵　二〇一八　「官僚任用制度確立期における文部省と文部省視学官」『早稲田大学大学院文学研究科紀要』第六三号
松前重義　一九八七　『我が昭和史』朝日新聞社
水野銈三　一九三八　「土木協会員よ、奮起せよ」『土木』第四一号
安原徹也　二〇一一　「明治憲法体制成立期における司法官任用制度の形成」『史学雑誌』第一二〇巻第八号
安原徹也　二〇一三　「司法官任用の制度的枠組とその実態――明治二三年「判事検事官等俸給令」の制定」『日本歴史』第七八六号
吉田文・広田照幸編　二〇〇四　『職業と選抜の歴史社会学』世織書房

若月剛史　二〇一二　「「挙国一致」内閣期における内務省土木系技術官僚」『東京大学日本史学研究室紀要』第一六号
若月剛史　二〇一四　『戦前日本の政党内閣と官僚制』東京大学出版会
若月剛史　二〇一六　「「銓衡任用」をめぐる政治過程——応答性と専門性とのあいだ」『季刊行政管理研究』第一五四号
K・S生　一九三八　「土木偶感」『土木』第四一号

第4章　近代日本外交における公正
——第一次世界大戦前後の転換を中心に——

佐々木雄一

はじめに

「公正」という言葉は、一九三〇年代の日本外交におけるキーワードの一つである。一九三二年、満州事変に関して国際連盟が調査団を派遣し、報告書が提出されるなかで、新聞上には「公正」の文字が度々現れる。

「日本側各機関が調査団に意見書　我公正な立場を徹底」（『東京朝日新聞』四月一九日朝刊）
「長岡代表から注意喚起　公正なる取扱を要求」（『東京朝日新聞』五月一〇日朝刊）
「列国の承認要望　日満両国の公正を明かにす　満洲側の声明案成る」（『読売新聞』九月一三日朝刊）
「公正なる帝国の行動　世界の感謝は必然　荒木陸相談」（『東京朝日新聞』九月一八日朝刊）

「リットン報告書公表さる　不公正な記述に対し政府直に意見書起草　越権の「結論」は無視方針」（『東京朝日新聞』一〇月三日朝刊）

といった具合である。
一九三四年末のワシントン海軍軍備制限条約廃棄通告や一九三六年のロンドン海軍軍縮会議脱退の際にも、政府当局は、日本としては新たに「公正妥当」な海軍軍縮協定を結ぶつもりである（であった）との談話を出している。その後、満州や中国をめぐる問題を中心に、「公正妥当なる権益」、「公正妥当なる解決」、「公正なる均衡」といった言葉が、政策決定の文書においても、首相や外相の演説においても、繰り返し用いられた。

この「公正」という語は、日本外交においてどのような意味で用いられてきたのか。また、公平や正義を含め、「公」・「正」の概念に対して日本の外交担当者たちはいかなる認識を持ち、それはどのように外交の実践と結びついていたのか。その変遷を、第一次世界大戦前後の転換を中心に分析する。

関連する先行研究としてはまず、対外認識や対外観、国際法受容に関するものが膨大に存在する。吉野（［一九二七］一九九五）や尾佐竹（一九二六）、同（一九三二）、同（［一九三三］二〇〇六）などに見られるように、近代日本史研究において、最も古くから論じられてきたテーマの一つである。ただしその研究対象は、時期的には幕末から明治初期か第一次世界大戦後、取り上げられる人物・集団としては言論人や思想家に集中していることを、佐々木（二〇一四）において指摘した。現在も、とりわけ一八八〇年代から一九一〇年代にかけて、外交担当者の対外認識についての研究は手薄である。

また、文明標準（standard of civilization）の議論もある。ある種の規範や文化を共有するかたちで諸国家が並立する国際社会は、西ヨーロッパに端を発し、ヨーロッパ諸国の世界への進出に伴って世界大に広がっていく。そこで、その他の国や地域の位置づけが問題となった。当初は、植民地となるかいわゆる不平等条約を結ばされるかであったが、やがて、文明国相応の制度を整えれば文明国クラブの一員に加え、対等な関係を築くという仕組みになる。その過程での日本の対応について、少なからず研究がなされている（Gong 1984, Suganami 1984, Suzuki 2009, Okagaki 2013）。文明標準の議論は主に国際関係論か国際法、そして英語圏で見られ、日本外交史研究ではあまり論じられていないが、文明に対する向き合い方という視点は明治中期の日本外交を理解するうえで有力な手がかりとなる。(1)

これまでに筆者は、佐々木（二〇一四）で、政治指導者・外交担当者の国際秩序観と対外政策との関係という視点から、第二次伊藤博文内閣期の外交を分析している。また佐々木（二〇一七）においては、有力外交官たちによって体現される日本外交の原則を、利益と正当性、そしてそれらが合わさったところの「等価交換」であると捉え、日清戦争から第一次世界大戦後にかけての版図拡大の力学を説明した。それらの主眼は政策決定過程の分析であり、そのなかで、そこに影響を与えている、あるいはそこに見られる外交担当者たちの思想や認識を示した。それに対し本章では、公正ないし公・正の概念を軸に、日本外交上の思想、認識、言説の展開に焦点を当てて論じる。

以下、まず次節で、幕末に西洋諸国と接触した日本の対外認識について、先行研究を概観するかたちで論じる。次いで条約改正と南洋諸島領有問題の検討を通じて明治中期以降の日本外交における公・正の感覚を示す。そして第一次世界大戦を経て、それに代わる、近衛文麿に代表されるような公・正の感覚が登場し、しばしば「公正」という言葉が使われながら一九三〇年代の日本外交に定着していった過程を跡づける。

資料を引用する際は、旧字体を新字体に、変体仮名やカタカナをひらがなに改め、句読点や濁点を補い、繰り返し記号は現在通常使用する場合を除いて改めるなどの修正を加えた。引用文中、（　）内は原注、〔　〕内は引用者による補注である。

第一節　西洋との接触と近代日本の対外認識

(1)　開国――二つの西洋・国際社会理解

幕末から明治初年にかけての対外観、あるいは西洋との接触が日本に与えた政治的・思想的影響については、明治史研究の先駆者である吉野作造や尾佐竹猛が早くから注目している。吉野（〔一九二七〕一九九五）は、明治初年に「公法」や「公道」といった言葉が盛んに用いられ、人々の政治意識の形成を促したと論じた。「公法」の語は、もともとは「万国公法」に由来するが、「公法」と「公道」は区別なく用いられた。そして昔ながらの「道」に対する敬虔な態度が「公法」や「公道」に向けられたという。

日本における国際観念の発達や国際法受容について研究を重ねた尾佐竹も、幕末に万国公法が、あるいは「公法」の語が流行していたことを示し、言葉の受容のされ方がその背景にあったと論じた。

万国公法は、万国に通ずる純理、東洋における天道の思想であると解されることによって、日本人の頭に入りやすかったというのである（尾佐竹 一九二六、同 一九三二、同［一九三三］二〇〇六）[2]。

ただ、西洋ないし国際社会について、こうした「公」や「道」の観点からの理解がなされる一方で、当初から、弱肉強食、優勝劣敗、実力主義の世界と捉える傾向も強かった（岡［一九六二］一九九二、植手 一九七四、佐藤誠三郎 一九七四、渡辺昭夫 一九七七）。「公」や「道」と弱肉強食という、二つの大きく異なる西洋・国際社会理解が存在していたのである。

(2) 明治中期以降の対外認識

明治初年より後、特に政治指導者・外交担当者の対外認識については、前述の通り、あまり研究が深められていない。関心が向けられていないのではなく、岡（［一九六二］一九九三b）、同（［一九六二］一九九二）などに代表される、明治日本の政治指導者は日本が容赦ない弱肉強食の帝国主義時代のただなかに置かれていると認識し、それに現実主義的に順応したという見方が広く受け入れられているからである[3]。対外認識に焦点を当てた研究では例えば芝原（一九八八：四六六〜四六七）が、明治初期の政府有司の認識は、「当初から、国家相互間を対等平等に律するはずの「天地ノ公道」・「宇内の公理」に基づくルールなどは、本音においてはほとんどまったく信用していなかった。現実の世界に存在するのは、国際間におけるパワー・ポリティクス、弱肉強食の力の論理にほかならないと、むしろ深く信じこんでいた」と論じている。

しかしながらそうした見方は、明治中期以降の外交担当者たちの対外認識を的確に捉えているとは言いがたい。彼らは西洋流の国際秩序を、公正な理想的世界と信じていたわけでも、専ら力が支配する弱肉強食の世界と見ていたわけでもない。力がものを言うが、ある種の公正なルールや規範が存在する世界として、理解していた。そしてその公正さを認めて、積極的に適合していった（佐々木 二〇一四、同 二〇一七）[4]。

開国当初、日本において、西洋に関する知識や外交経験はごく限られていた。しかしその後、外交担当者たちは経験を積み、西洋諸国や国際社会の実態に対する理解は深まっていく。そうしたなかでいかなる対外認識が存在していたのかが問われなくてはならない。その頃、日本が西洋諸国との間で抱えていた最大の外交課題は、条約改正である。したがって次節では、条約改正問題を通じて、明治中期の外交担当者たちの対外観・外交観を見ていく。

第二節　条約改正

(1) 文明国化路線

幕末に江戸幕府が諸外国との間で結んだ条約の改正事業は、明治新政府発足後、長年にわたる取り組みの末、一八九四年、第二次伊藤内閣・陸奥宗光外相期に日英通商航海条約が締結されて大きな山を越えた[5]。その過程で転機となったのは、井上馨の欧化・文明国化路線である[6]。西洋流の法・政治制度を整え、外国人に内地を開放し、法権を回復しようとした。

一八八二年四月、外務卿の井上は締盟諸国との条約改正予備会議において、内地開放と引き換えに法権回復を求めた（外務省編 一九五一：二二～二八）。井上は、「此新制度を施行するの日に於ては、則ち外国人民は、従来海浜なる僅少の開港場内にて施用せるものとは全く殊別なる裁判権に服従せざるを得ざることは、各位の公義正道に於て是認あるべきは、聊か疑を容れざるなり」と、締盟国の公義正道（sense of equity and justice）に訴えかけた。日本全国を外国人に開き、居住、動産・不動産所有、営業などを認める以上、日本の法令に従ってしかるべきだろうというのである。ただし、外国人のために公正至当な（just and reasonable）保証と免除は付与すると述べている。

一八八六年から開かれた条約改正会議では、井上も事前に賛同していた英独案が交渉の出発点となり、翌年にかけて妥結に近づいていく（前年から内閣制度となり、井上は外務卿から引き続き外相）。各国への法典編纂の約束や外国人が関係する訴訟についての規定などで日本側は譲歩し、意に沿わない部分もあったものの、井上は、完全な法権回復に至る途上として許容すべき条件だと考えた。

ところが、井上が納得したその条件は、閣内や天皇周辺、民間から強い批判を浴びた。井上は一八八七年七月末に条約改正会議の無期延期を各国に通知し、ほどなく外相を辞する。

七月、政府の進める条約改正交渉に対して閣内外で強い反発が生じたのを受けて、井上は意見書を提出している（外務省調査局編 一九四七：八七～一〇一）。そこには、「未だ一躍して直に相互対等の条約を訂立する事能はず。猶ほ若干の譲与をなさざる事を得ざるものは、豈に啻に本大臣の憾のみならん。然れども、是実に我今日内外事情の実際已むを得ざる所にして、各大臣は必らず善く之を諒せらるべきなり」と書かれていた。日本は西洋各国の文物開化の度合いに比べればいまだ及ばない点があるのはたしかで、その事実があるからこそ、なお治外法権が維持され、若干の譲与をしなくてはならないのだという。そして、次のようなたとえ話を持ち出す。

試に地を易へて之を察せよ。試に、我国は已に泰西各国が今日占る所の地位に達したるの日に於て、朝鮮は正に我後を逐ふて恰も我国が今日泰西各国に対すると同様の地位にまで進歩し、我に向ふて日韓条約を改正し治外法権の制を廃去せん事を要求するとせよ。此場合に於て我政府は、何等の約款をも附せず、直に我人民をして朝鮮政府の法律、朝鮮政府の裁判管轄に服従せしむる事を承諾す可き乎。抑も泰西各国が現に我に要請するが如く、充分に我人民の利益を保護する保証を得るにあらざれば、輙ち之を承諾せざる可き乎。本大臣は、我政府も亦た必らず泰西各国が我に於けるの例に倣はざる事を得ざるを信ずる也。

つまり井上は、文明化の度合いが異なる以上、西洋諸国が日本側に種々条件をつけて条約を結ぼうとするのはもっともなことであると見なした。そして、文明化の度合いが違えば条件・扱いが異なるというルールを、日本の立場を入れ換えて考えてみることで正当化した。日本が現在の西洋諸国の域に達したとき、もし、現在の日本のような状況の朝鮮が治外法権撤廃を要求してきたら、日本はやはり現在の西洋諸国同様の対応をとるのではないか、というのである。

当時の西洋諸国と日本、あるいは日本と朝鮮との関係は、現代の価値観からすれば公平でも公正でもないかもしれない。しかし井上としては、単に日本に力がないから西洋の主張を受け入れなくてはいけないといったことではなく、西洋の主張やルールが公平・公正なのかどうか、判断を下していた。

(2)　明治中期の公・正の感覚

文明化の度合いに基づいて待遇の差を正当化するというのは、先行する文明国に都合のよい話である。西洋諸国がある国を文明国として遇するかどうかの判断基準には、利己的・恣意的な面もあった。しかし他方で、客観的に見て安定的な政治・外交をおこなう政府と自国民の生命・財産が保護される制度を求めていたのも事実である（Gong 1984）。文明標準は、単なる強者の身勝手な理屈ではなかった。

日本は、まだこの時点では、文明化の度合いによる待遇の差別化というシステムから恩恵を受けていない。非西洋諸国であっても文明国化すれば文明国相応の待遇を受けられる、というのもはっきりしていない。非西洋諸国を含む国際的な仕組みや秩序は、日本の台頭を契機として確立していった（Gong 1984, 岡垣 二〇〇三、Okagaki 2013）。それでも、井上など明治中期の外交担当者たちは、西洋諸国のなかに、日本が折り合いをつけることができる公正さを認めていた。彼らは文明標準を、公平なルールと見なしたのである。

もっとも、右の井上の意見書は、なぜ日本がすぐに日本人が望むような条約を西洋諸国と結べないかを説明するために、文明化の度合いという尺度を持ち出している。説得のための方便であるとも解釈できる。また、条約改正という目標を達成するために否応なく文明国化を目指したとも考えられる[7]。日本の外交担当者たちの文明に対する意識が、そうした方便や強制、即物的利益の観点に還元されるのか、それとも内面化された規範意識とみなし得るのかは、さらに井上以降の例から明らかにしていかなくてはならない。

一八九〇年二月、第一次山県有朋内閣の青木周蔵外相は、日本の政治・法制度の進歩を根拠に、前任の大隈重信外相時代の案の修正をイギリス側に求めた。大隈が進めてきた条約改正事業は、外国人の判事任用や各国への法典編纂の約束をめぐって日本国内の批判を浴び、大隈が襲撃を受けて中止されていた。イギリスは青木の修正要求を受け入れ、法典の一年以上先行実施という条件付きではあるが、領事裁判は新条約成立五年後に撤廃するとした。

結局青木は、日本政府内で早期に合意を形成することができず、そうこうしているうちに一八九一年五月、大津事件が発生して外相を辞任する。とはいえそれは日本側の問題であり、イギリス側は、日本が提示した要求をおおむね受け入れている。青木は一八九〇年一二月、第一回の帝国議会において、「条約国が我々に対して明治五年以来、殊に明治十四五年以来、どれ程迄に請求を容れたかと云ふことは、他日歴史の上に就いてあなた方が能く御覧になることであらうと思ひます」などと述べ、諸外国が日本の多くの請求を容れてきたことを強調した。そして、「彼の交際国が今日まで我が請求を容れて我に友誼を示したと云ふ廉を、一朝にして破るが如くしては相済まない」と論じた[8]。これは、各国の有する権利を一挙に失わせるような条約改正はできない、という文脈での発言であって、井上と同様、なぜ日本がすぐに日本人が望むような条約を西洋諸国と結べないかを説明するための理屈とも言える。しかし条約改正事業の歴史的展開を見ていけば、たしかに締盟国は日本側が新たな主張をするたびにそれに応じており、青木の発言は、本心を語ったものと考えられる。

一八九二年九月、第二次伊藤内閣成立のすぐ後、首相の伊藤は府県知事への演説で、「近代の国際法に於ては相互利益を均等にするを以て通理とし」と述べている[9]。そして外相の陸奥も、「到底我れをして彼れの地位に置けば迚も承知の出来ないと思ふことを、彼をして承知させまするこども、無論に出来ることでありませず」と論じた[10]。こうした、相互利益を均等にするとか、自分たちが相手の立場に置かれたときにとうてい受け入れられないと思うようなことを相手方に認めさせることはできないというのが、明治中期の日本の外交担当者たちにおける公平・公正の観念、あるいは国際的なルールや規範に対する感覚であった。

(3)　陸奥宗光の「寛大公平」論

一八九三年七月、新たな条約改正草案を閣内で提起した陸奥は、それが従来の系統を一変した「純然たる互相均一の基礎を以て成りたる対等条約」であると位置づけた（外務省編 一九五二：一〜一三）。閣内外の批判を避けるため、今回の案は対等条約だと断言したのである。法権について言えば、従来の案と実質的に大きな差があるわけではないが、領事裁判制度のない新条約を調印から数年後に実施するかたちで回復することとしていた。

陸奥の案では、税改正をおこなうのも数年後の条約実施時となっていた。しかし税改正は、日本としては早く実施した方が得であり、また結果的に新条約実施と同時の実行になるにせよ、交渉において初めは条件を高く提示しておくのが常套手段である。したがって政府内の会議においても、またイギリスとの交渉を担当することになった青木周蔵駐独公使（じきに駐英公使兼勤）からも、税改正を新条約締結時とするようにとの異論が出た（佐々木 二〇一四：九九五、九九九）。

ところが陸奥は、法権や条約全体の対等性に関する締盟国の譲歩への報酬として新税率の施行期限も新条約実施時にしておいたのだと主張し、なかなか自説を譲らなかった。新税率施行期限だけを切り離して調印即時にすることができればこの上ないが、まずは新条約実施時として提案することで、相手方に「帝国政府今回の提出案は充分寛大公平なる精神にて立案せしものなることを明知せしめ度」、というのが陸奥の考えだった。[11] 条約および税関係の改定実施時を数年先に設定しておくことによって、締盟国に一方的に負担を強いるつもりはないと示そうとしたのである。

こうした陸奥の論理を、日本外交の典型的な発想と見なすことができるかどうかは、注意が必要である。結局陸奥は考えを改め、一一月の条約案修正で日本は早期税改正を求めることとなった。また、青木は税改正に関する陸奥の意見をまったく評価せず、陸奥への書簡で、「まさか老兄之真意に出候ものと判断、否な信じ兼候」、「寛大公平等之文字は、両独立国之間に於て斯る場合に使用難相成」とまで書いている。[12]

とはいえ、陸奥、青木、そして伊藤や井上には、共通する対外観・外交観が色濃く見られる。日本は文明国の一員としての外交、すなわち一方的に自らの立場を主張するのではなく相応の権利義務を負い、利益の調整をおこなうべし、というものである。ここまで見てきたように、彼らはみな、政府内外でそのような見解を述べていた。そしてそれが単に国内向けの、日本が望む通りの条約をすぐに結べないことの言い訳でなかったことを、明らかに損であるにもかかわらず税改正の数年後実施の案にこだわった陸奥の姿勢が示している。

(4) 帝国主義外交と公・正

国際交渉は、軍事力や外交技術を背景に狭い意味での自己利益のみを求めるかたちでおこなわれるわけではなく、正義や公平性、規範が意味を持ってくる。それは、最終的に自国にとって利益になるから、というリアリスティックな、あるいはエゴイスティックな観点に終始するものでもない。そこにはたしかに、規範の領域が存在する（Albin 2001）。

近代日本外交もまた、そうした規範意識の面を視野に入れて初めて、的確に理解できる。右に見た条約改正に限らず、軍事行動や領土のやりとりに関わる場面でも同様である。

ただしそれは、日本外交がいつも平和や現代的な価値観から見て公正な外交を志向していたということではない。例えば日清戦争後、日本は朝鮮（韓国）をめぐってロシアと何度か折衝をおこなう。そのとき、ロシアとの関係においては、日本の外交担当者たちは公平性や正当性を強く意識していた。一八九八年、ロシアが清から旅順・大連を租借したのとつり合いをとるように、朝鮮での日本の商工業上の優越を認める西・ローゼン協定締結に持ち込んだのは、その好例である（佐々木 二〇一七：六三～七七）。しかし無論、ロシアが満州に進出したのに見合うかたちで日本は朝鮮に進出するというのは、中国や朝鮮の側、あるいは現代的な価値観から見れば、公正ではない。

帝国主義時代、列強とその他の国や地域との関係そのものにおいては、公・正の概念は十分に顧慮されなかった。列強諸国は、強引に軍事侵攻することもあれば、強大な軍事力・経済力を背景に不公平な取り決めを強要することもあった。しかしながら、列強間の外交では、条理や規範がものを言った。そしてそれは中国などその他の国や地域が関わる問題についても同様で、多くの場合、列強諸国間で受け入れられるような論拠や正当性が必要とされた。明治中期以来の日本外交は、そうした意味での公・正の概念を強く意識するかたちで遂行されていた。次節では、帝国主義時代が終焉を迎える第一次世界大戦からパリ講和会議にかけての南洋諸島領有問題を取り上げ、そのことを確認する。

第三節　南洋諸島領有問題

(1)　第一次世界大戦参戦と南洋諸島占領

一九一四年八月、日本はドイツに宣戦布告し、連合国側に立って第一次世界大戦に参加した[13]。参戦を積極的に推し進めたのは、第二次大隈重信内閣の外相・加藤高明である。加藤は、イギリスが支援を求めてきた機を捉え、日英同盟協約の規定に基づきイギリス政府から要請を受けて参戦するというかたちをつくり出そうとした。加藤とイギリス側が駆け引きをした末に八月二三日、日英両政府が協議をした結果、との文言で宣戦の詔書は発せられた。

第一次世界大戦参戦に際して加藤が主に注目していたのは、ドイツが租借地・権益を有する中国の山東地方である。そこを日本が攻略することで、満州問題などをめぐる対中交渉に利用しようとした。太平洋上のドイツ領諸島（南洋諸島）については、海軍内に攻略・占領を望む声はあったものの、それは大戦への参戦を促す直接的な契機ではなかった。

しかし他方で加藤は、日本が大戦に乗じて勢力を拡大するのを警戒して行動領域に制限をかけようとするイギリス側に対し、日本の行動は太平洋上の島嶼・領土に及ばないと明言するのを避けた（Lowe 1969：199－201，佐々木 二〇一七：二三三）。南洋諸島を攻略するつもりがあったからというよりは、ともかく、極力行動の自由を確保しておこうとした。それは、国家は外務大臣がおこなった言明に拘束されるという意識の表れでもある。

結局日本は九月に南洋諸島方面での軍事行動を開始し、やがて占領する。ただし加藤は、その時点で南洋諸島の永久占領を日本政府の方針とすることに反対であり、一〇月、差し当たり一時占領とする閣議決定がなされた（外務省編　一九六六：六六五～六六六）。

(2)　イギリスの言明

そうしたなか、一一月、イギリス帝国の自治領であるオーストラリアの国防大臣が、オーストラリアは日本から太平洋のドイツ領諸島の占領を引き継ぐと発表した。それは、引き継ぐ対象がヤップ島だけでなく日本が占領したドイツ領諸島全体であると誤解したためだったが[14]、いずれにしても、オーストラリアが南洋諸島の帰属に強い関心を持っているのは明らかだった。

そこで加藤は、ドイツ領の処分はすべて戦争終結後の商議に附すべきものであるというイギリスのグレイ外相の発言に留保をつけ、南洋諸島に対する日本の関心と関係性を述べ、将来的に日本領にする足がかりをつくろうとした[15]。イギリス側に、日本は赤道以北全ドイツ領諸島の永久保持を主張するだろうこと、そして相当の時期が来たらその目的達成のためイギリス政府の支持に倚頼する旨を記した覚書も渡している（外務省編　一九六六：六七六～六七七）。

それらは、形式としては日本側の一方的な言明である。イギリスが日本の南洋諸島領有を支持すると表明しているわけではない。しかし、日本が日本の主張を相手方に伝え、相手方がそれに異議を唱えなければ、日本の主張や立場にある種の正当性が加わる。逆に言えば、言明をめぐるそうした規範意識を日英が共有しているからこそ意味を持つやりとりだった。

その後大戦は長期化し、日本では一九一六年、第二次大隈内閣から寺内正毅内閣に代わり、本野一郎が外相となる。本野は外相就任前から、連合国側に積極的に協力することで戦後の外交の発言権を得るという方針を持っており、一九一七年一月、イギリスから要請があった地中海および喜望峰への日本の艦艇派遣に応じようとした。そしてその際、前内閣で一度拒んでいることなのでその決定を翻すには有力な論拠が必要であるとして、山東省および南洋諸島問題に関するイギリス政府の保障を求めた[16]。

それを受けて二月、イギリスは、講和会議における日本の要求を支持する旨の言明を与えた（外務省編 一九六八：六四四）。続いて日本は、フランスとロシアからも同様の保障を得ている（外務省編 一九六八：六五六〜六五七）。とりわけイギリスとの関係において、ここで明確に日本支持の言明を得ておいたことは、講和会議における日本の立場を強めることとなる。

(3)　パリ講和会議における南洋諸島領有問題

一九一九年一月、パリ講和会議が始まる。日本が重視していた問題のうち、南洋諸島の獲得は、比較的順調に協議が進んだ。委任統治の形式が導入され、また途中で“as integral portions”という文言が“as if integral portions”に改変されそうになるといった一幕はあったが、最終的に日本は赤道以北ドイツ領諸島を領有に近いかたちで委任統治することとなった。受任国領土の構成部分として、その国法の下に施政をおこなうというものである（佐々木 二〇一七：二八九〜二九一）。

その過程で日本は、赤道以北の諸島を確保すべく、イギリスに繰り返し働きかけた。イギリスが明確に日本の立場を支持していないと見た日本本国が出先に対し、日本の南洋諸島領有について少なくとも英仏からは正式に支持の保障を得ており、そのことは必要に応じて英仏の委員に注意喚起するように、と指示を出すこともあった[17]。三月一〇日には、講和会議における日本の実質的な代表である牧野伸顕がイギリス側に、赤道以北の諸島が日本の委任統治となること、また領有に近い委任統治の形式が南洋諸島に適用されるならばそれは日本の管理部分についても同様であることを確認し、その重要性を力説した[18]。

もっとも、イギリス側の資料を見ると、イギリスも、一九一七年二月に日本に与えた保障を重視し、日本の立場を支持するつもりだったことがわかる。一九一八年一一月四日、オーストラリアのヒューズ首相は、イギリス首相のロイド・ジョージに書簡を送り、ドイツ側のオーストラリアへの降伏はサモアを除く太平洋のドイツ領諸島全体を含むかたちでなされたこと、日本が赤道以北の諸島を占領しているのは暫定的な性格に過ぎないこと、そしていかに南洋諸島がオーストラリアにとって緊要であるかといったことを論じた[19]。オーストラリアは南洋諸島に強い関心を有しており、また日本の進出を警戒していた。

それに対しロイド・ジョージは、オーストラリアおよびイギリス帝国の利益と安全についてよく考える旨を記しつつ、日本が赤道以北の諸島に対する権利を有していないというヒューズの主張に関しては、見過ごしている事実があるのではないかと指摘した。それが、オーストラリアも同意して発せられた、一九一七年二月の日本に対する保障である。ロイド・ジョージは、太平洋のドイツ領諸島の最終的な処分は講和会議で決まるものの、イギリスとしてはその会議に、赤道以北ドイツ領諸島に関する日本の主張を支持する旨の言明を与えた状態で臨むのだということを強調した（there can be no question that the British Government will enter that Conference having given a pledge to Japan to support her claims to the German rights North of the Equator）[20]。ヒューズは、オーストラリアとしてはその保障を与えることによって将来的な日本の南洋諸島領有に同意したわけではないと主張したが[21]、イギリスの方針は変わらなかった。

一九二〇年、前年のパリ講和会議の時点で日本側が懸念を抱いていた、海底電線の管理・開放が関わるヤップ島をめぐる問題が再燃し、アメリカが、日本の委任統治を認めていないと主張し始める[22]。これについてもイギリスは、パリ講和会議での折衝経過と結論に関してアメリカが主張するような解釈はできないと論じ、また日本側に海底電線に関する譲歩を要求すれば赤道以南のイギリス帝国側にはね返ってくると考え賛同しなかった[23]。イギリス側が重く見ていた一九一七年二月の保障は、講和会議において山東および赤道以北のドイツ領諸島に関する日本の主張をイギリスが支持し、日本も赤道以南の諸島に関するイギリスの主張に対して同様の対応をとるというかたちになっていた。自国が過去におこなった言明には拘束される、自国が認められないようなことは他国に要求できないなど、日英は列強間の共通の規範意識を持っていたのである。

日本が機を捉えて主張の根拠を積み重ね、日本の主張や行動がイギリスあるいはフランスから正当と見なされ、戦争を通じて領土や権益を割譲させること自体は当然視しているといういずれの点を見ても、南洋諸島領有問題には、帝国主義外交の公・正の感覚が如実に表れていた。

第四節　「英米本位の平和主義を排す」

(1) 山東問題と人種差別撤廃問題

パリ講和会議では、公・正の観念をめぐる新たな動きも出てきた。大戦を経て平和を希求する風潮が強まり、アメリカのウィルソン大統領は一四カ条を発表して理想を掲げ、国際連盟もつくられる。パリ講和会議の時点でどれほど現実化したかはともかく、正義や理想が、国際関係において小さからぬ意味を持つようになった。

日本が関わるところでは、山東ドイツ権益の継承について、中国（中華民国）が強く異を唱えた。日本は、膠州湾租借地は中国に還付すること、日本が山東で保持しようとしているのは経済的権益であり領土上・軍事上の野心はないこと、そして中国側は条約で日本の権益継承を認めていることなどを主張し、英仏には受け入れられる（佐々木 二〇一七：二九四〜二九七）。

それらはいずれも、帝国主義外交的な正当性の理屈である。牧野伸顕は回顧談で、中国側は二一カ条要求を認めないとしているが条約の規定に基づきすでに内金を受領しており、それが条約を認めている証拠であるとフランス首相のクレマンソーに説明し、受け入れられた様子を述べている（牧野 一九四〇：二一六〜二一七）。牧野の感覚からすれば、そこが日本の主張の正当性を裏づける重要な点であった。

しかし中国側は、条約は強要されたものだと訴えた。日本に主張の根拠があるかどうかという正当性の観点ではなく、総体的な日中の関係性や、軍事力を背景に好ましくない条約を結ばされることの不当さを、正義の観点から問題視したのである。そしてウィルソン大統領も、二一カ条要求を不当とみなし、心情的には中国側を支持していた。パリ講和会議においては日本側の言い分が通ったが、帝国主義外交的な公・正の観念は重大な挑戦を受けつつあった。

もう一つ、こちらは日本から提起したものだが、人種差別撤廃問題がある。国際連盟設立が現実化してくるなかで、人種的偏見から生じる不利を除去するための措置として、連盟規約に各国民平等・差別撤廃の文言を入れようとした。日本側は、それは国際連盟の基本原理と合致するはずであると主張した。しかし、オーストラリアの強硬な反対などがあって果たせず、最終的には、日本は機会あるごとに該問題を提起すると留保し、また総会で差別撤廃の趣旨の演説をおこない記録に残すことで折衝を終えた（佐々木 二〇一七：二九一～二九三）。

人種差別撤廃問題は、日本政府としては国際連盟設立への対抗策として可能であれば何らかの措置をとりたいという程度の話であり、それが失敗に終わったからといって、特に気にかけてはいなかった。しかし平等あるいは公正な待遇（just treatment）という、言葉だけを見れば当然認められてしかるべきと思われるような日本の主張が通らなかったことで、日本国内では、欧米ないし国際社会への怒りや不信感が渦巻く（鳥海 一九九四）。

(2) 近衛文麿における公・正

そうしたなかで、従来の帝国主義外交とは異なる公・正の感覚を示していたのが、近衛文麿である。名門近衛家の長男として生まれ、京都帝国大学を卒業した近衛は、一九一八年一二月、雑誌『日本及日本人』で論稿、「英米本位の平和主義を排す」を発表している（近衛 一九一八）。

近衛は、大戦後の世界において民主主義・人道主義の思想がますます盛んになるとの見通しを示したうえで、「民主主義と言ひ、人道主義と言ひ、其本く所は実に人間の平等感にあり」と論じた。国際的に見ればそれは各国平等生存権の主張ということになる。

近衛によれば、第一次世界大戦前の状態は、英米から見れば最善かもしれないが、「公平に第三者として正義人道の上より之を見れば」、決して最善ではなかった。已成の強国が植民地をつくり、利益を独占しているために、ドイツに限らず後進国は獲得すべき土地や膨張発展すべき余地を見出すことができなかった。そのような状態は、「実に人類機会均等の原則に戻り、各国民の平等生存権を脅かすものにして、正義人道に背反するの甚しきもの」であった。近衛は、手段が問題だったにせよドイツがその状態を打破しようとしたのは「誠に正当の要求」だったとする。そして日本としては、「現状維持を便利とするものの唱ふる事勿れ主義」である英米本位の平和主義に盲従せず、講和会議に次のような態度で臨むべきであると説いた。

吾人は来るべき講和会議に於て、英米人をして深く其前非を悔いて傲慢無礼の態度を改めしめ、黄人に対して設くる入国制限の撤廃は勿論、黄人に対する差別的待遇を規定せる一切の法令の改正を正義人道の上より主張せざる可らず。想ふに、来るべき講和会議は、人類が正義人道に本く世界改造の事業に堪ふるや否やの一大試錬なり。我国亦宜しく妄りにかの英米本位の平和主義に耳を籍す事なく、真実の意味に於ける正義人道の本旨を体して其主張の貫徹に力むる所あらんか、正義の勇士として、人類史上永へに其光栄を謳はれむ。

その後西園寺公望に随行してパリ講和会議を体験した近衛は、講和会議の所感の第一として、力の支配という鉄則がなお厳然として存在することを指摘し、平等、公平、正義公道は十分に実現しなかったものと捉えた。そして、国際連盟が人種平等案を排斥してモンロー主義を採用したのは、力の支配という原則の最も露骨な表現であるとして、以下のように論じた（近衛 一九二〇：四三～四八）。

思ふに人種平等案なるものは、正義に本きて世界の平和を維持するといふ国際聯盟の精神より見て当然聯盟の基礎となるべき先決条件なり。何となれば正義に本く世界の平和は各国家各民族を不平等の基礎の上に置きては到底之を維持する事能はざれば也。反之モンロー主義は、国際聯盟とは相容れざる性質を有するものなり。……実際は如何に決定したりしやと云ふに、道理ある人種平等案は力足らざる日本が之を提出したるが故に葬り去られ、反之不道理なるモンロー主義は力ある米国が之を主張したるが故に大手を振って聯盟規約の中に割り込むに至りしもの也。

近衛はそれに続いて、ウィルソンの一四カ条原則は会議を通じてゆがめられたとはいえ、その理想が全然実行されなかったというのはあまりに酷評だとして、「巴里会議の成績を見て理想主義の破滅を宣告するは早計なり」と論じている。

つまり近衛は、世界を規律するものとして正義や理想を重視し、現実の国際政治が必ずしもそれらに基づいて動いていないなかで日本こそが正義を実践している、あるいはすべきであると訴えていた。近衛は、五〇〇〇字に満たない「英米本位の平和主義を排す」のなかで、「正義人道」という言葉を二〇回以上用いている[24]。

こうした近衛の議論には、時代の、あるいは日本社会の空気が反映されていた。例えば、講和会議開催ないし国際連盟設立に当たり人種平等を要求するというのは、実際に日本の代表団がとった行動であるし、日本国内で広範に見られた主張である（岡［一九五九］一九九三ａ）。

また「正義」という言葉は、世界的にも日本国内においても流行していた。それは、ウィルソンや一部の知識人が掲げていただけではない。例えば参謀総長の上原勇作は、一九一九年一月一日の日記に、「国民は滔々として退嬰文弱、自ら振ふ能はず……物質的利得もさる事ながら、それ以上は公平正義なり。利得は已に公平なるにあらず。公平正義は然らず（仁恵よりは公正）」と書いている。そして三日、「福田徳三博士の日日論文を見よ」と書き、九日にも「東日、福田徳三（一月始め）」と記している（尚友倶楽部編 二〇一一：七九）。

上原が注目したのは、一月一日から五日にかけて『東京日日新聞』に掲載された福田の論説、「資本的帝国主義を排す」である。資本的侵略主義の存在とその問題性を指摘する福田は、「英米の正義人道呼ばりは偽善的」と論じ、「我邦独得の長所を以て真の平和、真の正義を進むる」こと、そして講和会議において「正々堂々と世界に於ける非侵略主義の為めに有力なる発言を為すこと」を求めた。

近衛は広い意味で福田の学問から思想的影響を受けており、この福田の論稿と近衛の「英米本位の平和主義を排す」は重なる部分が大きい[25]。

後に清沢洌は近衛について、「かれは現状に対する鋭い感覚がある。現状をどうにか打破しなければならないとは考へる。しかしその後には何が如何にしてもたらさるるのであるかを語ったことはない。感覚は思想ではない。……近衛公は果して文字の厳格なる意味において思想を有しているかどうか。これがないことが却って各方面から期待される所以ではないであらうか」と論じている（清沢 一九三七：一五〇）。思想の有無はさておき、右でも見たように、たしかに近衛には鋭い感覚があり、日本社会に広がる気運を感知し、体現していた。そして、正義を重視し、なおかつ本当の正義は現在の国際秩序とは別のところにあると論じる近衛の公・正の感覚は、一九三〇年代になって日本政府の公式の論理に昇華していく。

第五節　第一次世界大戦後の日本外交と公正

(1)　ワシントン会議

第一次世界大戦後、日本外交のいくつかの局面で「公正」の語が出てくる。例えば、ワシントン会議である。

一九二一年、アメリカは関係各国に対し、軍備制限と太平洋・極東問題に関する国際会議の開催を提議した。一〇月、このワシントン会議の日本全権に対する訓令で、海軍軍備制限に関して、「公正真摯なる態度」で討議に臨むことが指示された。日中間の懸案の山東問題については、会議において変更を許さない事項と位置づけつつ、追って「公正寛容を本旨とする細目案」を決定するとした（外務省編　一九七七：一八四、一九三）。

ここで言う「公正」は、第一次世界大戦までの交渉感覚に近い。すなわち、根拠となる事実や言明、取り決めなどに基づき、交渉当事国同士の間で公平性を保つこと、そして列国からも主張や交渉結果が正当と認められることである。双方ないし関係各国の立場や利害、主張内容が異なっていることを前提に、日本が受け入れられる範囲で折り合う、ということでもある。

軍備制限を提起したアメリカは、建艦競争に歯止めをかけ軍事費を抑制したいというのとともに、日本を牽制する思惑もあった。そして日本側は、日本に不利な条約とならないよう警戒していた。具体的には、相対兵力に関して対米七割必要論が海軍内の正統的見解だった。とはいえ、海相で全権委員の加藤友三郎は、当初から、究極的には交渉の成り行きやその他の条件次第で対米七割を割り込むかたちで交渉をまとめてもよいと考えていた。そして、対米七割確保よりも協定成立を優先させ、主力艦の対英米比率六割で受諾した（佐々木　二〇一七：三二五～三二九）。

山東問題の方は、ワシントン会議招請より前、例えば一九二〇年一月に日本本国から駐華公使に発せられた電信においても、「公正妥当の条件」という言い回しが出てくる。[26]これは、「山東条項に対する支那官民従来の態度に顧み、帝国政府に於て公正妥当の条件を具して誠実に其の妥結を図らむとするに対し、支那政府に於て果して反対の風潮を抑へて右交渉に応ずるの誠実且鞏固なる決心ありや否やは多少懸念せらるる処なるも」、と書かれているように、主観的・絶対的な「公正妥当」の意味合いが少なからずある。日本は公正妥当な主張をしているのであって、あとは中国側がそれに誠実に応じるかどうかの問題、という論である。

とはいえ原敬内閣ないし原首相は、とりわけ対外方針全般の検討をおこなった一九二一年五月以降は本格的に山東問題の解決を目指しており、交渉妥結のためには多少の譲歩はやむを得ないと考えていた（佐々木 二〇一七：三一八〜三一九、三三一〜三三二）。「公正妥当の条件」は、可変的だったのである。原はワシントン会議開始直前に暗殺されるが、会議に臨む日本政府の方針は原内閣の時代にできあがっていた。

一一月にワシントン会議が始まると、英米の後押しがあり山東問題をめぐる日中の交渉がおこなわれる。日本の全権委員は本国に「公正妥当なる細目案」を決定する必要性を訴え、一一月二四日、細目案が閣議決定される（外務省編 一九七八b：四二五〜四二九）。日本側は、中国との間で落着点を見出すのもさることながら、英米に対して日本の公正さを印象づけようとしていた。途中で行きづまりつつあった日中間の交渉は英米の仲介により妥結に向かい、一九二二年二月、山東問題に関する協定は調印に至る。海軍軍備制限にしても山東問題にしても、ワシントン会議における日本の交渉姿勢は、第一次世界大戦までと大きな違いはなかった。

(2) 海軍軍縮

ワシントン会議のときもそうであったように、その後、海軍軍縮・軍備制限に関する日本の方針は、しばしば、「公正」の語を用いて説明された。例えば一九二七年四月、ジュネーブ海軍軍縮会議の全権委員に対する訓令では、冒頭に、「我国防の安固を確保すると同時に、世界の平和に貢献し、国民の負担を軽減する為、各国と共に公正なる軍備制限協定を行ふことは、帝国政府の衷心冀望する所なり。帝国政府は今次米国政府の提議に基き海軍軍備制限に関する協議を開始せんとするに方り、公正合理なる基礎の下に各参加国の交譲妥協に依り克く本会議の成果を挙げんことを期待す」と書かれている（外務省編　一九八二：五二）。

この訓令が出されたのは第一次若槻礼次郎内閣のときであり、同内閣はその直後に退陣となるが、次いで内閣を組織した田中義一首相も、軍縮問題について同様の言い回しをおこなっている。すなわち、通商路の保全は日本の死活問題であるとしつつ、「我国民の生活を保証し、国際義務の遂行に支障なき限り、列国と協調して公正なる条件の下に軍備を制限し、もって国民の負担を軽減し、世界永遠の平和に貢献することはちう心きん幸〔＝衷心欣幸〕とするところである」と述べている[27]。

日本としては、日本が不利な立場に置かれるような制限を課されたくはないが、必ずしも軍縮に反対ではない。またそもそも、軍縮の取り組み自体に対して反対の立場はとりづらい。そこで差し当たり、日本は公正な姿勢をとる、公正な協定を目指す、公正な条件であれば受け入れる、といったかたちで方針を設定・表明することとなった。

一九二九年、ロンドン海軍軍縮会議の全権委員となった若槻は、一一月三〇日、日本出発に際して発した放送声明において、次のように論じた。「各国全権と協力して各国に公正妥当なる協定を作成し、世界万民をして外は軍備競争の拋棄、国際疑惑の掃蕩を成就せしめ、内は国民負担の軽減、国家安全感の確立の目的を達せしめることは、誠に重大な任務と申さなければなりません。今次倫敦会議に於ける帝国の主張は、従来の此種会議に於ける帝国の態度に徴しても御了解出来ます様に、公正にして合理的なる主張をなすことは云ふを俟たないことであります」（外務省編 一九七九：四八六）。

このときは、補助艦の総括比率が対米七割など、ワシントン会議のときと比べると会議に臨む際の目標がより明確に設定されており、それを貫徹しようとする意志も海軍内により強固に存在した。ただいずれにしても、具体的な交渉を通じてどこで折り合いをつけるかというのが焦点であった。実際、調印後に統帥権干犯問題で紛糾するとはいえ、日本は、目標に完全には達していない条件を受け入れて調印し、批准までこぎつけた[28]。

つまりここまでは基本的に、明治中期以来の日本外交の流れをくむ大国間の互譲の意識か、一九二〇年代の国際協調の気運、あるいはその双方が合わさった意味合いで「公正」の語が使われていた。それは、第一次世界大戦を経て日本外交において頻繁に使われるようになった言葉だが、新しい言葉を使ったからといって、日本外交の内実が大きく変化するわけではなかった。その状況が、一九三〇年代に転換する。

第六節　一九三〇年代の日本外交と公正

(1)　満州事変

一九三一年九月、満州事変が始まり、やがてその問題は国際連盟で取り上げられるが、そうしたなか、一一月、第二次若槻内閣の幣原喜重郎外相は各国駐箚の大使・公使などに事変処理に関する政府方針を伝えている。そこでは、「今後努めて事態の拡大を避くると共に世界輿論の指導に一層の努力を払ふに於ては、漸次帝国の正当なる立場と主張とは国際公論の支持を受くるに至るべし」と論じられていた[29]。新聞上では、日本政府は「堂々と日本の公正妥当なる立場を全世界の公論の前に訴ふべしとする強硬なる態度を決定」したと報じられている[30]。

翌年、満州事変勃発から一年が経ち、斎藤実内閣の荒木貞夫陸相は次のように述べている。「わが建国思想たる公正の、仁愛の、そして勇断の国民的精神は、勃然として蘇り、邪悪排すべしとの信念に基き、遂に天下の偉観たる同胞一体境を現出するに至ったのである。然していやしくも帝国が公正、仁愛、勇断の大旗を樹て、その使命の道にまい進するとき、幾干かの経緯は必然的に生ずるとしても、然も国際間の権謀は結局、雲散霧消し、世界平和の確立に精進せる帝国の行動は、やがては世界の感謝を受くべきや必定である[31]」。

そのすぐ後、リットン調査団の報告書が公表されると、「同報告書は部分的において帝国政府の公正なる態度、並にわが自衛的軍事行動に対し極めて誤れる観察の下に叙述をなせる点が随所に散見されるので、政府当局においてはすこぶる不満の意を表し、近く聯盟に提示すべき帝国政府意見書において右の諸点を堂々と反駁し、調査団の認識不足を是正すると共に、聯盟の不明を啓蒙することとなった」と報じられた[32]。陸軍当局からは、日本が従来中外に宣明してきた主張に何ら変更を加える必要はなく、「聯盟及び列国が漸次日本の正当なる主張を理解するに至ることを希望しかつ確信」しているとの談話が発せられている[33]。

以上は、外相が発した指示、陸軍当局者の談話、新聞報道、とそれぞれ資料の性格は異なるが、総じて、日本の立場や主張、姿勢が公正・正当であると論じる方向に向かっていることがわかる。諸国から公正と認められるような主張をするとか、諸国と協議して公正な結論を得るといった論じ方ではない。日本は正しいのだから堂々と主張すれば世界に理解されるという理屈であり、パリ講和会議後、プロパガンダの重要性を説き、アメリカに対して率直に日本の膨張のやむを得ないゆえんを述べて日本の立場を了解させるよう求めた近衛と（近衛 一九二〇）、同様の姿勢である。そしてそれは、高次の、あるいは倫理的な意味での正義には頓着せず、帝国間で認められる正当性を細かく積み上げようとしてきた明治中期以来の日本外交とは、異質なものだった。

(2) 海軍軍縮離脱

前節でも触れた海軍軍縮・軍備制限をめぐっては、一九三〇年にロンドン海軍軍縮条約が締結され、一九三五年に次の会議が開かれることとなっていた。一九三四年九月、その予備交渉に臨む海軍の山本五十六は、日本を離れるに当たり、次のように語っている。「自分は今祖国を出発するに当って特に語るべきことはない。ただ政府の訓令に基き公正妥当なるわが国民的信念を列国に諒解せしむるために自分のベストを尽す覚悟であることを申上げるだけである。……自分は帝国政府の今回の根本方針は公正かつ妥当にして、速かに列国に諒解され、同時に世界の輿論に容認さるるであらうことを確信している(34)」。

その後、海軍軍縮をめぐって、日本政府は「公正妥当」という言葉を用いた説明を繰り返す。一九三四年一一月末、岡田啓介首相は第六六回議会での演説で、「来るべき海軍軍備制限会議に付きましては、帝国政府は国防の安全を確保するを第一義とし、関係各国間に不脅威・不侵略の原則を確立すると共に、軍縮の実を挙ぐる為め、最も公正妥当なる方式に依り、其実現を期せむとするものでありまして、目下倫敦に於て進行中の予備交渉に於ても、帝国代表は右方針を体し、鋭意善処中であります」と述べた[35]。また、一二月に日本はワシントン海軍軍備制限条約の廃棄を各国に通告するが、そのとき、「新たに公正妥当なる軍縮条約を協定せんとして国を挙げて努力しつつある事は周知の通りである」との海軍当局談話、そして「公正妥当な新協定の成立」を図っているとの外務当局談話が発せられている[36]。

一九三五年一一月、まもなく始まる第二次ロンドン海軍軍縮会議の日本全権委員に発せられた訓令の冒頭には、「今次海軍軍縮会議に於て帝国政府の目的とする所は、帝国国防の安固を確保する範囲に於て関係国間に公正妥当なる海軍軍縮協定を遂げ、成るべく国民負担の緩和を図り、且各国間の平和親交を増進せんとするに在り」と記された（外務省編　一九八六：三五七）。一九三六年一月、ロンドン海軍軍縮会議脱退時の岡田首相の声明では、「今次会議に於て帝国政府は公正妥当なる海軍軍縮協定を遂げ、各国間に不脅威・不侵略の事態を確立する為最善の努力を為したのであるが、公明正大なる帝国の軍縮提案は不幸にして各国の受諾するところとならず、竟に会議を脱退するの已むを得ざるに至ったことは真に遺憾である」と説明された[37]。

前節で見たように、一九二〇年代にも、海軍軍縮に関する日本政府の目標や方針は、「公正」という言葉を用いて設定されていた。しかし一九三四年から一九三六年にかけて繰り返し述べられた「公正妥当」の焦点は、一九二〇年代と異なり、条件ではなくルールや原則である。すなわち、国家安全のために必要な限度の軍備を有する権利は各国等しく享有すると論じ、軍縮・軍備制限の方法として、比率主義をとるのではなく各国保有兵力量の共通最大限度を定めようとした。したがって、右の山本の発言からもわかるように、ここでの「公正」の語には、折衝を通じて関係各国との落としどころを探るという意図は込められていない。日本の主張こそが公正だという論であり、満州事変後に用いられた「公正」と同様の意味合いだった。

(3)　第一次近衛内閣と日中戦争

一九三七年六月に第一次近衛内閣が成立し、そのすぐ後、七月に日中戦争が始まる。九月五日、首相の近衛は第七二回帝国議会において、日本政府はできるだけ事件の拡大を防いできたが、中国側が「公正なる帝国政府の真意」を了解せず、侮日、抗日の気勢を挙げ、事態は急速な悪化を来し、局面が中国一帯に波及したと述べた。そして、排日的方針をとる中国に反省を求めるため日本が一撃を加える決意をしたのは、「独り帝国自衛の為のみならず、正義人道の上より見ましても、極めて当然のことなりと固く信じて疑はぬ者であります」と論じた[38]。九月一一日には、日比谷公会堂で開催された国民精神総動員大演説会において演説をおこない、世界不安の根本的原因は実質的な国際正義が十分に実現されていないところにあり、日本の行動の本質は、世界歴史の本流において真の国際正義を主張しようとするものであると訴えた[39]。抽象的・理念的な次元での正義をめぐる近衛の持論と、日本の行動に関する首相としての説明の言い回しが、重なり合ってきている。

一九三八年二月二日、国際連盟理事会は中国情勢に関する決議を採択し、紛争の公正なる解決

(just settlement) を求めた（外務省編 二〇一一：一七一六)。そして九月、連盟国・非連盟国間の紛争について定めた連盟規約第一七条に基づく招請を発するが、日本政府は、「国際聯盟規約の予見するが如き方法に依り今次日支紛争の公正妥当なる解決を見出し得ざるべきを固く信ずる」として拒絶した[40]。海軍軍縮からの離脱のところでも見た通り、公正な解決とは、既存の秩序の枠外にあるもの、あるいは日本の主張が通ることを意味するようになっていた。

一一月三日、近衛は第二次近衛声明を発し、東亜新秩序の建設を表明する。同日、ラジオ演説もおこなっており、正義に基づく東アジアの新平和体制の確立を訴え、「実に現下の世界に必要なるは、真に公正なる均衡の上に平和を築くことであります」と論じた。そして続けて、「過去の諸原則が、事実上、不均衡なる現状の維持を鉄則化し、固定化するところにあったことは、否むべくもありません。聯盟規約の如き国際条約がその権威を失墜したことは、実にこの不合理にその根本原因があるのであります」との認識を示している[41]。二〇年前に発表した「英米本位の平和主義を排す」と同様の議論であり、それが日本の実際の方針を基礎づけるようになった。

近衛流の議論は、近衛が首相の座を離れてもなお日本政府内で受け継がれる。一九三九年一月、第一次近衛内閣末期から引き続き平沼騏一郎内閣で外相を務めていた有田八郎は、第七四回議会で次のように述べている。「世界の恒久平和なるものは、人類親和の道義的基礎に立脚し、公正なる均衡を基調としてこそ初めて築き得らるるものでありまして、今日国際間不安動揺の原因は、固より複雑なるものがあるのでありまするが、要するに、事実上不公正なる現状を其の儘維持せむことに努め、功利的精神に依り新興勢力の発展向上を阻害せむとすることが、其の重大原因たることは、争ふべからざる所であります」[42]。有田は翌年の第七五回議会でも、「凡そ国際間の平和の保たれない原因には種々ありますが、要するに人種、宗教、領土、資源、通商、移民等に関する国際間の不合理・不公正なる現状が、或は排他的政策に依り、或は自国の優越的地位の濫用に依り、強いて維持されむとする所に起因することが多いのであります」と論じたのだった[43]。

おわりに

明治中期以来、日本の外交担当者たちは西洋中心の国際秩序のなかにある種の公正さを認め、適合しようとした。その公・正の感覚は、相互利益を均等にする、自国が受け入れられないようなことを相手方に認めさせることはできない、自国が過去におこなった言明には拘束される、といったものである。正義は問わず、列国間の公平性を重視し、着実に正当性を積み重ねようとした。

それに対し近衛文麿は、正義を高唱し、平等の重要性を説いた。明治中期以来の日本外交において重視されてきた公平は、具体的な問題や折衝をどのように落着させるかという話であったが、近衛が強調した平等は、より根源的である。既存の国際秩序自体が、不平等だというのである。したがって、列国間の具体的な折衝を通じて正当性を積み重ねていこうとはせず、既存の秩序の外にある正義を求め、日本こそが正義を実践している、あるいはすべきであると訴えた。

第一次世界大戦までの日本において、経験を積んだ政治指導者・外交担当者とそれ以外の人々との間には、大きな対外認識の差があった（佐々木 二〇一四、同 二〇一七）。そして実際の日本外交を基礎づけていたのは、外交担当者たちの対外認識だった(44)。しかし公・正をめぐる近衛の議論は周辺部にとどまらず、一九三〇年代には日本政府の方針として語られる。それは近衛個人の思想というよりは既存の秩序や日本外交に飽き足らない人々の意識の結晶のようなものであり、公・正の概念に対する日本政府の向き合い方は、近衛の首相就任前から変化し始めていた。第一次世界大戦を経て「正義」が流行し、それに伴って日本外交において「公正」の語がしばしば用いられるようになる。そして一九三〇年代を通じて、「公正」は、日本の立場の正しさを強調する言葉、既存の秩序とは異なるあり方を形容する言葉として、日本政府のなかに定着したのだった。

最後に、現代に示唆を与え得るかもしれない点を挙げるとすれば、公正観の対立をいかにして調和させるか、というところである。本章でも見てきたように、何をもって公正と捉えるかは、それぞれの立場や置かれた状況によって異なる。そこでいかなる状態が公正なのかを突き詰める作業も必要かもしれないが、政治技術が、あるいは解決策が、多様な公正観を調和させるという面もある。パリ講和会議における人種差別撤廃問題は、準備が不十分なまま見切り発車で取り組み、結果的に失敗したために、かえって日本国内の不満を増幅させた。日本の提起が成功するか、もしくは日本の主張が次々に拒絶されているような印象を与えない提起の仕方をしていれば、国内に潜在的に存在する既存の国際秩序に対する不信感は、活性化しなかったはずである。海軍軍縮体制からの離脱についても、さかのぼればワシントン会議における交渉と国内の合意形成の仕方に、多分に改善の余地があった（佐々木 二〇一七）。もとより本章は現代の公正概念をめぐる議論への直接的な貢献を目指したものではないが、応用可能性のある視点ではないかと思われる。

＊　本章は、平成二六—二七年度科学研究費補助金（特別研究員奨励費、課題番号：14J06462）、松下幸之助記念財団二〇一六年度研究助成の研究成果の一部である。

註

（1）酒井（二〇〇九）が、文明（国）標準の観点から主に第一次世界大戦後の日本外交について分析している。筆者自身は、佐々木（二〇一四）で、文明標準に関する議論を取り入れながら、条約改正過程において日本の政治・外交指導者たちが共有する「文明」という価値への信仰が重要な意味を持っていたことを示した。文明標準の研究と日本外交史研究との接合については、佐藤信（二〇一六）、澤井（二〇一六）も参照。

（2）吉野と尾佐竹の論は、相互に影響を与え合っている。吉野（一九二六）参照。

（3）文明標準についての研究であるGong（1984）は、日本の国際社会への参入を、西洋化と国際法・国際規範受容の過程として捉える一方で、西洋中心の国際秩序における日本の不安定な立場を指摘している。そして日清戦争終結時に発生した三国干渉が日本にとって大変苦い経験だったとし、日本は国際法と外交の世界を受け入れていった末に、結局、国際関係においてものを言うのは力のみであると結論づけることとなったと論じた。

しかしまず、本文中でも触れたように、日本の政治・外交にたずさわる者たちは初めから国際関係における力の重要性を認識しており、そのことは多くの近代日本史研究が指摘している。したがって国際関係論の研究においても、Suzuki（2005）は、日本ではすでに一九世紀半ばの時点でヨーロッパ国際社会は力が支配する世界であるとの認識があったとして、Gong（1984）の説明に疑問を呈している。

他方で、Gong（1984）が三国干渉後について論じているように、あるいは近代日本外交についての通説的な見方がそうであるように、日本の政治・外交指導者たちが専ら力の観点から国際関係を捉えていたというのも妥当でないことは、本章や佐々木（二〇一四）、同（二〇一七）が示す通りである。

（4）西洋の衝撃を受けた強制的・現実的な適合ではなく、日本の内的な蓄積と判断によって国際社会への参入がなされたことは、思想史研究でも指摘されている。渡辺浩（二〇一〇：三四三〜三八一）は、幕末日本の西洋理解において道理や正しさが重要な意味を持ったことを、吉野や尾佐竹が注目した言葉の面にとどまらず、広範かつ具体的に論じている。すなわち、西洋は普遍的な「道」の実践において優れ、万人に共通する天理としての「公」を体現するものとみなされた。人を重んじ、救貧院があり、議会制度がある西洋に、儒学の理想を見出したのである。またたしかにペリーは先進技術を誇示し、軍事的圧力を加えながら強引に開国を迫ったが、同時に、漂流民すら救助しようとしない日本の姿勢は正しいのかという思想的・倫理的問題を突きつけていた。そして、日米和親条約と日米修好通商条約ではやや状況が異なるものの、日本側では少なからず、アメリカの訴える普遍的な道理の方が正しいという見方が形成された。

（5）以下本節は、佐々木（二〇一四）参照。

（6）従来、寺島宗則外務卿期（一八七三〜七九年）の中心は税権回復、井上馨外務卿・外相期（一八七九〜八七年）は法権回復と理解されてきたが、近年、五百旗頭（二〇一〇）が行政権回復という視角を提示し、日本は行政権回復に行きづまって井上期に法権回復へと跳躍したと論じ、支持を得ている（小宮二〇一八）。それに対し筆者は、その「跳躍」以前から日本政府の最終的な目標は法権回復であり、行政権回復はその一部ないし前段階という位置づけだったと捉えているが（佐々木二〇一四）、いずれにしても、一八九四年までの条約改正事業の枠組みは井上期に形成された。

（7）こうした見方の例として、松井（一九七四）。

（8）一八九〇年一二月一七日、衆議院議事速記録（帝国議会会議録検索システム〈http://teikokugikai-i.ndl.go.jp/〉を利用。以下議会での発言については同様）。

（9）「陸奥宗光関係文書」（国立国会図書館憲政資料室所蔵。以下、「陸奥文書」）六七―八。

（10）陸奥演説草稿（「陸奥文書」六七―七）。

（11）一八九三年一〇月二五日、青木宛陸奥機密信（外務省編一九五二：八〇）。

(12) 一八九四年二月九日、陸奥宛青木書簡（「陸奥文書」九四―三〇）。
(13) 以下本節は、佐々木（二〇一七）参照。
(14) これは、オーストラリア側が意図的に事実と異なる発表をして既成事実をつくろうとしたわけではなく、本当に誤解が生じていたようである。Lowe（1969：202-205）、平間（一九九八：七六～七八）、酒井（二〇〇九：九二～九五）参照。
(15) 一九一四年一一月二五日、二七日、加藤外相・イギリス大使会談記録（外務省編　一九六六：六七三～六七五）。
(16) 一九一七年一月二七日、珍田駐英大使宛本野電信（外務省編　一九六八：六三八～六三九）。海軍側の動向については平間（一九九八：二一三～二二一）参照。
(17) 一九一九年二月八日、松井駐仏大使宛内田外相電信（外務省編　一九七一：三八三）。
(18) Cecil to Balfour, 1919.3.10（FO 608/211/11）. FO はイギリス外務省文書（The National Archives, UK）。三月二〇日、内田外相宛松井駐仏大使電信（外務省編　一九七一：五八）も参照。
酒井（二〇〇九：一〇四）は、日本は委任統治問題の審議には積極的に取り組まず、事態の成り行きを見守る態度だったが、日本に対して強い警戒心を持つオーストラリアが要求をつり上げていったことで、日本は労せずして南洋群島に領有同様の地位を得たとしている。たしかにそのような面はあるが、日本側もそうしたオーストラリアの動きを注視しており、オーストラリアが赤道以南で得るのと同様の地位を赤道以北で確実に得るべく活動していた。
(19) Hughes to Lloyd George, 1918.11.4（LG/F/28/2/7）. LG は The Lloyd George Papers（The Parliamentary Archives, UK）。
(20) Lloyd George, to Hughes, 1918.12.30（LG/F/28/2/20）.
(21) Hughes to Lloyd George, 1919.1.7（LG/F/28/3/1）.
(22) 日米折衝の経過については等松（二〇一一：六四～七三）参照。
(23) Washington Conference Memoranda, Annex M, Yap（FO412/118）.

(24) 近衛における正義概念に着目した論稿として、庄司（一九八七）、同（一九八九）、中西（一九九三）。
(25)「英米本位の平和主義を排す」の思想的背景については、中西（一九九三）参照。
(26) 一九二〇年一月一四日、小幡駐華公使宛内田外相電信（外務省編 一九七二：三）。
(27)「通商路の保全は帝国存亡の問題　公正なる軍備制限を望む　田中首相の声明」（『東京朝日新聞』一九二七年六月一一日夕刊）。
(28) ロンドン海軍軍縮会議、同条約に関する基本的な事実関係については伊藤（一九六九）、小林（一九八七）、関（二〇〇七）参照。
(29) 一九三一年一一月一二日、芳沢駐仏大使ほか宛幣原電信（外務省編 一九七八a：五一九）。
(30)「全世界公論の前に堂々立場を宣明　脱退を賭して既定方針堅持　我対聯盟態度決定」（『東京朝日新聞』一九三一年一一月一一日朝刊）。
(31)「公正なる帝国の行動　世界の感謝は必然　荒木陸相談」（『東京朝日新聞』一九三二年九月一八日朝刊）。
(32)「リットン報告書公表さる　不公正な記述に対し政府直に意見書起草　越権の「結論」は無視方針」（『東京朝日新聞』一九三二年一〇月三日朝刊）。
(33)「従来の主張不動　陸軍当局の談」（『東京朝日新聞』一九三二年一〇月三日朝刊）。
(34)「会議最後の瞬間迄挙国の支援を望む　心境を語る山本代表」（『東京朝日新聞』一九三四年九月二一日夕刊）。
(35) 一九三四年一一月三〇日、貴族院議事速記録。
(36)「公正の大道を往く　我海軍当局声明発表」（『東京朝日新聞』一九三四年一二月二三日夕刊）、「公正なる軍縮へ！　外務省中外に声明」（『東京朝日新聞』一二月三〇日朝刊）。
(37)「条約有無に拘らず平和増進を祈念　岡田首相の声明」（『東京朝日新聞』一九三六年一月一七日夕刊）。
(38) 一九三七年九月五日、貴族院議事速記録。
(39)「国際正義実現の為　我等今敢然起つ　首相、街頭へ第一声」（『東京朝日新聞』一九三七年九月一二日朝刊）。同演説については古川（二〇一五：一一三～一一七）も参照。

(40) 一九三八年九月二三日、アヴノール国際連盟事務総長宛宇垣外相電信（外務省編 二〇一一：一七五四）。
(41)「首相・世界に告ぐ　真の戦は今始まれり　防共緊密、世界秩序再建に邁進」（『東京朝日新聞』一九三八年一一月四日夕刊）。
(42) 一九三九年一月二一日、貴族院議事速記録。
(43) 一九四〇年二月一日、貴族院議事速記録。
(44) 酒井（二〇〇九）、同（二〇一八）は、エリートと大衆というかたちで対置している。

参考文献

五百旗頭薫　二〇一〇『条約改正史――法権回復への展望とナショナリズム』有斐閣
伊藤隆　一九六九『昭和初期政治史研究――ロンドン海軍軍縮問題をめぐる諸政治集団の対抗と提携』東京大学出版会
植手通有　一九七四『日本近代思想の形成』岩波書店
岡義武［一九五九］一九九三ａ「パリ平和会議におけるアメリカ外交とわが国世論」『岡義武著作集　第六巻』岩波書店、二一九～二四〇頁
岡義武［一九六一］一九九三ｂ「国民的独立と国家理性」『岡義武著作集　第六巻』二四一～三〇八頁
岡義武［一九六二］一九九二「近代日本政治史Ⅰ」『岡義武著作集　第一巻』岩波書店、一～二七四頁
岡垣知子　二〇〇三「主権国家システムの規範と変容――一九世紀国際社会の制度化と日本の参入」『国際政治』第一三二号、一五～三五頁
尾佐竹猛　一九二六『国際法より観たる幕末外交物語』文化生活研究会
尾佐竹猛　一九三二『近世日本の国際観念の発達』共立社
尾佐竹猛［一九三三］二〇〇六「万国公法と明治維新」明治大学史資料センター監修『尾佐竹猛著作集　第十三巻

〈維新史1〉』ゆまに書房、一六五～二〇九頁
外務省編　一九五一『日本外交文書　第十五巻』日本国際連合協会
外務省編　一九五二『日本外交文書　第二十六巻』日本国際連合協会
外務省編　一九六六『日本外交文書　大正三年第三冊』外務省
外務省編　一九六八『日本外交文書　大正六年第三冊』外務省
外務省編　一九七一『日本外交文書　大正八年第三冊上巻』外務省
外務省編　一九七二『日本外交文書　大正九年第二冊上巻』外務省
外務省編　一九七七『日本外交文書　ワシントン会議　上』外務省
外務省編　一九七八a『日本外交文書　満州事変第一巻第三冊』外務省
外務省編　一九七八b『日本外交文書　ワシントン会議　下』外務省
外務省編　一九七九『日本外交文書　ロンドン海軍会議経過概要』外務省
外務省編　一九八二『日本外交文書　ジュネーヴ海軍軍備制限会議』外務省
外務省編　一九八六『日本外交文書　一九三五年ロンドン海軍会議』外務省
外務省編　二〇一一『日本外交文書　日中戦争第三冊』外務省
外務省調査局編　一九四七『日本外交文書　第二十巻』日本国際連合研究会
清沢洌　一九三七「近衛公の思想的背景――心臓は右翼に、頭は自由主義に」『日本評論』第一二巻第七号、一四八～一五五頁
近衛文麿　一九一八「英米本位の平和主義を排す」『日本及日本人』第七四六号、二三～二六頁
近衛文麿　一九二〇『戦後欧米見聞録』外交時報社出版部
小林龍夫　一九八七「海軍軍縮条約」日本国際政治学会太平洋戦争原因研究部編著『太平洋戦争への道　開戦外交史　1　満州事変前夜』新装版、朝日新聞社、一～一六〇頁
小宮一夫　二〇一八「条約改正問題――不平等条約の改正と国家の独立」小林和幸編『明治史講義【テーマ篇】』筑

摩書房、二五五～二七四頁

酒井一臣　二〇〇九『近代日本外交とアジア太平洋秩序』昭和堂

酒井一臣　二〇一八『帝国日本の外交と民主主義』吉川弘文館

佐々木雄一　二〇一四「政治指導者の国際秩序観と対外政策――条約改正、日清戦争、日露協商」『国家学会雑誌』第一二七巻第一一・一二号、九八五～一〇五〇頁

佐々木雄一　二〇一七『帝国日本の外交 1894-1922――なぜ版図は拡大したのか』東京大学出版会

佐藤信　二〇一六「学界展望　日本政治外交史　Gerrit W. Gong, *The Standard of 'Civilization' in International Society.*」『国家学会雑誌』第一二九巻第九・一〇号、一〇〇一～一〇〇五頁

佐藤誠三郎　一九七四「幕末・明治初期における対外意識の諸類型」佐藤、R・ディングマン編『近代日本の対外態度』東京大学出版会、一～三四頁

澤井勇海　二〇一六「学界展望　日本政治外交史　Shogo Suzuki, *Civilization and Empire: China and Japan's Encounter with European International Society.*」『国家学会雑誌』第一二九巻第九・一〇号、一〇〇五～一〇〇八頁

芝原拓自　一九八八「対外観とナショナリズム」芝原、猪飼隆明、池田正博校注『日本近代思想大系12　対外観』岩波書店、四五八～五三四頁

庄司潤一郎　一九八七「近衛文麿像の再検討――対外認識を中心に」近代外交史研究会編『変動期の日本外交と軍事　史料と検討』原書房、九七～一一五頁

庄司潤一郎　一九八九「日中戦争の勃発と近衛文麿「国際正義」論――東亜新秩序への道程」『国際政治』第九一号、三九～五四頁

尚友倶楽部編　二〇一一『上原勇作日記』芙蓉書房出版

関静雄　二〇〇七『ロンドン海軍条約成立史――昭和動乱の序曲』ミネルヴァ書房

等松春夫　二〇一一『日本帝国と委任統治――南洋群島をめぐる国際政治一九一四―一九四七』名古屋大学出版会

鳥海靖　一九九四「パリ講和会議における日本の立場――人種差別撤廃問題を中心に」『法政史学』第四六号、一〜一八頁
中西寛　一九九三「近衛文麿「英米本位の平和主義を排す」論文の背景――普遍主義への対応」『法学論叢』第一三二巻第四・五・六号、二二五〜二五八頁
平間洋一　一九九八『第一次世界大戦と日本海軍――外交と軍事との連接』慶應義塾大学出版会
古川隆久　二〇一五『近衛文麿』吉川弘文館
牧野伸顕　一九四〇『松濤閑談』創元社
松井芳郎　一九七四「近代日本と国際法（下）」『季刊科学と思想』第一四号、一五二〜一六七頁
吉野作造　一九二六「明治初期政治学関係文献解題（一）」『国家学会雑誌』第四〇巻第四号、六六五〜六七三頁
吉野作造［一九二七］一九九五「我国近代史に於ける政治意識の発生」『吉野作造選集11』岩波書店、二二三〜二九〇頁
渡辺昭夫　一九七七「近代日本における対外関係の諸特徴」中村隆英、伊藤隆編『近代日本研究入門』東京大学出版会、一二九〜一五〇頁
渡辺浩　二〇一〇『日本政治思想史　十七〜十九世紀』東京大学出版会
Albin, Cecilia. 2001. *Justice and Fairness in International Negotiation*. Cambridge; New York: Cambridge University Press.
Gong, Gerrit W. 1984. *The Standard of "Civilization" in International Society*. Oxford: Clarendon Press.
Lowe, Peter. 1969. *Great Britain and Japan, 1911-15: A Study of British Far Eastern Policy*. London: Macmillan.
Okagaki, Tomoko T. 2013. *The Logic of Conformity: Japan's Entry into International Society*. Toronto: University of Toronto Press.
Suganami, Hidemi. 1984. "Japan's Entry into International Society," in Hedley Bull and Adam Watson, eds., *The Expansion of International Society* (Oxford: Oxford University Press), pp. 185–199.

Suzuki, Shogo. 2005. "Japan's Socialization into Janus-Faced European International Society," *European Journal of International Relations*, vol. 11, no. 1, pp. 137–164.

Suzuki, Shogo. 2009. *Civilization and Empire: China and Japan's Encounter with European International Society*. London: Routledge.

第5章　佐々木惣一の公民教育論と教科書
――国際連盟脱退と書き換えられた教科書――

佐藤健太郎

はじめに

一九三一（昭和六）年という年は、戦前の重要な転換点である。この年の九月に満洲事変が勃発すると、大正期に確立したはずのデモクラシー的風潮と制度は急速に衰退していく。その翌年に犬養毅首相が殺害されると（五・一五事件）、これ以後政党内閣は復活しなかったし、満洲事変の国際問題化は一九三三年の国際連盟離脱へとつながる。広い意味での戦時期に該当するこの頃の一般的イメージは「軍部・軍国主義の台頭」や「自由への弾圧」であろうし、学校教育の場合は、「忠君愛国」を前面に押し出した教育が「修身」を中核に展開されたといったものだろう。

ところがこの一九三一年には、大正期のデモクラシー的風潮の結実とでもいうべき新しい科目が中等教育に導入されている。それが「公民科」である。(1)

公民科は、三一年には中学校、実業学校、師範学校、三二年には高等女学校にも設置され、科目の目的は「公民科は国民の政治生活、経済生活並に社会生活を完うするに足るべき知徳を涵養し殊に遵法の精神と共存共栄の本義とを会得せしめ公共の為に奉仕し協同して事に当るの気風を養ひ以て善良なる立憲自治の民たるの素地を育成するを以て要旨とす」と謳われていた（中学校令施行規則第六条。師範学校なども同様に規定）[2]。

一九二三（大正一二）年の陪審法成立（実施は一九二八年から）、一九二五年の男子普通選挙制の成立（国政選挙での実施は一九二八年から）により政治参加が拡大し、さらには将来的な「婦人参政権」の実現も見込まれるなかで、「公民」としての知識と資質を養成するために設置されたのが公民科であった。

さて、本章が分析するのは、佐々木惣一の公民教育論（政治教育論）であり、佐々木が執筆した公民科の教科書と教科書検定の実態である。

戦前の教科書は、小学校に関しては一九〇三（明治三六）年以降、検定制から国定制への移行が進められるが、中学校等では検定制を維持していた（一九四三年以降は国定制に移行）。そして今日と同様に、教科書の執筆者が大学教員であることが多かった。検定がある以上、中学校令や教授要目に沿うことが求められてはいたが、教科書の書き手によってその内容には違いがある。佐々木の教科書の概要を明らかにしながら、佐々木が広く社会に向けて説いた公民教育論を踏まえ、佐々木が公民教育をどのように位置づけ、教科書をどのようなものとして作り上げたのかを分析したい。

その際、分析軸として重要になるのは、当時の検定制度の実態である。公民科の教授の本質と新しさの象徴は、中学校令施行規則にも明記された「共存共栄」にあり、それは世界各国との共存共栄も念頭に置くものであった。公民科新設当時の教科書には、常任理事国として国際連盟の発展に貢献する日本の姿が描かれていた。しかし日本が国際連盟脱退を通告すると、教科書もそれに伴った転換を迫られることになる。これにより激しい修正を迫られた佐々木の教科書を見ることで、その実態を明らかにしたい。

公民科をめぐる問題は、政治への無関心（あるいは無知）が問題にされる一方で政治参加の拡大が進む現状を前に、道徳・公共性といった問題を学校教育のなかでどう扱うか、それに知識人はどのように関わるかという問題でもあった。このような問題を分析することは今日の政治と教育の問題を考えるために有効な視座を与える第一歩になると思う。また、より政治史的な視角から言えば、一九三〇年代における言論空間の状況と文部省の対応を通じて、教育という領域から当時の時代様相を捉えることもまた意義のあることだと考えている。

以下、第一節では、本章全体に関わる基本的枠組みとして、大正期における佐々木惣一の論説を取り上げ、佐々木の公民教育論の原型を素描する。次いで、公民科の前身科目というべき「法制及経済」科用に佐々木惣一が執筆した教科書を取り上げ、それに対する検定の状況についても触れることにする。

第二節では、公民科の設置を答申した文政審議会の議論のうち、政治学者小野塚喜平次が執拗なこだわりを見せた「国際主義」に注目し、国際連盟を基軸にする国際主義が、「国家主義」との関係において公民科の新しさと「危うさ」を象徴するものであったことを確認する。次に、佐々木惣一（と神戸正雄）の執筆による公民科教科書を取り上げ、教科書の基本的な内容をスケッチする。そして、文部省が国際連盟離脱の経緯をどのように説明していたかを明らかにし、教科書の改訂が必要とされた背景を確認する。

第三節では、佐々木の教科書がどのような修正指示を受けたかを、国際連盟や国防などに関する事項を中心に明らかにする。また、一九三〇年代の教科書行政を制度的に解説しながら、他の執筆者による教科書の改訂についても説明する。これにより、佐々木の教科書が狙い撃ち的に修正指示の対象となり、改訂版発行の断念に追い込まれた事情を明らかにする。最後に、佐々木がこの経験を踏まえて書いたと思われる一連の論説を、その論調の変化を意識しながら論じる。

第一節　佐々木惣一の公民教育論と教科書検定――前史としての大正期

(1)　佐々木惣一と「立憲政治の道徳的意味」

佐々木惣一（一八七八年生～一九六五年没）は、戦前・戦後にかけ活躍した憲法学・行政法学者であり、戦前における立憲学派を代表する一人である[3]。

新設されたばかりの京都帝国大学（以下、単に「京大」とする）を卒業した佐々木は、間もなく京大法科の教壇に立ち、京大総長澤柳政太郎による独断的な人事措置に端を発する澤柳事件（一九一三～一四年）では教授会による大学自治を訴える先頭に立ち、森戸事件（一九二〇年）では、筆禍事件により東大を追われた森戸辰男の弁護に立ち上がって学問の自由を訴え、河上肇の京大追放事件（一九二八年）後も河上と変わらぬ親交を続け、京大法学部の瀧川幸辰が文部省によって休職に追い込まれた瀧川事件（一九三三年）においては断固抗議の姿勢を貫いて文部省と対決し、最終的には辞職によって京大を去ることになる。京大在籍当時の佐々木の歴史は、大正・昭和期における言論の自由、学問の自由をめぐる歴史と重なっている。

さて、満洲事変の一五年前にあたる一九一六年は、吉野作造が「憲政の本義を説いて其有終の美を済すの途を論ず」を『中央公論』一月号に発表し、河上肇が「貧乏物語」を『大阪朝日新聞』に連載（九月～一二月）した年であり、この年もまた、時代の転機としてしばしば言及される年である。佐々木惣一も元旦から「立憲非立憲」と題する論説を『大阪朝日新聞』で連載し、一九一八年一〇月には同名の論集『立憲非立憲』を刊行するに至る[4]。

本章が着目するのはこの『立憲非立憲』に収録された論説「立憲政治の道徳的意味」である（佐々木 二〇一六：七五～二二四）。本論説は、一九一八年七月二三日から八月七日まで『大阪朝日新聞』に連載されたものであり、この連載終了を待って『立憲非立憲』が編まれている。

『立憲非立憲』の第一論説である「立憲非立憲」（佐々木 二〇一六：一五～七四）は、立憲制の下で議会・政府を通じて自ら政治を行う国民が、政治の責任を自らが負うことを自覚する――立憲精神を持つ――ことが理想的な立憲政治のために必要だと説くものであったが、それを受ける形の第二論説が、この「立憲政治の道徳的意味」である。立憲精神を確立するためには、それを養成する教育が必要であり、そのためには政治を道徳的領域から位置づけ直すことが必要だという問題意識がそこにはある。この論説は、佐々木の公民教育観をよく反映したものであるため、やや長いが概略を説明しておく。

「立憲政治の道徳的意味」が説くのは、立憲政治の必要に加え、一般的な「忠君愛国」とは異なる形での道徳性の措定であり、国民がその道徳性を踏まえ理想を持って政治に参加することの必要性である。佐々木はまず、昨今の政治腐敗に対し憤慨もせず、無頓着になってしまった「人心の麻痺」を問題にする。政治は腐敗するのが当然（道徳性とは無関係）という発想が根底にあるためにこのような無頓着さが生じるのであるが、政治の領域は孤立した特殊なものではなく、社会の各領域と相関作用を持つものである。

生活の理想を実現するには政治が必要であり、国家が持つ強制力もまた必要であるため、佐々木は「国家主義」という様式を承認する。しかし「国家が道徳的自由其のものを創造すると云うことは、あり得ない」として、国家の役割を、個人の道徳的自由の発展を助長することに限定する。具体的には、第一に、道徳的自由を尊ぶ人格を養成する教育が必要になる。第二に、自律的な個人が、国家の政治を自己の道徳的動機に適合させる手段――端的に言えば、選挙を通じての政治参加――が必要になる。これを実現し維持するのが国家の役割ということになる。

これらを踏まえれば、政治と教育は本来密接な関係を持つものであるが、政治と教育家の関係は「頗る隔離」しているのが現状である。これは服従の美徳を説く存在として教育家を規定してきた政府の方針が主因であるが、今日の国民に必要なのは、無批判な服従ではなく「独立の批評の態度」である。だからこそ近年政治教育が行われるようになったが、「法制の智識」の教授が主である（現実の政治を意識した教育が行われていない）。何かが起きる度に〝教育が悪い〟と責められる教育家のみを批判するのは公平ではないが、教育家自身も政治に注目する必要があるのではないか。このように佐々木は言う。

立憲制国家の中核領域である「政治」に「教育」を接近させることがこの「立憲政治の道徳的意味」全体の趣旨であり、本論説は「教育家は、政治を対岸の火災視すべきものではなく、之が類焼者たるの心持ちを有たねばならないのである」と結ばれているが、教育家が政治の不全への責任を有することを喚起するためにこのような表現を用いたのであろう。

以上の通り、佐々木が立憲政治の根本を支える重要なものとして教育の領域を認識し、特に政治教育に関心を寄せていたことは明らかであるが、実はこの関心自体は「公民教育」と題する論説でもう少し早くに表明されていた(5)。これも佐々木の公民教育論の原型として説明しておこう。

ここで佐々木は、「公民教育」という名称がまだ一般には通用していないとした上で、公民教育について論じていた。公民教育の目的は、国家的共同生活を行うための公民的性格の養成であり、それは国民教育本来の任務に含まれる。「政治教育」という名称でも差し支えはないが、選挙権など直接的な政治事項のみの教育と誤解されやすいため、納税や兵役など国民一般に関する事項を広く含む語としては「公民教育」の名称が適当であるとしている(6)。

また、具体的な教育法については、公民的知識（法制の知識）だけでは充分でなく、公民的感情の養成の双方が必要だとするが、それはあくまで「正当なる知識」が前提になるとし、知識と感情養成の重要さには軽重がないとしていた。学校教育については、特別に公民教育の科目を設置することが必要であり、中学校が公民教育を行う最適な段階であるとし、女子への公民教育についても、選挙権の行使のみが共同生活の条件ではないとして、その必要性を主張していた。

このような関心を持った佐々木は、遅くとも一九一五年には、教科書の書き手として政治教育にあたる機会を得ていた。それが公民科の前身である「法制及経済」の教科書である。一九一八年の「立憲政治の道徳的意味」は、教科書の書き手から教育家に送られたメッセージでもあった。

以下、本節では、「法制及経済」科用の佐々木教科書と検定における修正指示を概観する。

(2) 中学校「法制及経済」科と佐々木教科書

本項では、公民科の前身的な科目であった「法制及経済」科用に佐々木が執筆した教科書（以下、「法制教科書」とする）の概要を確認する。中学校に「法制及経済」の科目が導入されたのは、一九〇一（明治三四）年のことであり、科目の目的は「国民の生活に必要なる智識を得しむるを以て要旨とす」（中学校令施行規則第一〇条）と謳われたが、設置が義務づけられない随意科目の扱いであり、また、「現行法規の大要」の教授が求められていたこともあり、しばしば知識偏重との批判がなされ、新たに公民科が必要とされる理由ともなっていく。

佐々木が、京大の同僚であり親交も深かった河上肇と「法制及経済」教科書の執筆に取りかかったのは、遅くとも一九一五（大正四）年のことであった（教科書序文に「大正四年七月」と記されている）。教科書検定を通過したのは一九一七年一月のことである。同書は「法制」パートを佐々木が、「経済」パートを河上がそれぞれ一個の著作として執筆し、合冊して一つの教科書にする体裁となっている。

佐々木は教科書の序論にあたる部分で、智識だけではなく信念を授けるのが法制教育であり、法の規定を詳細に説明する法学入門ではないと宣言しつつ、それを踏まえて教科書を執筆することの難しさを述べていたが、科目の性質もあり、全体的には法律の詳細な解説（あるいは羅列）という面が強い印象を受ける。その反面では、立憲主義、選挙における心構えなど、のちの公民科教科書に引き継がれる記述も見られる。

本章ではこれ以上内容には触れないが、かつて佐々木の法制教科書（後述の一九二三年版）に注目した家永三郎は、憲法による君主権の制限や臣民の権利を的確に盛り込んだ「例外の出色のもの」と同書を高く評価している（家永 一九六七：二六五）。また、松野修によれば、この教科書が発行されて以来、他の教科書でも社会問題を扱うものが増えたといい（もっともこれは河上執筆部分の影響が強いようである）、佐々木・河上の教科書は、公民科の教授要目にも影響を与えたと評価している（松野 一九九七：二〇九～二一〇）。

ある教科書が持っていた影響力を測定することは難しいが、一つの評価指標は採択率（占有率）であろう。だが、採択率だけではなく、ある教科書の記述それ自体が大きな影響を持つ場合もありうる。この時期の「法制」教科書の多くが似通った内容になっていたのは、教科書間の模倣や検定という無言の圧力が影響していたのは確かであろうが（家永 一九六七：三三一）、ある教科書で取り扱った記述が検定を通過すれば、単なる模倣とは異なる次元での記述の解放――この程度までは許容されるという判断――が生じるとも考えられる。教科書の持つ影響力を採択率だけでは計れない所以がここにある。(7)

ただし、実際に佐々木の教科書はある程度採択されていたようであり（採択権は各学校が持っていた)、以後も版を重ねていた。[8]

次項では、公民教科書に対して行われた修正と比較するために、この法制教科書に対して行われた修正指示を確認する。

(3) 修正指示と佐々木の対応

本項では、佐々木執筆の法制教科書に対して行われた修正指示の内容について確認をする。

もっとも、この問題に関しては、佐々木の弟子筋にあたる宮田豊が詳細な分析を行っているため(宮田　一九六八)、本項では後述する公民教科書との比較という観点から、修正指示の傾向と妥当性のみに関心を払って論じる。

宮田が分析に用いた佐々木自身の旧蔵教科書は、現在では京都府立京都学・歴彩館(以下、「歴彩館」とする)に寄贈されている。

このうち、検定を通過した最初の教科書は『法制経済教科書』(一九一七年一月五日訂正再版発行、一月一〇日文部省検定済)であり、これが実際に教科書として流通した版である。教科書の検定は、「見本版」と称される教科書を作成して版元が文部省に出願し、審査による修正指示等を反映させた訂正版を発行し、合格後に検定済の表記を入れて刊行するのが通常の流れであり、この『法制経済教科書』もそれに該当する(本章では「検定版」とする)。

歴彩館には、佐々木旧蔵の見本版(一九一六年一月五日発行)も二冊寄贈されている。[9]うち一冊は序の部分に若干の書き込みを入れたものであるが、もう一冊は表紙に朱筆で「文部省指示ニ対シ著者修正ノ稿本」と記されたものであり、検定者の修正指示の概要と佐々木の対応や説明等を佐々木自身が書き込んでいる。一度目の修正指示への対応は赤インクで記され、再出願による再修正を受けての二度目の対応が青インクで記されている。発行の日付から分かるように、見本版から検定版までちょうど一年の時日を要している。

以上の見本版書き込みと検定版を見比べることで、修正内容や検定の実態を把握できるが、この比較については、すでに宮田がほぼ正確な対照表を作っているため、本項では検定意見が妥当であったかを検証していく。

はじめに結論を述べれば、法制教科書に関する検定者の態度は、中学生が使用するということを踏まえた適切さを重視しており[10]、細部の説明については専門家たる佐々木の説明を尊重し、佐々木の反論も一定程度受け入れていた。少なくとも後述する公民教科書の修正指示と比べれば、妥当な指示であったことは間違いないし、佐々木が理論的に反論するのに足る相手であった。

たとえば婚姻の届け出先について、佐々木は旧戸籍法中で規定されていた「戸籍吏」への届け出とするが、検定者は「市町村長」への修正を指示し、佐々木もやむなくそれを受け入れている。佐々木は、現行戸籍法に「戸籍吏」の文言がなくとも、民法の条文を踏まえれば、（実質的には市町村長への届け出であっても）戸籍吏という名称を用いるのが正確だという趣旨の書き込みを残している。この修正指示が妥当であったかはにわかに判断がつかないが、実生活での常識を中学生に分かりやすく説明するという意味では、不当な指示ともいえないであろう。

検定者が妥当な指摘をした例は、帝国議会の停会は「天皇之ヲ命シ給フ」に続く部分の修正である。

佐々木は、帝国議会が天皇の不当とする議決をなす可能性がある場合に、天皇は議会の「反省ヲ促シ給フ」ために停会するという説明をしていたが、検定者はこの部分を全文削除し、単に「天皇之ヲ命シ給フ」という記述のみにすることを求め、最終的に佐々木もそれを受け入れている。

大正期の停会といえば、第三次桂太郎内閣が第三〇議会で停会を繰り返した事例が想起されるが、その時桂首相は、代議士に対し「決して議会の反省を求むるが為めにあらず」と弁明しているのであり、[11]すでに社会通念としては議会の「反省」という趣旨で停会を実行することは困難であった。検定者の修正指示には妥当性があったと言えよう。

「議会の反省」という佐々木の説明は、憲法学上の理論を反映したものであったろう。たとえば美濃部達吉も一九二六年の『憲法撮要』（訂正第四版）では、「議会の反省」を停会理由の一つに挙げていた（美濃部　一九二六：三六九）。

ただし美濃部は、一九二七（昭和二）年の『逐条憲法精義』では、単に「議会の活動を嫌忌」するだけでは停会できないと説明を変え、そもそも現在では停会自体がほとんど行われていないとしており（美濃部　一九二七：一八八〜一九〇）[12]、大正期全体を振り返るようになったこの時期に変化が生じていた。佐々木も一九三〇年には「議会の熟慮を促す」ため（佐々木　一九三〇：四六九）と表現を変えており、この頃には憲法学上の説明と社会通念が一致するようになったと思われる。

以上のように、佐々木と検定者の見解の相違ないし対立点は、法律の専門家である佐々木と、一定以上の知識はあるが非専門家である検定者の間に生じるギャップが主たるものであった。その点は佐々木も検定者もよく理解しており、修正をめぐる攻防にもそれが反映されている。

たとえば、「人類が団体として人格を有する」ことを法人の定義とする佐々木の説明は、結局「社会的組織体カ人格ヲ有スル」に修正されるが、佐々木は、自身の説明は佐々木独自の用語法であり「通常理解シ難シ」ならば修正に応じると書き込んでいる。また、天皇の栄誉権に関する修正指示に対しては、検定者のような「誤解ハ世間ニ多キカ如シ」として反駁し、検定者が「著者ノ通リ」と認めたことで、修正なしとなっている。

なお、枢密院の説明に対する修正指示には、佐々木は「枢密顧問ト枢密院トヲ混同シ又ハ其関係ヲ曖昧ニセルハ現今一般ノ風習ナリ」として反駁したのち結局は修正に応じてはいるが、実は佐々木の見本版における記述は、版元を変えて一九二三年に検定を通過した佐々木・河上『法制経済教科書』（版元は金港堂書店）では、そっくりそのままオリジナルの文章が復活している（四四頁）。版元が変わったとはいえ、すでに一度検定を通過している教科書の審査であり、厳密に審査をする必要性がないという事情や検定者の個人的な性向もあったのであろうが、修正の経緯を引き継いで過去の検定結果を厳守させるような検定の体制ではなかったことが分かる。それは検定に当たる文部省図書局が省内で不安定な位置にあり、発行教科書に対しての検定者が不足していた事情も反映されていると考えられるが、その点は後述する。この時期の教科書検定が、（少なくとも佐々木に関しては）検定者との対話が成り立つ状況であったことが伝われば、本項の目的は果たされている。

(4)　佐々木教科書の発展

このようにして自身初の法制教科書を世に送り出した佐々木は、やがて「法制及経済」を公民教育の科目として捉える視点をより明確に打ち出すようになる。それが河田嗣郎との共著となった『女子法制経済教科書』（高等女学校用）である。[13]

佐々木は同書序文で、中等学校における法制教育は「国家に必要な法制の素養を得させること」が目的であり、それはすなわち「公民教育であつて、決して法学教育でもなく又法学教育の入門でもない」として、「法制が吾人の生活と如何なる関係を有するか」が重要だという観点を打ち出している。同書の詳細は紹介しないが、初期の佐々木の法制教科書と比べると、個別法の詳細や法律用語の羅列といった側面が薄れ、のちに佐々木が執筆する公民教科書に近い印象を受ける。

また、二ページ分ではあるが「（第二篇）第五章　国際関係」という項が置かれ（四八〜四九頁）、国際関係は国際法によって規律されること、国家は条約を守り国際慣例を重んじなければならないことを説明し、国際連盟についても触れている。「最近の世界大戦以後列国は連盟して規約を作り国際法上の原則を基本として世界の平和の維持に努力することを協定した。これを国際連盟といふ。我が国もこれに加入して居る」という説明である。

先に取り上げた一九一七年版教科書では、「国内法上の法制を示すのが主目的」という立場ゆえに「国際関係」のような独立の項目は置かれず、国際的な事項はほぼ触れられていなかった。国際連盟発足（一九二〇年）の後に出た二三年版も同様の立場であり、国際連盟への言及もなかった。

『女子法制経済教科書』の大きな特徴は、各篇ごとに問題集を設けていることであるが（これは後年の公民教科書には継承されない）、第二篇の問題集では、天皇の地位、天皇大権、輔弼機関や議会、選挙、権利義務、自治、などに関する設問のほか「国際連盟の目的は何か」という問いが設けられている。教科書中の重要事項の一つとして、国際連盟の意義が説かれていることが分かる。

以上第一節では、本章の基本的な視点を構成するために、佐々木が政治と教育の関係を重視し、自らも教科書を執筆するようになった経緯を述べ、佐々木の教科書に対して行われた修正指示の実態を確認し、佐々木が教科書に国際連盟の事項を盛り込んだことを見た。次節では、「国際主義」が微妙な形で公民科に位置づけられたことを確認し、佐々木教科書の内容を概観した上で、連盟脱退通告前後の文部省の姿勢を確認する。

第二節　「国際主義」と文部省――公民科設置と連盟脱退

(1)　公民科設置と国際主義――「空気を読まない」小野塚喜平次

公民科が中学校等に設置される直接的な契機は、文政審議会が「諮詢第十一号 中学教育改善ニ関スル要項」の諮詢を受けた審議によって、公民科の設置を答申したことにあった（文政審議会については阿部（一九七五））。本諮詢に関する審議は、田中義一内閣の頃に進められた。すなわち一九二八年一〇月から二九年五月にかけて、小委員会、特別委員会の審議が行われ、五月二四日には特別委員長林博太郎によって答申案が提出されていた[14]。

最終的に答申内容を決定する文政審議会総会（一九二九年六月二〇日）では、この答申案を形式的に審議し承認することが期待されていたようであるが、審議は荒れ気味になる。それはこの総会から審議に加わった政治学者小野塚喜平次（東大総長）が、公民科を国際連盟重視の「国際主義」的科目にするべく、長時間にわたる質問や動議を行ったためであった。

小野塚は、国家の中堅国民を養成する中等教育において、国家思想の養成という点に重きを置くのは結構であるが、それを是認するとしてもなお国際教育（国際的知識・国際的諒解）という面が不足しているのではないかと質問した。それに林委員長は、修身でも公民科でも国際教育は可能だとして、公民科の特色を、日本だけではなく世界を含んだ「共存共栄」を教授しうるところにあると説明した。いったん納得したように見えた小野塚であったが、やや時間を置いたあと突然の動議を提起する。

答申案作成の過程では、原案の修正のほか、外国語・数学の教授時数の確保、剣道・柔道の必修化（国民精神作興のため）、という二つの希望事項が加えられていたが、小野塚の動議は、この希望条項に「国際的知識及諒解に関する教育に就て一層注意せられたきこと」という趣旨の条項を追加するという提案であり、具体的には「国際連盟を中心とするやうな世界的の空気」を精神的に注入することを意図するものであった。

小野塚の動議には、すぐに林毅陸（慶應義塾塾長、元代議士）が賛成するが、総会の大勢は「趣旨には反対しないが、「国家主義」を否定すると誤解されそうな事項を明文化して答申するのは問題があり、将来的な課題として慎重に議論を進めていくべきである」という反応だったとまとめられる。

小野塚の動議に正面から反対した代表格である藤澤利喜太郎（元東大教授、貴族院議員）[15]の発言からは、「国際主義」を積極的に評価することへの警戒が感じられる。藤澤は、国際主義という言葉は「近頃一種の流行言葉」になっているが[16]、小野塚の動議を容れれば「誤解を生ずる懸念」があるとして「是は理屈ではない」、「物は考え方に依る」、それでも動議を撤回しないとこれからまた会議を重ねることになってしまう、しかし動議を否決するのも穏便でない、として、全体の空気を察して動議の撤回をするよう求めたが、小野塚は最後まで撤回に抵抗した。

この事態を収拾したのは林毅陸である。林は自らの賛成を取り消して動議を不成立に終わらせる代わりに、文部大臣が小野塚の趣意を認める発言をし、それを会議録に留めることで手を打つことを求めた。小野塚は、文相の発言が不充分であれば、たとえ「甚だ不都合だと云ふ空気」があっても動議を撤回しないと粘ったが、結局は勝田主計文相（文政審議会副総裁）が、動議の趣旨はこれまでの文部当局の姿勢と一致しており、今後も「国際的知識の涵養、吾々が世界列国と共に相立つて行く、其根本、基礎を造る」ことに注意をしていく旨の発言をし、これに小野塚は不満を示しながらも動議を撤回する。これまでの文部当局の姿勢が充分とは思わないが、今後に期待するという趣旨での撤回であった。これにより総会の審議は終了し、答申案が承認されることになる。

文政審議会総会における小野塚の態度の背景には、もともと国際連盟に期待を寄せていた小野塚が、徐々に「国際主義」の将来に危機感を覚えるようになっていたことが影響していたと考えられる。かつて社会進化論的視角から膨張主義、帝国主義を必然と見ていた小野塚の認識は、第一次世界大戦を経て変化し、国際連盟設置の意義と将来性を説く論文を幾度も『国家学会雑誌』で発表していた（田口一九八五：二〇〇～二〇八）。日本における国際連盟協会の発足にあたっても、小野塚の論文を読んで感銘を受けた渋沢栄一の助力を得ることに成功している（なお、林毅陸は同協会理事であった）（池井一九九五：二一六～二一九）。しかし小野塚は一九二五年になると、各国国民がいまだ「武装的平和の旧思想」にとらわれている現状を嘆き、「国際的平和の曙光は殆ど依然として朦朧たり」と危機感を示すようになっていた（田口 一九八五：二〇九）。小野塚の「空気を読まない」抵抗を支えていたのは、この危機感であったろう。

もっとも、小野塚の一連の発言には、現状の教育をどの程度認識して何を問題にしていたのか分からない点もある。このあと公民科発足後の公民教科書では、「国交」の項目で国際連盟の意義等が説かれるようになるが（佐々木教科書は国際連盟協会にも言及）、それはすでに小学・中学の修身科でも、実業補習学校での公民科でも一定程度行われていたことであった（土屋 二〇〇一a）。「国際」の強調は、実業補習学校への公民科設置の中心的役割を担った文部官僚木村正義の持論でもあり、一九二四年、二五年の文部省主催の講習会では、国民教育と比した場合の公民教育の違いを、「国際道徳、国際心の涵養」という点から説明していた（もっとも、一九三〇年の講習会では木村はこの点に触れていない）（土屋 二〇〇一b：五七〜五八）。

国際関係についての実質的教授内容を掘り下げることは今後の課題とするが、ひとまずここでは「国交」についての扱いが、（懸念や反発を招きながらも）新しく重要な問題として認識されていたことを、連盟脱退以前の状況として提示することでまとめとしたい。

(2) 神戸正雄・佐々木惣一『（女子）公民教科書』の世界

一九三一年の公民科発足に伴い、一九三一年度末までに一三点の教科書が検定を通過していた。[17]

佐々木が執筆した師範学校および中学校用の『公民教科書』（以下、当時の用例に従い「男子用」とする）は、上下巻とも一九三二年一〇月一九日発行（見本版）、訂正再版（検定版）の発行は三三年三月三〇日（検定合格日は四月五日）である。同じく三二年から設置された高等女学校用の『女子公民教科書』（以下、「女子用」）は、見本版が三二年一〇月一日発行、翌月の一一月七日には修正再版が発行されている（一一月二六日検定合格[18]）。

男子用は見本発行から検定合格まで半年ほどかかっているのに対し、女子用はスムーズに検定を通過していることが分かる。版元はどちらも金港堂書店であり[19]、共同執筆者は、京大経済学部の長老格神戸正雄であった。

男子用の修正をしていた頃の佐々木は、日記のなかで犬養内閣の留任騒動から議会解散の流れに不満を記し「切に国民の政治教育を必用とする」と書き綴っていた[20]。そのような思いが反映されているのが佐々木執筆の教科書である。まずは現存している佐々木教科書について整理しておこう。

佐々木旧蔵の教科書は、京都府立図書館に『公民教科書』（男子用）の上巻が二冊寄贈されており、一冊は見本版、もう一冊は検定版である。検定版には修正の書き込みが残っているが、文章を削ることに重点が置かれており、男子用よりも内容を簡略化した女子用を作成するために佐々木が自発的に修正したものであったと考えられる。この修正を反映した『女子公民教科書』上下巻（見本版）も、京都府立図書館に寄贈されている[21]。

このほかに現存しているものはあまりなく、神戸・佐々木の教科書は、採択率が上がらないまま、短い流通期間で教科書市場から消えていったように見える。筆者が内容の修正等を確認するために用いた佐々木教科書には、男子用は京都教育大学（旧・京都府師範学校）所蔵の検定版があり、女子用は奈良女子大学（旧・奈良女子高等師範学校）所蔵の検定版がある。京都府師範学校では、一九三一年度は河田嗣郎『最新公民科提要』を用い、三五年度には木村正義の『中等公民科教科書』を使用している（京都府師範学校　一九三八：二〇四〜二〇六）。佐々木の教科書を使用していたとは考えにくいし、奈良女子大学所蔵の女子用は、中等教科書協会が他の教科書と合わせて送付してきた採用見本である（なお、京大には検定版のほか、神戸正雄が寄贈した見本版が所蔵されている）。

これらの男子用、女子用教科書は、見本版と検定版では記述に若干の違いがあるが、文章の脱漏を補ったり、詳しい内容を追加したりといった箇所がほとんどであるため、本章では問題として分析しない[22]。

さて、ここで『女子公民教科書』の内容を概観しておこう。本章の分析目的と直接的に関わる事項ばかりではないが、全体の基調を示しておきたい。女子用を取り上げるのは、「女子向け」という要素に多少触れたいのと、男子用を手直しして編集した「女子用」には、佐々木のエッセンスがより洗練されて表現されていると考えるからである。

『女子公民教科書』は、男子用と同じく上巻・下巻とも各一五課構成であり、佐々木、神戸がそれぞれどの部分を担当したかが明記されている[23]。まえがきにあたる「例言」では、理論の根拠に立脚し、理論を基礎に事項を扱う、という（おそらく佐々木による）同書の特徴が宣言されている。

佐々木が執筆した部分の要点を示すと、まず佐々木は、国家ないし社会を「人の意志の結合」という観点から位置づけ、社会的な意識を持った個人が、自尊と他尊による協同の精神を持って幸福を目指すのが共存共栄であると説明する（第一課）。家庭は人生の安息所でもあり、「優しい感情の豊かなる女子」が大きな役目を果たすが、同時に社会的性格を訓練する場所でもある。日本は家族制度が強い国であるが、欧米の個人思想や制度も加味する必要がある。この家庭は結局夫妻の生活が基礎であるが、離婚も認められている（第二課[24]）。公安の維持にあたる警察は、公衆が信頼できる公正さが必要であり（第八課）、立憲政治の基礎となる自治も大事である（第九課）。女子も早晩公民権を与えられるべきものであるから、女子も公民としての自覚を持ち、周りの男子に好影響を与えるべきである（第一〇課）。

下巻では、国家の要素を主権、国人（君主と国民）、領土、の三要素だけでなく、「共同団体を規律する法」を加えて説明した上で、日本が君主国体・立憲政体であることを説明し（第一課）、天皇も国家にあって国家のために臣民を指導する存在であり、帝国憲法に違反した統治権を行使することはできないと明言する（第二課）。我が国の立憲主義は帝国憲法に示されており、天皇も憲法に違反した統治権を行使できない。帝国憲法が成立したのはもちろん明治天皇の「鴻恩」によるものであるが、これを求めた国民中の「先覚者」の功績も大であり、先覚者の労に報いる必要がある。そして臣民は国家の適法に従う義務とともに、法や憲法の要件がなければ自由を制限されない包括的な自由権を有している。言論の自由など個別的な自由権も保障されているのである（第三課）。

帝国議会は、国民の意志を尊重して国家の作用を行うための機関であり、選挙権者は、人格はもとより意見（政策）を重視して投票すべきであり、女子も将来的な選挙権を見越して、政治に関心を持つ必要がある。また、政党は健全に発達すべきものであるが、往々にして政党・政党人の腐敗が見られるのは確かである。しかしこれは一般の国民の責任であり、政党自身も反省すべき点はあるが、国民も正しい関心を持つ必要がある（第四課）。国務大臣は、諮詢がなくとも天皇に意見して輔弼の任を尽くすべきであるが、（枢密院の）枢密顧問は諮詢された国務のみを輔弼すべきであり、その趣旨をはき違え、内閣掣肘機関になってはならない（第五課）。

第六課から一〇課までは、のちに極端な修正指示を受ける部分であるが、第六課「行政官庁」では、官庁などの説明をし、官吏については、「国務のために国家の意志に従つて誠実に労務を提供すべき身分」と説明し、一般の臣民とは異なる忠勤義務があるとする。第七課「国法」では、法の根底には社会規範があることを説明し、議会が帝国憲法改正の議決をなしうると説く。法は、社会が人に要求するものであるが、道徳は自分自身に要求する規範であり、法の要求と道徳的要求が一致することを理想とする。第八課「裁判所」は、司法制度一般についての解説であり、陪審制にも言及している。

第九課「国防」は、今日では協調・平和的解決が中心であるが、平和的に解決できない場合は戦争になるとする。ただし、国防に必要な実力は防護という範囲にとどまるとし、自衛という限定を課しながら国防の必要を説いている。ふつう国防といえば軍備上の国防を指し、これは軍の任務ではある。しかし軍は一般国民の声援がなければ充分に活動できないため、過大な国防によって国民の生活を阻害しないことが求められるのであった。

そして第一〇課「国交」では、国交を国家相互依存の見地から説明し、国交が断絶した場合は戦争になりうると述べ（第一節）、条約について説明をする（第二節）。第三節「国際協同」では、諸国共存を維持するには、多数の国家が一体となって努力することが必要であり、それが国際連盟であるとする。連盟の規約や機能、制裁措置に触れたあと、諸国の国民の関心が国際連盟の発展を左右するとし、国際連盟協会が各国の有志によって設けられていると説明する。第四節「国交と国民」では、外交は国民の生活に利益を与えるために行われるものであるが、「外国の生存」も考慮する必要があるとする。「国民的外交」とは「諸国の国民」の生活相互の交渉であるが、国民全体の輿論を形成するためには、国民が外交の事情を正当に知りうるように政府は注意しなければならないのである。

以上が、神戸・佐々木教科書における佐々木惣一の執筆部分である。国政が常に国民の生活と密接に関わっていることを示しながら、同時に政府や官僚の責任を説く内容になっており、教授要目に沿いながらも、佐々木の本来の立場や独自性が充分に反映されたものとなっている[25]。

さて、佐々木が「国交」の部分で、国際連盟や国際連盟協会に触れていたことは上記の通りであるが、すぐにこの記述は実態を反映しなくなってしまう。一九三三年三月に、日本が国際連盟脱退を通告したためである。教育現場では、この事態を生徒たちにどう説明するか混乱が生じたと予想されるが、なかでも文部省は、事態を深刻に捉え早急な対応を図っていた。それはやがて佐々木の教科書にも影響を及ぼすことになる。

(3)　国際連盟脱退と文部省の対応――「詔書」からの逸脱

一九三三年二月末、連盟総会でリットン報告書の採択・満洲国の不承認が決議され、日本側全権松岡洋右が総会から退場すると、日本の連盟離脱は既定路線となった。三月二七日、日本は正式に国際連盟脱退の通告を行うが、これに合わせ昭和天皇は国際連盟脱退に関する詔書を渙発している（一九三三年三月二七日）。この「詔書」は、昭和天皇の意向がかなりの程度反映された異例のものであった[26]

（原田 一九五一：四五〜四七）。

「詔書」は、これまで日本が国際連盟に協力してきたことに触れ、満洲国などに関する日本の立場に対し「不幸にして連盟の所見之と背馳するものあり」それゆえ連盟を離脱した。しかし「国際平和の確立は朕常に之を冀求して止まず」、連盟を離れても「東亜に偏して友邦の誼を疎かにするものにあらず」、「信を国際に篤くし大義を宇内に顕揚するは夙夜《しゅくや》朕が念とする所なり」とする。「詔書」最終段落では、現在の日本が「非常の時艱に遭遇す」とするが、官民に対し「文武互に其の職分に恪循」して「嚮《むか》ふ所正を履み行ふ所中を執り」、協力して世局にあたり、「普く人類の福祉に貢献」することを求めて締めくくっている。この「詔書」は、連盟脱退による過剰な興奮を抑制しつつ、アジア・モンロー主義的立場（「東亜に偏して」）を否定し、英米を中心とする国際秩序の維持を肯定する立場から発せられたと見ることができる。

内閣および文部省は、この「詔書」の趣旨に基づいた声明等を発表していくが、興味深いのはそれが微妙に、あるいは大幅に「詔書」とニュアンスを違えていることである。

まず、「詔書」と同日に出された「内閣告諭第一号」は、基本的には「詔書」と同じ趣旨であるが、全体的には脱退の正当性をより明確に打ち出す内容となっている。

「詔書」では「慎重審議遂に連盟を離脱するの措置」としていたのに対し、この告諭では「慎重熟慮を重ねたる後遂に断乎として連盟を離脱するの已むなきを確信するに至れり」と説明し、列国もいずれ日本の方針が世界平和増進の「唯一の方途たることを自覚するに至るべきを確信して疑わざるなり」とする。また、日本は満洲国建設から「日満支三国和協」という「極東の康寧を確立するの重責を荷ふ」として朝野の奮起を求めるなど、アジア・モンロー主義的立場に傾いた主張となっている。文部省の基本的な姿勢は、この内閣の立場よりも「非常時」を強調して危機感を煽り、戦時に備える必要を説くものであった。

三月三〇日、文相の鳩山一郎は、府県の教育行政を担う知事、それから大学・高等学校長などに向けて「文部省訓令第三号」を発している。全体の趣旨は、「詔書」の趣旨に沿った教化・教育を徹底するということにあったが、特に詔書中の「嚮ふ所正を履み行ふ所中を執り」の文言を重視した思想対策に重点を置いている。また、「国民精神を振作して時艱の匡救に邁進するの覚悟を喚起すると共に堅忍持久克己自制艱難を厭はず労苦に耐へ勤倹力行以て各其の業務に勉励せしむべし」とあるように、精神論の色彩を強くしている。(27)

この訓令を「現下の非常時に処すべき国民の覚悟」に関する訓令と位置づけ、その趣旨を徹底するための文部次官通牒（発社第七〇号）が発せられたのは四月一日のことである。この通牒では、まず「指導要項」として以下の四点を示す。

イ、時局の真相を明にし正義に立脚せる国民的信念の透徹を図ること
ロ、中正なる思想を堅持し各其の分に励みて奉公の誠を竭さしむること
ハ、社会の現状に鑑み相戒めて風教の粛正に努めしむること
ニ、堅忍持久の精神を養ひ克己の生活に耐へしむること

さらに具体的な「実施要項」では、敬神崇祖の思想の徹底、国旗掲揚の奨励、時局に関する訓話、団体的行動の訓練などと続け、最後は「困苦欠乏に耐ふる訓練」「警備並に防空の訓練」「銃後活動に

関する訓練」など、もはや戦時体制に突入したかの印象を与える事項を挙げている。

以上のことから分かるように、「詔書」渙発からわずか数日しか経っていない段階で文部省の対応は素早く、かつそれは「詔書」の趣旨とはかなり異なるものになっていた。

実は文部省の方針は、連盟総会退場直後から準備されていたものであった。二月末には「国際連盟の平和協力の精神を教へられてゐる」小学生に「誤らざる対応」をするために、正式な脱退通告までに文部省が通牒を準備すると報道されていたし、[28]三月初めには、文部省の方針は「青年並びに婦人」を対象に連盟脱退の正当な理由を知らしめて日本精神の発揚に努めることにあり、男子は防空演習、婦人は消費経済の合理化に動員することが報じられていた。[29]

現状維持を説く「詔書」は、まさに文部省の方針が含意する、国際社会での孤立と対立を強調して戦時体制の強化を必須とするような言説に対して出されたのであり、「詔書」と文部省の方針が違っていたのはむしろ当然であったが、文部省は「詔書」渙発後も軌道修正することはなく、しかし同時に「詔書」の尊重を説いていたのであった。

文部省が連盟脱退についてこのような方針を打ち出していた時に問題化していたのが瀧川事件である。一九三三年五月、文部省は京大教授瀧川幸辰の思想を問題にする休職処分を強行し、これに抗議する京大法学部全教員が辞表を提出して抗議し、結局七月には佐々木惣一を含めた京大法学部教授たち（の一部）が京大を辞職することになる（伊藤 二〇〇三：一一五～二〇三）。

瀧川事件の渦中である六月に、文部省社会教育局が作成し配布したパンフレットが『非常時と国民の覚悟』である。同書冒頭には、連盟脱退に関する「詔書」のほか、前述の告諭・訓令、さらに詔書の「読み方」として振り仮名を付けたもの（官文第六九号、一九三三年五月五日）などが掲載され、そのあとに本文一八ページを収録している。

「非常時」とは、「諸々の国家的難事の累積に対し期せずして発せられた国民的叫び」であるとし、「三千年の光輝ある歴史を有する我が帝国」を称賛し、「欧米思想の悪影響」を批判するこのパンフレットは、連盟脱退の正当性と国民の責務を説くことに重点を置いている。

まず、東洋の特殊事情を解せず（知ろうともしない）連盟各国のために、やむなく連盟を脱退したこと、「世界平和の殿堂」であるべき連盟が欧州のみの平和維持に退歩し、規約を蹂躙して（満洲事変処理問題に）非加盟国である米国を関与させたこと、しかし列国はやがて正義に基づいた日本の主張と行動を悟るに至るであろう……。と、ここまでは既出の文部省訓令・通牒と同じ趣旨であるが、本パンフレットではそれに続けて、最悪の事態に備えて覚悟を持つよう以下のように説諭する。

①経済封鎖については、全世界が敵愾心に燃えて「第二次世界大戦を覚悟」しない限りは起こりえない空想に過ぎないが、本当に空想に終わらせるためには国力を充実させ、未然に防止する必要がある。②日本の委任統治下にある南洋諸島は連盟に返還する必要はない。しかし連盟法規を枉げるような列国が相手では、今後困難な事態に陥る可能性もありうる。③満洲国の発展のためには、日本国民が如何なる犠牲を払っても援助し、正義の大道を宇内に宣揚しなければならない。しかし今や「名誉の孤立」という立場の日本が使命を遂行するには、国防が十全ではない。海軍は軍縮条約のため英米に比して均衡の取れない比率を押し付けられているし、中国と手を結ぶソ連が相手では、陸軍の実力も不足している。それゆえ国防に全国民が協力することが必要である。

このように国民の責務は重大であり、非常時局の打開は容易の業ではない。しかし長年の間艱苦に忍従していたドイツが今や攻勢に転じていることを「正に他山の石」とし、我々の偉大な民族的素質を発揮すれば如何なる難局であっても克服できるであろう。我が国民は熱しやすく冷めやすい性質を有しているのだが、永い歳月と大なる忍苦が必要になるため、困苦を忍び欠乏に耐える訓練を体得しなければならないのである……。

以上がパンフレット『非常時と国民の覚悟』の概略である。同じような主張は、文部省社会教育局の別働隊である社会教育会（局長の関屋龍吉が常務理事）の機関誌『社会教育』でも展開されており、社会教育局の立場を強く反映したものになってはいるが、これは文部省の公式見解とも見なしうるものであった。(30)

いずれにしても、教育現場ではこの文部省の指示を踏まえた対応が求められ、教科書についても、改訂の際にはこの方針を踏まえることが必要になったわけである。ただしすでに流通している教科書については、即時の修正は求められなかった。三月三一日の文部次官から地方長官に宛てられた通牒（発図第三七号）では、教科書が改訂されるまでの間は、内閣告諭などの見解に基づいて「連盟本来の使命と帝国が其の所信に従ひ連盟と手を分つに至れる所以とを明かにし」、「詔書」の趣旨を徹底させるよう指示されていた。

この煽動的なパンフレットと対比すべきは、陸軍省新聞班長の本間雅晴の論説である。(31) 一見したところでは日本の立場を正当化するだけの内容に見えるが、議論の重点は、連盟脱退後も各国との個別的な国際関係は継続するとして「外交的孤立」を否定し、「道徳的孤立の不利」は率直に認めながらも、これは一時的なものに過ぎないと説くことにあり、国際社会との対立を煽る言説を抑える意図を持っていたように見える。本間は、脱退自体を理由に経済封鎖や戦争の手段に訴える大国はないとし、米国も南洋委任統治領の放棄を迫ってはいないと説明していた。連盟脱退により満洲国問題に関する連盟の関心が薄れると予想し、中国も全面的衝突を避けるはずと見るこの論説は、連盟脱退通告から塘沽停戦協定（一九三三年五月）までの展開を正確に予想していた。このことからも、文部省が突出して「詔書」の趣旨から逸脱していたと言うことができる。

以上の点を踏まえた上で、書き換えられた佐々木の教科書をめぐる諸問題について、次節で論証していくこととする。

第三節　教科書書き換えと国家批判――公正なる社会への問い

(1)　佐々木教科書への修正指示――「鉛筆子」の書き換え

歴彩館には、前述した佐々木旧蔵の法制教科書のほか、佐々木旧蔵の公民教科書も寄贈されているが、男子用は下巻の第六課～一五課まで、女子用は下巻第六課～一〇課までの断片的なものであり、合冊して一つにファイリングされている。[32]これに検定による修正指示が書き込まれているが、書き込みがあるのは、第六課（行政官庁）、第七課（国法）、第八課（裁判所）、第九課（国防）、第一〇課（国交）に対してであり、男子用第一一課以降の神戸正雄執筆部分には修正指示がない。

佐々木執筆部分に対して行われた修正指示は明らかに過剰で不公正なものであり、佐々木に教科書の書き手としての立場を放棄させるものとなる。それを具体的に説明していこう。

佐々木の執筆部分には、少なくとも二人の検定者が目を通し、指示を書き込んでいる。一人は赤ペンで修正指示を書き込んでいる人物であり（佐々木がかつて検定者を「検定子」と読んでいたことに倣い、以下「赤ペン子」とする）、楷書に近い筆跡は若干若い印象を与える。指示も「〜ともいひ得る」といったややソフトな口調であり、全般的に微修正にとどめている感がある。もう一人が、赤ペンを用いながらも、主として鉛筆で長文の修正指示を書き込んでいる人物（以下「鉛筆子」）であり、崩し慣れた字はやや年配の人物を思わせる。口調も「セヨ」「移セ」と命令口調であり、赤ペン子の修正指示に疑問を述べたり無視したりもしている（後述）。これらのことから、鉛筆子は赤ペン子の上司あるいは目上にあたる人物だと推定できる。

書き込みは、棒線による削除指示や本文余白での修正指示が極めて多く、その分量を提示することはできないが、修正指示を書き込んで貼付した付箋の数は、男子用三枚、女子用は八枚（うち一枚は内容部分消失）であり、すべて鉛筆子による指示である。

修正指示が行われた直接の理由は、国際連盟を脱退したことによって、教科書中の事項を修正する必要が生じたためと考えられる。そこでまず、連盟に関する記述の修正指示を見よう。

女子用では、第一〇課国交「三 国際協同」の項にて国際連盟を扱っている。赤ペン子による「ヴエルサイユ会議」を「パリ講和会議」に修正する指示は納得できるし、連盟理事会の常任理事国から日本を含む具体的な国名を削除している点は許容しうる点であるが、多くの部分は、佐々木教科書の元の趣旨を大きく変える修正指示ばかりであった。

たとえば女子用では、「国際連盟は国際協同の機関として、勿論未だ完全なものとはいへないが、しかしその成立以来、常に可なり広きに亙る任務に向つて努力し、相当の成果を収めてゐる。それが今後益々発達して、一層有力にして健全なる国際協同の機関となるや否やは、全く諸国【疑問に属し、】の国民がこれに関心を持つや否やに依るのである。現今各国に於て、国民の有志がその思想を普及徹底せしめる為に国際連盟協会（傍線部分は原文太字、以下同じ）といふものを設けてゐる」となっており、国際連盟の不完全性を強調する修正となっている（棒線による取り消し線は削除指示、「疑問に属し、」は挿入）。もっとも、国際連盟協会については特に削除指示がないのであるが、これとほぼ同趣旨のことを記した男子用では、上記引用部分がすべて削除されている（このように、男子用と女子用とで削除指示の整合性が取れていない箇所は多々ある）。

第一〇課四「国交と国民」では、「国民は国家の外交の状況に注意を払ひ」の部分が「（国民は）常に国際情勢に深き注意を払ひ」と修正され、国民が外交の事情を知るために、国家機関は「国民に向つて正当に外交の事情を知らしめて置くの用意を必要とする」と説いた部分は、全文削除されている。また、「外国人との共存」という観点から、外国人への言動は「一層慎重に行ふことを要する」とした部分にも削除線が入れられている。最後に、もともとの佐々木の教科書では、平和を望むとはいえ、「我等の正当なる生活の要求を蹂躙しようとする者があるならば、我等は起つて大いにこれに対抗しなければならない」と締めくくっていたが、それに続けて赤ペンで「昭和八年三月我が国が敢然として国際連盟を離脱したのは、この意味に於てである」との一文が加えられて第一〇課が終わっている（赤ペン指示部分は鉛筆子の筆跡にも見えるが、判断できない）。

写真1は男子用の第一〇課最終ページである。ここでは、女子用とは違い、外国人に関しての記述は修正されていない。しかし、国民が外交に注意することや「我等は平和を望む」とした部分は削除され、最後には女子用と全く同じ一文（読点の違いはある）、すなわち「昭和八年三月我が国が敢然として……」が鉛筆子によって付け加えられている。第一〇課の修正は、全体的に平和共存の色を弱め、政府が国民に対して有する責任についても削除し、将来性のない連盟に正当な要求を蹂躙されたが故に、連盟を敢然と離脱したという趣旨に書き換えるものであった。佐々木は一九三三年一月一七日には、連盟との関係悪化について「まことにこまったことだ。わが帝国永遠の利益を念ふこと切」と日記に書き込んでおり、その後も連盟との関係を懸念する心情を綴っていた[33]。佐々木がこうした立場を突然転換したとは考えられない。

このほかの部分はどうであったろうか。第六課「行政官庁」では、官吏についての説明が赤ペン子と鉛筆子を刺激したようである。元の記述では、「国務の為に国家の意志に随つて誠実に労務を提供」する「忠勤義務」を持つのが官吏であるとし、それゆえに一般とは異なって国家から特別な制限を受けるため、法の規定によらない懲戒も可能だとしていた。赤ペン子は「「行政・司法の機関及び軍務を担当する人を官吏といふ」ともいひ得る」という無難な記述に改めることを指示しているが（女子用）、鉛筆子がページ下部に付箋を貼って別の指示を書き込んでいる。その趣旨は、官吏とは一定の資格によって任命され、国家の意志を体して国務を担任し労務を提供するものであり、この労務を提供することが忠勤義務であり、それが一般とは地位を異にするところである、というものであった（同じ内容の付箋が男子用の該当部分にも貼付されている）。国家法人説的な立場から官吏を国家の意志に

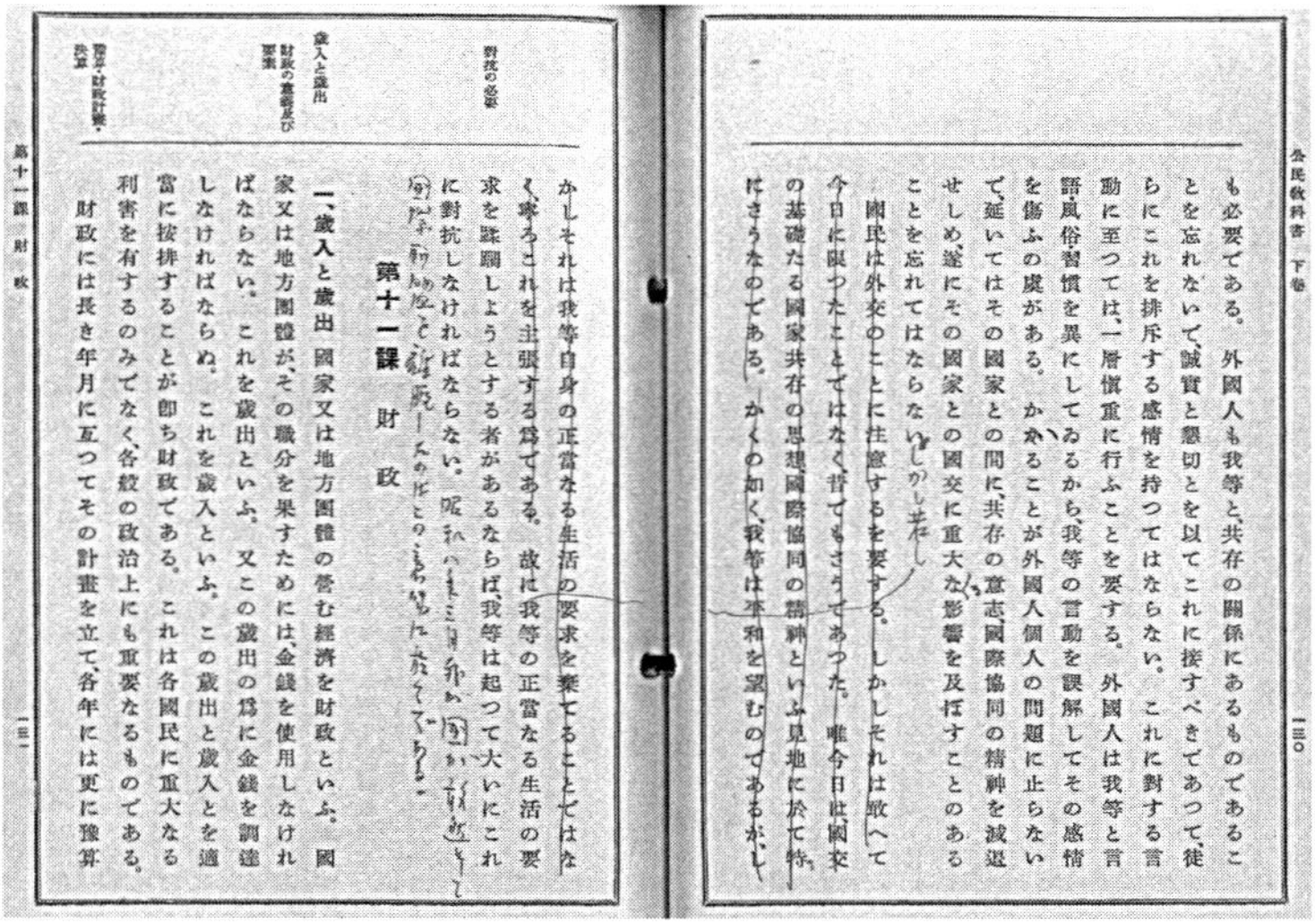

公民教科書　下卷

も必要である。外國人も我等と共存の關係にあるものであることを忘れないで、誠實と懇切とを以てこれに接すべきであつて、徒らにこれを排斥する感情を持つてはならない。これに對する言動に至つては、一層愼重に行ふことを要する。外國人は我等と言語・風俗・習慣を異にしてゐるから、我等の言動を誤解してその感情を傷ふの虞がある。かゝることが外國人個人の問題に止らないで、延いてはその國家との間に、共存の意志、國際協同の精神を減退せしめ、遂にその國家との國交に重大な影響を及ぼすことのあることを忘れてはならない。

國民は外交のことに注意するを要する。しかしそれは敢へて今日に限つたことではなく昔でもさうであつた。唯今日は國交の基礎たる國家共存の思想國際協同の精神といふ見地に於て特にさうなのである。かくの如く我等は平和を望むのであるが、し

一三〇

かしそれは我等自身の正當なる生活の要求を棄てることではなく寧ろこれを主張する爲である。故に我等の正當なる生活の要求を蹂躙しようとする者があるならば、我等は起つて大いにこれに對抗しなければならない。

財政の必要

第十一課　財政

歳入と歳出

財政の意義及び要素

豫算・財政計畫・決算

一、歳入と歳出　國家又は地方團體の營む經濟を財政といふ。國家又は地方團體が、その職分を果すためには、金錢を使用しなければならない。これを歳出といふ。又この歳出の爲に金錢を調達しなければならぬ。これを歳入といふ。この歳出と歳入とを適當に按排することが即ち財政である。これは各國民に重大なる利害を有するのみでなく、各般の政治上にも重要なるものである。

財政には長き年月に亙つてその計畫を立て、各年には更に豫算

第十一課　財政　一三一

写真1　第一〇課「国交」部分の書き換え指示
出典：『佐々木惣一博士関係文書』第91（京都府立京都学・歴彩館所蔵）。

従うとする佐々木に対し、鉛筆子の修正は、国家と官吏の一体性を強調する内容になっている。[34] また、「外地」官庁の順番も、もともと樺太庁長官、台湾総督、朝鮮総督、関東長官、の順であったのを、「コ、ニ樺太ヲ移セ」などとして、朝鮮、台湾、関東庁、樺太、の順になるよう指示をしているが、当該期の他の公民教科書を見る限りでは、この並びに基準があったようには見えず、鉛筆子の好みによる修正指示であったと考えられる。

なお、この第六課女子用では、特別官庁の例に「各省大臣」を挙げていることにつき、官庁が大臣という人であるのはおかしいとして、鉛筆子は「各省」への言い換えを求める付箋を貼付するが、そこには「専門家ヨリ見テ不都合デアルカ」と、専門家としての佐々木の立場を尊重するかのような質問をしている。また同じく女子用では、「関東長官」の

呼称について「関東庁長官トハ称セザルカ」という基本的な疑問を示している。これらのことから、鉛筆子が法学の専門家だとは考えにくいし、官僚にしては無知であり、検定者としての経験も乏しいことがうかがえる。

第七課「国法」については、「法の淵源」を赤ペン子が「表示形式」と修正するが、鉛筆子による付箋指示では、「原文ノ淵源ヲ可トセズヤ。提正ノ如クスレバ……」と、訂正した場合に生じる他の部分との整合性が指摘され、「淵源」の脇に「イキ」と記されている（女子用）。「訂正」を「提正」としているところが独特であるが、ほかにも「規範」を「軌範」という術語で指示を出している箇所があり、鉛筆子の学問的な背景を示唆するものである（法学・経済学では「規範」が一般的であり、「軌範」は、漢学的・文学的な印象を受ける）。

さらに重要なのは、第七課四「法と道徳」の部分が全文差し替えの指示を受けていることである。元の記述は、法は人の行為の標準、道徳は行為をなす心術の標準、とした上で、法の要求と道徳的要求が一致することを理想とする内容であったが、鉛筆子はまず女子用に「法ト道徳トノ関係記述ガピント来ナイ。殊ニ心術トイフガ如キ用語ガ倫理学上ニモ余リ使用サレナイ語デアルヤウニ思フ」と、自らが倫理学に詳しいことを示唆する付箋を貼っていたが、結局は自ら文章を作成して原稿を貼付し（教科書本文を覆う形になっている）、この文章をそのまま受け入れることを要求した。

それは「又法は人の生活を規律するとはいつても複雑極まりなき人の生活のすべてを限りある條文を以て規律することが出来るものではない。そこに道徳の廣き世界がある。故に法を正しく守る人必ずしも道徳的に正しき人と称することは出来ない」として、権利を声高に主張すれば道徳的に非難さ

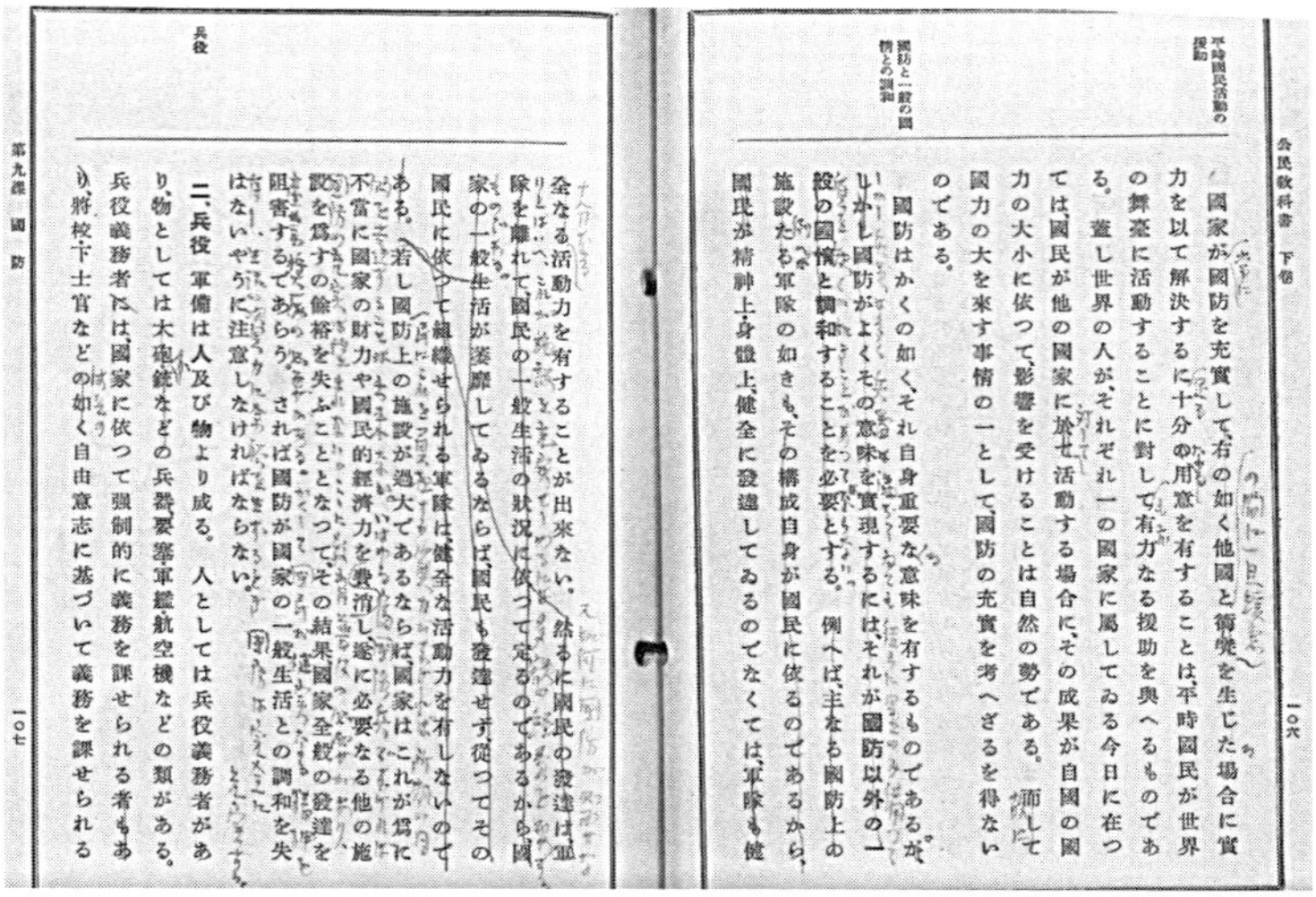
公民教科書　下卷

平時國民活動の援助

國家が國防を充實して、右の如く他國と衝突を生じた場合に實力を以て解決するに十分の用意を有することは、平時國民が世界の舞臺に活動することに對して有力なる援助を與へるものである。蓋し世界の人が、それぞれ一の國家に屬してゐる今日に在つては、國民が他の國家に於て活動する場合に、その成果が自國の國力の大小に依つて影響を受けることは自然の勢である。而して國力の大を來す事情の一として、國防の充實を考へざるを得ないのである。

國防と一般の國情との調和

國防はかくの如く、それ自身重要な意味を有するものであるが、しかし國防がよくその意味を實現するには、それが國防以外の一般の國情と調和することを必要とする。例へば、主なる國防上の施設たる軍隊の如きも、その構成自身が國民に依るのであるから、國民が精神上・身體上、健全に發達してゐるのでなくては、軍隊も健

一〇六

全なる活動力を有することが出來ない。然るに國民の發達は軍隊を離れて、國民の一般生活の狀況に依つて定るのであるから國家の一般生活が萎靡してゐるならば、國民も發達せず、從つてその國民に依つて組織せられる軍隊は、健全な活動力を有しないのである。若し國防上の施設が過大であるならば、國家はこれが爲に不當に國家の財力や國民的經濟力を費消し、遂に必要なる他の施設を爲すの餘裕を失ふこととなつて、その結果國家全般の發達を阻害するであらう。されば國防が國家の一般生活との調和を失はないやうに注意しなければならない。

兵役

二、兵役　軍備は人及び物より成る。人としては兵役義務者があり、物としては大砲・銃などの兵器、要塞・軍艦・航空機などの類がある。兵役義務者には、國家に依つて強制的に義務を課せられる者もあり、將校・下士官などの如く自由意志に基づいて義務を課せられる

第九課　國防　一〇七

写真2　第九課「国防」部分の書き換え指示

出典：『佐々木惣一博士関係文書』第91（京都府立京都学・歴彩館所蔵）。

れると警告するものであった。

また、男子用の同様の部分には「四．法と道徳　本節ハ女子用ヲ参酌セラレンコトヲ望ム」という付箋を貼り、男子用でも同じ文章に差し替えるべきことを指示していた（なお、「三．法の尊重」については、女子用に「コノ一段ハ男子用ノ修正ヲ採用サレタシ」という付箋が貼られており、鉛筆子が男子用、女子用を相互に参照しながら修正を行っていたことがうかがえる）。

第八課の修正事項は省くが、これまで説明した修正内容から見て、鉛筆子は倫理学の分野にある程度の造詣があり、「道徳」には強い関心を持つ一方で、法学的な素養はなく、文部官僚だとも考えにくいことが分かる。

最後に、第九課「国防」の最終部分に関する修正を説明する（写真2）。筆者により該当部分を（A）～（C）に分けると、元の記述は以下のような内容になっていた（男子用）。

（A）平和的手段で解決できない場合は、「国家相互間に實力を闘はし」衝突を解決するしかないと説明するが、その直後に「その實力は即ち国家の存立を他国に対して防護するに必要なる兵力その他の手段である」とし、自衛という制限を課している。

（B）国防は重要な意味を有するものであるが、軍隊が健全に活動するためには「国防以外の一般の国情と調和」することが重要であり、それには軍隊を構成する国民の精神と身体を健全に発達させることを要するため、国家の一般生活が「萎靡」しないことが必要だと述べる。そして最後にこうまとめる。

（C）「若し国防上の施設が過大であるならば、国家はこれが為に不当に国家の財力や国民的経済力を費消し、遂に必要なる他の施設を為すの余裕を失ふこととなつて、その結果、国家全般の発達を阻害するであらう。されば国防が国家の一般生活との調和を失はないやうに注意しなければならない」。

正面から軍縮を説くわけではないが、過大な軍備の制限を説いていることが分かる。

鉛筆子による修正は、（A）については、平和的手段で解決できない場合は「終に實力の闘争により、その勝敗の結果に待つ外はない」とした上で、佐々木が自衛力という観点から説明していた「その實力は……手段である」の部分は削除され、「こゝに兵力に訴へる必要を生じ、戦端を開かねばならなくなる」と修正される。

（B）の部分はもともとの記述がほぼ削除され、「如何に国防が必要なりとはいへ、これが施設を充実せしめるには多額の経費を要するものである」と修正され、国民の生活との調和という視点は消し去られている。

（C）はもともと（おそらく赤ペン子によって）「費消」を「消費」にする指示がされていたのみだったようだが、本文脇に、鉛筆子の文章が記されている。鉛筆子の修正は、「若し国防上の……ならない」の最初の三字以外は書き換えて、以下のようにこの部分をまとめる。

「（若し国）民にこれを負担する資力がなければ所期の目的を達することは出来ない。いはゆる富国強兵でなければ国防の充実は望まれない。こゝに教育普及の必要があり、産業奨励の必要がある。かくして国民が健実なる精神を存し、生活の資力に余裕を生ずるとき国防は完全に充実する」。

全体をまとめると、佐々木の元の記述では、国防を自衛という観点から説明し、極端な軍備を否定する趣旨であったが、書き換えにより、理由の如何を問わず兵力に訴える必要が強調され、そのためには多額の経費が必要であるとし、富国強兵を支える国民の立場を説く内容になっている。

このほかにも修正部分は多数あるが、説明は以上とする。全体を通してこの修正事項が、修正というレベルではなく、主要部分の全面的な書き換えというものであったこと、書き換えの基準や内容が、かなりの程度鉛筆子の嗜好を反映していたことに関しては、これ以上詳しい説明はいらないであろう。

（2）昭和期における教科書検定制度の実態

それでは、一九三〇年代前半の教科書検定は、通常どのように行われるものであったろうか。この時期の図書局発行課長であり『教科書行政法』なる著作を刊行している谷原義一[35]、やはり教科書行政に関与し、戦後に回想を残している中沢賢郎[36]、この二人の説明を参考にしながら、教科書検定を規定していた「教科用図書検定規則」について触れていく。

教科書検定に関わる文部省の部局は、「図書」を冠する局ないし課であったが、しばしば行政整理の対象になり、廃止と復活を繰り返していた。大正期以降に話を限れば、一九一四年に図書局は廃止され、一九二〇年に局として復活し、二三年になって三〇年代と同様の局課構成となる（谷原　一九三五：三六）。

図書局には、国定教科書の編集などを所管する編集課、国定教科書の発行・教科書検定を所管する発行課を置く。この図書局発行課が検定の担当課であった。

教科用図書検定規則によれば、検定は中学校令など学校種別ごとの法令および教則の趣旨の観点から、教科書としての適性を認定するものである（第一条）。検定を出願できるのは発行者（版元）であり（第二条）、教科書二部を文部省に提出して審査を受ける（第三条）。

第四条は説明が必要である。「瑣少の修正」を行えば検定合格になると判断した場合、文部省はその修正部分を「指示することあるべし」（第四条第一項）。また、検定に合格した教科書であっても、修正を要すると判断した場合は、指示により「修正せしむることあるべし」（第二項）。これに従わなければ検定を「取消すことあるべし」（第三項）とある。

第四条による修正指示があった場合、発行者は一年以内に修正して検定を追願する必要があり（第一三条）、第四条第三項によって検定を取り消された教科書は、「文部省検定済其の他之に類する文字を記載して発行」してはならないし、販売することもできない（第一五条）。

以上が検定規則の概要である。第四条には「瑣少の修正」とあるが、検定に合格する教科書でも、無修正で認可されるものはかなり珍しく、「数十個乃至百個所以上の修正を命ぜられて漸く認定せらるる」というのが一般的であった（谷原 一九三五：一四五）。また、第四条各項に「あるべし」とあるように、裁量の余地が大きかった。第一条を見ても、認定自体が裁量的判断を前提にするものであった。裁量の大きさは、柔軟な対応を可能にする一方で、恣意的な対応をも可能にするものだったと言えよう。

では、教科書としての適性判断は、どのような基準で行われていたのだろうか。図書局発行課長谷原義一の説明では、体裁（紙質や文字の大きさ）、価格、そして当然のことながら「内容」が判断材料となるが、具体的には（一）教科書の内容に弊害がないこと――「國體」・諸法令を軽侮し害する意を誘発する恐れがないか、国家社会の風教を破壊する憂いがないか、（二）科学的方面から見て誤謬がないか――学校、学年、学科目、性別を考慮に入れ、精神・物質の科学方面に関して誤謬がないかの二点が重要である（谷原 一九三五：一五二）。

しかし谷原は、中学校レベルの生徒は相当の年齢に達しており、初等教育において道徳教育・国民教育の基礎、生活に必要なレベルの知識・技能を身につけているため「小学校ほど厳重に精選する必要もなく、国家の関与を要しない」とも述べている（谷原 一九三五：一四〇）。中学教科書の検定が発行課の重要な所管事項であるはずだが、発行課長自らが、その重要性を否定するかのような「ゆるい」説明をしているのは興味深い。これは当時、中等教育段階への進学率が二割程度であり[37]、検定教科書を使用する層が限られていたためでもあったろう。しかし、廃止を繰り返してきた図書局の地位が省内で高かったようには見えないし、教科書発行点数に対する発行課の人員は少なかったため、そもそも「厳重に精選」する能力がなかったと考えられる。

実際に検定に当たるのは、文部省の図書監修官・同官補に加え、常勤嘱託であったが、それだけでは人員が足りないため、非常勤の嘱託にも検定を依頼しており、我妻栄、田中耕太郎がこの非常勤嘱託を務めたことがあったという（中沢 一九五六：四四）。法学者である彼らが嘱託される科目があるとすれば「法制」あるいは「公民」教科書であろう（ただし鉛筆子が法学の専門家でないことは前述の通りである）。

具体的な人員数を確認すると、一九三〇年代前半の図書監修官（奏任官）は、一九三一年度一二人、三二年度・三三年度は一一人、三四年度・三五年度は一〇人、と漸減しており、図書監修官補（判任官）は、三一年度は八人であったが、翌年度以降は五人であり、人員は減る一方であった（文部省 一九三九：四一〜四四）[38]。

それに比べ、検定合格を求める教科書の数は、公民科だけを見てもかなり多かった。公民科用の検定合格数は、一九三〇年度の末（三一年三月二三日）に一点が合格し、三一年度は一二点が検定合格（不認定が一一点）、佐々木の教科書が検定合格した三二年度は、女子用が本格的に刊行されたこともあり四二点が検定合格（不認定二）、三三年度は二〇点、三四年度は一二点が検定に合格している（三三年度以降は不認定なし）[39]。別なデータによれば、全体では教科書の出版社は約二〇〇、流通する教科書数は四一八〇種もあった[40]。これらの教科書を一言一句精密にチェックすることは難しかったであろう。佐々木の法制教科書（一九二三年版）で、一度修正を余儀なくされたはずの枢密院の記述が復活していたのも、このような検定制度のある種のゆるさを背景にしていたのではないだろうか。

では、佐々木の公民教科書は、なぜに前述のような書き換えを受けることになったのだろうか。興味深いことに、実は神戸・佐々木の公民教科書（男子用）は、連盟脱退通告の直後に検定に合格している（一九三三年四月四日）。といってもこれは、師範・中学用として合格していた公民教科書を実業学校用の教科書に流用したものであった。実業学校では三一年度まで検定制度がなく、検定導入後も経過措置として無検定の教科書を用いることが許されている状況であったから（谷原 一九三五：一四五～一四六）、あまりチェックされないままに検定合格となった可能性が高い。

前項で取り上げた修正指示入りの佐々木教科書は、男子用も女子用も検定版である。もし佐々木が自発的に教科書の改訂版を出そうとして検定に出願したのだとすれば、国際連盟離脱など事実関係の修正を行った見本版を作成し、それに修正指示が付くはずである。また、神戸執筆部分には修正がなく、佐々木執筆部分の一部（下巻第六～一〇課）のみに修正指示が行われたのも不自然である。

実業学校用の検定が契機となったか、あるいは瀧川事件で佐々木が文部省と対立したために佐々木の教科書がターゲットにされたのか、確かなことは分からないが、以上の経緯から見て、発行課では教科書検定規則第四条第二項（検定合格済の教科書に対する修正指示）に基づいて修正を行ったと考えられる。二人以上の検定者によって修正が行われているのが異例なのかは判断がつかないが、赤ペン子は発行課の図書監修官または官補であり、鉛筆子は倫理学系統の外部嘱託員であったと見るのが順当である。

では、この修正指示はいつ行われたのだろうか。修正内容から見るに、連盟脱退通告後のことだったのは確かであるが、一九三四年末までには修正が行われたと考えることができる。三四年末に廃止される「関東長官」の存在自体には修正指示がないためである。また、三四年秋からは関東庁の存続をめぐる在満機構改革問題が大きな問題となり、盛んに報道がなされることになるが、鉛筆子が女子用の「関東長官」について、「関東庁長官」ではないのか、と基本的な事項を確認していることを考えると、三四年秋よりも以前のことかもしれない。

その上で筆者は、一九三三年中にこの修正指示があったと推定する。第一に、三四年四月からの新年度に合わせて改訂するのであれば、教科書供給のスケジュール的には、三三年中に修正指示を行う必要があるからである。小学校の国定教科書も、三三年秋の時点で「連盟脱退のやむを得ない理由」を説明する改訂が終わっていた[41]。第二に、本節(4)で取り上げる一九三四年一月頃の佐々木の諸論考は、佐々木が教科書検定による書き換えを迫られたという体験を踏まえて書かれたと考えると整合的だからである。

結局、佐々木の教科書は、その後修正版が出されることもなく、不認定とされ公表されることもなく消えていった。修正に応じて再出願するかは版元が判断することであったし、教科書の供給も版元が自主規制することは可能である。おそらくは発行課も、検定合格を取り消して不認定とするような異例の処置は避け、修正を命じた状態のまま、事実上の供給停止、修正版の発行断念に追い込んだのではないだろうか。瀧川事件を契機とする京大辞職など環境が激変するなかで、修正指示に応じず改訂版を刊行しないこと――教科書の書き手を辞すること――が、佐々木にとってのせめてもの抵抗だったと言えるかもしれない。

では、検定を通じてのこのような圧力的書き換えは、他の執筆者に対しても行われていたのであろうか。それともこれは佐々木が個人的に体験した出来事だったのであろうか。次にそれを確認する。

(3) 連盟脱退後の公民教科書——佐々木教科書との比較

連盟離脱後の教科書改訂に際し、文部省は統一的な方針によって、国際連盟に関する記述を統制しようとしたのであろうか。たとえば佐々木教科書への指示の如く「我が国が敢然として国際連盟を離脱」のような画一的な記述に統一し、『非常時と国民の覚悟』に集約される文部省の連盟評価と平仄を合わせようとしていたのであろうか。

結論を先に述べれば、連盟脱退という事実が教科書の改訂とともに記載されるようになったのは確かであるが、国際連盟の意義に疑問を投げかけ、「非常時」を強調するような改訂方針が一般に存在したとは言えず、そのことは逆に佐々木教科書に対する過剰な修正指示が異例だったことの証左になっている。

この時期に検定を受けた教科書の国際連盟脱退に関する説明は、脱退を批判する記述がないのは当然としても、依然連盟の存在意義を評価し、脱退後の国際協調を強調するものが多い。

一九三三年中に検定出願した教科書（すべて下巻）における連盟脱退の説明は以下の通りである。

①大瀬甚太郎『要説女子公民科教本』：連盟の意義を評価した上で「満洲事変の処理に関して連盟と所見を異にし……連盟脱退の通告を発した」と事実関係のみ説明し「アジア諸国の平和と発展」の重責を強調し、世界に「我が国の公正な地位」を認めさせ、世界平和に寄与することを説く（一三〇～一三三頁）。アジア・モンロー主義的立場ながらも、一応「平和」を重視した内容である。これは五月作成の見本版であり、九月には新たな修正版を作成して検定を通過している。この過程で記述が修正された可能性はあるが、一九三六年版の同教科書（見本版）では、連盟離脱の経緯こそ「我が正

義の主張を貫徹」と表現されているが、連盟を「国際協同中極めて重要」とする記述には変更がない（一二七～一二八頁）。三三年の時点で大幅な修正があったとは考えにくい。

②河田嗣郎『最新公民教科提要』：「満洲事変の処理に就いて多数加盟国と所見を異にし……連盟離脱の通告を発するに至り、国民の自覚が愈々固きを加へた」（九九頁）とするが、「国交と国民」の項では、国際連盟の知識や国際平和運動への理解が必要であり、日本人は欧米人に比して国際知識や国交に関する自覚が乏しいとして注意喚起が行われている（一〇三～一〇四頁）。これは七月末に作成した見本版であり、一〇月に新たな修正版を作成して検定を通過している。この時の検定版は未見だが、一九三五年版の同教科書（検定版）では、「国民の自覚」云々の記述がなくなり、所見の違いで連盟を離脱したことのみが語られ、「国際平和の確立は我が国の常に念願とする所」として「詔書」と同様の趣旨を語り、脱退後も連盟の事業に進んで参画していることを説明していた（九七～九八頁）。やはり佐々木への修正指示とは様相が異なるようである。

③長谷川乙彦『新制女子公民教科書』：「国際連盟は……崇高な使命と広範な事業……世界史上に特筆せらるべき意義……我が国は……その創設に尽力……その健全な発達に多大の貢献……満洲事変及び満洲国の独立に関して、連盟の執つた処置が、我が国の正当なる主張と合致せざるに至つた為、連盟を脱退するの止むを得ないことになつた。併しながら国際平和の確立に向つて努力せんとする国是は、これに依つて毫も変ることはないのである」（九二頁）。この記述が「詔書」の趣旨と一致していることは言うまでもない。

この長谷川教科書は、八月の見本版、一一月の検定版の両方を見比べることができたが、上記の引用部分を含め、「国交」に関する記述を訂正した箇所は見当たらない（同時期に長谷川が刊行した『新制公民教科書』（男子用）も、該当部分は同じ記述である）。なお、一九三六年に検定を通過した長倉矯介『再訂女子公民科教科書（後篇）』も、長谷川と同様の文言で連盟を高く評価し、「詔書」に触れながら「世界平和の国際的協力」を説いており（九三〜九四頁）、こうした説明は修正の対象になっていなかったと考えられる。

④廣濱嘉雄『中等公民科教本』：一月に見本版を作成したのち、五月末に修正版を発行、検定に合格している。見本版では、連盟の意義と機能を好意的に評価し、日本を含めた常任理事国についても触れていた。検定版では、欄外注釈として「昭和八年三月二十七日我国は連盟脱退の正式通告を発した」という記述が加えられただけである（一〇〇頁）（ただし実業学校用のため、ゆるい審査だった可能性もある）。

以上のように、佐々木教科書以外のものは、脱退の事実に触れてさえいれば検定に合格しており、脱退に関して具体的な文言を用いて説明することまでは求められていなかったようである。論理的に解釈すれば、ほとんどの教科書では連盟脱退に関する「詔書」を前付（詔書や勅語を掲載する部分）に掲げており、「詔書」の趣旨は連盟脱退前の国際関係を維持するよう求めるものであったから、『非常時と国民の覚悟』のような書きぶりをしなくても許容されていたと説明することは可能である。[42] しかし単純に、図書局発行課の人員不足が原因だったのかもしれない。

また、鳩山文相は、河上肇や瀧川事件における京大の対応を激しく批判しつつも、ヒットラーの指示に基づいた「非ドイツ的な書物の浄化」を目的とする「焚書」（一九三三年五月）には「絶対反対」

として嫌悪感を示し、威圧や恐怖による教育は、屈服ではあっても心服には至らないとして、まさにドイツを他山の石とすべきことを説いていた[43]。

ただ少なくとも、佐々木の教科書に対して行われた多数の修正（書き換え）が、すべての教科書を対象とした確たる方針や基準によってなされたわけではないことだけは明らかである。佐々木の教科書だけが狙い撃ちにされたように見えるのである。

佐々木のこの個人的な体験はしかし、本来は言論の自由を助長すべき国家のあり方を問い、その病理を批判する言説となって、社会全体に向けて発信されることになる。

(4) 言論の自由と公正な国家――佐々木の公民教育論の変化

佐々木は一九三四年一月に照準を合わせ、ほぼ同時に四つの論文・論説を公表している[44]。その趣旨は、言論の自由、議会政治の擁護、政府の責任など以前から佐々木が説いてきたことが中心であるが、そのうち三本の論説については、佐々木が教科書検定で書き換えを命じられた経験を念頭に書かれたように思う[45]。まずは内容を確認しておこう。

「言論の自由」（『改造』一九三四年一月号）では、佐々木は社会生活の進化のためには各々の思想を世間に発表し思想の交換をなすことが重要とし、特に「文章に依る思想発表の自由」も言論の自由に含まれることを確認した上で、憲法において保障されている言論の自由権について論じている。

本論説の脱稿は一九三三年一二月九日のことであり、年末には佐々木の論文を読んでいた上田貞次郎は、この論説を「内容は抽象的でおまけに肝心な所は××になつて、なんだか奥歯に物のはさまつた感」と評しているが[46]、前後の文脈からみれば伏せ字部分の一部が「国家機関たる者」であり、それによる不当な言論抑圧を問題にしていることは明らかであった。ただし、現在では佐々木の推敲原稿を見ることが可能であるため[47]、伏せ字部分を復元しながらその内容を見ていきたい（二重傍線を引いた部分が掲載時の伏せ字箇所）。

佐々木は、「国家機関」が言論を抑圧する場合、法律上の判断に基づく「善意」の抑圧もありうるとする。しかしここで問題にするのは「悪意」の抑圧、すなわち「或言論が法律の定むる限界を超えるや否や、といふことには頓着なく、何等かの意図を以て、之を抑圧する場合」であり、その抑圧の意図は「自己の行動に対する批判を避け」、あるいは「或一の思想を特に擁護するが為」である。このような抑圧は言論の自由を認めた精神に反し、本来言論を保護すべき国家機関の職責を誤るものである。

佐々木は「国論の統一とは、決して、或種の意見のみを発表せしめ、之と異る他の種の意見を発表せしめず、其の意見に対して、無批判に服従を要求する、といふことではない」とし、社会の秩序が「異常の事情の下に於て、急激に変化」する状況下、言論の自由が一層必要である、「今は正に其の時期ではあるまいか」としてこの論説を締めくくっている。

佐々木がここで問題にした国家機関による言論の抑圧（法律には無頓着な悪意の抑圧）を、法に基づかない自由裁量という点から問題にし、国家機関を批判したと読めるのが、次の論文である。

「行政機関の自由裁量」（『法と経済』（創刊号）一九三四年一月号）では、行政は無標準の恣意によってではなく、公益を考慮し、条理や慣習も含めた法の範囲内において裁量を行使できるのであり、法の定める活動の限界を守り、法的平等の拘束（特定の者に特定の処置を行わない）を守り、法的に正当な基準によって裁量をふるわなければならないとする。佐々木が主たる例として挙げるのは、社会の秩序を害さない質屋に警察官庁が営業免許を与えることであったり、教育官庁が公益性を認めて私立大学に設置許可を与えることであったりと、つまりは無難な事例の説明なのであるが、例を教科書検定に置き換えれば、裁量による広範な権限を持つ検定者が、佐々木という特定の人物を対象に特定の対応――無標準の恣意による書き換え指示――を行ったことへの批判を意味することになる。

そして一九三四年元旦の『中外日報』一面を飾った「非常時の用意」は、国際連盟脱退通告後の文部省の訓令や『非常時と国民の覚悟』への批判ともなっているし、下巻第九課「国防」で削除指示を受けた部分を強調する内容ともなっている。

この論説で佐々木は、「非常時」の声が諸方で叫ばれているとし、吾々国民が「非常時」を認識することは必要であるが、平穏に思慮することによってのみ「非常時」に処する道を知りうるとする。現在「非常時」と言われているのは、国際関係上の問題としては、日本の連盟脱退の正式確定（通告から二年後で効力確定）を控え、（第二次ロンドン）海軍軍縮会議の開催も迫っているからであるが、問題は結局「戦争に依て此の難局を切り抜ける、の方針を立てるか否か」にある。戦争は避けるべきではあるが、例外的に戦争を促す場合もありうる。しかし現状では、外交的手段によって共存の条件を確立する道がないとは言えず、戦争を促すような方針を取るべきではない。

もちろん「種々の意味に於て、国際的に孤立の状況」である以上、必要な軍備は有するべきである。ただし軍備は外国との関係に基づいて「相対的に定まるべきもの」であるから、列国の軍縮への態度を無視しないことが得策であり、それゆえ軍縮会議にも参加するべきである（もっとも「不当に我国を抑圧しやうとするの空気」があるならば、参加すべきではない）。戦争を目標とする方針を取らないのであれば有力な外交が必要であり、そのためには一般の国民の支持が必要である。[48]だから吾々国民は外交機関を支持し、外国との共存の条件を有利に確立するよう心がけなくてはならない（もちろん戦争の起こる場合を想像して備えておくことも必要である）。

そして国内の「非常時」については、社会生活の改革は、結局は立憲政治＝議会政治によって行われるべきであるとして、「興奮することなく、平穏に思慮すること」を再度説き、この頃高調されるようになった「日本精神」について批判を試みている。「日本精神」の内容は不分明であり、人によっても内容は異なっているが、もし誤った説明をすれば、「外交機関に依る平和的方法」で外国と共存する努力を無意味だと誤解させる可能性がある。これは「日本精神の本義」に合致しないことであり、それゆえ「日本精神」を説くのであれば、その内容を明確にし、国家の政治方針に対して如何なる意味を持っているかを示さなければならない。そして佐々木は、再度「常の心」を強調し、「興奮は往々国家の大事を誤らしむる」としてこの論説を締めくくっている。

以上のように、言論の自由と自由裁量の制限を説いた二つの論説は、検定による書き換え指示を批判したと見ることが可能であるし、「非常時の用意」は、戦時準備を煽る文部省を批判し、佐々木の公民教科書が本来説いていた内容をあらためて説いたと解することができる。佐々木は自らの個人的な体験に現下の政治体制の病理を見出し、社会に向けて警告を発したのであった。もちろん、書き換え指示があったのはこれらの論説が書かれた後のことであったかもしれない。その場合は、佐々木が批判し懸念していた事態を実際に佐々木自身が経験したということになる。いずれにしても、佐々木がこのような論説を書く必要を感じるだけの状況が佐々木の目には映っていた、あるいはその身に起きていたことは確かであろう。

これらの論説を書いたあと、佐々木は「公民教育について」と題する論説を発表している（『教育』一九三四年三月号）。ここで佐々木は、「国民教育」とは別に公民教育が必要であるという立場を取り、それは国民が「国家に於て行つてゐる共同生活の負担者」であり、国民個人が国家の運命を左右しうる任務を持つからだとし、これ（公民的任務）に対する自覚を促すのが公民科であるとする。それは共同生活の内容に即して、政治・経済・社交の方面から「正確に説明」する特別の科目である。(49)

このような自覚を促すことが教育の目的であるから、単に事項の知識を与えるのみでは充分ではない。しかし「知識を与へることを怠つてはならない」。「正確なる知識」を与えることが必要であり、不正確なる知識を与えてはならない。不正確な知識を与えられた者は、不正確な知識に基づいて行動するからである。「不正確なる知識に基く行動は、たとひ、それが眞面目なものであつても、常に共同生活の向上に寄与するものと云へない。寧ろそれを阻害することがあるのである」。

佐々木は幾度も「正確なる知識」の重要性を繰り返してこの論を終えているが、全体を通してみると、二〇年前に佐々木が書いた「公民教育」（本章第一節(1)参照）とは二つの点で異なっている。一つは、かつては公民教育を国民教育の本来の任務と位置づけていたが、ここでは国民教育と公民教育を明確に分けて論じていることである。(50)もう一つは、かつては正確な知識と感情の養成の双方を重視していたが、ここでは「正確なる知識」の重要性だけに重点を置いている。前者は、「立憲政治に必要な教育」という明確な定義を公民教育に与えて、「国民教育」とは区別する必要を認識していたためであり[51]、後者は、立憲政治とは無縁の精神性が強調され、「正確なる知識」の教授すら困難になる情勢のなかで、あらためて「正確な知識」それ自体の重要性を説いたものであったろう。佐々木が置かれた苦境と危機感がこの論説には反映されている。とはいえ、それでも当時の佐々木は、正確な知識を理知的・理論的に提供することができれば、公民としての自覚を導きうるという一縷の期待を持っていたのではないだろうか。

しかし佐々木は、社会に対するこのような言論活動だけでは公民教育の発展に限界があると悟ったためか、一九三五年になるとむしろ国家機関系統の組織や運動を梃子にする公民教育論へと接近していくことになる。

佐々木は、一九三五年一月号の『改造』で発表した「政治教育計画」では、「政治教育は甚だ振はない」のが現状であるとし、公民科教員が立憲政治の素養を持つことが必要だとするが、教員の素養向上のためには「国民精神文化研究所」を利用するのも一策である、という一見驚くべき提案をしている。佐々木は文中で「抽象的に愛国の心を養ふ」だけの教育を不充分としているのだが、同研究所はまさにそうした教育の普及を期待される組織であった。

同研究所の所長は、社会教育局局長から転じた関屋龍吉であったし、有力な所員であった紀平正美は、公民科設置後も「終始一貫、反対の態度」という姿勢を崩さず、「浅薄なデモクラシーの思想」を批判していた[52]。また、文部省は、同研究所が師範学校教員に対する「思想問題の再教育」で成果を収めたため、中学校や高女の教員も「収容し思想上の研究指導を行ふ」ことを方針に掲げていた[53]。鉛筆子が所属していても違和感がない研究所である。佐々木はそれを承知の上で、経済や道徳に「健全な思想」が必要であれば、政治にも「健全な思想」が必要であり、それは立憲政治の思想である、という論法で、同研究所を公民教育に利用することを提唱していた。

選挙粛正運動に佐々木が期待したのも、にわかに盛り上がった運動を利用して、恒久的な公民教育を充実させようとしたからであった。佐々木は従来選挙に「不真面目至極であつた我国民」によって選挙粛正運動が盛り上がっていることを「奇異」とか「不自然」とか評しながらも、この運動が現在不充分な状態にある公民科や公民教育の必要を自覚させる効果があると期待をしていた[54]。選挙粛正を官製運動として冷眼視する態度を批判する佐々木は、「官憲の過去」よりも国民の反省を求め、これまで自分が「政治教育計画」を論じても、国民の間には自発的な運動が起きなかったとし、政府が発意したことを理由に毛嫌いをしてはならないとする。我が国では「凡そ何事についても政府が先頭に立つて指導をするならば、事が行はれ易いと云ふ事情」があるから、政府の発意であっても国民は選挙粛正運動を援助すべきだと佐々木は説いていた[55]。

これらの論説は、官製の組織や運動を利用して、公民教育を発展させるという意図に基づいたものであったと思われるが、一九三五年段階の佐々木はこのような形でしか公民教育の将来を展望できなくなっていたのであった。

この年の二月以降には、天皇機関説事件が問題化し、佐々木も『日本憲法要論』の絶版や、非常勤講義の中止という事態に追い込まれていく（伊崎 二〇〇九：二三一）。その後も佐々木は、言論を通して発言を続け（大政翼賛会への批判は有名である）、一九四四年には政道学塾を設立し（松尾 二〇〇九：一二〇〜一二一）、かつての「政治教育計画」を自ら担うようになるが、本章ではこれらのことを論じる用意はない(56)。

一九三四年、三五年の佐々木による論説が、検定による教科書の書き換えという佐々木の個人的な体験を元に社会に発せられたメッセージであり、そこには公民教育を一貫して重視してきた佐々木が徐々に展望を失っていく過程も示されていたこと——そして佐々木のような個人的体験が社会の問題として認識されることなく、埋もれたまま消えていったこと——そこから何を汲み取るべきかは分からないが、ある著者のある書物への書き換えということが、決して個人的な問題ではなく、佐々木の論説が論じていた公正な国家の問題につながっていたということが——いるということが、書き換えられた教科書のインパクトとともに伝われば、本節の目的は充分に果たされている。以上を本節のまとめとしたい。

おわりに

本章では、「政治と教育」という問題領域を意識しながら、佐々木惣一の公民教育（政治教育）論と佐々木の教科書をめぐる問題について論じてきた。佐々木が大正期から一貫して追求した「政治と教育」の関係をめぐる歴史的事例として、あるいは教科書を通じた国家と知識人の事例として、そして佐々木惣一にとって重要な体験となった教科書書き換え事件の過程を描いたものとして読んでいただければ幸いである。

教科書の書き換えをめぐる一連の過程は、決して公正なものではなかったし、佐々木が訴え続けた言論の自由が、公正な社会を実現し維持するために重要なことも間違いない。

だが――本章をこのような形で終わりへと進めて行くのは、何かを伝えきれないままに自己完結している気がして、モヤモヤ感が残る。つまりはこういうことだ。いつの時代であれ、国家の不当な権力行使や言論の弾圧といった事例はたくさんあるし、思想や言論の自由が大切なことは今さら私が指摘するまでもない。「それはもう知っている」のである。

しかしそうした逡巡にもかかわらず私がこの章を書き、そしてなおモヤモヤしているのは、本章が描きそして伝えようとしていることが、ある種の「気持ち悪さ」であり、小野塚が抗した「気持ち悪い空気」を伝えたいからだと思う。

「国際主義」が流行する空気のなかでその定着を目指した小野塚の提案は、正面から否定されることなく、文政審議会総会全体の空気のなかで、曖昧に位置づけられ処理されていった。連盟脱退通告に際して渙発された天皇の「詔書」は、「非常時」の空気が広がるなか、国際協調の維持を望み、社会の過剰な反応を抑制しようとしたものであったが、それは「詔書」の尊重を謳う文部省によって、戦時動員と日本精神の強調へと変換され、時代の空気を作っていった。

しかしその文部省にしても、組織的に明確な意図と目的を持って教科書の書き換えを断行したわけではない。図書局発行課には全面的にそれを実行する意欲も能力もなかったし、瀧川事件では強硬な態度を変えなかった鳩山文相も、ナチスの「焚書」には嫌悪感を示していた。「非ドイツ的な書物の浄化」を掲げ、公然かつ大々的な「焚書」によって権力を増幅させたナチスの手法とは違い、佐々木教科書の書き換えは、それを可能とするある種の空気の下で隠微に行われたのである。

ナチスとの対比という点で想起されるのは、かつて丸山眞男が「軍国支配者の精神形態」（丸山 一九六四：八八〜一三〇〔初出一九四九〕）で指摘した「無責任の体系」である。「どこからか起つて来たもの」としての現実を必然と捉え、現実に追随した指導者の姿は、戦時期の日本社会を象徴するものであった。「超国家主義の論理と心理」（丸山 一九六四：一一〜二八〔初出一九四六〕）を踏まえれば、こうした空気が生まれる原因は、「自由なる主体意識」の確立を許さなかった戦前の体制にあるということになる。それゆえ丸山は、敗戦と同時に「自由なる主体」が生まれたとし、自身に向けられた批判に対しては「大日本帝国の「実在」よりも戦後民主主義の「虚妄」の方に賭ける」ことを「私の「意地」」と言い切った（丸山 一九六四：五八五）。

他方、本章が描いた佐々木の公民教育論は、大正期の「立憲政治の道徳的意味」で端的に表現されている通り、帝国憲法に立憲制度の確立を見出し、「自由なる主体」の本質である立憲精神の確立を目指すものであった。個人が公民としての自覚を持って政治に参与し、理想を現実として形成していくために必要なのが、政治と教育の密接化であり、言論の自由であり、そして公民教育であった。佐々木が公民教育に賭けた期待は裏切られ続けた。しかしこれを戦前民主主義の「虚妄」に賭けた挫折の過程と切り捨ててよいであろうか。

大規模な焚書事件の舞台となったウンター・デン・リンデンのベーベル広場には、現在「焚書は序曲にすぎない。本を燃やすものは、終には人を燃やすことになる。一八二〇年」とのハイネによる予言的警句が刻まれている（松本 二〇一二：二五四）。佐々木が「立憲政治の道徳的意味」の結びとして述べた「政治を対岸の火災視すべきものではなく、之が類焼者たるの心持ちを有たねばならないのである」という言葉を、教育家だけではなく、私たち自身に向けられたメッセージであると捉えた時に、佐々木の歩みは私たちに何を伝えるだろうか。

それは、私たちの日々の生活そのものが、社会と、そして政治とつながっていることをあらためて認識し、完全ではない人間たちが作り上げる政治の制度を絶えず問い直す精神を持つこと、そしてその精神を確立し育成していくことを意識することである。

いや、これもまた「それはもう知っている」ことかもしれない。しかし、本章が取り上げた時代に比べて条件が整っているはずの現在においても、「自由なる主体」の確立という問題が、決して過去の課題にはなっていないこと——それはおそらく永遠の課題なのだ——を考えれば、公民教育とともに歩んだ佐々木の言葉と軌跡は、決して無視できない重みを持っていると思うのである。

＊　本研究はJSPS科学研究費補助金17K03107の助成を受けたものである。なお、本章の概要は、二〇一八年度日本政治学会研究大会において「佐々木惣一と政治教育——戦時期公民教育の断面」として報告し、論文を配布した。討論者をはじめ貴重なコメントを下さった関係者に厚く御礼申し上げたい。また、写真の掲載を御許可いただいた京都府立京都学・歴彩館に感謝申し上げたい。

註

（1）もっとも、「公民科」という名称の科目は、一九二四年に実業補習学校に導入されており、中等学校に設置された公民科とは教授要目などを含めて連続性があるが、本章では分析の対象から外した。本章で扱う時期の公民教育については、中野（一九七一）、黒沢（一九七五）、新田（一九八一）、斉藤（一九八三）、松野（一九九七）、釜本（二〇〇九）、上原（二〇一七）など、多数の優れた研究が存在する。研究史の整理に関しては、土屋（二〇〇二）が参考になる。

（2）本章における法令類は、『官報』（国立国会図書館デジタルコレクション）、『大正年間法令全書』および『昭和年間法令全書』（いずれも原書房による復刻版）、『文部時報』（日本図書センターによる復刻版）、『文部省法令年纂』（大空社による復刻版）の各種を相互に確認しているが、煩雑さを避けるために出典は明記していない。

（3）佐々木の生涯や学問的立場については、田畑（一九七五）、松尾（一九九〇）、同（一九九三）、同（二〇〇五）、伊﨑（二〇〇九）、石川（二〇一六）、佐藤（二〇一八）などが参考になる。

（4）刊行に至るまでの経緯や解説は、石川（二〇一六）。石川は一九一六年新春に焦点を当て、吉野作造、佐々木に加えて、朝永三十郎の著作を含めて「三本の言論の矢」としている（同二二三頁）。

（5）佐々木惣一「公民教育」（『太陽』一九一四年二月号）。

（6）このように佐々木は、公民教育と政治教育の差異をあまり区別しなかったし、公民教育の中核は政治教育であるという認識を持っていた。本章が公民教育と政治教育の差をあまり問題にしていないのはこのためである。

（7）もっともこの時期の教科書採択率を個別に検証しうるデータは、まとまった形では残っていない。

（8）一九一七年に最初の教科書が検定合格したのち、一九二三年には新版が合格、二五年、二六年にも訂正版が検定に合格している（二六年版法制教科書の奥付による）。

（9）版元はいずれの教科書も、講法会（京都）と清水書店（東京）が併記されている。なお、検定制度の詳細と実態については、本章第三節(2)でまとめて説明をする。

（10）法制及経済は、中学校（五年制）の四年時・五年時の科目である（現在の高校一・二年生に相当）。後述の公民科も配当学年は同じである。

(11)『東京朝日新聞』一九一三年一月二一日。この議会では停会が三度繰り返されたが、問題にされたのは停会の公式的な理由ではなく停会そのものであり、各新聞は停会の度に号外を発行し桂内閣を糾弾していた。

(12)美濃部が取り上げた例は、一九一四年の第一次山本権兵衛内閣による停会（シーメンス事件当時のことであるが、停会されたのは貴族院である）と、一九二六年に加藤高明首相が病没したことによる停会の二例のみである。

(13)筆者が目を通したのは一九二五年一〇月発行の見本版。金港堂書店発行。同書は修正の上一九二六年二月に検定を通過している（中村　一九八六a：六七［一九二五年度］）。なお、京大の河田と佐々木は、翰墨会という「風雅の士の集まり」に集う仲でもあった（松尾　一九九〇：二三二）。

(14)以下の議論も含め、JACAR（アジア歴史資料センター）Ref. A05021067100、各種調査会委員会文書・文政審議会書類・十七文政審議会議事速記録（国立公文書館）。簿冊の表紙は「諮詢第十一号　文政審議会議事速記録」である。

(15)当時藤澤と小野塚は貴族院議員（帝国学士院会員議員）でもあった。

(16)同じ頃、京大教授の野上俊夫も「国際的といふことが此頃大に流行」と書き記しているところを見ると、「国際」は一種の流行語のような感覚で受け止められていたようである（野上俊夫「国際的と国粋的」『京都市教育』一九三〇年一〇月号）。

(17)具体的な検定状況は、中村（一九八六aおよびb）。

(18)なお朝鮮では『朝鮮公民教科書』のように「朝鮮用」に特化した教科書も認可されているが、内地で検定を通過した教科書がそのまま認可されるケースが多く、佐々木の教科書もこれに該当していた（朝鮮総督府学務局『認可教科用図書一覧』の一九三二年版四二～四三頁、三三年版三九～四一頁（渡部・阿部（一九九〇）に収録））。

(19)永澤信之助が東京の金港堂書店から分かれて京都に創設したのが（同じ名称の）金港堂書店であり、紛らわしいためか、しばしば永澤金港堂や永澤信之助個人の名義が用いられていた。

(20) 歴彩館所蔵「佐々木惣一博士関係文書」一二九－二、『夢松庵日記』一九三一年一月二一日。

(21) 高等女学校の公民科は週一時限（中等学校は二時限）であったため、女子用の教科書は内容を簡略化したものが多かった。もっとも佐々木教科書（男子用）は上下巻合わせて三八七ページ、女子用は三〇二ページであるから、極端に簡略化された印象は受けない。

(22) 男子用はかなりの程度修正による違いがあるが、神戸執筆部分の修正が多い。女子用は修正による違いはあまりない。問題として考察するに値する修正箇所がないわけではないが、修正が佐々木の自発的な意思に基づくものか、検定意見を参考に改訂したものかを判断する材料がないため、本章ではこれ以上言及しない。

(23) 教科書は教授要目（男女ともほぼ同様）に拠ることが求められていたため、検定合格となった教科書の章立てはどれも似通っている。教科書を共著で執筆するケースも多かったが、分担箇所を明記しないものも多かった。

(24) 女性を「優しい感情の豊かなる女子」として一括りにする記述は、今日的感覚からすれば問題に感じるが、女性を一括りにした記述は「女子用」ゆえに概ねどの教科書にも共通している。離婚が可能であることを明記するかは教科書によって違いがあり、たとえば東大の社会学者で、しばしば文部省の公民教育行政に協力していた戸田貞三の『現代女子公民教科書』上巻（一九三二年一〇月検定合格）は、婚姻が「一家・一門の浮沈を致す基本」であり、人格、能力、趣味、血統、健康を調べ、父母や兄弟などの意見を尊重し、悔いを将来に残さないようにすることを説くが、離婚という手段があることには触れていない（二〇～二二頁）。ちなみに戸田のこの教科書は、「職業」については「女子は一般に保守的で、進取の気象を欠きやすい傾向にある」、「我が国の女子は……兎角職業を軽視したり、又は徒らにこれに尊卑・上下の差等を附けたりするやうな傾きがないとはいへない」として、反省と奮起を促している（四四～四五頁）。これに比べ神戸・佐々木の教科書は、「男子用」を再編集したという事情もあり、「女子用」に特化した内容にはなっていない。

(25) 家永三郎が公民教科書中の「類例の少い名著」（家永 一九六七：二九〇）と評したのはこの女子用である。なお、神戸正雄が執筆した部分は、奢侈を退けつつ投資を促し、社会事業の遅れを家族制度に求めて批判的な立場を取るといった点で、神戸正雄の本来の立場が表れた記述となっている。神戸正雄については佐藤（二〇一四）。

(26)「詔書」が識者間に感服を与えたとみる原田熊雄（西園寺公望は、内容が細かすぎるとして、天皇の威厳の面からやや不満であった）は、「詔書」の重点の一つは国際連盟の根本精神維持であり、もう一つは統帥機関（軍部）の政治機関への容喙を戒める点にあったが、これは荒木陸相の反対で実現しなかったとしている（原田 一九五一：四五～四六）。ただし、「詔書」中の「文武互に其の職分に恪循し」という文言は、昭和天皇の意向を不充分ながらも反映したものであったと考えられる。「詔書」渙発の経過に関しては、牧野伸顕や木戸幸一の日記にも記されているが、本章では説明を省いた。

(27)これは以前から「國體」観念の明徴と「質実勤勉勤労愛好の習慣」を説いていた鳩山文相の方針と一致していた（鳩山一郎「念頭の辞」『公民教育』一九三三年一月号）。

(28)一九三三年二月二六日『読売新聞』夕刊。

(29)一九三三年三月四日『東京朝日新聞』。

(30)国際連盟脱退前後の外交に関しては、酒井（一九九二）、井上（一九九四）、加藤（二〇〇七）などの研究により、「連盟を脱退して国際協調路線を捨て世界から孤立した」のような説明が単純に過ぎることは今日明らかとなっている。しかし文部省が国民に注入しようとしていた認識は、連盟脱退によって世界から孤立した日本が戦時体制を強化することの必要を説くものであったことも重要である。

(31)本間雅晴「連盟脱退と其の前後」（『公民教育』一九三三年三月号）。

(32)歴彩館所蔵「佐々木惣一博士関係文書」九一。

(33)歴彩館所蔵「佐々木惣一博士関係文書」一二九－三『夢松庵日記』一九三三年一月一七日。この日記の国際連盟に関する記述を取り上げている伊﨑（二〇〇六：一〇二）でも、これに加えて「国際連盟関係心配」（一月一九日）「国際関係の前途不安」（二一日）「連盟関係紛糾。険悪」（二月一日）の記述に言及している。なお、一九三三年の佐々木の日記は、二月二六日で終わっている。

(34)この部分には佐々木のものと見られる筆跡で、新たに文章が綴られているが、「誠実」という文言を含め、元の文章とほぼ同じ趣旨である。

(35) 谷原は、一九一七年盛岡高等農林卒業、二二年高文合格、二九年七月文部省入省、同年一〇月図書局発行課長、という経歴をたどっており、一九三七年一〇月に農業教育課長に転任するまで発行課長の職にあった。経歴は『東京朝日新聞』一九四〇年一月一〇日（「吏道刷新檜玉 谷原課長に休職処分」）。

(36) 中沢は、一九二六年から四九年まで文部省に在職し、「終始一貫教科書行政の事務を担当」したという（中沢一九五六：「序」）。

(37) 一九三五年前後の中学校進学率（男子）は一〇％程度（師範学校・実業学校と合わせれば二〇％程度）であり、高等女学校に進学した女子は二〇％程度であったと見られる（菊池一九九七：二一～二二、文部省調査局一九六二：三九）。

(38) なお、この間文部省全体での嘱託員は三一年度の一六二人から増え、三五年度には二〇五人になっているが、図書局全体では、三一年度は一八名、三二年度～三五年度は一九名であった（ただし、非常勤嘱託を含んだ員数であるかは不明）。

(39) 数字は、中学、師範、高女、の検定で合格した教科書の実質的な点数である（上下巻セットも一点とした）。たとえば佐々木の教科書（男子用）は、師範用と中学用を兼ねているため、一点で同時に二回検定に合格しているが、合格数一とカウントした。また、三二年度からは実業学校でも検定が始まっており、三二年度には一〇点、三三年度には二八点が検定に合格しているが、この数字は中学教科書等とのダブリを含むだけでなく、すでに検定合格している教科書を流用して出願したケースが多く、実質的な数を算出することが困難であるため、ここでのカウントには算入しなかった。

(40)「中等教科書の統制につき文部省調査中」（『公民教育』一九三三年一〇月号、「教育時報」欄）。たとえば英語は八一八種、理科は六五九種もあった（公民科は五三種）。

(41)「国際連盟至上主義を改訂する国定教科書」（『公民教育』一九三三年一一月号、「教育時報」欄）。

(42)「詔書」はこのように連盟脱退以前の言説を維持する機能を果たしていた。「詔書」を引用して立憲制や国際協調の維持を求めた論説はいくつも見られるが、その代表的な論説が清沢洌「松岡全権に与ふ」（『中央公論』一九三三年五月号）である。清沢は松岡洋右に対し、連盟離脱後も「詔書」の趣旨に基づいた国際関係の維持・再建に尽力すべきことを要求していた。

(43) 鳩山一郎「現代学生に与ふるの書」（『中央公論』一九三三年九月号）。

(44) 佐々木は以前にも意図的に複数の媒体で同時に自説を展開しようとしたことがあった（石川 二〇一六：二二四〜二二六）。

(45) 本文では触れない論説が佐々木惣一「政治革新の道」（『東京朝日新聞』一九三四年一月一二日）である。議会政治を擁護する立場から、政党自身の努力、議会の権威向上、そのための選挙のあり方などについて説き、「強力政府の必要」という観点から、各省所管事項の立場から国務を考えてしまう各省担当大臣とは別に国務に専念する国務大臣を任命し、国家全体の立場から国務を考えることを必要としている（この論説については、出原 一九九六：一五四〜一五五）。

(46) 上田貞次郎「一月の論壇（一） 期待を裏切らる 評論家総動員の時期」一九三四年一月四日『東京朝日新聞』。上田の日記にはこの論壇時評の準備について言及がある（上田 一九六三：二〇〇）。上田は伏せ字を余儀なくされている佐々木に同情的であった。

(47) 佐々木惣一関係資料Ⅱ—六—一「「言論の自由」（草稿）」（京都大学大学文書館所蔵）。何度か推敲を重ねた段階の草稿であり、公表されたものとは若干の違いがある。

(48) 佐々木の本来の立場からすれば、ここに「だから政府は国民に必要な情報を公開しなければならない」のような一文が入るはずであるが、この論説にはそのような文言はない。

(49) 佐々木はまた、「法制及経済」科は名前こそ違うが実質上公民科であり、専門性が強すぎるという批判から公民科が設置されたが、結局は法制上の事項、経済上の事項が公民科の大部分を占めており、法制・経済の事項が公民教育の中心になることは当然だとしている。ここには法制教科書時代から、公民教育を意識し担ってきたという佐々木の自負が表れているように思う。

(50) 佐々木の論文は『教育修身研究』一九三四年四月号（二〇一八年に不二出版が刊行した復刻版を使用）に転載

され、無記名の人物によって好意的に論評されているが、佐々木が国民教育と公民教育に「截然たる区別」をしている点は「この点注意を要する点であらう」とされており、(文意はよく分からないが) 注意を惹いたことは確かである。もっとも、この区別は一九一八年の「立憲政治の道徳的意味」以来の佐々木の立場でもあった。

(51)『公法雑誌』一九三六年六月号の「編輯月誌」で、佐々木は「政治教育をするがよい、と唯一口に云つても駄目である。専制政治に必要な教育も政治教育なら、立憲政治に必要な教育も政治教育である。立憲政治に必要な教育のみが今日に於て、政治教育と呼ばれ得る」としている。

(52) 紀平正美「公民科に就て」(『公民教育』一九三二年一二月号)。

(53)「文部省学生部所管思想善導施設の整備」(『公民教育』一九三四年五月号、「教育時報」欄)。

(54) 佐々木惣一「我国に於ける政治教育について」(『帝国教育』一九三五年九月号、特輯「選挙粛正と教育」)。官僚尊重、政党打破、という運動にならないよう戒めてもいる。

(55) 佐々木惣一「選挙粛正の国民的自覚」(『改造』一九三五年一〇月号)。

(56) 一九三〇年代、四〇年代の佐々木については、本章既述の文献のほか、井端（一九八四）。

参考文献　＊文中で史料として用いた論文類は省いた。

佐々木惣一　二〇一六　『立憲非立憲』講談社（もと一九一八年、弘文堂書房）

佐々木惣一　一九三〇　『日本憲法要論』金刺芳流堂

阿部彰　一九七五　『文政審議会の研究』風間書房

家永三郎　一九六七　『日本近代憲法思想史研究』岩波書店

池井優　一九九五　「日本国際連盟協会——その成立と変質」『法学研究』第六八巻第二号

伊﨑文彦　二〇〇六　「戦後における佐々木惣一の平和論——「自衛戦争・自衛戦力合憲」論者の平和主義」『市大日

本史』第九号
伊﨑文彦　二〇〇九　「一九三〇年代における佐々木惣一の政治思想と時局認識に関する一考察」『ヒストリア』第二一八号
石川健治　二〇一六　「解説」（＊佐々木（二〇一六）の解説）
出原政雄　一九九六　「佐々木惣一における自由主義と憲法学」『立命館大学人文科学研究所紀要』第六五号
伊藤孝夫　二〇〇三　『瀧川幸辰』ミネルヴァ書房
井上寿一　一九九四　『危機のなかの協調外交――日中戦争に至る対外政策の形成と展開』山川出版社
井端正幸　一九八四　「伝統的憲法学の抵抗と限界――佐々木惣一の立憲君主制論を中心に」『龍谷法学』第一七巻第三号
上田貞次郎　一九六三　『上田貞次郎日記　大正八年―昭和一五年』上田貞次郎日記刊行会
上原直人　二〇一七　『近代日本公民教育思想と社会教育――戦後公民館構想の思想構造』大学教育出版
加藤陽子　二〇〇七　『満州事変から日中戦争へ』岩波書店
釜本健司　二〇〇九　『戦前日本中等学校公民科成立史研究』風間書房
菊池城司　一九九七　「誰が中等学校に進学したか」『大阪大学教育学年報』第二号
京都府師範学校編　一九三八　『京都府師範学校沿革史』
黒沢英典　一九七五　「中等学校に於ける公民科教育の成立過程（一）」『教育研究』第一九号
斉藤利彦　一九八三　「「大正デモクラシー」と公民科の成立」『日本教育史研究』第二号
酒井哲哉　一九九二　『大正デモクラシー体制の崩壊――内政と外交』東京大学出版会
佐藤健太郎　二〇一四　『「平等」理念と政治――大正・昭和戦前期の税制改正と地域主義』吉田書店
佐藤信　二〇一八　「神聖とデモクラシー――一九一〇年代の君主無答責をめぐって」御厨貴編『天皇の近代』千倉書房
田口富久治　一九八五　『日本政治学史の源流』未來社

谷原義一　一九三五『教科書行政法』有斐閣
田畑忍編　一九七五『佐々木憲法学の研究』法律文化社
土屋直人　二〇〇一ａ「大正後期における小学校公民的教材「国交」の検討」『公民教育研究』第八号
土屋直人　二〇〇一ｂ「大正後期の公民科教育論における国際協調観念涵養論――実業補習学校公民科「国交」をめぐる〈国家主義〉と〈国際主義〉」『早稲田大学教育学部学術研究 地理学・歴史学・社会科学編』第四九号
土屋直人　二〇〇二「戦前期日本公民教育史研究の展開と意義」『岩手大学文化論叢』第五輯
中沢賢郎　一九五六『教科書制度の再吟味』東洋館出版社
中野重人　一九七一「わが国における公民科教育の史的研究――実業補習学校における公民科の成立」『宮崎大学教育学部紀要 社会科学』第三〇号
中村紀久二編　一九八六ａ『検定済教科用図書表 五 大正一一年四月～昭和七年三月』芳文閣（文部省図書局発行の各年度版『検定済教科用図書表』を復刻したもの）
中村紀久二編　一九八六ｂ『検定済教科用図書表 六 昭和七年四月～昭和一二年三月』芳文閣（文部省図書局発行の各年度版『検定済教科用図書表』を復刻したもの）
新田和幸　一九八一「一九二〇年代における公民教育の一研究――「公民科」の基本構造について」『北海道教育大学紀要 第一部 C 教育科学編』第三二巻第一号
原田熊雄　一九五一『西園寺公と政局 第三巻』岩波書店
松尾尊兊　一九九〇『大正デモクラシーの群像』岩波書店
松尾尊兊　一九九三『大正時代の先行者たち』岩波書店
松尾尊兊　二〇〇五『滝川事件』岩波書店
松尾尊兊　二〇〇九「敗戦前後の佐々木惣一――近衛文麿との関係を中心に」『人文学報』第九八号
松野修　一九九七『近代日本の公民教育――教科書の中の自由・法・競争』名古屋大学出版会
松本彰　二〇一二『記念碑に刻まれたドイツ』東京大学出版会

丸山眞男　一九六四『増補版 現代政治の思想と行動』未來社
美濃部達吉　一九二六『憲法撮要』(訂正第四版) 有斐閣
美濃部達吉　一九二七『逐条憲法精義』有斐閣
宮田豊　一九六八「佐々木惣一博士の中等学校法制教科書――家永三郎著「日本近代憲法思想史研究」を読んで」
『法学論叢』第八二巻第五号
文部省　一九三九『大日本帝国文部省第六十三年報　上巻』(一九三五年度の年報、宣文堂による復刻版)
文部省調査局編　一九六二『日本の成長と教育』
渡部学・阿部洋編　一九九〇『日本植民地教育政策史料集成　朝鮮篇　第一九巻(上)』龍渓書舎

第Ⅲ部　地域と民衆

第6章 「医は仁術」のゆくえ
――一九世紀東京の医師と施療――

池田真歩

はじめに

本章では一九世紀東京の医師たちに注目し、施療（貧困層の無償治療）という行為をめぐって、彼らの姿勢がいかなる変遷をたどったのかを問う。

近代初頭の日本の医師は、激変する社会のなかにあって最も急速に組織化を遂げ、最も貪欲に地位と利益を追い求めた職業集団のひとつだろう。幕末の開港以来一気に流れ込んだ西洋知識は、かねて知識人層に受容されてきた蘭学とともに強い魅力をはなち、多くの若者を「洋学」の習得へと向かわせたが、医学はその中核をなす学問領域のひとつであった。明治維新を経ると、首都となった東京には知識と活力に満ちた西洋医たちがひしめくこととなる。英米・ドイツ・オランダ医学間の競合、官医と民医のあいだの対立、世代間の摩擦など、様々な緊張を内にはらみながら、彼らは洋医を中心とする医師集団の結束強化と、その発言力の増大を目指して力を注いでいった。コレラや天然痘のような伝染病の脅威にさらされつつ「衛生」の確立を目指した維新後の政府や地域社会にとって、彼ら西洋医が不可欠な存在であったことは、この試みに対して有利に働いた。

そうした彼らが直面した難問のひとつに、施療をめぐる問題があった。本章で注目する医師たちは、一方では、近世来の「長袖者流」あつかいを脱し、高度な専門職としての社会・経済・政治的地位を勝ち取ることに必死であった。そのためにも、治療への対価を公然と求める医師が浅ましさを責められるような旧来の状況は、何としても打破されねばならなかった。しかし他方で彼らは、「医は仁術」という格言(1)をあっさり振り捨てることができなかった。貧しい者にはことさら薬価や謝儀を求めないことは、近世社会に広く行き渡った規範であり(2)、したがってその規範を拒もうとすれば病める貧民を顧みないのかという批判や自責の念が湧いた。「医業」と「医道」の相克は近世期以上に明らかであったが、簡単に一方を選べるものではなく、両立や妥協のためのはっきりした解も存在しなかった。

その相克は、公費負担の領域から施療がいったん蹴りだされた一九世紀末であるからこそ、より複雑なかたちをとった。当該期は一般に、日本における社会福祉の沈滞期として位置づけられている（池田敬正　一九八六：一六三〜一六九）。近世的な相互扶助や慈恵の慣行が崩れていく一方、貧困がいまだ社会的ないし国家的な問題として多数派の関心を集めるにはいたらず、下層民はその数を増しつつも総じて捨ておかれたという理解である。一八八一（明治一四）年、本章の舞台である東京で、公選議会である東京府会が施療を担ってきた東京府病院と施療券制度とをふたつながら廃止したことは、「懶惰者が迷惑するも固より其所なり」と公言してはばかるところがなかった沼間守一ら府会議員の烈しい姿勢とともに、沈滞ぶりを象徴する事例としてしばしば取り上げられてきた（北原　一九九五：

三三三〜三七一、中嶋 二〇一一)。

　公費による施療がいったん東京から姿を消したのち、医師たちが一時期、自身の組織化と施療の組織化とを互いに関連づけつつ図ったことに、本章では注目する。事態の推移を先に記せば、そうした企図は一〇年ほどで失速しはじめ、医師たちはしだいに、施療の組織化よりも施療を〝押しつけ〟ようとする勢力への対抗へと力を注ぎ変えていった(そうであればこそ、巨視的に見てこの時期は沈滞期である)。いわば自らつくりだしたものをあとになって壊したわけであるが、その過程からは医師たちが自己や周囲にむけた意識の変転ぶりが浮かびあがる。この点の検討はまた、ともすれば少数の「良心派」と多数の「非良心派」に腑分けされてしまいがちな当時の医師たちを、かかる二分法の歴史的背景もふくめて当時の文脈に置きなおす試みでもある。たとえば本章最終節では、一八九七年の東京で生じた医師と行政・住民とのあいだの衝突に着目するが、無料種痘への協力拒否を唱えて衝突の発端をつくった東京医会役員の高松凌雲は、先駆的な貧民救療団体として語り継がれる同愛社の創設者でもあった。営利追求者としての高松と奇特な篤志家としての高松を一体的に理解することは、本章の目的のひとつである。

　一九世紀の医師と施療をめぐっては、戦前の著作ながら中央社会事業協会社会事業研究所が編纂した『近代医療保護事業発達史』が各種史料を渉猟し、医師たちによる公立病院廃止運動から自身も医師である衛生官僚・後藤新平の施療政策論にいたるまで、本章と関わり深い様々な動きを丹念に整序している(中央社会事業協会社会事業研究所〔以下、社会事業研究所〕一九四三)。さらに一八八〇年前後の東京を舞台に、公的な施療制度の勃興から廃止までをたどった北原糸子氏の研究は、東京の医師と公権力の角逐を具体的に跡づけるとともに、先述した高松が医権拡張運動を同愛社結成と並行させていたことを指摘して篤志家顕彰の語りに再考をうながす点において、きわめて重要である（北原一九九五：二三三〜二三七）[3]。ただしこれらの研究における医師たちは、その多様な活動が紹介されながらも、徳義心と営利欲求のいずれか、あるいは矛盾をはらんだまま両者を体現する存在として位置づけられるのが常であった[4]。これに対し本章では、施療という行為に対する医師たちの集団的関与の変遷を、徳義心の勝利か敗北かといった視点からではなく、いかなる政治・行政・社会上の諸関係に規定されて職業意識は再定義されていくのかという視点からたどりたい[5]。その際、一八八〇年代中盤から九〇年代初頭にかけて勢いをもった医師主体の施療組織化の試みを、その前後の時期とあわせ論じることが重要になる。

本章では「公正」を厳密に定義して主題化する方法はとらず、また本章で注目する人々の論争に「公正」という語が登場するわけでもない。ただし、誰がどう病める貧困層を〝救〟うべきかという問いに対し、「本分」や「義務」といった規範的な語に拠りつつ医師たちが見せた応答、ならびにその応答に映し出された同時代の環境を、その時々に固有の歪みとともに論じることで、迂遠ながら「公正」から近代日本を問うという課題に取り組むこととする。なお、かかる視点をとる以上、本章における東京の貧困層は、彼らを〝救〟う側の認識や行動の客体としてしか立ち現れない。主体としての彼らについては、別稿を期さなければならないだろう。

本論は三節からなる。一八八〇年代前半までをあつかう第一節では、明治維新後の医師たちのあいだで施療という行為をいかに位置づけなおすかという課題が前景化していく過程を、事実面では先行研究に多く依拠しつつ概略的にたどる。一八九〇年代初頭までをあつかう第二節では、その課題を引き受けた医師たちによる、施療病院の建設や無料種痘の引き受けといった試みが、地域社会における彼らの存在感増大とともに進展したことを跡づけつつ、彼らの施療観に揺らぎが生じる局面を論じる。一八九〇年代末までをあつかう第三節では、帝国議会開設前後から医師たちの施療観が大きく変化し、さらにはその帰結として、無料種痘をめぐり医師と行政・住民が地域で衝突するに至る過程に考察を加える。なお、史料引用に際しては原則として常用体を用い、句読点を適宜付し、片仮名や変体仮名は平仮名に改めた。

第一節　施療再定置という難問

(1)　西洋医たちの台頭

明治中ごろの東京には、少なく見積もっても数百の西洋医が暮らしていた。一八八二年時点で、制度上の市街部にあたる東京府区部で医業を営む者は二二八一人(『東京府統計書』同年)。西洋医と漢方医の割合は判然としないものの、市街部を構成する一五の区(以下、十五区)のひとつであった芝区の場合、一八八四年時点の開業医は西洋家三六名・漢方家六三名・漢洋兼務二名という内訳であった(『東京医事新誌』(以下『医事』)第三〇七号、同年一二月)。依然として漢方医が西洋医を大きく上回っているものの、他府県に比べ西洋医の占める割合は各段に大きい。一八七五年に導入された医術開業試験が西洋医学の知識を問うものだったため、その数は右肩上がりに増えつつあった。

本章に登場する医師たちは、こうした東京在住の西洋医のなかでも抜きんでた地位を占めるにいたった者たちである。言及する医師すべての経歴を書きあげることはできないが、行論中折にふれて取りあげる高松凌雲に、後段でその言動に注目する高木兼寛・佐々木東洋・長谷川泰を加え、彼らの経歴をごく簡単に概観しておこう（菊地 一八八六、唐沢 一九九六、伴 一九八〇、松田 一九九〇）。

高松・長谷川・佐々木はいずれも天保（一八三〇～一八四四）年間の生まれ、高木はやや若く嘉永二（一八四九）年の生まれである。江戸本所に生まれ育った佐々木のみが生粋の江戸－東京人であった。最年長の高松は四〇歳、最年少の高木は一八歳で明治維新を迎えている。直後の戊辰戦争こそ、留学先のパリから函館の榎本武揚のもとに駆けつけた高松から薩摩藩の軍医に任じられた高木にいたるまで、各々まったく異なる立場で経験したものの、彼らは幕末から維新期にかけ当時としては最先端の西洋医学に接する機会をもった点では共通していた。高松は大坂・適塾に学んだのちフランスに渡り、長谷川と佐々木は佐倉・順天堂に学んだのち外国人医師のもとそれぞれドイツ医学とオランダ医学を修め、高木は維新後に鹿児島医学校を経てイギリスの聖トーマス病院医学校で五年にわたる研鑽を積んでいる。東京に居を定めたのちの彼らは、高松は完全な在野の開業医として、長谷川・佐々木・高木は官民両領域を行き来する医師として名を上げていき、第二節以降でふれる東京医会（一八八六年設立）や大日本医会（一八九三年設立）では結成時から指導層の一角を占め続けた。

医制が公布され、維新直後の留学組が陸続帰国しはじめた一八七〇年代後半から、東京では公権力による医療・衛生行政への取り組みもさることながら、医師たちが、結社や雑誌を通じて同業者集団として自らを組織化する試みが、さかんになっていった。当時の医師たちが実現を図ったのは、自らが医療行為によって生計を立てられる体制を整えること、言い換えれば「医業」の安定である。そのために諸種の試みがおこなわれていくが、その過程は同時に、近世期には日常の医療になかば溶け込んでいた施療という行為を、根本から位置づけなおすことを医師たちに迫るものでもあった。

「医業」安定には何が必要か。医師たちがまず試みたのは、診療報酬の協定や引き上げであった（青柳　一九九六：二四七〜二八〇）。患者が「恰も宮堂の寄附、遊戯者の投賑」（内藤潭一郎「医士の診察料」、『医事』第四九号、一八七九年三月）のようなかたちで、なかば随意に「薬礼」を払ってきた旧来の慣行は、維新後薬価や物価が上昇を続け、医術開業試験の導入によって医師となるための学費も嵩んでいくなかで、維持することが難しくなっていった。相前後して診察料を請求する西洋の医療体制が広く紹介されると、薬価や診察料の協定を目指す動きは医師のあいだで一層強まった。たとえば東京拠点の医師結社・医学会社は、一八七八年二月、一同協議のうえ自宅診療は一〇銭から五〇銭、往診は二五銭から五円という診察料を申し合わせている（『医事』第一三号、同年二月）。こうした診察料の協定は、豊かな者からは多めに、貧しい者からは申し訳程度に薬礼を申し受けるという、患者の所得に応じた謝儀受け取りの慣行とは共存しえない。有償診療からはっきりと区別される施療の論理や担い手のあり方が、改めて問われることとなった。

施療の遂行体制再編にいち早くとりかかったのは、民間の医師たち以上に、アメリカの貧民医療制度などに大きな示唆を受けつつ医療・衛生行政を形成しようとしていた政府の側であった（北原　一九九五：三三四〜三四二）。もっとも一八七四年に制定された恤救規則の運用実態にあらわれている通り、国費による貧困層の救済は当面最低限にとどめおかれたので、施療の財源はもっぱら府県単位の民費（一八七八年以降は地方税）である。東京府では、一八七六年に設立された東京府病院と、一八七七年に導入された施療券制度が、公的な施療の二本柱となった。なお、当時の長谷川泰は政府側に身を置いており、東京府病院の院長となって、内務省衛生局長・長与専斎の指揮のもと政策の実施に力を注いだ。

しかしすでに知られている通り、民間の医師たちはこの動きに強い反発をもって応じた（社会事業研究所 一九四三：八二～八六、北原 一九九五：三五一～三五七）。高松はまさにその一人である。一八七九年三月、高松は府下有数の医師らと諮って「医風を改良し医権を拡張する」ことを目的に掲げた独立共和保権医会を設立するが、同会がまず要求したのは、東京府病院を閉鎖ないし完全に施療病院化することであった。医師たちは、民間の相場よりはるかに安い薬価・診察料によって公立病院が中間層の患者を囲いこむ傾向を、激しく批判したのである。また彼らは、公的医療が施療に徹することには反対しないと述べつつも、政府主導で医療体制の再編がおこなわれることには折にふれ警戒を示した。

地方税による施療の試みは、結局ごく短命に終わる。医師たちの反発もさることながら、一八七八年に開設された東京府会で主導権を握った沼間守一ら有力言論人たちが、遊惰な貧民を租税によって救う必要を認めない、いわゆる惰民論の強力な推進者であったこと、また地方税が膨らみ続けるなか支出削減の圧力が府会にのしかかったことが決定的であった（中嶋 二〇一一、大和 二〇〇九）。一八八一年六月、前年に高松らの運動が実り施療病院化が決まっていた東京府病院は、一転して閉鎖されることとなり、施療券制度も同時に廃された。ただし注意しておきたいのは、府会議員中の惰民論者と民間の医師たちでは、施療に対する初発の問題関心が異なっていたことである。あるべき租税の姿に心を砕く惰民論者にとっては、公費による施療に正当性を与えないことこそが譲れない理念だったのであり、私的領域に追いやったのちの施療には総じて無関心であった。しかし当時の医師たちにとっての施療とは、一義的には租税の使途ではなく自らの職業の営利と倫理のあり方に関わる問題であった。私的領域に押し込められた施療に、何らか安定したかたちを与えることは、集団的に取り組むべき課題として受けとめられていく。

東京府病院が廃止される少し前から、徐々にこの課題をめぐる模索は始まっていた。次項ではこの点を略述する。

(2)「応分の義務」を果たす

先述した独立共和保権医会の会則は、伝染病の流行時には共同で救恤方法を立てる旨を明記していた。伝染病流行という非常時においては、自腹を切って貧困層の治療や予防にあたる意志を、内外に示したものである。そしてこれを超えた日常的な施療について、同会の発起人である高松凌雲は、ほぼ時を同じくして立ち上げた今ひとつの医師結社である同愛社を拠点に、同業者同士の申し合わせを通じて組織的におこなおうとした(『同愛社五十年史』〔以下『同愛社』〕、山田 二〇一五)。

同愛社設立の構想を、浅草・下谷両区(現在の東京都台東区)を中心とする開業医会合の席上で、浅草区に暮らす高松が開陳したのは、一八七八年一一月のことである。患者の地域と数をある程度限りつつも施療を続ける方法を協定することで、「相互に我か職業に対する応分の義務」を果たそうというのが、同僚医師たちに対する高松の呼びかけであった（『同愛社』：一〇）。同社は翌七九年二月、正式に東京府庁に届け出をおこなった。仮規則には、当面は社員一名につき一ヶ月で一五名を施療人員の目途とし、伝染病の流行時などにはこの制限をとり払う旨が述べられている。

ただしその延長線上に見すえられていたのは、すでに知られている通り、医師間の協定を超える企図であった。最初の会合において高松はすでに、留学中に通ったパリの施療病院・「神の館」を「伸〔紳〕士豪商の者と協力して、資材を醵集し以て設置したると云ふ貧民病院」として紹介し、「其造構の華麗なると堂宇の壮大なるとを観る、油然創業者の偉業を欽し、低回し且つ去る能はざりき」と賞嘆している（同前）。施療病院の建設を目指す以上、同業者の輪の外にどう働きかけるかという課題は、早晩浮上するはずであった。

同愛社の結成に少し遅れ、しかし同社よりも先に施療病院の建設という目的を掲げて動きだしたのは、京橋区（現在の中央区）に暮らす高木兼寛をふくむ、芝（現在の港区）・京橋両区近辺のおもだった住民と医師たちであった。有志共立東京病院（現在の東京慈恵会医科大学附属病院）の建設にむかっていくこの動きは、一八八〇年六月、東京府会が翌年度以降の東京府病院の施療院化を議決したころ、すでに芝区会のなかでもちあがったようである（『医事』第一一七号）。芝愛宕下にある東京府病院が施療院となれば、同院は駒込の養育院に合併される可能性が高かったから、近隣の住民は何らかのかたちで病院施設を維持しようとしたのであろう。ただし施療病院建設にむけた動きが明確なかたちをとるのはその数ヶ月後、高木の帰朝間もない時期であった。一八八〇年一一月にロンドンから戻った高木兼寛は、翌八一年二月以来、有力な西洋医の戸塚文海や松山棟庵、芝区長の奥平昌邁、芝区選出の府会議員である馬場半助や小松崎茂助らともに、都合三五人で病院設立にむけた協議に着手した（『東京慈恵医院報告』第一号〔以下、『慈恵』〕：一）。

こうした動きを後押しする機運はあった。豪商による施行や日常的な物乞いへの施しとは少なからず位相の異なる、一八七〇年代中盤から本格化しつつあった一種の寄付流行りである。一八七二年に江戸市中で積み立てられてきた七分積金を原資として設立された養育院には、間もなく金銭から生活用品にいたるまで、各種の施入が殺到するようになった。一八七六年には仏教諸宗派が連合して孤児らの救済を図る福田会育児院が、翌七七年には盲人支援を掲げた楽善会が設立され、寄付金を募りつつ活動の場を広げていった。新聞というあらたなメディアによる個人の「善行」のさかんな報道と、東京府による表彰（表彰事実もまたしばしば新聞によって報道された）が、その背景にはあった（大和二〇〇六：一四～一八）。次節でふれる無料種痘の積善社も、同年の設立である。施入の流行は同時代人によっても認識されており、東京府会では一八八〇年にも、副議長の沼間守一がかかる風潮を警戒する立場から「近来我国に貧人を救助するの風」が起こり「是等は新聞紙上に於て往々見る所」であると指摘している（「明治十三年東京府通常会議事録　第12号」、六月二二日審議）。沼間らが掲げた惰民論は、私費による施療まで萎み切らせるほどの勢いはもたず、医師たちの働きかけが実を結びやすい状況をつくっていた。

浅草区を中心とする同愛社の活動と、芝区を中心とする共立病院設立にむけた取り組みは、東京府病院の廃止が決まると勢いづく。医師集団がその外部に対し施療の「義務」分任を働きかけるその過程は、彼らが地域の行政担当者や富裕な住民との関係を進んで深めていく過程でもあった。

第二節　医師による施療組織化の試み

(1)　汽水域としての区

東京府病院の廃止を知った同愛社は、市井の篤志家を呼び込むため改組をおこなった。廃止決定から二ヶ月後の八月、同社は今次の東京府病院廃止を受け社務の拡張を図ることを述べた「同愛社大意」を頒布した。さらに翌九月には、浅草区近辺に暮らす非医師の府会議員らを招いて改組にむけた準備に着手し、一八八二年初頭に新体制へと移る。ここにおいて医師である「救療社員」とは別に、寄付金の出し手としての「慈恵社員」というカテゴリが設けられるとともに、救療・慈恵両社員が「相共に力を合せて」現今の施療と将来の貧病院設立に取り組むことが社則に謳われた（『同愛社』：二六）。寄付金は相場より大幅に低い一枚薬価五銭の計算で施療券に換えられ、救療社員は受け取った施療券の合計額から同愛社の経営費二割を差し引いた額を受けとる。医師たちが同業者同士で申し合わせ、自腹を切って一定数の患者を施療する体制から、医師と非医師が負担を分けあって施療を広げていく体制へと、編成替えがおこなわれたわけである。施療病院の建設はその延長線上に見すえられた。

同じころ、高木たちによる共立病院建設を目指す取り組みも大きく進展し、東京府病院廃止の約一年後には開院の日を迎えている。廃止決定直前となる一八八一年六月、「病院設立の大旨並に其永続法」が「病院設立有志者」名義で配られ、直後の廃止決定を受けて修正版が八月に再頒布された。

「大旨」は病苦から逃れる術をもたない「窮民」のため同志者と諮って「一の施療病院」を起こす旨を述べ、「永続法」は病院の維持体制を定めた（『慈恵』：四〜一二）。病院の財源は「有志者拠金」であり、拠金者に交付される施療証を持参する者が治療を受けられる。常駐する二名の当直医には手当が支給されるものの、高木はじめ主診療を交代で担う八名の医員は無給であり、かつすべての医員は拠金者からなる「有志共立東京病院社中」から選ばれる取り決めであった。発起人たちは同時に東京府に対して東京府病院跡地の貸与を願い出、競願者を退けて間もなく許可されている（「常置委員会決議録　明治14年6月至同15年3月」）。この敷地は翌一八八二年夏のコレラ流行に際し避病院敷地としていったん府に返納されたが、近隣の天光院を間借りすることで急場がしのがれ、同年八月に「有志共立東京病院」が開院した。

かかる取り組みを軌道に乗せたのは、先述した寄付流行りもさることながら、東京一円よりもひとつ下の区という単位において行政担当者・富裕な住民・医師たちが築きつつあった、対面的な関係であった。

本章でもすでに部分的にふれてきたところであるが、明治維新以降の東京市街部では、東京府（のうちの「区部」）とその下の区という、二層の行政・政治体制がしだいに定着していった。区画や行政・議事機構をめぐる試行錯誤がひとまず落着するのは、いわゆる三新法が全国に施行された一八七八年のことであり、東京府会、十五区という区画、そして各区の区会は、すべてこの年に新置されている。十五区は府会議員の選出単位でもあった。東京府庁と府会、各区の区役所と区会はそれぞれ、地方税と区費（協議費）予算の審議にあたった。

民権派知識人率いる東京府会が自由民権運動の舞台として全国の注目を浴び、時に派手やかな官民対決が演出されたのとは対照的に、区会は総じて、小ぢんまりとした予算が平穏裏に可決されていく場であった（五味 一九六三）。区長は区会議員や区選出の府会議員と親睦会などを通じて親しく知りあい、府会の議場や政論演説会で滔々と政府批判をおこなった民権家も、自身の区に帰るとあらたに形成されつつある名士間の親睦の輪に溶け込むことを優先する傾向にあった（池田真歩 二〇一九）。官民両勢力が入り交じる一種の汽水域として、区は府とは異なる性格をそなえたといえる。こうしたなか区に任された数少ない事業が、衛生事業と初等教育事業であったことは、彼らと区内のおもだった医師たちとのあいだに関係が育まれ、地域における医師の存在感が増しゆく条件をつくりだした。

実際、同愛社や有志共立東京病院の活動は、こうした区レベルの人的な関係を抜きにしては成立しえなかったはずである。同愛社の場合、施療券の主要な配布者として位置づけられていたのは、もっぱら区会議員を中心とする富裕な住民から選任される各区の衛生委員であった。一八八六年当時の慈恵社員一覧には、府会・区会議員層のみならず、深川・下谷・本所三区の区役所と浅草区の区長（町田今亮）が名を連ねている。有志共立東京病院の場合、先述した通り、発起当初から芝区の区会議員や府会議員が多数加わっていた。

このような区レベルでの三者間関係は、一八八〇年代中盤以降、区衛生会の結成というかたちでさらに具体化される。有志団体としての区衛生会は、一八八三年に設立された大日本私立衛生会に範を取りつつ全国各地で設立が進むが、東京では区がその単位となった（石井 二〇〇九）。一八八三年から九〇年にかけての八年間（うち九区は八六年までの四年間）のあいだに、区名を冠した衛生会が十五区すべてで設けられている。いずれも会費制の有志団体であり、衛生に関する演説会などを通じた啓蒙活動や、区内消毒などの伝染病対策を、会費や寄付を用いておこなうのが通例であった。数百名の会員の中核には、区長や議員層と並び、おもだった医師たちが顔をそろえた。

区衛生会という組織を通じて地域での存在感を増しゆく医師たちは、住民や行政の期待に応え、伝染病予防を兼ねる非常時施療に対しても関与を深めていく。その代表例が天然痘予防のための無料種痘であった。最終的には医師と住民らの衝突原因と化す無料種痘の遂行体制だが、その局面についてては第三節に譲り、次項では同事業に区衛生会が乗りだしていく過程をたどろう。

(2) 無料種痘と区衛生会

コレラや天然痘といった新旧の伝染病が猛威をふるった一九世紀末の日本において、その予防は人々の生死にかかわる差し迫った課題であった。貧困層は流行の主たる回路と見なされたために、彼らを対象とした無料の予防措置には、ややもすれば貧困層の甘やかしと見なされかねない平時の施療とは異なり社会的な意義が認められやすかった。したがって無料種痘については比較的早くから制度上は公費負担への道が開かれていたものの、実際には予防体制の未整備や財政上の制約によって、一九世紀中は篤志への依拠が続いた。

一八八〇年代後半に先だつ時期の東京における無料種痘は、本章が注目する医師よりひと回りほど上の世代の種痘医たちが、進んで無償奉仕することで担ってきた。ひとたび発症すると高熱とともに膿疱が全身に広がる天然痘は、致死率の高い伝染病として長らく恐れられてきた。文政年間に牛由来のワクチンを接種する牛痘法が日本に伝来すると、幕府は種痘の普及にむけ、痘苗の栽培や種痘所の設置などに力を注いでいく。こうした努力は明治政府にも引き継がれたが、感染を抑え込むにはいたらず、維新後も流行発生後の臨時種痘が重要な意味をもった。かかる状況下で一八七七年に結成されたのが、先述した積善社である（鈴木・荻原 二〇一五）。主唱者の大野松斎は文政二（一八一九）年生まれであり、すでに幕末から有数の種痘医として江戸にその名を知られていた。同社の概則は「東京府下の種痘医」が、平時は種痘の技術改良や普及に努め、天然痘流行時には無償で種痘をおこなうものと定めている（「庶政要録」）。社員は府下に散在しており、ひとたび天然痘が流行すると、東京府庁の依頼を受けて各地におもむいた。その活動は結成直後からさかんであり、一八七八年の流行時には、単独で二万三〇〇〇余名に無料種痘をほどこしている。一八七九年までに「有志社員」枠を設けるなど、医師以外から寄付を募ることも図ったようであるが、同愛社と異なり組織が急速に拡大した様子はない。種痘医としての使命感に支えられた老年の社員たちは、寄付者の組織化にそこまで注力しなかったとみえる。

ここに割って入るかたちで、一八八〇年代後半に無料種痘の担い手として名乗りを上げたのが、中壮年の有力医師が率いる区衛生会であった。芝区と麻布区（現在の港区）について、具体的な過程を窺うことができる。

芝私立衛生会は一八八四年六月に発足した（『芝私立衛生会雑誌』第一号：一～五）。主唱したのは、慶應義塾で学んだ壮年の医師であり、有志共立東京病院の創立委員のひとりでもあった松山棟庵である。松山は副会頭を務め、会頭職は区長の梅田義信に譲ったものの、翌年梅田が転任するとあとを継いだ。

同会は発足当初から、会の事業として区内の無料種痘をおこなうことに積極的であった。一八八四年中にも三〇〇余名に無料で種痘をほどこしたが、天然痘の流行を見た翌八五年には、区内公私立小学校へ会員医師がおもむき、四四九六人に種痘をおこなった。この事業に手応えを感じてのことであろう、同年末には東京府庁に対し、府庁の衛生課員でもあった副会頭の医師・竹村公友が、区内種痘普及には「本会に於ても応分の義務相尽申度」ので、「種痘医御不足」の折には同会へ種痘を「御下命」されたいと、副会頭の名義で願い出ている（「種痘ニ係ル部」）。ただしこの時の東京府衛生課は、種痘医には区医と積善社員を充てるので「自然不足」を生じるまではことさら嘱託の必要はないという回答案をつくっており、府庁からの指令は結局差し控えられた。課員の竹村を前面に立てて上申におよんだ芝区私立衛生会であったが、実績ある積善社を押しのけ区衛生会を取りたてる必要を認めない同僚や上司を、竹村は説き伏せることができなかったのかもしれない。

しかしながら、こうした小頓挫を乗り越え、芝私立衛生会の存在感は区内で着実に増していった。一八八六年にも秋から冬にかけ天然痘が流行したが、芝区の区長が上申した区内の種痘体制においては、区役所と協力して種痘をおこなう医師二〇名に積善社員は一名しかふくまれず、逆に衛生会員は松山や竹村を含め九名を数えた（「往復録・第4・郡区役所ノ部」）。今回の上申はすでに区役所・府庁間での「御協議」を経ており、覆されることはない。区役所との緊密な関係を用いつつ、同会は発足から二年のうちに区内無料種痘の主要な担い手となった。

同様の動きは麻布区でも生じた（『麻布衛生会雑誌』第一号：一～九）。一八八六年に発足した麻布衛生会は、翌八七年七月に「区内人民の種痘は、年々本会に於て施術すべきこと」を役員会で決定した。決定にいたるまでの過程も興味深い。同会の場合、内務省権少書記官から麻布区長に転じた太田卓之がおもだった区会議員に働きかけたことが設立のきっかけであった。幹事一〇名のうち、四名は区内に住む医師である（『東京府内区郡分医師住所一覧』）。同会の種痘への取り組みは一八八七年の年明け、区長とのあいだの緊密な連携のもとではじまる。天然痘流行の兆しが見えた一月、同会は太田から種痘に関し照会を受けると速やかに医師会員に諮り、そのうち一二名が「種痘委員」として報酬を受けず無料種痘にあたることとなった。二月から三月にかけ、麻布区内では四〇〇〇人に近い住民が種痘を受けているが、その多くが彼らの手によるものだろう。四月に催された慰労の宴では太田から同会に慰労金一五円が贈られ、翌五月にはそれまで空位であった会長職にその太田が選出された。区内の種痘は区衛生会で、という先述の議決は、その二ヶ月後におこなわれたものである。

かくして東京の医師たちは、区衛生会という地域組織の中核を占めるなかで、非常時施療に対する関与をも深めていった。他区については当該期の活動を知るための史料が限られ、すべての区衛生会が設立直後から区内の無料種痘を担おうとしたのかはわからない。ただし時期は下るものの、第三節で論じる一八九七年の天然痘流行の際、積善社による種痘人員が一八七八年の実績を大きく下回る八二六六人なのに対し、記録の残る赤坂・牛込・本郷・下谷・浅草区の衛生会による種痘人員は、合計で五万三四九〇人に達しており（「第五課文書類別・戸籍（共10冊ノ内9）・褒賞ニ関スル書類・6冊之6自172至210」、「第五課文書類別・戸籍（共10冊ノ内4）・褒賞ニ関スル書類・6冊之1　自1至10」）、二区にとどまらない流れだったことは確実である。

医師と富裕住民が負担を分けあい無料種痘にあたる体制はしかし、その一〇年ほどのちには、かつて体制の創出に努めた医師たち自身によって断固拒まれることとなる。次項ではかかる拒絶にむかう動きが本格化する直前、施療をめぐって揺らぐ医師集団の立場を映す動きとして、一八八七年に佐々木東洋がおこなった、医会主導の施療病院建設にむけた呼びかけを検討する。

(3)　東京医会会長の意見書

一八八〇年代末から、東京の施療を取りまく環境は変化しつつあった。環境変化の第一は、医師主導の施療病院という企ての失速である。その主因は、皇室が慈善事業の一環としての施療に本格的に乗り出したことに求められよう。すでに一八八三年中には、同愛社には一〇〇〇円、有志共立東京病院には六〇〇〇円もの賜金が、宮内省から下渡された（『同愛社』：四九～五〇、『慈恵』：六四）。もちろん両団体はこれにより多大な資金と栄誉とを得て、短期的には事業は勢いづいた。ただし中長期的に見れば、医師が率いる地域事業としての施療は、皇室という圧倒的な慈善主体の活動拡大とともに勢いを減じていく。有志共立東京病院は間もなく皇室主体の病院への移行を模索しはじめ、一八八七年には皇后を総裁に迎えて「東京慈恵医院」に改組された（『慈恵』：二四三～二五五）。しごく円満な移行だったが、芝区拠点の地域的施療病院としての性格はこれによってほぼ消失した。また同院改組の直前の一八八六年一一月には、彰仁親王が総裁を務める博愛社病院（翌年、日本赤十字社病院に改称）も麴町区飯田町（現在の千代田区）に開院した。かかる進み行きに打撃を受けたのが同愛社である。同社の慈恵社員数は、一八八六年度から八九年度にかけて二九〇人から五七人へと激減した

（『同愛社』：七四・一二五。八七・八八年度は施療実績不明）。これにともない、一八八一年度に一〇〇〇人を超えて以来順調に増え、八六年度には三五八六人に達した施療人員も、八九年度には九八〇人にまで落ち込んでいる。

変化の第二は、ここまで追ってきた医師たちを中心とする、包括的な利益団体としての東京医会の結成である。一八八六年九月に結成された同会は、「東京府下の医師連合して医風を高尚にし業務の権利を保護伸張」することを目的に掲げ、府下の大半の医師の参加を得た（「医会書類・自3月至11月」）。初代会長は順天堂・佐藤泰然の子である陸軍医の松本順だが一年後に佐々木に代わり、長谷川泰は副会長を、高松凌雲と高木兼寛は総勢六名の幹事をそれぞれ務めた(6)。区ごとに支部が置かれ、佐々木ら四名は自身が住む区の支部会長も兼ねている。同会はその設立のきっかけこそ衛生・医療行政の強化を図る東京府庁の働きかけだったが、数年後に長谷川が「地方庁の検束」を受ける他府県の医会とはまったく性質が異なると述べている通り（『東京医会第六次報告』：一二七）、早々に各種の独自運動を展開するようになった。医師の集団的な権益や、それを侵しかねない存在が、改めて強く意識される条件が整いつつあった。

この東京医会で一八八七年一二月、会長の座に就いたばかりの佐々木がおこなったのが、施療病院建設の呼びかけであった。呼びかけは、総会において、「官費或は慈善捐金を以て府下に設立したる病院に於て入院料を取り薬剤を鬻《ひさ》くことの廃止を請求すへし」という議案が本部から各支部に諮られた際になされた（『東京医会第二次報告』：三四～三五）。議案理由書で名指しされているのは医科大学（現東京大学医学部）や日本赤十字社病院であり、一〇年前の東京府病院批判の論理と基本的には同じである。ただし理由書は「本案は開業医の権利を保護伸張するに欠くへからす」と冒頭に述べつつも、「国庫金を以て多数の貧民を救療するは法の許さゝる所」という制約下――この前提理解は次節で述べる通り、間もなく大きく変わっていくのだが――、医科大学や赤十字社が医師や看護人の教育機会と費用を捻出するため、有償の診療を余儀なくされている状況に理解を示す。有償診療の廃止のみを強いれば「医学の退歩」を招いてしまうとして、その解決策が支部に問いかけられた。

佐々木がとった行動は、上記議案の提示と同時に個人の名義で医会あてに意見書を提出し、諮問案とあわせて各支部の見解を徴するよう申し入れる、というものであった（同前：二二六）。施療病院建設の機運を盛り上げるためか、あわせて東京府下の主要紙へ意見書を送付したとみえ、翌年一月末に複数紙が全文を掲載している。意見書中で佐々木が示したのは、府下の医師たちが一致協力して義捐金を募ったうえで施療病院を建て、ここに医科大学や赤十字社病院の教員たちを出向させることで、施療を拡充すると同時に先端的な医療教育機関に実習の機会を与えるという計画であった（『読売新聞』〔以下『読売』〕一八八八年一月二五・二七・二八日）。ただし計画の内容以上にこの意見書が興味深いのは、施療院建設の必要を貧困層ではなく同時代の医師を取りまく状況から説き起こすことに紙幅の大半が費やされている点である。以下、行論と関わりの深い箇所を引用しつつ、佐々木の主張をたどろう。

「医は仁術」という周知の格言についての、ごく一般的な紹介から、意見書は書き出される。

古史を案ずるに、本邦支那及び西洋に於る医道の起原は各の異同ありと雖も、畢竟病者の苦患を救済するに在りて、固より自己の営業の目的にあらざるや明らかなり。故に古語に曰く、医は仁術なりと。

続けて本題に入った佐々木は、まず「医は仁術」という精神が廃れつつある、という世上の批判を強く意識しつつ、近時の医風変化についての見解を示した。佐々木によれば「旧幕時代の医風」は「報酬の厚薄、病家の貧富之を度外に置き、其請に応じ疾病を治療し、専ら救済を以て目的となせしもの」であり、「其内心の如何は未だ知るべからずと雖も、其行為は常に高尚にして、頗る斯道の本分を尽くしたるもの丶如」くであった。これに比せば、医師が診察料や薬価を定めようとする「近時の状態」は、「斯道の本分」から遠く隔たってしまったようにも見える。しかしながら、「維新前の医士は専ら医の本分即ち救済を目的となし、維新後の医士は専ら営業即ち射利を目的となし、其心実自から優劣あるが如し」というイメージは実情に即しておらず、そう見えるような行動に医師が走る背景には「又時勢の変遷万止むことを得ざるものありて存す」。ここにいう「時勢」とは、前節で概説したような出費の増大による医師の生活危機であった。「昔日其報酬を要せざりしも、未だ以て高尚とするに足らず、今日其報酬を要するも亦以て卑劣となすべからざるなり」というのが、佐々木による近時の医師擁護の弁である。

しかし、と意見書は続く。もし「医道」を「今日の風潮」に一任すれば、「其弊や或は言ふべからざるものありて生」じるだろう。今その「弊」の内容をいちいち言挙げはしないが、医学が今日の隆盛にいたったのは「歴代の先哲」が「自他の病苦を救済せんと欲し、焦心苦慮して以て幾千年の経験を積み、以て其実利を研究したるの結果」であることを想起すれば、おのずと明らかになる。今医師が「其本分」を明らかにすれば、「其弊」は消滅にむかうだろう。このように維新後の医師たちが直面する「本分」と「営業」のあいだの葛藤を述べきたった佐々木は、この葛藤こそが医師社会が中心となって施療病院を設立すべき所以であると結論づけた。

我社会の諸君は、皆其本分を尽さんと欲するや、疑ひを容れざる所なり。然ども奈何せん、現今の時勢、独力を以て其の本分即ち救済を務めんとすれば父子妻子を凍餒せしめ、随つて国民たるの義務を全うすること能はざるの結果あるを。嗚呼、之を如何して可なるか。愚を以て是を視るに、一人一己の功名心を擲ち、同心協力して府下に一大病院を設立し、之を東京施療貧者病院と名《なづ》け、以て博く貧者の疾病を救済するに在り。

支部は総じて佐々木の提案に対し肯定的であった。市街部一五支部・郡部四支部の計一九支部のうち、一二支部が施療病院の設立に全面賛成している。残る七支部についても、設立案の廃棄を求めたのは二支部にとどまり、四支部は議論や事業の延期を求め、一支部は諸説を併記するものであった(『東京医会第二次報告』：六〇～六一)[7]。これを受けた本部は、賛成多数と見て施療病院の設立準備に着手することを決め、四月には会長の佐々木から各支部会長へその旨が報告されている。低迷しつつあった同愛社は、佐々木の意見書が出た直後に東京医会宛てに公開書簡を送り、東京医会が施療病院の建設に着手するあかつきには、同愛社内で積み立ててきた施療病院の建設資金をすべて譲り渡すと表明した（『同愛社』：一〇四〜一〇五）。

しかし、施療病院の建設をめぐる動きは、その後間もなく宙に浮く。一八八八年四月に市制・町村制が公布され、翌春の同法施行によって東京の地方行政・政治体系が根本から変わるであろうことが明らかになると、本部ではそれを待ってから準備に取りかかった方がよいとの方針に決し、九月の総会でその旨が佐々木より報告された（同前：七八〜七九）。ところが一八八九年五月に市制が施行され、十五区の範囲をもって東京市が成立したのち、東京医会の本部が施療病院を再び議題化することも、支部から進捗について質問が出ることもなかった。なお佐々木個人は一八九二年にいたって、自身が経営する杏雲堂病院内に「貧民救助室」を設け、神田区役所と連携しつつ常時一五人の入院患者を無料で受け入れはじめた（『読売』同年九月二八日）。彼個人としては筋を通したわけだが、それはあくまで「独力」による救済であって「同心協力」によるそれではない。

会長が熱意を示し、目立った反発もなかったにもかかわらず、施療病院計画が後景化した経緯を示す史料は見あたらない。ただしひとつ指摘できるのは、ほぼ同時期以降に過熱していった医薬分業論争を皮きりに、東京医会が「医権」を守るための公権力やメディアに対する組織的な働きかけを強化していった事実である（青柳　一九九六：二三四〜二五二）。より組織的かつ強力に自己の権利／利権を外部社会に打ち出すためにこそ医師集団の結束を用いんとする機運が高まるなか、施療病院の自発的な建設という「応分の義務」観念に根ざす企図は、真っ向から否定されるべきとはいわずともある種の人の好い試みと受け取られ、集団的な力の注ぎ先としての存在感を低めていったのではないか。さらに進んで若干の躊躇すら消えれば、そこには施療は我々の「義務」ではない、という断固たる宣言が姿を現すだろう。次節ではかかる医師たちの旋回と、その帰結として生じた衝突について記し、本章を閉じる。

第三節　施療義務からの〝解放〟要求

(1)「国家的事業」と「個人的事業」

一八八九年二月の大日本帝国憲法発布に前後して、日本の政治・行政制度は大きな変化を遂げた。先述したように同年五月には市制・町村制が全国に施行され、法人格をもつ地方自治体として東京市が成立した。その一方で東京府が存置されたため、それまで東京府－十五区を通じて取りおこなわれてきた衛生・医療行政は、東京府－十五区系列の国政事務と、東京市－十五区系列の自治事務とに分かれることとなる。ただし東京の場合、特例によって、東京市長を東京府知事が、東京市役所を東京府庁が当面兼ねることとなったので、両事務間の区分はあいまいであった。一八九〇年には帝国議会が開設され、国家レベルの予算や法制が、はじめて制度化された代議の対象となった。

帝国議会の開設後、東京の医師たちは年を追って政治的に活性化していった。一八九四年から九九年にかけては東京医会の年報が散逸しており、同会の動きを細かくたどることはできない。しかし東京医会の役員たちが中心となって一八九三年に結成した大日本医会の活動については、年次報告からある程度知ることができる。同会における東京の医師たちの言動から窺えるのは、帝国議会への働きかけに注力しはじめた彼らが、施療という問題をもっぱら公権力や社会による「義務」の〝押しつけ〟にいかに抗するかという観点から言語化しはじめる過程である。

全国的な医師団体たる大日本医会は、一八九三年四月、東京医会の医師たちの奔走によって設立された。一八九二年に同会内部で提起されるも時期尚早とされ、その後一部の会員が有志として各地の団体に働きかけて、創設に漕ぎつけたものである（『東京医会第六次報告』：一二〇～一二八、『大日本医会第一回報告』：一～六）。会則は「我同業者の権利を伸張し業務を保護する」ことを目的に定めた。一八七九年の独立共和保権医会や一八八六年の東京医会が「医権」ないし「権利」の保護と並べ置いた、「医風」改良という文言は、活動目的から姿を消している。創立委員一三名はいずれも在京の医師で、高木兼寛・長谷川泰・高松凌雲も名を連ねた（佐々木東洋の名は見えない）。慈恵病院の院長にも就いていた高木は初代会長となり、長谷川と高松は間もなく中央部理事に選任された。同会は、官公立病院の施療病院化、医薬分業法制化の阻止、「医士法」の制定といった目標を掲げて奔走していく（青柳 二〇一一：四三二～四四六、鈴木 二〇一三）。国費や国法が焦点である以上、その主戦場は帝国議会であった[8]。

この大日本医会の第一回大会に東京地方部が提出した議案のひとつが、「貧民救療の制」定立の議会請願であった（『大日本医会第一回報告』：二六）。理由書は以下のように述べる。

我同業者は従来の習慣を以て多数の貧民を施療し来りしと雖も、文明進歩の今日となりては貧富の程度随て懸隔するを以て、経済の原理に基き報酬の限収を主とせざるを得ざるの境遇に接せるに依り、国家生産力の原資たる貧民の救療の如きは義務として其制を設けられんことを議会に請願すべし。

この一文は、施療と医師集団の関係をめぐる議論枠組みが、集団内部で少なからず変わりつつあったことを示している。維新後も語られ続けた医師の「応分の義務」や「本分」は後景に退き、貧富格差が拡大する現在にあっては施療の「義務」は国家が引き受けよという論理が代わって打ちだされた。人的資源養成の観点から国家が貧困層を保護すべきことを説く議論は、かねて施療の制度化に関心が高く当時は内務省衛生局にあった後藤新平が、一八八九年刊行の『衛生制度』などにおいてすでに高唱していた（社会事業研究所　一九四三：一五五～一五七、尾崎　一九九六：二〇九～二一二）。理由書はこれを「我同業者」の問題に引きつけ、医師たちから国家に施療義務の所在を移しきるべき必要を唱えたわけである。

この議案自体は、中央部が提案した公立病院の施療病院化を求める運動と重複するとの声があがって否決されてしまうものの、同大会で会長の高木がおこなった演説は、理由書で東京地方部が示した姿勢を敷衍する性格をもっていた（『大日本医会第一回報告』：五三～六三）。

高木は「国会開設後の状」を「世は優勝劣敗、生存競争の巷となり、勝を多数に占めらるゝに至」ると見なす。こうした競争メカニズムを通じて「国民各其従事する業務を保護する」のを主旨とする「立憲制度」のもとでは、医師はもっぱら自業務の発達に全力を注がねばならない。そのために必要なのはまず「資力」であり「経済の原理」であるにもかかわらず、国家は「我業務を妨害し我財源を蹂躙」していると高木は述べ、本来「人を恵み人に施す等必要に向て為すべき」ところそれに逆行していると中央政府を批判した。

この政府批判が約一〇年前の官批判の単なる再燃ではないのは、施療責任の〝押しつけ〟というあらたな批判点が、営業妨害という従来の批判点に加わっているからである。そして高木が「従来我同業者の習慣として収入すべき者を放擲する者」として特に取りあげたのが、種痘をめぐる慣行であった。

天然痘流行に際し、我社会如何の所置を為すや。地方の都合に依り郡役所或は町村役場等に於て痘苗を用意し、医師は其義務として無報酬にて種痘し、衛生会の在る所にては衛生会委員又義務を以て種痘せり……元来種痘事業は公衆衛生に属し、国家的事業にして個人的事業にあらざるなり。我社会の業務を以て国家的事業に尽す、何の故ぞ。

天然痘の予防は「公衆衛生」上の問題であり、種痘は「国家的事業」に属する。そうであれば当然その費用は政府が負担すべきであり、天然痘流行の際、種痘に医師が無報酬で取り組むいわれはないと、高木は会場を埋める医師たちに訴えた。「我社会の業務」と「個人的事業」が、ほぼ互換的に用いられていることに注意したい。

高木の批判は政府のみならず、社会一般の医師に対する役割期待にむけられていた。彼は「医は仁術」をめぐる通念を難じて、この格言は、日本と異なり医薬分業が進んでいた中国や朝鮮において、医業が「起死回生術」であることを述べたものであり、「決して所謂施療施薬の義にあらざるなり」

と言い切っている。この理解の正確さをここで問うことはしない。「医は仁術」であるべきところ昨今の医師は何事か、という世間の声に反駁する点で、一八八七年の佐々木と一八九三年の高木は共通していたが、そのうえであくまで「仁術」性の再定置を医師社会内部の課題と見なした佐々木に対し、「仁術」性に拘泥して外部社会から搾取されないよう、昂然と経済の論理を打ちだすことを促したのが高木であった。

「国家的事業」と「個人的事業」の峻別、そして「国家的事業」が「個人的事業」に委ねられることへの批判は、その後大日本医会の主張の基調となっていく。東京地方部は一八九四年一〇月の第二回大会に「本会員は業務上に関する法律規則に基く国家事業には無報酬にて従事すべからず」という決議案を提出し、文言の微修正を経て可決されている。決議案の理由書は「我同業者は已に幾多の資産を以て学術を得たるの一の業務者にして、之を以て一家の生計を図り、子弟教育の資を覓《もと》め、一家永存の法を図るものなれば、夫の法律規則に基き国家に於て之が費用を弁ずるの義務ある国家事業に対し、無報酬を以て従事するの謂はれなし」と宣言するものであった。

問題は、かかる医師たちの旋回が、前節で論じたような地域的施療をめぐる医師と富裕な住民・行政当局との協働条件を掘り崩すものでありながら、それを明確に意識し関係再編を図る動きは三者いずれからも出なかった点にある。医師たちは引き続き区衛生会の役員を務め、区衛生会は引き続き会員医師たちの善意に依拠して活動を続け（無報酬での奉仕は稀になり、低廉な手当の支給がいつしか一般化したとはいえ）、府・市・区行政は不足する資金や人材を区衛生会に依拠することで補った。かかる潜在的なずれは、次項および次々項で論じる一八九七年の無料種痘をめぐる紛擾によって、露呈することとなる。

(2) 無料種痘をめぐる紛擾

一八九六年一一月初旬、東京市内で天然痘が発生し、翌一八九七年の一月から二月にかけて猛威をふるった。市内の発症者は一・二月の累計で四七八九人。死者は一月のみで八〇六人にのぼった（『医事』第九八四・九八八号、一八九七年二・三月）。

東京府は発生当初から神経を尖らせており、一八九六年一一月五日に警視庁と連名で府民一般にむけて種痘を呼びかけたうえで、一七日には郡市町村区に対して訓令を発し、種痘の督励に努めるよう命じている（それぞれ『官報』同日）。その末文には「赤貧の者は特に施種痘の法を設け速かに施行方取計ふへし」と、無料種痘を実施すべき旨が明記されていた。同文に明らかな通り、東京府は無料種痘を広くおこなうよう求める一方、財源ふくめその方途については一括して下位の行政機関に委ねており、地方税ないし市費を用いて防疫体制を組む意志は見せていない。東京市内では、各区の区会が議決した臨時衛生費が、公費種痘の主たる財源となった。

すでに一八九六年暮れの時点で、一部の区では区役所・区会と医師たちとのあいだに緊張が生じていた（『読売』一八九七年二月八日・九日）。区役所は予防費を計上するにあたり、医師への種痘手当を相場より大幅に低く設定したが、浅草区では区会がそのさらなる引き下げを図り、種痘対策の審議に際して種痘医手当を原案の一名一日五円から二円に修正した。「医は元来仁術なり、痘病流行の兆あるに方つて一日五円の手宛は多きに過ぐるの嫌なき能はず」というのが区会議員たちの意見であった。

これは東京の医師たちが数年来、警戒と反発を強めてきた論理にほかならない。区内の医師たち（その後の展開に照らせば、先頭に立ったのは東京医会で副会長と浅草支部会長を兼ねていた高松凌雲であろう）は、区長・警察署長・区会議長らを訪ねて苦情を訴えたと報じられている。他には麻布区でも同じ構図の対立が生じていたが、年末時点では、こうした緊張はいまだ水面下にとどまっていた。

しかし年が明けると、天然痘の勢いはさらに増す。焦る東京府は一八九七年一月二五日、過去一年間種痘を受けていない者などに対して二週間以内の種痘を命じ、あわせて翌二六日に、該当者のうち「種痘費を自弁し得さる者」は「市町村に於て其費用を負担し種痘の普及方取計ふ」べしと告示した（それぞれ『官報』同日）。一見してわかる通り、種痘体制はそのままに、種痘の徹底をより厳しく求めるものであった。そして東京市は、おそらくはこの告示にあわせて区役所に宛て訓令を発し、区内の医師に要請して種痘料を抑えるよう求めた（『読売』一八九七年二月六日）。

かくして医師たちと行政・住民との対立の前提は用意されたが、それが顕在化するのは種痘の現場である区レベルであり、最も激しいかたちをとったのは先述の浅草区であった。天然痘の流行に直面した浅草区役所は、改めて区民中二万人に種痘をおこなうことを決めた。一連の経緯から約一年を経て、一八九二年以来東京医会会長を務めてきた長谷川泰が振り返ったところによれば、一八九七年一月二六日、浅草区長と警察署長が、高松はじめ区内の医師数名を呼び出したという（『大日本医会第六次報告』：九〇～九二）。彼らは「諸君は〔浅草区私立〕衛生会の会員たる以上は此際義務を以て種痘あらんことを望む。諸君の返答如何に由り、警視総監進ては内務大臣に具申すべし」などと申し立てたが、高松は「断然其命令を拒絶」した。区衛生会を仲立ちに医師たちの譲歩を引き出す方針にも、監督機関の圧力を示唆して反発を抑え込む方針にも、暗雲が立ちこめた。

区会議員を中心とする浅草区の富裕な住民たちは、その後も区役所と区警察署の側に身を置き続けた。二日後の二八日に開かれた浅草区会では原案通り区内における強制種痘が決議され、同時に議員のひとりが建議するかたちで、五〇〇円の臨時衛生費をすべて「予て同区警察署長、区会議員其他区内有志者一同の発起に成る衛生会」に託し、区衛生会では衛生会の会員である医師に種痘を依頼して、「相当の報酬にて此際区内の衛生に尽力を乞ふこと」を決議した（『読売』二月六日）。

東京市の訓令と浅草区会の決議を目の当たりにした東京医会は、組織的な対抗措置に出る。二九日、同会は支部役員を集めて協議会を開き、私費・公費にわたる種痘医報酬の基準を詳細に取り決めた（前掲『大日本医会第六次報告』：九〇～九二）。決議されたのは以下の三方針である。第一に、個人依頼の種痘については接種者一人あたり二〇銭以上を徴すること（私費種痘）。第二に、区役所や「他の団体」の依頼を受けて医師が痘苗・種痘証書を用意しておこなう「請負種痘」については接種者一人あたり一〇銭以上の計算で費用を請求すること（公費種痘その一）。そして第三に、区役所・他団体に雇われておこなう種痘については医師一人あたり三時間五円、四時間以上は一時間一円五〇銭を請求すること（公費種痘その二）。ここで「他の団体」として念頭に置かれているのは、明らかに区衛生会であろう。以上の方針は二月一日の臨時総会に諮られ、支部ごとに対応を決めることとなった。さっそく三日に協議会を開いた浅草支部医会は、区会議員を主体とする区衛生会専行委員の眼前で、本部決議を支持し、区衛生会が提示する日当五円は決議基準に満たないとして、種痘依頼を拒絶することに決した（『読売』二月九日）。他区の支部もほとんどが浅草区に倣い、東京医会基準以下の報酬では種痘をおこなわない旨を次々と決議した。

東京医会の反発に直面した東京府・東京市は、監督機関による強制措置に訴えようとした。ふたたび長谷川の談によれば、府書記官兼市助役の寺田祐之は、警視庁に対して伝染病予防への非協力の廉による東京医会処分を働きかけ、さらには内務省を通じて無報酬種痘を医師に命じる緊急勅令の可能性まで探ったという。ここに東京の医師たちは、東京府・区役所を敵に回し、かつ自ら築いた富裕な住民との親密な関係に亀裂が入ることを顧みず、無料種痘への自腹を切っての協力という「義務」をもはや担わない意志を明らかにしたのであった。両者の意識のずれは、これ以上なく明白なかたちをとるに至った。

(3)「医師の迷惑も亦甚し」

以降の展開をひとことでまとめれば、この紛擾は短期的には東京医会側が屈するかたちで収束したものの、中長期的には非常時施療への組織的奉仕から医師たちを〝解放〟する流れをつくりだしたといえる。

浅草区衛生会は浅草支部医会の決議に猛然と反発した（『読売』二月九日）。専行委員たちは、知己の医師に「此急に応じ且つは浅草支部医会の鼻を明かして呉れんと」無料種痘への協力を説いて回った。一四名の医師がこれに応え、協力を申し出る。うち一〇名は浅草区外から招かれたが、四名は区内の医師であり、東京医会の会員も複数いたという。区衛生会は彼らに委嘱して二月五日から種痘をはじめ、二日間で四〇〇〇人以上に無料で種痘をほどこした。

浅草支部医会は、ここまで素早く区衛生会側が態勢を立て直すことを予想していなかったようである。支部医会を通さずとも区内の衛生・医療行政が円滑に進むという印象が広がることを恐れたのであろう、支部医会は無料種痘の開始に前後して二名の交渉委員を出し、区衛生会との再談判に乗り出した。しかしひとたび優位に立った区衛生会は強硬であった。支部医会の交渉委員が出席した六日の区衛生会理事会では、劈頭から専行委員のひとりである区会議員の江崎礼二が支部医会批判を延々と繰り広げ、条件交渉をおこなう余地を支部医会側に与えなかった。結局、翌七日の協議会で、支部医会は「本会は区内の円滑を計る為め私立衛生会の要求を容れて施痘手術に応すべ」き旨を決定する。区衛生会は支部医会の申し出を受け入れ、一〇日から医会派出の医師による無料種痘がはじまった。支部医会側が完全に折れるかたちで、問題は決着したこととなる。

浅草区における対立が極まりつつあるころから、府下の新聞はもっぱら東京医会に批判的な立場から、一連の問題に着目しはじめた。その先頭に立ったのはここまで縷々引用してきた『読売新聞』である。同紙は二月六日以降、堰を切ったように種痘をめぐる医会支部と区会・区衛生会の対立を報道し、あわせて掲げた同日付の社説「医は仁術にあらずや」において、東京医会を激しく糾弾した。

> 夫れ医道を称して仁術と曰ふは、貧に拘はらず富に偏せずして死を救ひ生に回すの故なるのみ。然るに今や細民の種痘を乞ふを拒絶するの方針を執る如きあれば、是れ貪なり、虐なり、残なり、何んぞ其の術の仁なるあらんや。

同紙はその後も連日、浅草区を中心に各区の動向を報じるとともに、無料種痘をおこなったり、医会の姿勢を批判したりする医師を逐一取りあげては、「篤志の医師」や「義侠医」の所為を賞賛した。こうした報道に心動かされて同紙宛てに書簡を送り、脱会を辞さず東京医会の決議を無視して種痘にあたる旨を宣言した医師もいる。『読売新聞』の注力ぶりは突出しているものの、ひとり同紙のみが着目したわけではない(9)。麻布区や下谷区の支部医会が、一時期は対立を深めた区会や区衛生会に自ら譲っていったのは、浅草区での急展開もさることながら、こうした新聞報道が増幅させた社会的圧力を目の当たりにしての判断だったかもしれない。なお、『読売新聞』の報道はそれ自体がひとつの焦点となり、医会と区衛生会・区会間の対立が収束したのちにも、高松が浅草区長に談じて区衛生会の専行委員を呼び出させ、支部医会の「屈服」や「降参」を臨場感たっぷりに描いた同紙記事に対し連名で取り消しを申し込むよう迫るといった小競り合いや、動揺いちじるしい浅草支部医会の会合に長谷川が乗り込み、「一体読売新聞は東京府の機関新聞である」にはじまる長広舌をふるって人心収攬を図る、といったひと幕を生みだした（『読売』二月一二・二八日。つまり同紙はこうした出来事をこと細かに報道し、東京医会側をさらに挑発したわけである）。

しかしながら、総体としての無料種痘の遂行体制に視点を移せば、東京医会が屈したとは必ずしもいいきれない。東京府の強硬姿勢に危機感を感じた長谷川は、かねて付き合いが深く内務省衛生局長となっていた後藤新平と「激論を戦」わせたり、内務大臣の樺山資紀を訪ねて「細大洩さず前後の状況を陳述」したりと、中央政府に対し懸命に働きかけた（『大日本医会第五回報告』：九二）。こうしたなか、二月九日に『読売新聞』記者の訪問取材を受けた後藤は、東京医会を糾弾する見方を退け、批判の矛先を無料種痘のための経費を十分に計上しない東京市へと向けた(『読売』二月一〇日)。先に引用した『読売新聞』社説を念頭においてであろう、ここにも「医は仁術」論が顔を出す。

如何に医は仁術なりとて、遁世半分に業となせし昔時とは異なるの今日なる故、相応の報酬を与へずして義務に使役に服せしむるあれば医師の迷惑も亦甚しと謂はざるべからず。今日の結果は昔時の反動なり、蒔くものは獲られざるべからず。即ち今日の事は、東京市参事会が費用を吝みて蒔きし冷遇の収穫なり。

医師に低報酬で「義務」遂行を求めるのは「迷惑」であると述べる後藤の認識枠組みは、明らかに東京医会の主張に沿ったものである。そして以降の伝染病予防をめぐる法整備や運用は、むしろこちらの認識枠組みにもとづき、地方自治体が公費によって予防事業を遂行すべきことを一層明確に定める方向にむかった。一連の紛擾から間もない一八九七年三月には政府から帝国議会へ伝染病予防法案が提出され、微修正を経て翌四月に公布される。同法には「市町村に於て施行する清潔方法、消毒方法及種痘に関する諸費」や「予防救治の為雇入たる医師その他の人員……に関する諸費」は市町村の負担であることが明記されていた(『官報』同年四月一日)。さらに一八九八年九月末をもって市制特例が廃され、東京府と東京市の行政・政治機構が完全に分離すると、翌九九年三月、その独立間もない東京市に対し、内務省から「東京市に於て、伝染病予防費中市の負担に属する清潔方法及種痘に関する諸費を区に負担せしめたるは違法」であるため、同年度から市の歳出予算に編入するようにとの訓令が下された（「内務省訓令通牒　冊ノ14」）。この後寄付にもとづく無料種痘があとを絶ったわけではなく、区衛生会の活動も総じて活発に続くものの、区役所が区衛生会に属する医師たちの無報酬ないし低報酬での協力を前提に種痘計画を組むようなことは、制度的に不可能となっていった。

無料種痘をめぐる問題が人々の耳目を集める紛擾を引き起こすなか、かつては施療をめぐる中心的な課題とされた病院建設は脇に置かれ、医師たちの集合的な意識からひっそりと消えていった。高松は同愛社の運営を、医会での医師の権利／利権擁護を求める活動とはまったく切り離して続けていく（『同愛社』：二〇五～四三三）。同社は断続的に噴出する解散論に揺るがされつつも事業を辛うじて維持し、救済事業への社会的な関心が高まった一九一〇年代後半以降にふたたび拡大期に入ったが、その間に施療病院の設立計画が再燃することはなかった。

こうした状況の一方、施療病院の建設に改めて意欲を見せたのは後藤であった。一八九七年五月、後藤は一八九八年度予算に巨額の衛生費を計上しようと図っている（「後藤新平文書」四－三二）。衛生局長の起案文書として彼が用意した予算案には、「衛生上施設すへきもの」が列挙されていたが、その筆頭に掲げられたのは日清戦後から彼が主張し続けていた「帝国施療病院」の建設である。ただし東京・大阪・京都の三大都市を手始めに全国に施療病院を張り巡らせるという後藤の壮大な計画は、結局内務省のなかにおいてすら合意を取りつけられずに終わった[10]。国家手ずからの計画が進まないなか、都市公共事業を拡大させつつあった東京市は一九〇一年から市立施療病院の建設を計画しはじめるが、こちらも費用捻出や用地確保をめぐる取り組みが難航し、開院は一九一一年にまでずれ込んだ。最終的にいち早く二〇世紀初頭の東京を代表する施療病院をつくったのは、一度は東京市に病院建設費の寄付を申し出ながら計画の遅延に業を煮やし申し出を撤回した三井財閥である（一九〇六年開院の三井慈善病院）。首都東京において皇室に続き大規模な施療事業を起こし得たのは、医師集団と富裕住民でも、公権力でもなく、一個の巨大私的資本であった。

おわりに

本章では、東京の有力医師たちが施療を医師集団の外部に働きかけて組織化・制度化すべき課題としてとらえ、またそのために行動した十数年間が、どのように始まり終わっていくのかをまがりなりにもたどろうとした。近世期の医療慣行が激変しつつあるなか施療という行為の再定置を図る、上記の認識や行動は、府県単位の地方税という公費負担の領域から施療が蹴りだされつつあった一八八〇年代初頭に明確なかたちを取りはじめた。区というこれまた形成途上の行政・政治単位を中心とする、地域における医師たちの存在感増大とも一体となって、施療病院の建設や無料種痘の実施といった取り組みは彼らの主導下で勢いを増していく。しかし、医師たちの集団意識が、帝国議会を主戦場とする諸集団間の角逐における一プレイヤー、すなわち利益団体としてのそれに純化していくにつれ、施療は集団的に取り組むべき職業倫理上の問題として以上に、集団外部からの義務の不当な〝押しつけ〟や〝付け込み〟が横行する問題として意識されるようになっていった。確実に立場を変化させつつあった医師たちと、それまでの協働関係に依拠して無料種痘という非常時の施療を続けようとした住民や行政側とのあいだのずれは、天然痘の大流行という切迫した局面において、一挙に顕在化することとなった。

本章を閉じるにあたって注意を払いたいのは、彼ら医師たちのなかで国家（公権力）と社会一般はおそらくそこまで峻別されなかった、言い方を変えれば、彼らのなかで明確になっていった〝押しつけ〟主体としての国家に対する警戒が、そのまま社会に対する警戒に敷衍されていった、という点である。この警戒は地域レベルでの医師と行政・住民とのあいだの摩擦にも照応しており、とりたてて不正確だったわけではない。ただし、〝貪欲〟な医師への攻撃にも刺激されて〝無理解〟な社会への不信が高まっていくと、医師集団が自己防衛以外の観点から社会との関係（あるいは社会での役割）を構想する余地は自然と減っていく。また、かくも明確な境界線がひとたび引かれると、逆に職業的使命に思いを寄せる医師は、むしろ外部の社会に共感し、私益追求に終始する医師集団に対する少数の内部批判者として自己を位置づけていくことにもなるだろう。「医弊」が叫ばれ「社会」派医師が登場する一九〇〇年代末以降に現出したのは、ある意味でそうした状況ではなかったかと考える。(11)

註

（1）「医は仁術である」という命題は、明代の医学家である徐春甫が一六世紀に著した『古今医統』においておそらく初めて明示され（「医当仁慈之術」）、ほどなく日本に伝わって一七世紀以降に諸藩の医学教育および医事制度を通じ世間に浸透したものと推測されている（山崎　一九五三：二一七～二三二）。

（2）近世期の貧困層は誰でも気軽に着のみ着のままで治療を受けられた、というわけではもちろんない。病めば医者へということ自体、当然視された選択ではなかったし、無謝儀で治療を受けることへの引け目も当時から存在した。近世期の医療環境をめぐる研究状況については、海原（二〇〇七）を参照のこと。

（3）その他にも本章が依拠する研究は多々あるが、原則として行論のなかで言及することとし、当該期の主要な施療施設の沿革をほぼ網羅している『大日本施薬院小史』（済生会、一九一一）、近代医療史の基礎文献である川上武『現代日本医療史――開業医制の変遷』（勁草書房、一九六五）を、ここでは挙げておく。

（4）たとえば高松凌雲について北原糸子氏は、彼の「呑み倒されて心持悪くするより心掛よく施療をしたが宜しい」との動機で同愛社を始めたという後年の回顧を引用し、それを「一面の本音」と認めつつも、私費施療の実績をつくり公的な施療券制度を廃止に追い込むという「自己の営業権の確立」のための動機を強調している（北原 一九九五：三五四）。本章では高松の〝本音〟を探ることはせず、（私費の調達先を峻別しない語句である）私費施療というより、医師が自集団の外部に働きかけ施療の組織化を図る試みとしての同愛社事業に着目し、議論を進める。

（5）かかる視角に関連して、ロー・ミンチェン（二〇一四）は、戦前の台湾人医師が社会集団としていかなるアイデンティティを構築していったのかを、植民地社会における彼らの複雑な立ち位置に焦点をあてて論じており、示唆に富む。

（6）以下、特記しない限り、東京医会の役員移動については『東京医会報告』第二次～七次、大日本医会については『大日本医会年報』第一回～六回を参照している。

（7）本部が取りまとめた各支部の回答は以下の通り。一二支部：「本案説明書の主旨を賛成し施療病院設立を可とす」、一支部：「衆説を羅列するのみにして其各説の同意したる者の多少を記せす　因りて其支部の輿論を知ること能はす」、一支部：「本案の主旨及病院設立は美事なるを以て賛成を表すれとも一大事業なるを以て延引すへし」、三支部：「病院設立の事は閣措し、単に其筋へ原案の如く請求すへし」、一支部：「唯官立病院にのみ入院料及薬価徴収の廃止を請求すへし」、一支部：「本案及病院設立共に廃棄せんことを企望す」。

（8）外から議会に働きかけるだけではなく、議会の内に医師勢力を扶植しようとする意気もさかんであった。第一回衆議院議員選挙に二年弱先だつ一八八八年一〇月、すでに東京医会の総会では、医師を「長袖者流として政治に関からさる者と為したるの習慣」を払拭し、欧米並みに医師の政治的地位を上昇させるべく、医師から議員を出す方法が議題に上がっている（『東京医会第三次報告』：二一～二二）

（9）『東京朝日新聞』は早い段階で「営利のみに汲々たる」東京医会を批判する記事を載せ（同紙一八九七年二月五日）、『中央新聞』は「例の欲張医者」と東京医会浅草支部の医師を呼びつつ事態を報じたほか、種痘料収入を喜ぶ医師が「疱瘡神」を拝む風刺画を掲載した（同紙一八九七年二月七日・一〇日）

（10）起案者欄（内務省衛生局長）には後藤の印が押されているが、決裁者欄はいずれも空欄である。同案の本文部分は鶴見祐輔『後藤新平伝』に翻刻掲載され、『近代医療保護事業発達史』が引用のうえ詳論している（鶴見 二〇〇四：三二六～四三二、社会事業研究所 一九四三：一七〇～一七六）。

（11）著名な長尾折三『嗚医噫』（吐鳳堂）が刊行されたのは一九〇八年。また、当初は東京医会はじめ医師団体の中枢部に身を置きながらも、社会主義との出会いを経て一九一一年に実費診療所を開設し、医師会との対決姿勢を打ちだしていくのが、加藤時次郎である（成田 一九八三）。

史料

「医会書類・自3月至11月」東京都公文書館所蔵（616. B4. 03）
「往復録・第4・郡区役所ノ部」東京都公文書館所蔵（615. B7. 03）
「種痘ニ係ル部」東京都公文書館所蔵（615. A2. 07）
「常置委員会決議録　明治14年6月至同15年3月」東京都公文書館所蔵（612. A7. 14）
「庶政要録」東京都公文書館所蔵（617. A7. 08）
「第五課文書類別・戸籍（共10冊ノ内4）・褒賞ニ関スル書類・6冊之1　自1至10」東京都公文書館所蔵（622. C4. 07）

「第五課文書類別・戸籍（共10冊ノ内9）・褒賞ニ関スル書類・6冊之6　自172至210」東京都公文書館所蔵（622. C4. 12）
「秘書＊内務省訓令通牒・2（自明治32至35）冊ノ14」東京都公文書館所蔵（602. D5. 19）
「明治十三年東京府通常会議事録　第12号」東京都公文書館所蔵
『大日本医会報告』第一回～六回
『東京医会報告』第一次～七次
『東京医事新誌』
『東京慈恵医院報告』東京慈恵会医科大学医学情報センター図書館所蔵
マイクロフィルム版「後藤新平文書」四－三一
『中央新聞』
『東京朝日新聞』
『読売新聞』

参考文献

青柳精一　一九九六『診療報酬の歴史』思文閣出版
青柳精一　二〇一一『近代医療のあけぼの』思文閣出版
池田真歩　二〇一九「近代初頭の富裕住民と地域」吉田伸之ほか編『シリーズ三都　江戸巻』東京大学出版会（近刊）
池田敬正　一九八六『日本社会福祉史』法律文化社
石井人也　二〇〇九「世紀転換期東京の地域〈衛生〉」近現代資料刊行会編『近代都市環境研究資料叢書2　近代都市の衛生環境（東京編）別冊【解説編】』近現代資料刊行会
海原亮　二〇〇七『近世医療の社会史――知識・技術・情報』吉川弘文館

尾崎耕司　一九九六「後藤新平の衛生国家思想について」『ヒストリア』第一五三号
唐沢信安　一九九六『済生学舎と長谷川泰——野口英世や吉岡弥生の学んだ私立医学校』日本医事新報社
川上武　一九六五『現代日本医療史——開業医制の変遷』勁草書房
菊地清隆　一八八六『現世日本名医高評伝』簾清堂
北原糸子　一九九五『都市と貧困の社会史——江戸から東京へ』吉川弘文館
近現代資料刊行会編　二〇〇九『近代都市環境研究資料叢書2　近代都市の衛生環境（東京編）』近現代資料刊行会（所収史料中引用：『麻布衛生会雑誌』第一号、『芝私立衛生会雑誌』第一号）
五味比佐子　一九六三「制度形成期における区制の諸問題」『首都計画に関する基礎調査　昭和三七年度調査報告七（政治行政）』
鈴木達彦・荻原通弘　二〇一五「大野松斎と積善社」『日本医史学雑誌』第六一巻第一号
鈴木哲造　二〇一三「近代日本における医療法制の構造転換——一九〇六年の医師法制定をめぐる政策論的分析」『中京法学』第四八巻第一・二号
済生会　一九一一『大日本施薬院小史』済生会
中央社会事業協会社会事業研究所　一九四三『近代医療保護事業発達史　上巻（総説篇）』日本評論社
鶴見祐輔　二〇〇四（初出一九三七）『〈決定版〉正伝・後藤新平　二　衛生局時代』藤原書店
同愛社　一九二八『同愛社五十年史』同愛社
東京府　一八八二『東京府統計書』東京府
中嶋久人　二〇一一「自由民権期の都市東京における貧困者救済問題——貧困者の差別と排除をめぐって」『人民の歴史学』第一八九号
成田龍一　一九八三『加藤時次郎』不二出版
伴忠康　一九八〇『高松凌雲と適塾——医療の原点』春秋社
松田誠　一九九〇『高木兼寛伝——脚気をなくした男』講談社

山崎佐　一九五三　『江戸期前日本医事法制の研究』中外医学社
山田みどり　二〇一五　「高松凌雲と同愛社の事業――同愛社設立初期の背景とその活動・運用について」『社会福祉学』第五六巻第一号
大和孝明　二〇〇六　「創設期東京養育院をめぐる救済と差別の意相」『人民の歴史学』第一七〇号
大和孝明　二〇〇九　「一八七〇・八〇年代東京における医療保護制度と利用者認定問題――東京府病院・区医施療制度の再検討」『東京社会福祉史研究』第三号
横井寛　一八八五　『東京府内区郡分医師住所一覧』島村利助
ロー・ミンチェン（塚原東吾訳）　二〇一四　『医師の社会史――植民地台湾の近代と民族』法政大学出版局

第7章　明治期における監獄の経済史的位置づけ

――監獄作業の実態と公正性をめぐる諸問題――

中西啓太

はじめに

本章は明治期の監獄を取り上げ、資本主義経済を成立・定着させた日本社会における位置づけを考察する。監獄を経済史的な視角から捉えることで見えてくる様々な公正性の問題を明らかにし、その処理のあり方から、監獄はどのように明治期の経済社会に位置を占めたのかを考察する。

先行研究では、まず近代日本の監獄制度の変遷を捉えたものがあげられる。近世期までとの対比や、明治政府が欧米から学びつつ近代的行刑制度を導入・整備する過程が描かれてきた（重松 二〇〇五、小野 二〇〇九）。たとえば、英米に範を求めて試行錯誤した日本の監獄行政は、一八八九（明治二二）年以降ドイツ監獄管理学を吸収し、条約改正後は対外的な掣肘から離れて司法省直轄下で獄制の統一化に乗り出し、一九〇八年の監獄法に結実するという流れが示される（姫嶋 二〇一一）。監獄法は抜本的改正が二〇〇五年まで実現しないまま戦後も運用が続けられた基本法である。ただし、本章が活用する統計史料は監獄法を境として連続した情報を得にくくなってしまうため、本章の分析の下限は一九〇七年までとする。

一方で、監獄を近代社会の秩序を作り上げた装置として捉える視座がある。一八世紀末フランスで刑罰の転換があったと指摘されており（ディヨン 一九八二）、見せしめによる恐怖ではなく規律・訓練により社会秩序を形成する、というこの時期の監獄の機能から、近代の政治権力の特徴が見出された（フーコー 一九七七）。日本の場合についても安丸良夫氏が同様の意義づけをした（安丸 一九九九）。近代日本における刑罰も収監中心となり、排除刑を中心とした近世期とは異なる特徴を有したのである。ダニエル・V・ボツマン氏はこの変化を「近代化」や「進歩」としてではなく、社会秩序を維持する取り組みが身分制社会におけるそれから変容したのだと位置づけた（ボツマン 二〇〇九）。

以上の成果は極めて興味深いものだが、明治期の日本は財政整理の必要と近代化に向けた様々な政策課題とを同時に抱えていた（高橋 一九六四）。そのため看過できないのは、監獄の運営費用の問題である。近代日本の監獄は国が直轄する集治監と各府県に設置された府県監獄とがあったが、一八八一～一九〇〇年を除きすべて国庫負担で運営された。費用負担は監獄の大きな課題であったが、先行研究は費用負担をめぐる政治的な議論を捉えることが中心（倉島 二〇一二、赤司 二〇一四）で、経済史的な視角からは十分に捉えてこなかったのである。

さらに、アメリカを中心とする監獄についての現状分析を参考にすると、費用の問題だけでなく、広く社会・経済的な文脈において考察する必要が示唆される。そこでは、二〇世紀末～二一世紀初頭における新自由主義の広がりの中で、社会福祉の削減や不安定・低賃金な雇用環境の押し付けとセットで貧困層や有色人種などをターゲットとする厳罰化が行われ、貧困や人種・性差別を拡大再生産すると同時に、監獄の民営化や必要な商品・サービスの供給、囚人労働の利用が企業に大きな利潤を生んでいると批判が展開されている（ヴァカン 二〇〇八、デイヴィス 二〇〇八）。

明治期の社会では以上の研究が見通すほどの監獄と経済との有機的連関は見出しがたいだろうが、日本の資本主義の初発について、囚人労働の一定の意義は想定されてきた。たとえば、近代日本における賃労働の生成を論じた隅谷三喜男氏は、明治前期の男性労働者は基本的に不熟練労働者が中心で、その源である農村・都市の過剰人口は地域的に偏在していたため、局地的に大きな労働需要が生じると地方労働市場のみで満たすことは困難で、これを補うものとして囚人労働が活用されたとし、際立った事例として三潴県（後の福岡県）の三池炭鉱や北海道の幌内炭鉱に目が向けられてきた（隅谷 一九五五：一一七〜一二三、二四〇〜二四六、隅谷 一九六八）[1]。ただし隅谷氏は、その不便さと不熟練労働者の供給増加により明治前期で囚人労働は消えていくとした（隅谷 一九五五：二四五）が、三池炭鉱については一八八八年に三井に払い下げられて以降も九八年ごろまで多くの囚人が採炭に用いられ、低コストが享受されたという指摘がある[2]。このほか、富士紡績では一九〇二、三年ごろ絹糸部門の原料精選過程に静岡県監獄の囚人を一時間五厘という低賃金で使役し、夜業導入による労働力不足を補っており（筒井 二〇一六：一〇七・註一一七）、日本における囚人の活用は資本主義化の初期にとどまらないことが示唆される。

ただし以上の研究では、主に外役、つまり監獄外で囚人が使役される場面が断片的に取り上げられるのみであった。しかし、監獄作業は多様な内役、つまり監獄内での作業が行われていた。通史的把握（小野 二〇〇九）や、自由民権期の新聞記者の体験記をまとめた研究（田中亜紀子 二〇一二、同二〇一三）はあるが、日本経済における位置づけを明確にする必要があるだろう。さらに、囚人労働は必ずしも民間を利するとは限らず、競合を生じた事例がある。たとえば、明治前期に和歌山県で監獄における木挽工の実施が職人の仕事を奪ってしまった事例が言及されている。ただし、職人たちが材木商と監獄署に反発し、契約解除に至ったという流れが示されるにとどまり、深い検討はなされなかった（隅谷 一九五五：二八三〜二八四）。

このように、明治日本における監獄と経済との関係は断片的に取り上げられてきたに過ぎず、その全体像は描かれていない。また、監獄で労働に従事させられた人々の扱いや、労働から生じる利益の帰趨は、果たして公正なものであったのだろうか。

そこで本章では、第一節で制度史を整理したうえで、第二節では監獄における労働の実態を把握し、経済面の評価を試みる。従来の研究が必ずしも明確にしていない明治日本における監獄の経済的位置づけを考察するとともに、受刑者の取り扱いにおける公正性という問題も視野に入る。

ただし、監獄における労働が民間の経済主体と競合を生じた事例も従来の研究で断片的に指摘されている。そこで第三節では、東京府小菅の東京集治監における煉瓦製造と民間企業との競合が発生した事例を取り上げる。民間企業の側から公正性への批判がなされた事例から、これがいかに処理され、監獄は資本主義社会のなかに位置を占めたかを捉えることになる。

なお、ここまでの用語法は先行研究の表現に従ってきたが、以下本章では原則として、収監された人々を「受刑者」と呼び、その労働を作業場所の監獄内外を問わず「監獄作業」と表記する。

第一節　監獄制度の変遷

本節では、特に監獄作業に関する規定に注目しながら監獄法以前の制度史を概観する。

一八七二年に笞刑が廃止されるなど、日本の刑罰は収監によって自由を奪う自由刑中心へと次第に移行した。さらに、翌年の改定律例で懲役刑が一般的に採用されると、各府県で監獄の増設・整備が試みられた（刑務協会編 一九四三：一〇九一〜一〇九二、一一一三〜一一二〇）。しかし、旧藩から引き継いだ施設が中心であったことと、七七年の西南戦争により受刑者が激増したことから過剰収容に陥っていた。こうしたなか、国が運営する中央監獄として「集治監」を設置し、各地の監獄の模範とする構想が打ち出された。集治監はまず宮城県・東京府に設置され、後には福岡県の三池や北海道の樺戸・釧路・網走・十勝に設置される。しかし、予算不足のため指導的役割を果たすことはできず、長期受刑者を地方から集禁する役割にとどまったという（小野 二〇〇九：二七〜五二）。

このように、監獄には財源問題がつきまとっていた。当初は各府県に置かれた府県監獄にも国庫から費用が支出されていたが、西南戦争後の財政対策の一環として一八八〇年一一月太政官布告第四八号により、翌年から府県監獄は府県財政が費用負担することに変更された。府県監獄は府県の、集治監は国の費用負担という体制になったのである。しかし、表1のように監獄費は府県支出の一〇〜一七%ほどを占める大きな負担で、帝国議会開設後は国庫負担化が繰り返し要求された。これは一九〇〇年に至って実現し、同時に内務省から司法省へと所管官庁が変更された（倉島 二〇一二、赤司 二〇

表１　監獄関連費用および国家・府県歳出中割合（単位：円）

	内務省		司法省		府県		支出総計
	監獄営繕費	集治監費用	監獄費		監獄費・建築修繕費		
1876	36,575	20,474		0.10%			57,049
1877	137,240	98,896		0.49%			236,136
1878	161,991	94,918		0.42%			256,909
1879	155,936	351,853		0.84%			507,789
1880	250,111	519,204		1.22%			769,315
1881		535,456		0.75%	2,292,054	13.16%	2,827,510
1882		559,796		0.76%	2,691,271	13.86%	3,251,067
1883		425,478		0.53%	2,810,229	14.87%	3,235,707
1884		460,443		0.60%	3,260,478	16.40%	3,720,921
1885		454,112		0.74%	2,753,470	16.36%	3,207,582
1886		460,443		0.55%	3,201,644	14.49%	3,662,087
1887		454,112		0.57%	2,909,563	13.70%	3,363,675
1888		476,266		0.59%	2,537,370	11.38%	3,013,636
1889		389,755		0.49%	2,770,732	12.87%	3,160,487
1890		345,895		0.42%	3,265,780	15.61%	3,611,675
1891		304,682		0.36%	3,193,108	15.03%	3,497,790
1892		304,619		0.40%	3,269,443	13.98%	3,574,062
1893		322,836		0.38%	3,339,019	13.63%	3,661,855
1894		331,954		0.42%	3,517,089	13.53%	3,849,043
1895		361,591		0.42%	3,536,537	14.26%	3,898,128
1896		362,152		0.21%	3,729,901	11.79%	4,092,053
1897		371,047		0.17%	4,145,562	10.35%	4,516,609
1898		398,294		0.18%	4,551,053	10.88%	4,949,347
1899		750,214		0.30%	史料欠		
1900 史料欠							
1901			5,467,363	2.05%			5,467,363
1902			5,615,648	1.94%			5,615,648
1903			5,665,348	2.27%			5,665,348
1904			5,122,996	1.85%			5,122,996
1905			5,010,098	1.19%			5,010,098
1906			5,075,181	1.09%			5,075,181
1907			5,537,648	0.92%			5,537,648

註：％はそれぞれ国家歳出、府県歳出総計に監獄関連費用が占める割合。
出典：『明治大正財政詳覧』東洋経済新報社、1926 年より作成。

一四)。

しかし、財源問題についての研究は以上の政治過程などは明らかにしたものの、財源補てんに寄与する可能性を有した監獄作業には注目してこなかった。

監獄における労働は近代特有のものではなく、一八世紀末に江戸幕府が石川島人足寄場を設けている。これについて、矯正を目指す近代的監獄につながる面を強調する指摘がある一方、軽微な犯罪で入れ墨などの刑を執行された後の者を収容する「無宿」対策だとし、身分制社会の秩序維持を図った面を強調する指摘がある。一九世紀半ば、人足寄場は搾油作業などを収入源とした運営へ転換した。前者の指摘をした重松氏は「本来の眼目である更正授産の保安処分的性格をゆがめた」とする（重松 二〇〇五：二三四）が、後者の指摘をしたボツマン氏は人足寄場の目的は賃労働者の創出ではなく、農村に送り返せない者を収容する「人返し」政策の補完であったとし（ボツマン 二〇〇九：一二二～一二三、一五四～一六四）、見解が対立している。

運営費負担を原因として作業に収益性が求められるようになったことはたしかであり、明治以降の監獄にも共通する。条約改正を視野に監獄を「文明的に」改善する必要があった明治期でも、一八七一年大蔵省達第九〇号で受刑者の雇工・力役により経費を補うよう各地方へ通達された。そこでは、受刑者を厳しい労働に従事させて収益をあげ、結果として死亡させても監獄経費の節減だと捉える「囚徒使役の経済性」という発想すら見られる（重松 二〇〇五：二五九）。

監獄作業を初めて体系的に規定しようとしたのは、イギリスの獄制を取り入れた一八七二年監獄則である（刑務協会編 一九四三：一一一三）[3]。懲役を五等級に分けて次第に負担が軽い作業へ移らせるもので、具体的には、五等は重鎖をつけて土石運搬・米つきなどに従事し、一〇〇日が経過すると四等として軽鎖をつけて諸官邸の造営・道路修繕などに従事する。以上は監獄外での作業である。三等は監獄内で木工・石工などに従事し、二等はこれらの教授や炊事、監獄内の門番を行う。二等までの作業による収入はすべて監獄の経費に充てられるが、一等の受刑者には毎日銭一〇〇文を給与し、放免の日にはこの日給と食費を除いた残金が還付される（「懲役」第一、五、一二条）。また、「囚徒ヲ傭ント欲スル者アレハ幾連（十四ヲ一連トス、十八二十八三十人等ハ傭フ可シ、奇零ノ数ハ傭フ可ラス）ヲ以テ之ヲ談定ス」（同第一二条）と、受刑者は一〇名単位で貸し出された。

ただし、一八七二年監獄則は大蔵省の反対で施行されず、体系的規定に拠らず監獄作業は実施された。愛知県では七三年に、短期受刑者は技術が熟達する見込みがないため労働に貸し出すこととし、希望者は大区長を通じて願い出るよう布令が出された（田中亜紀子 二〇一二：八）。つまり、前記のような階級的な作業の当てはめではなく、刑期などが勘案されたのであった。受刑者の増加や作業の拡張により、七四年は全国で懲役に関する経費が三〇万円であったのに対し、作業収入は一七万円に上ったという（刑務協会編 一九四三：一一一九～一一二〇）。

一八八〇年には刑法（いわゆる旧刑法）が公布され、「定役」に服する徒刑や懲役などの行刑を定め「定役ニ服スル囚人ノ工銭ハ監獄ノ規則ニ従ヒ其幾分ヲ獄舎ノ費用ニ供シ、其幾分ヲ囚人ニ給与ス、但現役百日以内ハ給与ノ限ニ在ラス」（第二五条）と、作業収入を監獄の経費と受刑者への給与に分けることとされた。施行に先立ち八一年に監獄則が新たに定められた。作業は階級的処遇ではなく行刑を斟酌して定めるとされ、作業収入の扱いは、収監されて一〇〇日が経過すれば工銭の一〇％を受刑者に給与し、残りは監獄が収納すると明確化された。なお、旧刑法で監獄作業が義務付けられた刑は徒刑・懲役・重禁錮だが、刑法上課されていない受刑者や未決者も作業を希望することができ、その場合の給与は工銭の三〇％と定められた（第五一条）。現代でも義務がない禁錮刑受刑者の九〇％近くが作業を希望しており、受刑者の生活のうち多くの時間を占めているという（小野 二〇〇九：四九三）。

次いで監獄作業について規定されるのは一八八九年勅令第九三号として公布された監獄則である。作業内容は「定役ニ服スヘキ囚人ノ作業ハ毎囚ノ体力ニ応シテ之ヲ課シ一日ノ科程ヲ定メテ服役セシムヘシ」（第一七条）と受刑者の体力を考慮することが明文化され、作業収入に占める給与の比率は収監から一〇〇日が経過した重罪囚（徒刑・懲役が該当）は二〇％、軽罪囚（重禁錮が該当）は四〇％、定役が課されていない受刑者（流刑・禁獄・軽禁錮が該当）や未決者で作業した者は六〇％と引き上げられた（第五一条）。

さらに、同年内務省令第八号監獄則施行細則により、作業内容が例示された。すなわち男性受刑者の内役は舂米・瓦工・煉化石工・石工・砕石・鍛冶工・油絞工・耕耘・木挽工・抄紙工・木工・桶工・藁工・炊事・掃除、女性受刑者の内役は紡績・裁縫・機織・洗濯と例示され、そのほか各地方の便宜により内務大臣の許可を得て選択することとされた（第四三条）。また、外役は男性受刑者のみが砕石・開墾・採鉱・土方・石工・耕耘・運搬もしくは監獄の用に従事した（第四四条）。ただし、作業内容の列記は九九年の改正によって取り止められ、単に内務大臣の許可を得て定めるとされた（施行細則第三八条）。また、作業内容は「定役囚ノ作業ハ刑名罪質年齢技能将来ノ生計等ヲ斟酌シ、各自ノ体力ニ応シテ之ヲ課ス」（監獄則第一七条）と規定上は教化や職業訓練を目的とする方向性が示されていく（刑務協会編　一九四三：　一二六一）。

第二節　監獄作業の実態と経済的意義

(1)　監獄作業の割り振り

監獄作業についての法令上の規定は一般的な内容にとどまっていた。そこで本項では、各受刑者への作業内容の割り振りを事例として運用の実態をうかがう。第三節で取り上げる東京集治監については、一八八四年時点の内規が参照できる。(4) このほかいくつかの事例を組み合わせ、作業の実態や受刑者の扱われ方を読み取りたい。

先だって、監獄作業に関する政府側の認識を確認する。一八九三年の内務省による一般的な指示において、監獄作業に関し次のように述べられた。後年の指示事項や当局者の演説などをたどっても、この時点で基本的な発想は出揃っていると考えられる。

監獄ノ作業ハ其大体ニ於テ刑ノ執行及ヒ監獄所在地方ノ関係ヲ料リ、①囚人ノ懲戒感化ニ適シ、且ツ生産的ノモノヲ選ミ、其之ヲ指定スルニ方リテハ健康、技能、犯罪等ヲ省察スルハ勿論、特ニ其作業ノ種類ニ付テハ②監獄需用ノ物品ハ必ス囚人ヲシテ製作セシムル様勉ムヘク、其他ハ力メテ③官府ノ事業其需用品殊ニ兵卒、巡査、学生ノ靴被服等ノ製作ニ従事セシムルヲ要ス、是独リ監獄行政ノ為メ得策ナルノミナラス、併セテ④監獄ノ経済ヲ利シ⑤民業トノ競争ヲ防クノ道タルヘシ[5]〔丸囲み数字および傍線は引用者による。以下同じ〕

ここで端的に示されている監獄作業の意義は①受刑者の矯正、②監獄に必要な物品の自給、③官立機関などへの物品供給であり、ひいては④監獄経済を支えることにつながるとされ、また⑤民業圧迫を避けることにも注意が払われていた。受刑者の更生という社会秩序上の意義と、監獄運営上の経済的意義が併記されている。

こうした全体的な枠組みの下、東京集治監は受刑者を作業につかせるための「実際処理スルノ次序」（第一条）として「工業事務規程」を設けていた。一八八四年時点での規程しか現在のところ確認できていないため、いつ制定・改正・廃止されたものか詳らかにできないが、あまり実態が分かっていない監獄における作業の決定をうかがう。

まず、受刑者は技能の有無を確認され、体格により分類される（第二条）。体質や四肢・五官に問題が無く、身長四尺五寸（約一三六センチメートル）強・体重一五貫（約五六キログラム）以上の者は第一等体格、身長・体重はこれを充たすが胸囲や肩幅が不十分な者は第二等体格、身長・体重が不十分な者は第三等体格に分類された（第三条）。そのうえで、第一等体格に適合し満二〇～四八歳の者は第一級労役者、第二等体格に適合し満四九～五九歳の者は第二級労役者、第三等体格で満二〇～五九歳の者は第三級労役者、満六〇歳以上か病後の疲労や身体の弱さにより作業に堪えない者は第四級労役者に分類され、技能がある者はそれに応じて第一～三級に編入された。また、体格が不十分でも工業の指導可能な者は第二級以上に準じる扱いがされた（第四条）。

この分類に応じ、作業種別ごとに一時間あたりの作業量が定められた。作業工賃も受刑者の分類に応じて設定されているが、後に改めて確認する。史料中で作業量が明記されているのは東京集治監で最も盛んに行われた煉瓦関連の作業のみだが、たとえば「荒土運送」は第一級労役者一時間あたり三合五勺、二級は二合五勺、三級は二合、四級は一合五勺、「煉化型抜」は第一級一時間あたり六〇本、二級は五〇本、三級は四〇本、四級は三〇本といった規定である（第五条）。このように、東京集治監の事例では体格や年齢などにより受刑者を分類し、やや形式的ではあるもののそれぞれ作業量を定めていた。

一方、作業内容について、東京集治監は「煉化石工」と「雑工」に分類し、さらに細別して強役・軽役に分類している（第六・七条。「煉化石工」の作業はすべて強役に分類）が、受刑者を各作業に割り振る際の基準は明記がない。そこで、参照した規程に時期が近い名古屋監獄署の事例と、時期は十数年下る東京集治監の事例とを取り上げる。

まず、『愛知新聞』の記者白井菊也が官吏侮辱罪で重禁錮一ヶ月の判決を受け、一八八二年一一月から名古屋監獄署に収監された際の体験を、田中亜紀子氏の論文に依拠して取り上げる。

白井の事例から分かることは、第一に、この当時は「役付囚」が監獄運営の一端を担い、そのうち「誘工者」が作業内容を割り振っていたことである。これは、一八七〇年に監獄の近代化のため牢名主などの慣習を廃止したものの、結局運営上の困難から八一年監獄則で受刑者に役割を与えたものである。また、房内での監督を行う「伝告者」からは白井の態度は好感を持たれ、体調悪化を見かねてマッチ箱の元結を撚る軽負担の作業へ変更されたという。ただし田中氏が指摘するように、「役付囚」の個人的感情や外部からの差し入れなどが監獄における待遇を左右しかねない状況で、八九年監獄則で「役付囚」の制度は廃止された。第二に、作業内容の教授は行われなかったようである。施行されなかった七二年監獄則では長期収監中の受刑者による教授が想定されていたが、白井の場合は「藁工」として縄綯いを指示されたものの農家出身でないため困惑し、ほかの受刑者から手助けを受けている。また、外役として饂飩粉の粉ひきに派遣された際は体力や経験が無いことから十分な作業ができず、「誘工者」から暴行を受けている（田中亜紀子 二〇一三：二～九、一七）。

「役付囚」廃止以降の事例として、一八九八年九月に東京集治監で受刑者四名が看守に重傷を負わせた事件を取り上げる。あくまでも新聞報道の内容だが、これは日頃の扱いを恨んだ受刑者が共謀した事件で、受刑者の一人が看守の注意をひくために「私も以前ハ裁縫工場にありしが、今でハ煉瓦工場へ転ぜられ、如何にも役労に堪へざれバ、何卒再び裁縫工場へ御使役相なりたし、と頼」んだところ、「看守ハ考へて置くと答へしが、其答の了るか了らぬ一刹那に」ほかの受刑者が襲いかかったものであった[6]。受刑者が話しかけたという内容から、当時の作業内容の割り振りは看守が担当していたこと、明確な基準ではなく、看守の裁量や受刑者の希望に基づいていたことがうかがえる。

以上のように、受刑者の作業内容は、全体的な方向性は枠づけられつつも現場裁量が大きかった。受刑者個々の取り扱いに差が生じた可能性もあるだろう。では、こうした状況下で監獄作業はどれほど実施され、経済全体においてどのような意義を見出せるだろうか。

(2) 監獄作業の量的検討

本項では、統計史料を活用して監獄作業の全国的な実施状況を量的に把握する。各表の数値は所管官庁の変更により一八九八年までは『内務省統計報告』、九九年以降は『司法省監獄局統計年報』に拠っている。(7)

表2の在監者数は一二月末現在の「已決囚」である。統計には判決前の者や乳幼児なども記載されているが、原則として監獄作業に従事しないと考え割愛した。表3は全監獄の作業人数を内容ごとに集計した。個別に数値を示した作業は、一八八九年の施行細則に明記されたものである。なお、司法省時代の統計は作業に従事した延べ人数であるのに対し、内務省時代は明記が無い。年末時点での在監者数とほぼ一致していることから、ある時点での集計か、期間内で最も多く従事した作業で集計したと思われる。そこで、やや不十分な処理だが、司法省が統計をまとめた時期については三六五で割った数値を記載している。表2に照らすとやや過少な推計だと考えられるが、大まかな傾向を把握するには十分だろう。また、各欄右側の%の値は監獄作業の分類である「官司業」の人数比である。詳細は後に述べるが、これがゼロに近いほど「受負業」つまり外部からの発注に応じた作業が多いことを示す。

まず、表2から在監者数の動きを確認する。もちろん一年の間に出入りがあるが、明治一〇年代後半にあたる一八八六年ごろまで在監者数が急増したこと、その後憲法発布や帝国議会開設の時期にやや減少するが、再び増加して内務省時代は高水準で推移し、日清戦争前後にピークがあること、国庫支弁・司法省所管となる直前の九九年にかけて在監者数が急減し、司法省時代はこの低下した水準で推移することが大まかに見て取れる。九九年からの低下は司法省により「微罪不起訴」の励行が取り組まれたことや、一九〇五年から刑法改正の部分的前倒しで執行猶予制度が導入されたことが要因とされる（小野 二〇〇九：一三九）[8]。

こうした規模で存在した受刑者は、主にどのような作業に従事させられたのだろうか。政府側の監獄作業についての言及は時期により、たとえば監獄費国庫支弁化の直前に「監獄ノ経済ハ将来ニ於キマシテハ自カラ自衛独立ノ方針ヲ採」[9]るとして作業収入増加への取り組みを強く促した例や、日露戦争中に軍需品製作を受託しての作業励行[10]が成功したことを踏まえ、その際の「熱心ヲ以テ之ヲ平時ニ施シ、数万ノ囚徒ヲ適当ニ利用スルコトカ出来マシタナラハ必スヤ其収入モ大ニ増加」し、経費節減と合わせて「監獄経済ノ基礎ヲ鞏固ナラシメンコトヲ切望」すると述べた例[11]などがある。しかし、基本的には総花的な指示が繰り返され、大きな画期を見出すことは困難である。そこで、従事人数から

表2　全国在監者数（単位：人）

年	男	女	合計
1882			33,351
1883			42,257
1884			55,517
1885			63,338
1886	58,324	2,797	61,121
1887	53,064	2,624	55,688
1888	51,427	2,699	54,126
1889	51,364	3,044	54,408
1890	54,284	3,331	57,615
1891	57,843	3,752	61,595
1892	60,106	4,047	64,153
1893	61,312	4,305	65,617
1894	62,670	4,591	67,261
1895	60,959	4,275	65,234
1896	60,034	4,253	64,287
1897	52,943	4,184	57,127
1898	54,713	4,205	58,918
1899	47,240	3,336	50,576
1900	46,015	3,245	49,260
1901	46,470	3,109	49,579
1902	46,530	2,934	49,464
1903	51,724	3,222	54,946
1904	49,578	2,804	52,382
1905	45,815	2,531	48,346
1906	46,178	2,560	48,738
1907	45,347	2,555	47,902

註：数値は各年の12月現在の「已決囚」の人数。
出典：1898年までは『内務省統計報告』、以降は『司法省監獄局統計年報』を参照。

表3　全国監獄作業従事人数および官司業比率（単位：人および%）

	煉瓦工		舂米		瓦工		石工 内役	石工 外役	砕石 内役	砕石 外役	鍛冶工	油絞工	耕耘 内役	耕耘 外役	木挽工		抄紙工		木工		桶工		藁工	
1886	1,876		2,449				163				298		2,736		328		2,249						13,608	
1887	2,030		2,673								289		2,079		429		3,158						9,855	
1888	2,393		2,977								385		1,832		590		3,285						11,164	
1889	1,931		2,908								380		956		901		3,406						13,834	
1890	1,469		2,551		768		379	176	0	170	320	144	309	693	1,093		3,762		1,996		269		17,244	
1891	1,191		2,492		428		270	161	0	100	523	144	312	1,188	1,261		3,346		3,485		306		19,629	
1892	1,373		2,383		378		264	182	0	43	657	40	374	1,123	1,194		3,401		3,326		285		18,944	
1893	1,506		2,289		255		201	211	0	0	570	0	257	1,184	1,116		3,519		3,738		282		18,829	
1894	1,763		2,186		335		219	216	14	0	616	0	362	748	1,320		3,383		3,837		300		17,887	
1895	1,502		1,948		193		267	271	0	0	1,061	0	268	1,904	1,172		2,959		3,602		313		14,923	
1896	1,923		1,973		201		215	182	8	0	938	76	239	1,502	980		2,915		3,781		274		12,076	
1897	1,473		1,549		182		512	229	0	0	678	0	221	1,319	1,039		2,727		2,983		236		11,681	
1898	1,247		1,396		155		317	246	0	16	899	0	262	894	884		2,493		3,368		288		11,374	
1899	907	80%	919	63%	148	20%	310	41%			641	46%	1,174	100%	662	24%	1,734	14%	2,450	47%	208	74%	6,646	23%
1900	709	66%	861	67%	193	36%	207	47%			490	35%	847	100%	597	26%	1,430	18%	2,414	37%	197	69%	5,158	26%
1901	847	71%	879	71%	77	22%	86	52%			210	74%	844	100%	549	34%	1,265	21%	1,579	44%	181	74%	4,965	30%
1902	616	65%	654	68%	88	2%	75	51%			199	77%	799	100%	390	24%	977	17%	1,076	51%	148	82%	4,488	34%
1903	635	61%	180	19%	69	2%	83	50%			192	77%	873	100%	362	16%	864	24%	1,238	56%	145	79%	5,235	33%
1904	606	72%	187	18%	45	6%	91	49%			222	80%	987	100%	298	21%	786	29%	1,036	60%	125	86%	6,316	28%
1905	606	66%	192	23%	31	30%	110	35%			256	69%	910	100%	275	20%	844	35%	1,219	53%	113	85%	4,434	28%
1906	603	18%	110	15%	36	24%	125	43%			262	71%	1,009	100%	324	20%	569	0%	1,480	45%	126	79%	3,256	25%
1907	487	27%	100	19%	40	1%	129	35%			339	66%	1,002	100%	334	16%	474	0%	1,658	41%	132	78%	3,160	28%

	炊事	掃除	監獄傭夫	開墾	採鉱	土方	運搬	監獄用	紡績	裁縫	機織	洗濯	その他	合計
1886	1,756	1,230			2,369	7,405	1,536		1,282	2,006	2,127	669	12,925	57,012
1887	1,493	1,137				7,475	1,643		530	1,626	1,968	803	18,286	55,474
1888	1,422	1,166				5,911	1,126		706	1,990	2,319	537	16,280	54,083
1889	1,446	1,261				5,212	1,152		551	1,642	2,290	558	15,437	53,865
1890	1,470	1,297		519	2,736	5,191	1,418	2,752	532	1,867	1,874	513	4,782	56,294
1891	1,466	1,634		380	2,865	3,818	1,061	1,999	553	1,994	2,922	757	7,199	61,484
1892	1,508	1,892		378	2,134	3,085	1,174	2,342	570	2,369	3,648	558	9,777	63,402
1893	1,471	1,777		483	2,178	1,865	786	3,065	687	2,301	4,499	678	11,291	65,038
1894	1,473	1,768		526	1,703	1,406	1,213	3,179	877	2,445	6,017	654	12,366	66,813
1895	1,436	1,853		100	1,917	1,318	825	2,403	634	2,233	6,405	686	14,134	64,327
1896	1,399	1,949		300	1,837	1,018	1,427	2,297	639	2,295	7,207	709	14,242	62,602
1897	1,285	1,808		0	1,252	966	741	2,344	659	2,011	7,071	686	12,359	56,011
1898	1,303	1,847		0	1,430	809	928	2,323	753	2,209	8,858	731	13,431	58,461
1899	1,257 100%	1,677 100%			1,148 1%	508 77%			249 41%	1,614 86%	7,351 13%	603 99%	14,734 23%	44,940 35%
1900	1,205 100%	1,550 100%			1,058 2%	265 67%			432 20%	2,037 83%	7,599 13%	603 99%	14,251 22%	42,102 34%
1901	1,162 100%	1,688 94%			993 1%	650 89%			463 33%	1,561 82%	7,828 14%	641 98%	15,855 24%	42,324 36%
1902	1,130 100%	1,595 98%			677 0%	129 66%			453 28%	1,477 83%	7,870 13%	523 98%	18,358 34%	41,723 39%
1903	1,058 100%	1,282 100%			725 0%	57 46%			340 17%	1,039 78%	7,827 14%	35 78%	22,047 37%	44,286 38%
1904			5,214 100%		707 0%	47 52%			363 14%	1,166 100%	6,966 13%	50 90%	18,933 28%	44,146 39%
1905			4,809 100%		711 0%	34 63%			300 18%	1,634 87%	7,129 13%	103 95%	16,743 30%	40,452 40%
1906			4,939 100%		778 0%	60 34%			326 12%	1,559 84%	6,959 8%	66 94%	17,365 32%	39,952 39%
1907			5,139 100%		813 0%	112 72%			320 12%	1,423 82%	6,644 0%	34 91%	17,172 32%	39,513 38%

註１：1899 年以降は延べ人数を 365 で割って記載し、官司業の比率を％で示した。
註２：1899 年以降は内役・外役について統計上の区別がなされていない。
註３：「瓦工」は 1889 年まで「煉瓦工」に含まれる。
註４：「耕耘」は 1889 年まで内役・外役の区別なし。
註５：「炊事」・「掃除」は 1904 年以降「監獄傭夫」に統合される。
出典：表２に同じ。

監獄作業の比重や変遷を検討する。

表3を見ると、内務省時代には「その他」を除くと「藁工」に一貫して最も多くの受刑者が従事していた。前項で見た一八八二年の監獄体験記でも差し当たりの作業として縄綯いを命じられていたことから、簡易な作業として広く実施されていたと考えられる。ただし、過少推計という点を考慮しても九九年から「藁工」は激減する。これは前年の内務省による指示が原因だと考えられる。物価騰貴の中で受刑者の工銭や作業収入を増加させる必要が論じられた文脈において「現今各地ニ於テ行ハル、処ノ藁工ノ如キハ其収入額概シテ少ク、且衛生ヲ害スルコトアルヘキヲ以テ漸次是等ノ業種ヲ廃止シ、代ユルニ他ノ収入多キ適当ノ業種ヲ選フノ注意アルヘシ(12)」とされたのである。

また、表3の前半期で多く見られたのは監獄外で行われる「土方」だが、一八九一年以降激減した。同様に、米の脱穀を行う「舂米」や北海道・福岡などの鉱山で盛んだった「採鉱」、あるいは「耕耘」など、単純肉体労働にあたる作業の減少傾向を見出すことができ、これは司法省時代に入るとより顕著である。代わって内務省期に安定した数値を示すようになったのは「抄紙工」や「木工」だが、これらも司法省の下でやや減少しており、「機織」・「監獄傭夫」が高めであるほかは全体として数値が下がっている。「監獄傭夫」は掃除や炊事をはじめとした監獄内での雑用を総称したもので、監獄側が雑用のために要した費用を節約する意義にとどまるだろう。こうした各作業の数値減少は、もちろん在監者数減少の影響だと考えられるが、「その他」にまとめた作業の人数が上昇していることが大きい。紙幅の都合から「その他」の内訳には立ち入れないが様々な物品の製造が行われており、次第に作業内容の多様化が進んだと見ることができる。

(3) 監獄作業の経済的意義

監獄作業の意義について、第一に日本経済のなかで監獄作業がどのような役割を果たしたと考えられるのか、第二に監獄作業はどれほどの収入をあげ、監獄と受刑者との間でどのように分配されたのか、を検討する。

一点目について、先行研究は監獄外における受刑者の使役に注目していたのに対し、物品供給などの意義を含めて検討する。

司法省時代の統計史料では、監獄作業は「官司業」・「受負業」という分類がなされるようになる。この分類について、残念ながら施行細則などに明確な定義はない。しかし、監獄作業の変遷をまとめた小野義秀氏によると、受負業は「業者から機械器具、原材料の提供を受け監獄が労務を提供する業態」で、作業費支出や販路の心配がないため、日清戦争期ごろからこちらに切り替えることが多くなったという（小野 二〇〇九：五一九）。また、一九〇三年に司法省から「販路ニ困難ナル物品ヲ製造シ購買者ヲ待ツカ如キ業種ヲ官司業トスルコトハ之ヲ避ケ、監獄ノ需用ニ供スル物品ハ可成官司業ヲ以テ製作供給スルノ道ヲ講」じるようにと指示があり[13]、在庫の累積への警戒が示されていることや、引用部分後半の記述に一致して監獄内の雑用を行う「監獄傭夫」などは基本的にすべて官司業に分類されていることなどを踏まえると、官司業は監獄が自ら経営にあたる事業で、より細かく分ければ、監獄内部の必要・需要のために行う作業と、販売を目的に原料仕入れや製造を自ら実施する作業とが含まれると考えておきたい。

まず、前掲表３右端の合計値から、全体として官司業の比率は微増していくものの、監獄作業の従事者のうち少なくとも六〇％は外部からの依頼に応じたものであったことが分かる。受負業の比率が高いことは数値が残っていない内務省時代も同様だったようで、一八九八年「(甲号)指示事項」では「監獄作業トシテ受負業・官司業ノ利害可否如何、ニ就テハ容易ニ断定ヲ下シ難シト雖モ、現今各監獄多クハ受負業ノ制ヲ採リ、官司業ニ係ル者極メテ少ナキカ如シ(14)」とある。

個別の作業を見ると、たとえば「採鉱」は極端で、ほとんどは外部の炭鉱などの依頼により受刑者を派遣していたと考えられる。対照的に、極端に官司業の比率が高い「裁縫」や「洗濯」などは監獄内の必要のために行っているのだろう。「耕耘」が官司業であることは、監獄で農業を行い、食糧を一部自給していたことを示すだろうか。また、「その他」における受負業の比率が比較的高いことは、次第に多様化が進む物品製造などが外部から受注してのものであったことを示すだろう。

一方、急激に官司業の比率が低下する作業として「抄紙工」や「煉瓦工」があげられる。「煉瓦工」については、表に示した時期を平均すると、全国の作業人数のうち約半数を東京集治監が占めている。東京集治監で官司業からの転換が生じた事情は、次節で検討する。

どのような者が監獄に「受負」を依頼したのかは詳らかにできず、また、監獄が製作した物品を仕入れて販売する、原料としてさらに加工する、あるいは直接的に受刑者を労働に使役する、など想定し得る様々な利用形態のうちどれが盛んであったかなどの位置づけは叶わないが、受刑者という極端にコストが低い労働力が、表2・3に示されたような規模で存在し、活用されていたのである。ここで石井寛治氏が集計した鉱工業賃労働者数を参照すると、近代日本の本格的な産業化の初期にあたる一八八六年で約一〇万人であった。このあと一九〇〇年約五〇万人、〇九年約一二〇万人と著増していく（石井 二〇一八：四三）が、対して監獄作業の労働力である受刑者は基本的に約五〜六万人前後で推移しており、特に一八八〇年代では無視できる規模ではないだろう。この規模の極めて低コストの労働力が、先行研究がエピソード的に取り上げてきた炭鉱などにおける使役だけでなく、物品製造を受注するなど様々な形態で享受され得たのである。

では、監獄作業によってどれほどの収入があったのだろうか。表4に監獄作業による収入の総額と、そのうちから受刑者に与えられた給与額とをまとめた。また、「財源補てん率」は、前掲表1の監獄

表4　監獄作業収入額および分配（単位：円）

	収入総額	受刑者給与	財源補てん率	受刑者取得率
1886	644,539	90,143	15.14%	13.99%
1887	669,582	99,702	16.94%	14.89%
1888	624,467	103,439	17.29%	16.56%
1889	645,244	146,389	15.78%	22.69%
1890	639,304	167,731	13.06%	26.24%
1891	662,737	174,056	13.97%	26.26%
1892	638,220	175,523	12.95%	27.50%
1893	655,556	182,441	12.92%	27.83%
1894	695,791	189,909	13.14%	27.29%
1895	745,185	196,819	14.07%	26.41%
1896	851,010	208,082	15.71%	24.45%
1897	766,508	186,027	12.85%	24.27%
1898	907,299	229,425	13.70%	25.29%
1899	1,117,320	105,305	史料欠	9.42%
1900	1,241,472	206,372		16.62%
1901	1,290,131	210,109	19.75%	16.29%
1902	1,312,470	234,911	19.19%	17.90%
1903	1,264,165	235,734	18.15%	18.65%
1904 史料欠				
1905 史料欠				
1906	1,493,262	264,464	24.21%	17.71%
1907	1,581,574	298,421	23.17%	18.87%

註1：「財源補てん率」＝（収入総額－受刑者給与）／表1支出総計
註2：「受刑者取得率」＝受刑者給与／収入総額
出典：表2に同じ。

費支出総額に対し、政府が監獄作業から得た収入の比率を示す。「受刑者取得率」は、実際に作業に従事させられた受刑者に、監獄作業による収入のうちどれほどが与えられたかを示す。

監獄作業による収入は日清戦争期までは六〇万円台で横ばいに推移した。以後は順調に上昇し、司法省の下に移ってからは百数十万円台で再び横ばいとなり、日露戦争を経るとさらに水準を高めていく。こうした収入は政府・受刑者へどのように分配されたのだろうか。

財政上の意義を示す財源補てん率は、一八八〇年代後半においては一五%を上回っていたが、受刑者取得率が上昇し始める九〇年代以降一〇%台前半で推移するようになり、監獄費支出が膨張する日清戦争後もあまり比率は変化していない。財源補てん率が目立って上昇するのは作業収入全体が増加する司法省所管に移ってからで、特に日露戦後期には二五%に迫っている。対して受刑者取得率は、八〇年代においては財源補てん率を下回っていたが九〇年代には上昇してほぼ二五%を超える水準で推移する。しかし、統計が切り替わった九九年を外れ値と考えても司法省所管下では水準を低下させていく。このように、監獄作業による収入は一定の財政的意義を有したと見ることができるが、一方で受刑者への分配は高いものであったとは言い難く、この傾向は司法省の下で強まっていた。

ただし、作業収入自体に対する政府の評価はそれほど高いものではなかった。たとえば、一八九九年において「我国ノ監獄ノ収益ハ外国ノ監獄ニ比シマスルト頗ル少ナイ……今日一般労銀ノ騰貴シテ居リマスル時ニ、斯ノ如キ平均四銭ト云フ様ナ工銭ハ甚タ低額ニ失シテ居リハスマイカト思フノデアリマス」(15)と、物価の上昇に比して監獄作業の収入の伸びが低いと評されていた。受刑者が得る給与の計算については監獄則に規定されているものの、監獄作業の価格設定については規定が無いため、かなり時期はさかのぼってしまうが、前項で参照した東京集治監の規則を例にあげる。「工業事務規程」の後半に作業工銭の規定があり、その設定にあたっては東京集治監近傍の「普通匠工担夫」の賃金を基準としている。まず、監獄作業に従事する時間は民間と比べて八割であるとし、工銭を市中の賃金水準の八割に切り下げ、さらにそこから二割を控除して市中の水準の六割を一日の工銭額として定めている（第一七条）。これを作業ごとに先述の受刑者の分類にあてはめ、たとえば「煉瓦型抜」の一級は一八銭、二級は一五銭、三級は一二銭、四級は九銭という形に設定している。この条文には「常人」の工銭も併記されているが、受刑者の工銭額はすべて「常人」の六割となっている（第二〇条）。さらに、各受刑者一日の工銭のうち一割を給与、九割を「監獄ノ諸費ニ差継クヘキ収額」とする。ただし一日の作業量規定を超えて働いた分の工銭については七割が受刑者に給与される（第二一条）。

このように、工銭は市中の水準よりも抑制した設定をしているため、監獄作業の収入額は物価変動に際して伸びが不満足なものとなったと考えられる。これは逆に、受負業として外部の経済主体が活用する場合には、かなりの低コストを享受できたと想定できる。

ただし、監獄作業には監獄自体の事業である官司業もあった。そのため民間企業の側から見たとき、低コストを享受し得るという利点だけでなく、低コスト商品との競合を強いられる危険性も想定される。実際に、一八九二年には香川県監獄が製作する傘が民業を圧迫しているとして、九三年には宮城集治監による石盤採掘作業が石盤価格を暴落させたとして、民間の業者から知事や内務省へ陳情が行われている（小野 二〇〇九：五一九）。この局面における衝突が回避できない限り、監獄作業は安定して日本経済のなかに位置を占めることはできないだろう。こうした問題の処理の一例を次節では取り上げる。

第三節　監獄作業と民間企業の競合

(1)　東京集治監における煉瓦製造

本節では、監獄作業と外部とのかかわりの事例として東京府南葛飾郡小菅村（一八八九年の町村制施行に向けた合併で南綾瀬村、現在の葛飾区）に所在した東京集治監の煉瓦生産を取り上げる。

まず、本章の時期における在監者は男性のみで、一八八八年の一六二八名をピークとして日清戦争ごろまでは前節表2で把握した全体の推移とほぼ共通する。一九〇三年の八四六名が最小だが、その後は微増して〇七年には一二四〇名まで増加した[16]。日露戦後期に微増するのは全体の減少傾向に対して特徴的だが、集治監には長期の受刑者が集められるため、前節で見た司法省による在監者数抑制方針の影響が小さかった可能性が考えられる。

東京集治監の作業人数をまとめた表5を見ると、「煉瓦工」の従事人数が多い。これは全国的にも大きなウェイトを占めていた。「煉瓦工」は煉瓦の窯への出し入れが重要で、単純肉体労働の性質を有するが、多い時には東京集治監の受刑者の七〇%ほどが振り向けられていた。しかし、一九〇〇年を境に、依然として作業人数としては同監でトップであるものの、その割合は三〇～四〇%へと低下していき、他の作業への分散が見られる。このころ、東京集治監では作業の種類の拡張など様々な改善を検討しており、地方監獄署もこれに倣う動きがあったという[17]。ただし前節の分析によると、単純肉体労働と考えられる作業への従事者が全国的に減少傾向に入るのはもう少し早いタイミングであった。また、東京集治監の「煉瓦工」の官司業・受負業の比率が一九〇六年から極端な転換をしていることも特徴的である。このように、東京集治監は煉瓦製造にかなり力を入れていることや、作業に関する数値は全国的な動向と照らしてやや特殊であることがうかがえた。煉瓦製造の重要性は設立当初からの東京集治監の特徴であった。

東京集治監の設置について、内務省は一八七八年九月二一日付で太政官へ上申した[18]。要点を簡単にまとめると、当時は各地の監獄で収容力の限界を迎え、新築・増築の費用負担に苦慮していたが、旧小菅県庁跡の煉瓦製造所は「周囲水運の利ありて囚人逃走の憂少なく、大に監獄的当の場所」であった。この煉瓦製造所は、銀座煉瓦街の計画にあたりお雇い外国人ウォートルスの指導でホフマン窯が三基建造されたものである[19]。これを買い上げて仮監獄を設け、受刑者を煉瓦製造に従事させれば、監獄建築が安く済み、販売によって次第に純益を生じると内務省は提言した。さらに、「囚徒は工銭の増加を得るのみならず煉瓦製造の業に習熟し満刑後糊口に窮するの憂なく」と、受刑者の作業工銭は増え、出所後にも役立つ技術を習得できるとし、こうして煉瓦製造業が進歩すれば安価な供給が可能となって「民間家屋の建造を一変し、遂丙王をして其悪を逞ふするに至らしめず民産を保護するの術実に此事業に如くものなし、社会の公益蓋し少しとせず」と、民業の保護・社会の公益につながるとする。内務省は大蔵省と協議のうえで監獄建築費と地所・諸器械買上代金計約六万円を請求し、一〇月一一日に聞届けられた。このように、東京集治監では当初から明確に財源として煉瓦製造が位置づ

表5　東京集治監監獄作業従事人数および官司業比率（単位：人および%）

	煉瓦工	舂米	瓦工	石工内役	鍛冶工	耕耘内役	木挽工	抄紙工	木工	桶工
1886	1,050	16			7		4			
1887	672	18			7		5			
1888	633	18			17		5			
1889	315	14			28		2			
1890	568	9	36	33	23				23	3
1891	744	9		38	19				73	3
1892	948	7		17	13				55	3
1893	930	10		17	9				79	2
1894	1,130	10	35	22	6				75	2
1895	1,052	10	33	25	6				80	2
1896	942	10	33	21	12				51	3
1897	667	8	21	19	8				52	4
1898	852	8	0	10					37	1
1899	589 100%	11 100%	29 0%	10 83%	7 87%	4 100%			150 64%	1 100%
1900	397 100%	21 100%	37 0%	9 2%	7 100%	6 100%			121 62%	0
1901	484 100%	43 100%	18 0%	1 2%	8 100%	3 100%	3 49%		69 33%	3 70%
1902	308 100%	23 100%	17 0%	0	4 100%	5 100%	4 45%		52 36%	4 69%
1903	308 100%	0	14 0%	1 100%	5 100%	5 100%	4 35%		52 51%	5 78%
1904	316 100%	0	8 0%	0	4 100%	6 100%	8 62%		69 48%	4 82%
1905	279 100%	0	0	0	4 100%	8 100%	5 53%	17 0%	62 48%	2 100%
1906	280 0%	0	0	0	4 100%	11 100%	3 44%	57 0%	82 37%	3 100%
1907	289 0%	0	0	0	4 100%	13 100%	3 33%	51 0%	87 24%	2 100%

	藁工		炊事		掃除		監獄傭夫	運搬	監獄用	裁縫		機織		洗濯		その他		合計	
1886	78		29		156			63		5						143		1,551	
1887	83		29		126			84		9						571		1,604	
1888	72		30		17			107		7						711		1,617	
1889	32		23		11			54		8						398		885	
1890	52		21		11				46	5						186		1,016	
1891	37		20		9				6	6						130		1,094	
1892	33		19		7				4	8		57				111		1,282	
1893	45		20		6				4	18		71				59		1,270	
1894	73		22		7				3	16		104				77		1,582	
1895	71		22		8				3	17		123				113		1,565	
1896	70		23		12				28	20		87				123		1,435	
1897	48		20		24				43	23		52				147		1,136	
1898	67		18		32				3	28		37				61		1,154	
1899	44	100%	25	100%	47	100%				47	98%	147	1%			69	18%	1,180	76%
1900	7	100%	25	100%	35	100%				64	73%	223	16%			144	17%	1,096	62%
1901	14	100%	24	100%	45	100%				30	95%	147	34%	15	100%	207	41%	1,112	74%
1902	47	100%	18	100%	29	100%				19	100%	60	35%	10	100%	227	61%	826	78%
1903	68	100%	15	100%	22	100%				17	100%	2	100%	1	100%	217	86%	737	90%
1904	82	100%					72	100%		51	100%	21	82%	2	100%	126	87%	769	91%
1905	78	100%					78	100%		89	100%	40	100%	1	100%	213	65%	876	86%
1906	56	28%					81	100%		76	100%	36	61%	1	100%	200	39%	888	36%
1907	101	24%					78	100%		74	100%	68	35%	1	100%	203	33%	973	32%

註1：1899年以降は延べ人数を365で割って記載し、官司業の比率を％で示した。
註2：1899年以降は内役・外役について統計上の区別がなされていない。
註3：「瓦工」は1889年まで「煉瓦工」に含まれる。
註4：「炊事」・「掃除」は1904年以降「監獄傭夫」に統合される。
出典：表2に同じ。

けられていた。監獄における煉瓦製造はほかにも例がある。たとえば、盛岡では監獄を建築するための煉瓦を受刑者に焼かせ、完成後も製造・販売を継続しており[20]、名古屋でも鉄道局と売買契約を結んでいる[21]。

では、東京集治監が製造した煉瓦はどのように販売されていたのだろうか。管見の限り最も早い事例では一八八〇年五月付で広告が出されている。煉瓦一四種類の価格を示し、神田区旅籠町の鴨下義復・京橋区水谷町の竹村武助・芝区南佐久間町の山田直に売り捌きを許可している。また、「当監に於て直売の分ハ需めに応じ運搬をなすと雖も摚立〔形よく積み並べること〕の手数をなさず摚立を要する方ハ売捌人に就て購求あらん事を欲す」と、直接販売にも応じていた[22]。

一八八三年九月には大倉周蔵・大倉喜八郎に販売所の運営が委託され、同時に販売規則が定められた[23]。「内外ノ官民ヲ問ハス凡テ一般所用者ノ需ニ応シ、新ニ製造スヘキ注文ヲ請ケ、之カ予約ヲ為シ又ハ既製品ヲ売渡シ其代金ヲ収領スル」（第一条）ために販売所は設置され、価格は種類ごとに東京集治監が定めた（第二条）。価格の変更は、販売人から意見書を提出するか、集治監側からの下問で検討された（第八条）。販売人は一年度販売代金五万円未満の場合はその四%、五～一〇万円の場合はその四・五%を手数料として得る（第十四条）が、販売所の土地家屋・営業に関する一切の費用は手数料から支出することとされた（第十五条）。新聞広告によると販売所は初め東京市京橋区銀座二丁目七番地に置かれ[24]、九一年には同区弓町七番地へ移っている[25]。受注も好調だったようで、たとえば八八年には富津砲台建築用煉瓦七五〇万個の注文を受け、五基の窯による平均月一〇〇万個余りの生産力で対応したという[26]。

このように、東京集治監の煉瓦製造は販売体制も整備されたものであった。しかし、煉瓦製造業者は民間にも多く、関東地方では一八八〇年代末に埼玉県大里郡大寄村（現深谷市）の日本煉瓦製造株式会社や東京府南葛飾郡金町村（現葛飾区）の金町製瓦株式会社など、機械成形やホフマン窯を大規模に導入した企業が設立された（日本煉瓦製造株式会社社史編集委員会編　一九九〇）。民業圧迫を避けることは東京集治監が設置される際の内務省上申に言及があったが、一〇年ほどが経過して集治監設置当初には存在しなかった大企業が登場し、競合の危険性が高まっていた。一九〇〇年代には実際に煉瓦製造の廃止が申し立てられている。次項では、競合の実態と対立の解消のあり方を捉える。

(2)　煉瓦価格の比較と民間業者の反発

本項では煉瓦製造を例として監獄作業と民間企業との競合やその対応を検討するが、煉瓦の相場について連続的な統計は日露戦争後にならないと得られない。そこで、体系的な比較にはならないが、煉瓦の価格に関する断片的な史料を拾い上げ、競合の実態をできる限り明らかにしたい。参照するのは、新聞・雑誌に記載された相場や販売価格のほか、東京市が水道改良事業[27]のために煉瓦を購入した際の史料などである。また、煉瓦の種類によって価格は異なるため、多くの時期で共通して参照できた品種である「焼過煉瓦」の価格に基本的に注目する。なお、以下表記する価格は煉瓦一万個あたりの金額である。

参照できた限りで最も古い情報は、前項で取り上げた一八八〇年五月付の東京集治監による新聞広告で、「選焼過」七〇円・「並焼過」六〇円であった[28]。その後、松方デフレ期にあたることから疑問は残るものの、八三年四月の同様の広告によると「選焼過」九五円・「焼過」八五円と高騰した時期もあったようである。(29) しかし、関東で最大規模の企業となる日本煉瓦製造株式会社が創業にあたり「東京近傍製品煉瓦中ノ首位ニ在ル小菅集治監煉瓦価格ヲ標準ニ取(30)」って価格を検討した際の史料によると、八九年における集治監の価格は「撰焼過」六五円・「幷焼過」五五円で、東京市内の河岸まで輸送する場合は運賃四円が加わるとある。八〇年時点とほぼ同じ水準であった。なお、日本煉瓦製造は埼玉県の工場から東京までの輸送費を一二円と見込み、これを加えると東京集治監の運賃込み価格と同じになるように価格を設定している。(31) 一八八〇年代に官営事業が先行し、九〇年代ごろから本格的に勃興する民間大企業の指標となっていたことが分かる。

続いて確認できたのは一八九三年六月ごろの市中の相場で、記事によると前年秋以来工事が不活発で在庫累積・価格下落が起きていたが、次第に需要が高まったため六〜七円ほど高騰して「撰焼過」八二円・「上焼過」七六円・「並焼過」六六円で取引されているという。(32) これと東京集治監の販売価格を比較したいが、残念ながらこの時期の価格設定を記した史料を見出せないため、東京市が水道改良事業のために煉瓦を購入した際の価格を参照する。

ただし、この東京市の史料による価格には若干の留意が必要だと考えられる。東京市が煉瓦を購入する際、基本的に民間業者からは入札で購入しており、たとえば一八九三年七月に金町製瓦株式会社から「一等焼過」五五円・「二等焼過」五〇円・「三等焼過」四五円（平均四九円）、一一月には日本煉瓦製造から「一等焼過」六五円・「二等焼過」六〇円・「三等焼過」五五円（平均六〇円）、一二月には金町製瓦から「一等焼過」六五円・「二等焼過」六〇円（平均六三円）と、先述の同時期の相場からはかなり抑制された価格であった（東京市役所編　一九七六）。対して東京集治監から購入する場合は、市側が種類と本数を伝えて価格を問合せ、集治監側が回答した金額を時価に対し不当でないという定型文で毎回可決して随意契約で購入していた[33]。九三年三月の品種不明の購入では六五円、七月の購入では「撰焼過」五八円・「並焼過」五〇円・「下焼過」四三円（平均五〇円）（東京市役所編　一九七六）と、民間企業の入札額とそれほどの差は無い価格設定となっている。

このように、東京市水道改良事業の史料から把握できる価格は抑制されたものと考えられ、先述の一八九三年六月相場と比較して同時期の東京集治監の販売のあり方を考察することは適切でないと考えられる。しかし、東京市と東京集治監との随意契約価格の変化をいくつかの時点において把握し、近い期間における民間企業の価格の変化と比較することは一定の参考になるだろう。

日清戦争後にも東京市による水道改良事業のための煉瓦購入は続いており、残念ながら史料上品種は不明だが一八九五年七月に七〇円で、九八年三月には六五円で東京集治監から購入している（東京市役所編　一九七三）。九三年時点の購入額と比べると高く見積もっても二〇円ほどの上昇と見ることができる。これに対し、九八年六月の雑誌記事によると金町製瓦は「撰焼過」一三五円・「上焼過」一二五円・「並焼過」一一五円、日本煉瓦製造は「撰焼過」一三五円・「焼過一等甲」一三〇円・「焼過二等甲」一二五円といった価格設定で[34]、先述の九三年六月の相場と比べて五〇円ほどの上昇を示している。また、時期が近い東京市による入札の例をあげると、品種不明だが一八九七年一〇月に川口煉化から一三五円・三州煉化から一三〇円で購入していた[35]。この後一九〇〇年末には不況に入って価格が崩落するが、それでも相場は一〇〇円程度であったといい（日本煉瓦製造株式会社社史編集委員会

編　一九九〇：八二～八三）、東京集治監の価格よりは上昇が激しいと言えるだろう。

以上の検討から、民間企業の場合は日清戦後の経済発展から価格水準を騰貴させており、同時に賃金などコストも増大させていたと考えられる。一方、東京集治監における監獄作業の場合は受刑者を労働力としているため経済状況の変化からあまり影響を受けず、結果的に製品価格の上昇も鈍かったのではないだろうか。前節で取り上げた一八九八年の政府側の発言で、物価騰貴に比して監獄作業の収入があまり上昇していないと指摘されていたことも裏付けになるだろう。

しかし、こうした価格差の拡大は民間企業を圧迫しており、一九〇一年五月一五日、東京・千葉・神奈川・埼玉・栃木の煉瓦製造業者四〇名が東京集治監に対して「民産保護」のため煉瓦製造の廃止を請願するに至った[36]。請願書の実際の文面は確認できていないが、新聞報道や雑誌記事から批判点を確認する。

①集治監は営利計算を度外に措き低廉なる労力・至便なる地位・豊富なる資本等諸種の特権を利用し盛に作業を為すの結果、其製品は他の企及し能はざる低価にて官私の需用に供せらるゝを以て民間当業者が之を競争場裡に立つは極めて困難なりと云はざる可からず、殊に②煉瓦作業の如きは其施設粗大に過き囚徒作業に不適当なりとのことは既に定論あり、要するに囚徒作業は一面囚徒をして改悛の念を湧起せしめ懲戒の目的を達すると同時に他面に於て其囚徒が出獄後独立自活の途を得せしむる主旨に外ならず、然るに煉瓦業の如き自然外来の庶民に接する機多きを以て動もすれば悪意を起すことなきを保せず之か監督上の手数なるのみならず、他日満期放免の際其

習熟せる技術も余り粗大に過る為め到底時下独立の営業と為らず、又雇主よりは刑余の人として擯斥を受るに至り其人自身の為めにもならざるを以て、一は囚徒改善の目的を十分ならしむると共に他面に於て民業保護の為め断然該作業を全廃せんことを希望す[37]

傍線部①では、東京集治監は優位な点がいくつもあり、民間が対抗しがたい低価格で煉瓦を供給していることが批判されている。製造コストについてはより詳しい記事がある。年間一〇～一五万円を産出する東京集治監は受刑者の賃金は一日平均六銭七、八厘で、輸送の便が良く、設備・監督費用は監獄費から支出しており、煉瓦一万本の製造コストは四〇円程度だという。これに対して民間企業の賃金は一日平均四〇銭以上で、煉瓦一万本の製造コストは七、八〇円に上り、とても競争できないと批判される[38]。これに加え、請願書への連署を決めた日本煉瓦製造の意思決定史料によると「集治監煉瓦作業ノ為メニハ吾々民間製造業者ハ多年間不一方迷惑ヲ蒙レルニ、今度更ニ独逸ヨリ最新式ノ製煉瓦器ヲ輸入シ、既ニ据付ヲ終リ、旺ンニ事業ヲ拡張スルノ現状ニ有之候ヘバ、最早一日モ黙止スベキ場合ニ無之[39]」と東京集治監が煉瓦の機械成形を導入したことが決定的だったようである。これらを踏まえると、東京集治監の煉瓦製造は価格差がそれほど無かった日清戦争ごろまではあまり問題視されていなかったが、日清戦後期以降、物価が上昇したにもかかわらず相場に合わせた価格設定がなされなかったことや、それにもかかわらず生産能力を増強する構えを見せたことから、民間企業から強い反発を受けるようになったと考えられる。

以上の経済・経営上の批判に加え、傍線線②を見ると煉瓦製造は監獄作業に相応しくないという見地からの批判も展開されている。煉瓦製造は出所後の独立営業を可能とするほどの技術の熟練はもたらさないため、受刑者の改悛や授産を目的とする監獄作業に適さないとする。たしかに、煉瓦製造は人力で煉瓦成形を行う場合は一定の熟練を要するものの、最も労働力が必要なのは窯からの出し入れで、単純肉体労働が多くを占める。そのため、授産という点ではあまり期待できないだろう。

さらに、「外来の庶民」に接する機会が多く、「悪意」を起こしかねないため監督上問題があるという批判は言葉足らずで評価が難しいが、想定できるのは煉瓦の原料となる土の採掘のために受刑者が監獄外へ出る場合や、東京集治監から煉瓦を積み出す際、受刑者と船運や積み下ろしに従事する労働者が接触する場合だろう。

前者については、外役中の看守の殺害事件が報道されている。[40] 後者については、土木建築や運輸など日雇いの「力役」は都市下層社会の人々の典型的な職業の一つであった（中川 一九八五）。また、東京の都市内水運の一例として深川地域の倉庫荷役の人夫請負業のネットワークがあり、東京集治監からの煉瓦積出に従事したのはこのような人々ではないかと考えられる（藤野 二〇一五）。本章では監獄に収容されたのはどのような人々であったかについて取り上げられなかったが、都市下層社会の人々と重なる部分が一定程度あり、煉瓦の積出などの際に接触することが悪影響を及ぼすとされたと想定できるのではないだろうか。日雇周旋を通じて就労する人々が階層的に上昇することは極めて困難だと指摘されている（町田 二〇一六）が、仮に、都市下層の人々のライフサイクルの一部に収監があったとすればなおさらのことだろう。[41] 急速に発展していく近代日本の経済社会において低賃金労働から脱出することは容易でなかっただけでなく、犯罪に走ってしまった場合は更なる低賃金労働としての監獄作業に従事させられていたのである。

この請願は結局退けられたようだが、監獄作業による煉瓦製造業の圧迫という問題は一九〇五年一二月に小菅煉瓦匿名組合が結成されることで解決に至った。この組合は近辺の煉瓦製造業者が一口五〇円以上で出資を行ったもので、総資本金額は五万円であった。東京集治監の製品販売を委託され、出資額に応じて利益を分配するもの（日本煉瓦製造株式会社社史編集委員会編 一九九〇：一二六）で、煉瓦製造を取り止めるのではなく、事実上民間業者の事業活動の一環に組み込まれることで対立が解消されたのである。前掲表５において「煉瓦工」の官司業比率が急転したことはこれが原因であった。

しかしこのような方向での再編では、煉瓦製造は監獄作業にふさわしくない、あるいは受刑者の利益にならないという批判点に対して対応がなされたとは言えないだろう。以上の顚末は、監獄作業の財源としての面と、資本主義社会との関係安定化という面との両立が試みられた結果、作業において実際に労働力を利用される受刑者の利益という点は後回しにされた形だと言える。

おわりに

本章は明治期に成立してくる資本主義社会における、監獄の経済的位置づけを考察した。従来、監獄については近代の社会秩序を形成する機能が捉えられてきたが、こうした観念的な面に留まらず、低コスト労働力を擁したという実質的な面が、エピソード的にしか言及しなかった経済史の先行研究に比しても、より明確にされた。もちろん生産性という問題はあるものの、民間の六割ほどの賃金水準の労働力が全国に五～六万人存在し、直接的な使役から物品製造まで民間からも依頼が可能だったのである。さらに、監獄の費用負担問題は政治史の文脈から取り上げられることが多かったが、受刑者の使役により費用の一五～二五％ほどを支弁し得ていたという財政的意義は大きいだろう。

その一方で、もちろん監獄作業の改善をめぐっての議論は存在し、本章でも単純肉体労働の減少や物品製造の多様化など、受刑者への授産の意義を強めると考えられる方向への変化は見出せた。しかし、受刑者への賃金の配分はかなり低いもので、また、刑罰として強制的に労働に従事させ、経費支弁の目的とはいえ政府が収入を得ること自体の是非は問い直されなかったように思われる。監獄における取り扱われ方の受刑者間の公平性は保たれていたか、といった問題も存在した。

また、監獄と民間企業との関係は、労働力利用だけでなく時には製品の競合を生じた。東京集治監と煉瓦製造業者が対立した事例では、受刑者による煉瓦製造は継続し、販売を民間が出資した組合が担い、出資者に利益を分配するという形で落着した。つまり、政府・煉瓦製造業者双方の利益を両立させる方向で関係を安定化させ、先行研究が取り上げた日本における資本主義の初発の時期を過ぎてからも、監獄は経済社会のなかで折り合いをつけ、位置を占めることができたのである。

ただし、官民双方の利益が保たれた一方で、もう一つの当事者である受刑者は後回しにされたと言える。刑罰であるとはいえ、監獄作業への対価は低い配分にとどまっていた。また、煉瓦製造の競合の事例では、煉瓦製造は受刑者への授産の効果は薄く、監獄作業として不適切であるという批判が民間企業からなされたが、民間企業側は利益分配を受けられる目途が立つと、監獄作業としての不適切という論点は収めてしまった。近代日本が経済的に発展していった背後には、都市下層社会の研究が見出したようなその日暮らしの労働者たちが存在したことに加え、さらに抑制された低賃金の労働力を抱える監獄も存在し、その改善や取り扱われ方の公正さという点は今回の事例においては結局省みられないままとなってしまったのであった。

註

（1）また、古島敏雄氏も三池炭鉱では囚人労働を主体とし、季節的補充労働に周辺農民からの雇用が充てられたとしている（古島　一九六三：三七三〜三七五）。

（2）一八九八年時点の三池炭鉱では八三八名の囚人が使役されたが、以後は北海道への囚人移送や看守不足で出役が減少し、三井は直轄坑夫制の確立へと転換した。一九〇二年には二七六名、一九一三年には一八〇名と囚人労働は激減していく。その要因は機械化が進んだためと従来指摘されてきたというが、切羽における採炭・運搬は大正末まで本格的な機械化はしておらず、囚人使役の減少は監獄行政の変化から影響を受けた面が大きいと位置づけた（田中直樹　一九七六）。

（3）以下、監獄に関する規定や条文は各年の『法令全書』を参照し、出典註は割愛する。

（4）「工業事務規程」東京集治監庶務課編『現行東京集治監規程類纂』一八八四年参照。以下同規程からの引用については出典を割愛する。

（5）上田茂登治編『刑務所長会同席上ニ於ケル訓示演述注意事項集』刑務協会、一九三三年所収の一八九三年「指示事項」参照。同年六月七日の内務大臣演説に続いて収録されており、この際の指示ではないかと考えられる。

（6）『東京朝日新聞』一八九八年九月一〇、一一日付参照。引用部分は一一日付の記事。また、『読売新聞』一九〇一年一一月二〇日付によると、当時の東京集治監の作業は一三種あり、主に入監前の職業と身体の強弱を考慮するが、割り振りは様々であったという。

(7) 監獄事務が司法省へ移管されるのは一九〇〇年からだが、統計が作成・公表されるタイミングの関係で一八九九年分から司法省により数値がまとめられている。
(8) 前掲上田茂登治編『刑務所長会同席上ニ於ケル訓示演述注意事項集』所収の一九〇五年「石渡司法次官演説」によると、前年から「微罪不起訴」と「仮出獄」を励行していることについて説明がなされている。同年五月の典獄会議席上で述べられた。
(9) 同前所収の一九〇〇年「内務次官訓達久保田監獄局長代」参照。同年の典獄会議席上で述べられた。
(10) 同前所収の一九〇五年「監獄局長演説大要」参照。同年五月の典獄会議席上で述べられた。
(11) 同前所収の一九〇七年「松田司法大臣訓示」参照。同年五月一日の典獄会議席上で述べられた。
(12) 同前所収の一八九八年「(甲号) 指示事項」参照。同年の諮詢会での内務次官演説に続いて収録されており、この際の指示ではないかと考えられる。
(13) 同前所収の一九〇三年「指示事項」参照。同年四月二五日典獄会同での司法大臣演説に続いて収録されており、この際の指示ではないかと考えられる。
(14) 前掲一八九八年「(甲号) 指示事項」参照。
(15) 同前所収の一八九九年「小松原内務次官演説」参照。同年五月の典獄会議席上で述べられた。
(16) 各年の『内務省統計報告』および『司法省監獄局統計年報』参照。
(17) 『読売新聞』一八九九年七月四日付参照。
(18) この内務省上申は『日本近世行刑史稿　下』七〇七～七二六頁を参照し、以下では出典註を割愛する。
(19) ホフマン窯は房を円環状に連結した窯で、火が隣接する房に次々と移っていくことによって連続で煉瓦焼成が可能となる。小菅のホフマン窯は日本で最初に建造されたものであった(水野 一九九九：三四～三七)。
(20) 『東京朝日新聞』一八八九年六月四日付参照。この記事では、東北鉄道の延伸に際し、宮城県の土木請負業者が盛岡監獄の煉瓦の払い下げを受けて鉄道会社に売却して利益を得ようとした行動が批判されている。
(21) 『大日本窯業協会雑誌』第六〇号、一八九七年、四一八頁参照。

(22)『読売新聞』一八八〇年六月二二日付参照。
(23)以下は一八八三年九月達第二四号(前掲東京集治監庶務課編『現行東京集治監規程類纂』所収)参照。
(24)『読売新聞』一八八三年一〇月一日付参照。
(25)『東京朝日新聞』一八九一年七月四日付参照。
(26)『東京朝日新聞』一八八八年八月二三日付参照。
(27)市区改正条例に基づき実施された事業で、浄水場を淀橋に、給水場を芝・本郷に設置する計画で、一八九二年九月ごろ順次着工し、建物や浄水池・濾過池などに用いる煉瓦が必要となった(東京都水道局 一九六六、中嶋二〇一〇:二三二〜二五五)。
(28)前註(22)参照。
(29)『読売新聞』一八八三年四月二一日付参照。
(30)「明治廿二年理事評議録」埼玉県立文書館所蔵『日本煉瓦製造株式会社文書』二〇二所収の一八八九年第二〇六号参照。
(31)同前。
(32)『大日本窯業協会雑誌』第一〇号、一八九三年参照。
(33)東京集治監の価格が市側に承認される過程は、『東京市史稿』および東京都公文書館所蔵史料に含まれる各事例を参照。
(34)『大日本窯業協会雑誌』第七〇号、一八九八年参照。
(35)以上は『淀橋工場竣工書綴』東京都公文書館所蔵行政文書(601. D8. 13)参照。
(36)『中外商業新報』一九〇一年六月五日付参照。
(37)同前。
(38)『大日本窯業協会雑誌』第一〇五号、一九〇一年参照。
(39)「明治三十四年一月取締役評議録」埼玉県立文書館所蔵『日本煉瓦製造株式会社文書』二〇七所収の一九〇一

年第六四七号参照。

(40)『読売新聞』一八七九年八月一日付参照。

(41) もちろん、人々の階層と犯罪を安易に直結させることは避けるべきだが、都市下層社会の研究で収監という局面に焦点を当てたものは見られないように思われ、論点となりうるのではないだろうか。この点は前掲ヴァカン『貧困という監獄』の「訳者解説」における、黒人ゲットーに暮らす人々の多くにとって投獄が「ありふれたこと」で、更なる貧困に追い込まれているという言及から示唆を受けている。

原史料

『中外商業新報』
『東京朝日新聞』
『読売新聞』
「明治廿二年理事評議録」埼玉県立文書館所蔵『日本煉瓦製造株式会社文書』二〇二
「明治三十四年一月取締役評議録」埼玉県立文書館所蔵『日本煉瓦製造株式会社文書』二〇七
『淀橋工場竣工書綴』東京都公文書館所蔵行政文書（601. D8. 13）

刊行史料

「工業事務規程」東京集治監庶務課編『現行東京集治監規程類纂』一八八四年参照
『大日本窯業協会雑誌』第一〇号、一八九三年
『大日本窯業協会雑誌』第六〇号、一八九七年
『大日本窯業協会雑誌』第七〇号、一八九八年
『大日本窯業協会雑誌』第一〇五号、一九〇一年

上田茂登治編『刑務所長会同席上ニ於ケル訓示演述注意事項集』刑務協会、一九三三年
『内務省統計報告』一八八二～一八九八年
『司法省監獄局統計年報』一八九九～一九〇七年
『明治大正財政詳覧』東洋経済新報社、一九二六年

参考文献

赤司友徳　二〇一四「明治中期における監獄費国庫支弁問題とゆるやかな制度変化」『九州史学』第一六九号
石井寛治　二〇一八『資本主義日本の地域構造』東京大学出版会
ロイック・ヴァカン（森千香子・菊池恵介訳）二〇〇八『貧困という監獄――グローバル化と刑罰国家の到来』新曜社（原著は一九九九年）
小野義秀　二〇〇九『監獄（刑務所）運営一二〇年の歴史――明治・大正・昭和の行刑』矯正協会
倉島史朗　二〇一二「帝国議会における監獄費国庫支弁問題」『天理大学社会福祉学研究室紀要』第一四号
刑務協会編　一九四三『日本近世行刑史稿　下』刑務協会
重松一義　二〇〇五『日本獄制史の研究』吉川弘文館
隅谷三喜男　一九五五『日本賃労働史論――明治前期における労働者階級の形成』東京大学出版会
隅谷三喜男　一九六八『日本石炭産業分析』岩波書店
高橋誠　一九六四『明治財政史研究』青木書店
田中亜紀子　二〇一二「明治十五年名古屋監獄署における行刑状況（一）――「愛知新聞」掲載 白井菊也「牢獄土産」を主たる手がかりとして」『〈三重大学〉法経論叢』第二九巻第二号
田中亜紀子　二〇一三「同（二・完）」同第三〇巻第二号
田中直樹　一九七六「三池炭礦における囚人労働の役割」『エネルギー史研究』第六号
筒井正夫　二〇一六『巨大企業と地域社会――富士紡績会社と静岡県小山町』日本経済評論社

アンジェラ・デイヴィス（上杉忍訳）　二〇〇八　『監獄ビジネス――グローバリズムと産獄複合体』岩波書店（原著は二〇〇三年）
ピエール・ディヨン（福井憲彦訳）　一九八二　『監獄の時代――近代フランスにおける犯罪の歴史と懲治監獄体制の起源に関する試論』新評論（原著は一九七五年）
東京市役所編　一九七三　『東京市史稿　上水篇四』臨川書店
東京市役所編　一九七六　『東京市史稿　上水篇三』臨川書店
東京都水道局　一九六六　『淀橋浄水場史』東京都水道局
中川清　一九八五　『日本の都市下層』勁草書房
中嶋久人　二〇一〇　『首都東京の近代化と市民社会』吉川弘文館
日本煉瓦製造株式会社社史編集委員会編　一九九〇　『日本煉瓦一〇〇年史』日本煉瓦製造株式会社
姫嶋瑞穂　二〇一一　『明治監獄法成立史の研究――欧州監獄制度の導入と条約改正をめぐって』成文堂
ミシェル・フーコー（田村俶訳）　一九七七　『監獄の誕生――監視と処罰』新潮社（原著は一九七五年）
藤野裕子　二〇一五　『都市と暴動の民衆史――東京・一九〇五－一九二三年』有志舎
古島敏雄　一九六三　『資本制生産の発展と地主制』御茶の水書房
ダニエル・V・ボツマン（小林朋則訳）　二〇〇九　『血塗られた慈悲、笞打つ帝国。――江戸から明治へ、刑罰はいかに権力を変えたのか？』インターシフト（原著は二〇〇五年）
町田祐一　二〇一六　『近代都市の下層社会――東京の職業紹介所をめぐる人々』法政大学出版局
水野信太郎　一九九九　『日本煉瓦史の研究』法政大学出版局
安丸良夫　一九九九　『一揆・監獄・コスモロジー――周縁性の歴史学』朝日新聞社

第8章　裁判記録にみる一九三二年矢作事件
——包括的再検証にむけた基礎的考察——

藤野裕子

はじめに

(1)「乱闘」から「虐殺」へ

矢作《やはぎ》事件とは、一九三二年五月四日、岩手県気仙《けせん》郡矢作村の大船渡《おおふなと》線鉄道工事第一三工区で起きた、日本人土工一〇〇余名による朝鮮人飯場などの襲撃事件である。この襲撃によって、朝鮮人三名が殺害され、公式に発表されているだけでも朝鮮人一九名・日本人三名が重軽傷を負った。日本人の負傷者のうち一名は襲撃された朝鮮人男性の内縁の妻であった人物であり、一名は日本人の同士討ちによって負傷している。したがって、朝鮮人の手によって負傷した日本人は一名ということになる。被告人五三名全員が日本人であったことからも、日本人による一方的な襲撃であったことがわかる。このほか、襲撃のなかで女性一名が強姦されている。

この矢作事件については、戦後におおむね三つの観点から言及されてきた。一つは、警察の内部資料をもとに編まれた『岩手の重要犯罪』である（岩手県警察本部編　一九五九）。同書はこの事件を「日鮮土工の大乱斗事件」と見なし、事件が朝鮮人労働者による「不当」な待遇改善要求から起きたと述べ、それに対する警察の対応をまとめている。『岩手百科事典』の「矢作乱闘事件」の項目や（岩手放送岩手百科事典発行本部編　一九七八：七四〇）、『陸前高田市史』の「矢作騒擾事件」の項目でも（陸前高田市史編集委員会編　一九九六：三一五～三一八）、事件の要因については『岩手の重要犯罪』を典拠に記述している。

一方、事件の要因とされた朝鮮人労働者による待遇改善要求の一部は、日本労働組合全国協議会（全協）土木建築支部のオルグが矢作村に入って指導したものであった。事件に先立つ一九三〇年、在日本朝鮮労働総同盟は全協に吸収されたが、その後全協土建支部を中心に朝鮮人を主力とする活動が展開していた。そのため、矢作事件は一九三〇年代初頭の全協および在日朝鮮人労働運動に関する研究において、全協による事件の調査報告（全協ほか編　一九三二）に基づいて言及されてきた（渡部一九五四：二七六～二七九、岩村　一九七二：二四五～二四七）。また、事件の直前に矢作村で別途に思想弾圧事件が起こっているが、それとの関連で全協の運動を捉える記述もある（新岩手日報社編　一九四九：二一四～二一六）。

朝鮮人強制連行の実態解明を進めるなかでも、矢作事件は注目された。朴慶植は事実経過を全協側の史料と一部関係者の証言に基づいて追っている（朴　一九六五：二〇五～二〇八）。さらに、強制連行の実態調査が進展するにともなって、矢作事件をめぐる史料状況が劇的に変化した。東北地方の強制連行の実態解明を行う調査団によって矢作事件の聞き取り調査が大々的に行われ、日本人土工側の計画性や殺意、警察の関与について、加害の当事者などの口から語られたのである（東北地方朝鮮人強制連行真相調査団編　一九七五、琴　一九七六）。これらの証言をもとに、郷土史家の西田耕三やジャーナリストの小野寺教郎によって、事件の包括的な再検証が行われた（西田　一九八四、小野寺　一九八五）。また、朴と小野寺の二報告からなる矢作事件を考える集いが開かれ、報告集がまとめられるなど（矢作事件を考える集い実行委員会編　一九八六）、地域レベルでの議論が活発化した。一九九〇年代には関連する小説が出版されてもいる（金野　一九九五）。これら聞き取り調査の成果が指摘しているのは、矢作事件が日本人土工による明確な殺意と計画性とによって実行された「虐殺」にほかならなかったことである。同時に、官憲が襲撃を事前に探知しながらもこれを意図的に放置した可能性を指摘している。琴秉洞は矢作事件を資本家と官憲による共謀によって起きた事件とし、関東大震災時の朝鮮人虐殺と戦時下の強制連行の中間に位置するものと評価している（琴　一九七六：四三〜四九）。おそらくはこうした成果をふまえ、『岩手県の百年』では事件の原因を朝鮮人労働者の不当な要求に求めず、むしろ事件をそのように捉えた『特高月報』（一九三二年五月分）の記述を批判している（長江ほか　一九九五：二〇〇）。

このように、「乱闘」と位置づけられ、朝鮮人側に否があるとされた矢作事件は、全協側の史料のみならず、聞き取りの成果によって「虐殺」と位置づけ直され、官憲の関与が指摘されるようになった。以上をふまえ、本章はこれまで利用されてこなかった矢作事件の裁判記録を分析し、諸史料や聞き取りの成果との照合を行い、事件の包括的な解明のための基礎的考察としたい。

(2) 史料の概要と分析の射程

本章が主に用いる裁判記録とは、東京弁護士会・第二東京弁護士会合同図書館で所蔵されていた記録群のうち、『盛岡有田組事件』全一二冊および『矢作事件公判調書』一冊である[1]。現在はマイクロフィルム化されて、早稲田大学図書館で閲覧できる（藤野 二〇一二）。これらのなかには、警察・検事局・予審・公判といったそれぞれの段階における、加害者・被害者および近隣住民などの聴取書・調書に加え、予審終結決定書（一九三二年八月）・判決[2]（一九三三年二月）のほか、合資会社有田組によって編纂された「昭和七年五月四日ヨリ五日ニ至ル事件ノ経緯記録（未定稿）」（一九三二年七月、以下「事件ノ経緯記録」と略記する）、弁護側が提出した「証拠調ノ申請」なども含まれている。

もちろん、裁判記録に記された各供述は警察・司法権力や被告人・弁護士などの様々な力関係によって生成されたものであり、他の史料や聞き取り証言とどれだけ重ね合わせたとしても、それが「事実」であるかどうかを確定することは難しい。とりわけ殺意や計画性といった主観に基づく事柄については、困難を極める。しかし「事実」であるかどうかは別にしても、どのような意図が働いてその供述が記録されたのかに着目することで、裁判記録は包括的に分析する価値のあるものとなる。本章で試みたいのは、警察段階・検事段階・予審段階・公判段階において、各被告人の供述の変化に着目し、その変化が他の史料や聞き取り証言とどの程度合致するかを確認する作業である。これにより、被告人・証人の供述を規定した力を読み取ることが可能となる。こうした作業は、歴史研究における裁判記録および聞き取り証言の有用性と限界を確認し、史料論的な知見を得ることにもつながるだろう。

朝鮮人虐殺といえば、一般的に関東大震災時の虐殺を想起する。しかし矢作事件が示しているのは、震災時といった非常事態だけでなく、より日常的な労働現場において、日本人による朝鮮人の虐殺が行われていたことである。在日朝鮮人史研究では、一九二二年に発生した新潟県中津川における朝鮮人労働者の虐殺事件（金 一九七七：九七〜一四〇、佐藤 一九八五、裵 二〇一〇）や、一九二六年に発生した三重県木本における朝鮮人虐殺事件（金 一九八八）について、実態解明が進められている。これらの成果からわかるのは、関東大震災の前にも後にも、工事現場で虐殺が起きていたことであり、そこに官憲が関与していたことである。本章はこれらの事例研究に連なるものとなることを意図している。より日常的な空間において行われた民間人による朝鮮人虐殺が、いったいどのように行われ、そこに官憲や民間企業がどのように関わるのかという点について、重要な知見が得られるだろう。(3)

第一節　事件の背景

(1)　矢作村と大船渡線鉄道工事

事件が起きた岩手県気仙郡矢作村（現在の陸前高田市矢作町）は、気仙川の支流である矢作川が東西に流れる山村であり、稲作や麦作などの農業を中心としていた（矢作村役場編 一九三七：五〜六）。『岩手県統計書』によれば、一九三〇年における矢作村の人口は三六六三人（うち男性一八六五人）であった。一九三一年には専業農家九戸に対して、兼業農家が一二〇〇戸であり、後者が大半を占めていた（岩手県編 一九三三：三四、四一）。

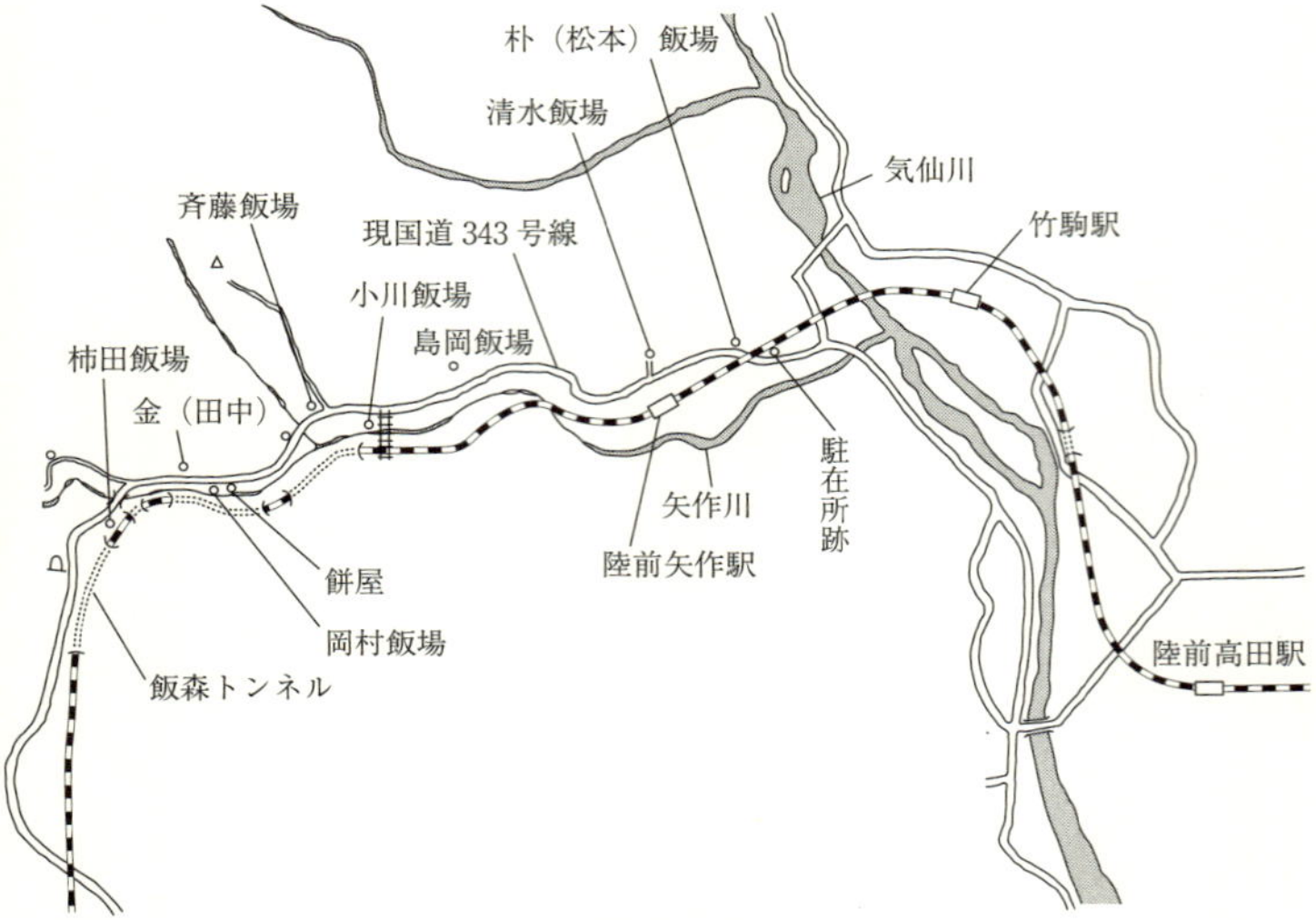

図１　事件の現場地図

出典：小野寺（1985：173）。

事件直前に兼業農家が圧倒的多数を占めていた理由の一つは、一九三〇年から北海道・東北地方をはじめとして全国的に広まった農村恐慌と、それにともなう救農土木事業の展開が挙げられる。行政による土木事業のみならず、矢作村の農家において大きな働き口となったのが、大船渡線鉄道工事である。一ノ関と盛を結ぶ大船渡線は、一九二〇年四月に測量が開始され、全線を一八の工区に分けて工事が行われた。第一～四区を日本工業合資会社が、第五～一二区をおもに有田芳三郎が、第一三～一八区までを合資会社有田組が請け負った（西田 一九八四：三五）。事件発生当時は、第一一～一三工区の工事が同時に進められていたが（琴 一九七六：四一）、その第一三工区では矢作村の一部を横ぎる形で線路が通っていた（図1参照）。したがって、農村恐慌の影響により、生活が成り立たなくなった周辺の農家では、大船渡線工事に出人夫として働くケースが多かった。裁判でも弁護側が「民家ノ殆ント全部ハ被告等ノ飯場」であったと強調しているように（『十二』：R一九一―五）、矢作村の農家の多くはその一部を飯場や家族持ちの土工の住居として貸与していた。

三陸海岸は山がちで入り組んだリアス式海岸であるため、沿線の鉄道工事は難航したが、特に大船渡線の第一二工区に位置する飯森トンネルの掘削工事は難工事であったことで知られている。鶴嘴により一日一二時間の昼夜二交代制で行われた掘削工事は、「断層破砕帯にぶつかり、水が出、地盤が軟く、切り羽（トンネル先堀部）の崩落」もあったという（小野寺　一九八五：一三三）。「この辺のトンネルは、みんな朝鮮人を人柱にして掘った」とする証言があるように、大船渡線の工事では日本人土工だけでなく朝鮮人土工が多く働いていた（小野寺　一九八五：一三三、琴　一九七六：四一）。また、鉄道院盛岡建設事務所の工事担当者の回顧によれば、一九二九年に気仙沼町内で大火があり、その復興策の一つとして大船渡線を開通させようと代議士らの運動があったことで気仙沼駅開通の工期が半分になったため、「人夫の労働時間をできるだけ伸ばして対処」するなどしたという（日本国有鉄道盛岡工事局編　一九七八：五二）。

表1は、有田組の社員で第一三工区主任の警察聴取書にある「内鮮人労働者人員（概数）」表を元に作成したものである。飯場数は下請負人（親方）の本部屋のほか、それぞれの下部屋が一三あり、そのうち朝鮮人飯場が五つあった（ただし、ここに記載されていない朝鮮人飯場が少なくとも一つあったと思われる）。日本人土工が一六三名、朝鮮人土工が六四名、あわせて二二七名が第一三工区で働いていたとされる。

表1　有田組第一三工区労働者人員（概数）
（1932年4月3日現在）

下請負人	飯場名	日本人	朝鮮人
佐藤	佐藤	3	
	鈴木	7	
中野	中野	9	3
柿田	柿田	16	3
	武田	5	
岡村	岡村	17	
	（橋本）（朝鮮人飯場）		16
斉藤	斉藤	10	
	上野	15	
	遠藤	7	
木村	木村	18	
	金（安本）（朝鮮人飯場）		16
小川	小川	8	
	（徳本）（朝鮮人飯場）		7
島岡	島岡	17	
	（柴田）（朝鮮人飯場）		8
宗宮	宗宮	2	
大沢	小松	8	
	丹野	3	
清水	清水	5	
	小山	5	
	吉田	5	
	朴（松本）（朝鮮人飯場）		11
後藤	後藤	3	
谷谷	谷谷	1	
小計		163	64
総計		227	

註：各飯場の日本人数の合計が表の小計と一致しないが、原文のママとした。
出典：「盛岡有田組事件」1、R181-285～286。

この点、全協の調査報告には、「飯場数及び労働者数、飯場（朝鮮人）二十二個（一個宛二十人―三十人）外、妻子を携へる個人々々の長屋百戸位で労働者数六十名位、日本人百余名」と記されている（全協ほか編　一九三二：四）。これをもとに、先行研究では「朝鮮同胞労働者数は六〇〇～七〇〇人「一工区当り平均二〇〇人以上の朝鮮人労働者に対して日本人労働者は一〇〇余名」としており、この数字は聞き取り調査の結果とも合致すると述べている（琴　一九七六：四二）。

この人数のずれは、時期による違いと思われる。事件当時の一九三二年四、五月にはすでに第一三工区の工事はほぼ目処が立っている状態であり、解雇が言い渡された朝鮮人労働者も多かった。柿田飯場では、第一三工区の仕事を請け負った当時は日本人土工二〇人、朝鮮人土工を三〇人ほど使っていたが、事件当時には日本人は三〇人、朝鮮人は唯一人であったという（『公判調書』：R一九二―一七八）。他の飯場でも同様に、工事が終了に近づくにつれ朝鮮人土工の人数が少なくなっていき、事件直前の一九三二年四月には表1の人数になっていたのだと考えられる。こうして人手が余ると真っ先に朝鮮人土工から首を切られていたことが、朝鮮人土工から解雇手当の要求が噴出した背景の一つといえる。

(2)　被告と被害者の分析

次に、飯場の構成を確認しておきたい。表1からわかるように、第一三工区には日本人だけの飯場、朝鮮人だけの飯場、そして朝鮮人と日本人の双方がいる飯場があった（この場合飯場頭は日本人）。多数の飯場が設置されたことにより、簡易な物品販売店や飲食店なども飯場周辺で営業していたが、日本人土工も朝鮮人経営の酒店・餅屋で酒を買ったり、飲酒したりしてもいる（『四』：R一八四―九三）。日本人と朝鮮人とは生活が完全に分かれていたわけではなく、むしろ矢作村という狭い空間のなかで一定の交流があったとみられる。

鉄道局から有田組が受注した鉄道工事は、有田組の配下の親方が下請けした。有田芳太郎は大船渡線鉄道工事を手がけた当初は、日本工業合資会社の役員という立場であったが、第五区からは有田芳太郎個人での請負となり、さらに第一三工区からは新たに立ち上げた合資会社有田組として請負っている。このように、大船渡線鉄道工事は有田芳太郎が独立、発展するプロセスにあったのである。

各飯場には飯場頭・世話役・帳付という三役がおり、飯場の土工を管理した。さらに農村から臨時で働く出人夫がいた。第一三工区を請け負った親方は一三人いるが、このうち事件の被告となったのは六人、下部屋を含めて三役は一五人、その他の土工が三二人である（『十一』：R一九一一―六七〜八五）。親方の一人である清水は日本工業合資会社時代から有田組の配下であった（『四』：R一八四―一六九）。親方の島岡は清水と同郷で、幼なじみであったという（『五』：R一八五―八四）。中野も一九二四年より有田組の配下であった。多くが古株であることは、岩手県外出身者が多いことからもうかがえる（表2）。一方、三役になると、岩手県出身者が増えてくる。他県で炭坑・鉄道工事・水力工事などに従事したのち、大船渡線の鉄道工事に従事している（『六』：R一八六―六八）。これに対し、その他の土工では、岩手県気仙郡出身者（うち二名が矢作村出身）と県内の他郡出身者がほとんどを占めている。他の土木工事や炭坑労働に従事していた者もいるが、農閑期の出稼ぎに土工をしていると供述する者が多い（『二』：R一八二―二九七、『八』：R一八八―一九七など）。農家の収入を増やすために縁故を頼って一時的に土工をする者が多かった。

一方、事件において死傷した朝鮮人の本籍地をまとめたのが、表3である。不明者が多いものの、慶尚北道・慶尚南道・全羅南道など本籍地が比較的分散していることがわかる。同じ飯場にいても互いに日本名しか知らないケースが散見される。出身地の縁故で大船渡線鉄道工事に来たというよりも、すでに内地で土木工事や炭坑などの仕事を転々としたのちに、それぞれのルートで大船渡線鉄道工事に来たのだと思われる(4)。

賃金について見ていきたい。親方の一人である中野は、毎月平均五〇円くらいで生活していると供述している。清水飯場の世話役は、普通の土工は一日一円ほどであり、日に四、五〇銭の飯場料が天引きされるのに対し、自分は日に一円三〇銭もらっていると供述している（『九』：R一八九―一三四）。一方、朝鮮人土工も一日一円と供述している（『十』：R一九〇―三〇五）。この点、聞き取り調査の成果では、「日本人は一円七〇銭だったが朝鮮人の場合は八〇銭から一円くらいのところがあった」としている（琴 一九七六：四一～四二）。次節で検討するように、土工の日給は工区によって大きく変わったため一概には言えないが、一円七〇銭と八〇銭という数字は、日本人の三役と朝鮮人土工の賃金の比較である可能性が高い。事件の四年ほど前に大船渡線鉄道工事で働いていた人物の証言として、

表2　被告の本籍地

	本籍地	人数
親方	岐阜	2
	島根	2
	岩手県他郡	1
	山口	1
三役	岩手県他郡	6
	福島	2
	その他	7
その他土工	岩手県気仙郡	11
	岩手県他郡	10
	山形	3
	その他	8

出典：「盛岡有田組事件」11、R191-195～197より筆者作成。

表3　朝鮮人死傷者の本籍地

慶尚北道	6人
慶尚南道	5
全羅南道	3
忠清北道	1
京畿道	1
不詳	5

出典：「盛岡有田組事件」1、R 181-8～9より筆者作成。

「飯場頭と世話役、帳場の三役は待遇がいいが、ほかの朝鮮人などの仕事は酷かったなあ。……朝鮮人たち人夫は、碌な金もらってねがったな。朝鮮人の生活は、ムシロに寝せられていたんだよ。……とにかく朝鮮人なんか動物扱いで、もの凄い世界だったんだ」（小野寺　一九八五：一四七〜一四八）という証言があるが、こうした日本人と朝鮮人との土工同士での待遇の差は、一日の賃金額そのものというよりも、賃金の不払いや、各飯場頭が物品費を市価より高額で売りつけて賃金から天引きしたことにより生じていたと考えられる。また後述するように、飯場頭同士でも、日本人と朝鮮人では手当の有無に差があった。

一日の労働時間も長かった。有馬組の社員の供述によれば、通常、夏期には朝五時から夕方六時半まで、冬期は朝六時から夕方四時半までが労働時間であったというから（『公判調書』：R一九二一五一九）、一日に一〇〜一三時間（休憩含む）は肉体作業を行っていたことになる。

第二節　事件にいたる過程

諸史料・文献はいずれも、一九三二年五月四日夜から五日未明にかけて発生した朝鮮飯場の襲撃には、そこにいたるまでに、日本人の親方と有田組との対立や、朝鮮人飯場頭などからの待遇改善要求があったとする。これに関して裁判記録の各供述においても記述があるほか、記録に含まれている有田組作成の「事件ノ経緯記録」にも記載がある。以下では、これら裁判記録での記述について、他の史料・文献と照合しながら検討し、事件までの道程を確認したい。

（1）日本人飯場頭と有田組との対立

判決や『岩手の重要犯罪』では、この事件の遠因として、小泉という有田組の配下の親方が有田組と対立していたことに言及している。判決では、小泉が、一九三一年七月に負債を生じたといって飯場を閉じたが、その際に有田組に損害金の支出を要求するなどし、有田組から合計七万円を支出したとする。こののち、朝鮮人飯場頭の金（田中）を中心に各親方に対する解雇手当の要求が頻発するようになり、事件に至ったとする（『十一』：R一九一―九一〜九三）。『岩手の重要犯罪』では同様の過程をより詳細に記しているが、小泉が「労働者の監督をしないで」工事が進まなくなったとし、材木商・米穀商などから有田組に対して支払いの未済分について請求があったことを「小泉が蔭でこれらの者を使嗾して要求させた」とするなど、小泉の要求の不当さを強調している（岩手県警察本部編　一九五九：一七五〜一七八）。

「事件ノ経緯記録」では、「遠因」としてまず有田組と小泉との紛議について述べている。これによれば、小泉は第一二工区の大部分を下請けしたが、「驕慢ナル性癖募リ、従ツテソノ経営モ亦漸ク放漫ニ流レ」たため、四万円近い損失を出しそれを有田組に請求したのだという。また小泉は「地方商人等ヲ煽揚使嗾シテ」未払残金の支払いを求める内容証明便を有田組宛に送らせた。さらに鉄道省などに「無稽ノ事実ト悪ムヘキ詐言」を羅列した上申書・陳情書を送付したなどとする。こうした不当な要求に対し、有田組が温情をかけて処理をしたことで「従業鮮人ニ当社ヲ軽侮スルノ念ヲ馴致シ、何等カニ藉口シテ金員ヲ強要スルハ寧ロ着実ニシテ、就業スルニ優レルモノナリトノ観念」を生じさせたことが、「今回ノ事件ヲ誘発スル最大ノ原因」であったとする（『十二』：R一九一―一七五〜一七八)。

このように、「事件ノ経緯記録」の内容と、『岩手の重要犯罪』の記述は一致しており、『岩手の重要犯罪』が、当時の有田組と同じ視点から事件を再記述していることが確認できる。

聞き取り調査では『岩手の重要犯罪』とは異なる内容の証言を得ている。『三陸の鉄路』では、当時大沢配下の飯場頭だった人物が次のように証言している。

小泉ッつう人は有田組に、この（飯森）トンネルは予算いくら、と置いだわけだ。ところが、組はそれだけの金を出せネェーので、これだけの単価でやってくれ、と小さく（予算を）置いだわけだ。それで出来ネェーといったんだが、とにかくこれでやってくれ、ということで始まった。ところが赤字になったがら（金）寄ごせ、となったわげだ。（小野寺 一九八五：一三四）

このように、事情を十分に知っていたと思われる当時の飯場頭は、小泉の要求は不当なものではなく、有田組に安い予算を強いられたために支払いが滞り、有田組に赤字分を請求したのだと記憶している。小泉が有田組から下請けしていた第一二工区の飯森トンネル工事は極めて難航し、一メートルあたりの工事費が他工区の三・七倍にまでのぼったとされる（小野寺 一九八五：一三三）。小泉の一件は、予算を低く見積もりすぎた有田組自身の問題でもあった。

(2) 朝鮮人飯場頭・土工の解雇手当・待遇改善要求

小泉の一件があったのち、第一三工区で朝鮮人の飯場頭・土工による解雇手当・待遇改善の要求が続発した。

一つは、小泉の配下であり、朝鮮人飯場の飯場頭であった金（田中）の解雇問題である。裁判記録の供述では、金は小泉の閉業を受けて部屋を継いだ小川の飯場に入ったが、工事が一段落したことを受けて解雇された。この解雇に対して、金は全協に依頼をし、退去料として三〇〇〇円を請求したという。結果、一一五〇円が支給された（『七』：Ｒ一八七―一八七）。この時に金が東京・北海道から朝鮮人を連れてきて、解雇手当をあくまで要求したという供述や、金が帳付の印を偽造して、出勤をごまかしたという供述もある（『十』：Ｒ一九〇―一二〇～一二一）。二つめは、一九三二年二月二九日に朝鮮人土工が工事中に負傷し、一万円を請求した件である。これについては、事件直前の五月二日に五〇〇円支払うことで決着している（『五』：Ｒ一八五―一〇〇～一〇一）。三つめは、四月五日に柿田飯場で解雇を言い渡された朝鮮人土工が解雇手当として三〇〇〇円を要求した件である。これは、柿田が一七〇〇円を支払うことで決着した（『五』：Ｒ一八五―三二六など）。四つめは小川飯場で、村からの出人夫六名を解雇した件で、解雇手当の要求が出されている（『五』：一八五―三一〇）。最後が、清水配下の朝鮮人飯場頭である朴（松本）からの解雇手当四〇〇〇円の請求であり、これが五月四日の事件の直接的な引き金となった。このほかにも、島岡飯場で傷害扶助の要求などがあった。

このように、第一三工区の諸飯場では、朝鮮人による待遇改善要求が次々と起こった。その要因は二つ挙げられよう。

一つは、労働環境の劣悪さである。飯森峠のトンネル工事で柿田の下部屋にいた朝鮮人は、柿田が勘定をして賃金を払ってくれなかったと供述している。現金がもらえないため、店で直接食料を買うことができず、柿田から賃金の天引きで購入すると、相場より高く取られたのだという（『十』：R一九〇—二四〇）。

他の飯場でも同様だった。島岡配下であった朝鮮人の飯場頭である趙（西村）は、それまで一日一人一円七〇銭だった賃金は、第一二工区では一円五〇銭になり、今泉では一円、矢作では九〇銭になったと述べている（『十』：R一九〇—三三八～三三九）。第一二工区では、米が市価で一俵六円五〇銭のところ一四円、味噌一貫目五五銭のところ一円二五銭、醬油は一升三五銭のところ八〇銭の計算で天引きされたが、今泉では米一俵が市価七円のところ一一円、醬油三〇銭のところ四五銭取られたという。さらに矢作では、米一俵五円五〇銭のところ九円九〇銭、味噌五五銭のところ八〇銭、醬油一升三三銭のところ四八銭の計算で、賃金より天引きされたと述べている（『十』：R一九〇—三三九～三四〇）。この供述からわかるのは、賃金が高いときには生活物資の割増し率が高くなり、賃金が低い時は割増し率も低いことである。高い賃金の時が必ずしも待遇がよかったとはいえず、割増し率が低くなったからといって待遇が改善されたともいえない。清水飯場では、清水が酒や醬油を飯場で売る場合には水を混合し、当時の物価より四割以上高くして暴利をむさぼっていたという（『二』：R一八一—四一八）。

こうした搾取は個々の親方の問題というだけでなく、有田組の経営方針の問題でもあったようだ。事件の翌年に刊行された『土木人物語』では有田組の経営者有田芳太郎を「当代の商売上手」「業界の理論家」と紹介しているが、有田が「労働争議の洗礼をこの数年の間に再三に亘つて味つてゐる」

とし、第一回は「大和サツシュの争議」、二回目は「田端操車場に於けるそれ」、最後が「大船渡線現場に勃発した最も悪性にして、同氏にとつては命取りとも言ふ可き難物」（矢作事件）であったという（津田 一九三三：七三）。有田が関係する労働現場では、二年ほどのうちに三回の争議が起きたことになる。このように、有田の経営方針が全体的に労働者の反発を招きうるものだったといえる。

要因の二つめは、これらの待遇改善要求を指導・支援した全協の日本土木建築労働組合員の存在である。「高峯」と名乗った康用連と、崔石東は東京から矢作村に入り、朝鮮人飯場頭らの依頼を受けて先に挙げた待遇改善要求について朝鮮人労働者の代理として交渉にあたるなどした(5)。矢作村に入った目的は土木建築労働組合岩手支部を結成することであった（全協ほか編 一九三二：三）。全協による矢作事件の調査報告では、矢作村の朝鮮人労働者の状況を次のように記している。

一日十四時間労働で賃金はたつた一円、その勘定は引延ばされ、負傷はいゝ加減な金でゴマかされ、解雇の場合も一文の手当もなく、その上総べての物価は請負者有田組の独占価格で普通市場より二三割高で売りつけられる始末で、労働者は二重にも三重にも搾取されてゐた。だから自然生長的に闘争を要求してゐたこゝの二百余（十三工区だけ）の従業員はこの二人の指導者を得て「鬼に金棒」破竹の勢で意識的に資本家と闘争した。（全協ほか編 一九三二：二）

康らは第一三工区の朝鮮人飯場頭・土工らの要求を的確に把握していたといえよう。聞き取り調査では康らが矢作村に来たことについて「神様がきた」と喜んだとの証言がある（琴 一九七六：四二）。

「事件ノ経緯記録」や『岩手の重要犯罪』はこのような労働環境の問題には触れずに、朝鮮人労働者の待遇改善や解雇手当の要求が不当であったことのみを強調しているのである。

(3)　デモ行進と八箇条の要求

全協本部委員が矢作入りしたことを受けて高まった朝鮮人労働者からの要求は、第一三工区でのストライキにまで発展した。四月二六日、木村・岡村・中野・柿田・清水・小川・島岡の飯場の朝鮮人労働者約六〇名、日本人四名が会合を開き、デモ行進を行って団体交渉をすることに決した（『十』：R一九〇―二四七、全協ほか編　一九三二：四）。康のほかに、交渉委員として三名が立つこととなった（『十』：R一九〇―三二七～三二八）。翌二七日に再び約六〇名（日本人五名を含む）が集まり、八箇条にまとめた要求条件を作成した。

四月二八日、朝七時に仕事を中断して大会を開いてストライキを宣言し、親方らと島岡飯場で八箇条の要求をめぐって交渉し、その後有田組事務所までデモ行進し、主任に対して要求を突きつけた（全協ほか編　一九三二：五）。その主な内容は、①労働時間は午前七時始業・午後五時終業の一〇時間とすること、②賃金三割値上（出人夫も同様）、③公傷は傷害扶助法により解決すること、④物価は一般相場と同様にし、各配下同一にすること、⑤解雇手当を四〇～五〇円とすること、⑥馘首者は一人も出さないこと、⑦工事の都合上解雇する場合は⑤を遵守すること、⑧これらの要求を即時実行すること、というものであった（『十二』：R一九一―一八七）。

この八箇条は大船渡線第一三工区のみに限定的に適用するものであったが、重要な点は、日本人土工（出人夫を含む）にも適用するとされたことである。朝鮮人土工だけではなく、民族や雇用形態を超えた待遇改善の要求だった。

この時デモ行進に、朝鮮人労働者は全員が参加したともいい、六〇名が参加したともいう（『五』：R一八五一―二五一、『十』：R一九〇―五七）。前節で確認したように、第一三工区の朝鮮人土工は六、七〇名だったことからすれば、大半が参加したとみてよい。一方、デモ行進には一定数の日本人土工が加わっていたという供述も多い。「百四十名ノ中、約半分ハ内地人デアリマシタ」（『二』：R一八一―三五〇）、「日鮮人百二十人」（『十』：R一九〇―五七）などである。有田組のまとめた「事件ノ経緯記録」でも日本人土工が多く加わっていたことを認めている。しかしそれは、「多数ノ鮮人ハ内地人ニ対シ脅迫暴行多数ヲ以テ迫リ、作業ヲ中絶セシメ手取リ足取リ無理強ヒニ行進中へ拉致シ」たためだとする（『十二』：R一九一―一八六）。

一方で、このデモ行進に参加した日本人土工の供述は裁判記録にほとんどない。一点だけデモ行進に参加したと思われる日本人の供述として、「私ハ本年四月二十八日頃労働会ノ連中ノ演説会ヲ聴キニ行ツテ居リマシタノテ、若シカ其事テ擲ラレハシマイカト考ヘマシタカラ、〔事件当夜〕飯場ニ帰ル事モ出来ス、飯場ノ裏ニ隠レテ居リマシタ」（『二』：R一八二―一八五～一八六）という供述がある。演説を聴きに行っていたという表現からは、自発的な参加であったことが読み取れよう。参加強要の有無を立証することはできないが、八箇条の要求が日本人土工や出人夫にも適用されたことからしても、このような自発的参加があったと考えられる。一九三一年夏に全協朝鮮人活動家が指導した、東京府府中町における国道改修土木工事の賃上げ争議においても、日本人労働者との共同行動が見られたというが（岩村 一九七二：二三二）、同様のことが矢作村でも起きていた。

有田組事務所における交渉では、主任が親方たちに「御前達ハ今迄デ無理ナ仕事ヲヤラセテ居ツタカラ此様ナ問題ガ出来タノデハナイカ」（『二』：R一八一―四一三～四一四）と一喝し、八箇条のほとんどが受け入れられることになったという。『岩手の重要犯罪』では、この主任は、小泉の問題やその他工事上に関して「私腹を肥やした事実」があり、それを朝鮮人労働者中で知っている者があったので、「その弱点を摘発されるのをおそれて、容易に承認した」という風評を紹介している（岩手県警察本部 一九五九：一八二）。八箇条の要求が受け入れられたのは、集団による圧力や朝鮮人の暴力性によるものではなかった。

(4)　飯場頭朴の解雇手当要求

このように第一三工区での運動は高まりをみせたが、最終的に襲撃事件のきっかけとなったのは、清水配下の朝鮮人飯場頭であった朴による解雇手当の要求であった。

本人の供述によれば、朴は一七歳の時に日本に渡航し、一九二九年頃から清水飯場の配下として大船渡線工事に従事し、飯場頭を務めていた（『三』：R一八三―二七二）。朴は予審において、第一二工区の時から生活物資の割増しによって搾取されてきた点、清水配下の他の飯場頭には一ヶ月六〇円ずつ手当があったが自分にはなかった点に不信感を持ったと供述している（『十』：R一九〇―五六）。朴はまた、「清水カ私等ヲ差別待遇スルノヲ面白クナク考エマシタ」といい、「軽蔑サレルノハイヤタカラ暇ヲ貰フテ帰リタイ」と思っていたという（『十』：R一九〇―五七、五九）。あからさまな差別・侮蔑が何より朴の怒りになっていた。

朝鮮人飯場頭が日本人飯場頭より差別されているという供述は朴だけではない。趙（西村）は予審において、他の親方は飯場頭から家賃を取らなかったが、自分だけ一ヶ月六円五〇銭を取られていたといい、親方である島岡にそのことを指摘すると激怒されたと供述している。趙は四月二〇日頃に島岡に暇を願い出て、一〇〇〇円の解雇手当を請求し、最終的に餞別として二〇〇円を支払われたという（『十』：R一九〇―三三九～三四一）。

さらに四月二八日に八箇条の要求が受け入れられたにもかかわらず、清水飯場では日本人土工のみを早朝から働かせていることを発見した朴は、「斯様ニシテ鮮人ヲ解雇スル目論見タロウト思ヒ」、これに抗議するとともに、清水に暇を願い出て解雇手当四〇〇〇円を要求した（『一』：R一八一―一二三、『三』：R一八三―一七五）。四〇〇〇円という額に関して、朴は、これまでの物品購入に際する搾取と部屋の土工たちに対する解雇手当とをあわせたものだとしながらも、駆け引きであったとも供述している（『十』：R一九〇―五九）。それまでの朝鮮人労働者側からの請求額に対し実際に支給された額は半分以下であるため、それを見越しての請求額だったと思われる。

朴の解雇手当の要求をめぐって、全協の康と親方の一人である佐藤が仲介者として交渉し、五月一日には清水側が二〇〇〇円支払うことに決した。しかし、清水はこれを拒んだ。五月二日に清水は他の親方の前で、布に包まれた短刀を取り出し、朴側からの要求には応じず一銭も払わないつもりだとの覚悟を伝えた。他の者も清水一人を見殺しにはしないと応じ、五月三日から清水飯場を各部屋の配下の者に警備させることに決したという。そして五月四日に康に解雇手当を支払わない旨を伝えたうえで、夜に朴を飯場に呼び出し、それを機に一連の襲撃が始まったのである。

親方の一人である斉藤は、事件直前の様子について、「幾度モ重ナル鮮人ノ不法ヲ内心憤慨シテ居タノテ御座イマス」「一般ノ人々モ鮮人ノ不当ナ要求ヲ憎ムト云フ様ナ空気テ御座イマシタ」（『四』：R一八四―一〇五）と供述している。これまでみてきたように、朝鮮人労働者が行ってきたのは、日本人労働者も含めた労働者全体の待遇改善であったはずだが、取調べにおいて加害者の側からは、争点があたかも日本人／朝鮮人の民族同士の対立にあったかのように説明されたのである。

(5) 仲介をした親方

ただし、すべての親方が朴の要求を不当だと認識していたわけではない。清水の依頼を受けて仲介に立った親方の佐藤は、清水に対し「解雇スル者ニ対シテハ多少優遇シテヤラネハナラヌモノタト話シタ」（『二』：R一八二―六二）と供述している。四月二八日のストライキの際も、佐藤は他の親方の前で「訳ノ分ラナイ者ヲ使ツテ他人ニ迷惑ヲ掛ケルナ、何ダ彼ダト騒クノハ使ヒ方カ悪イカラタ」と言ったという（『四』：R一八四―一一〇）。五月二日に、朴の要求を退けると言って短刀を出した清水に対しては、「此ンナ馬鹿気タ事ハスルナ」とその短刀を取り上げたともいう（『三』：R一八三―一八三）。聞き取り調査によれば、この佐藤は「労務者を先に風呂に入れてからでないと、自分は決して入らなかったほどの人格者」であったと関係者に記憶されている（小野寺 一九八五：一七四）。朝鮮人労働者の要求を暴力で拒むのではなく、一定の配慮をして暴力を回避しようとする人物が親方の中にいたからこそ、朝鮮人からの待遇改善要求が続発するなかでも、五月四日までは暴力沙汰にならなかったともいえよう。

しかしながら、五月四日の午前、清水は朴と康に対して支払いを拒否する旨を告げた。佐藤の仲介は無に帰し、佐藤は手を引いた。これにより、交渉は完全に決裂したのである。佐藤が朴や康に対して、交渉を降りることを告げた際、佐藤は涙を流していたと複数の人間が供述している（『十』：R一九〇―六二、三二九）。仲介役が降りたことで、親方らの暴力を止めるブレーキは完全になくなったことになる。

第三節　朝鮮人飯場の襲撃

朝鮮人労働者からの要求が高まるなか、親方の清水は強硬な態度をとることに決し、仲介役を担っていた佐藤も手を切ることとなった。以下では、その状態からどのように日本人土工からの暴行が始まり、朝鮮人飯場の連続的な襲撃に発展したのかを、供述内容から検討したい。

(1) 襲撃の様子

一連の暴行の発端は、清水飯場の親方が、会計を渡す（賃金を支払う）といって朴を呼び出し、その際のやりとりのなかで、同席した清水の配下の者から朴が殴打されたことによる。

警察の聴取書では、朴は解雇手当のことで清水と争っていると、突然清水飯場の世話役に頭部を棒で殴られたと供述している。一方清水飯場の世話役は、清水が朴に対して「貴様ノ様ナ恩知ラスノ虫ケラニ一銭モ呉レル事ハ出来ヌ」と言ったところ、朴が清水の頬を殴打したので、自分も朴の頭部を拳で殴ったという（『四』：R八一四―一二七）。

頭部を殴打されて流血した朴は、その場を逃れ、自らの飯場に逃げ込んだ。日本人土工の集団が、朴を追って飯場まで行き、建物を破壊し、中にいた朝鮮人土工に暴行した。そこから日本人土工の集団はいったん清水飯場に戻ったが、親方の斉藤の指示で西方にある字梅木方面に移動して朝鮮人の経営する餅屋を襲撃した。[6]さらに、小泉配下であった近くの金（田中）の自宅を襲撃、同じく梅木にあった橋本（朝鮮名不明）飯場を襲撃した。一団の一部は、東部の字金屋敷にまで移動し、朝鮮人飯場である趙（西村）飯場・郭（坂本）飯場・金（安本）飯場・徳本（朝鮮名不明）飯場を襲撃した。このように、日本人土工は、事の発端であった朴とその飯場ばかりでなく、朝鮮人飯場を次々と襲撃したのである。後述するように多くの朝鮮人は襲撃の前後に飯場を逃げ出したが、明け方まで日本人による再襲撃と周辺の警戒や朝鮮人の探索が続けられた。各供述を見ると、一度の襲撃に二、三〇人から多くて一〇〇人ほどが加わったとされる。

警察調書などには、それぞれの飯場を襲撃した理由が記されている。例えば、飯場頭の趙（西村）は仕事を休んで朴らと一緒に抵抗していたこと、郭（坂本）飯場には朴の兄が土工をしていたこと、徳本飯場には金が隠れている可能性があったこと、このほか土工の一人は四月二八日のデモ行進の際に先頭に立っており、他の一人はデモ行進に加わるように人夫をけしかけたりしたことなどである（『四』：R一八四―三七三、『六』：R一八六―一一二、二五〇）。しかし「ドーセ皆ヤツ付ケテ終ヒト云フコトニナツテ参ツタ」ともいい（『四』：R一八四―三七三）、ほぼ無差別に朝鮮人土工を狙ったことも記されている。

襲撃を受けた朝鮮人の警察調書・予審調書にも「西村ノ野郎タカラスツカリ殺セ」（『十』：Ｒ一九〇―三四四）「田中ガ居ナイカ」（『二』：Ｒ一八一―二四六）といったように、特定の個人を狙う発言があったことが記されているが、一方で、「此野郎モ朝鮮人タカラ殺シテヤレ」（『二』：Ｒ一八一―四一）「鮮人皆殺シテ仕舞フゾ」（『二』：Ｒ一八一―二六七）「面倒タカラ一匹ヲ逃サナイテ皆殺ニシテ仕舞へ」（『十』：Ｒ一九〇―七〇）「矢張朝鮮人タ殺シテ仕舞へ」（『十』：Ｒ一九〇―七六）といった言葉を聞いたと記されている。特定の個人に対する怨恨という域をでて、民族単位での襲撃であったことがうかがえよう。

暴行が最も凄惨だったのは、餅屋である。ここには襲撃当時、全協から来た康用連ら二名と、橋本飯場の朝鮮人土工一名、気仙沼から来ていたという朝鮮人一名、餅屋夫婦らあわせて六、七名がいた。五、六〇人の日本人土工らが餅屋を取り囲み、投石し、棒で家を破壊したのち、内部に侵入して朝鮮人を殴打したほか、逃げる者の背中に短刀を突き刺すなどした。餅屋夫婦も逃げる途中に殴打されている。

他の飯場で襲撃された朝鮮人土工の供述も、襲撃が突然であったことを示している。すでに就寝しているところに突然戸が開き、日本人土工が入って来て、布団を剝ぎとられ、殴打されたという供述が多い（『二』：Ｒ一八一―八四、九九、二八八〜二八九など）。襲撃の物音を聞いて、服を手に持って山に逃げた者やシャツとズボンだけで足袋のままで逃げ出したという者もいる（『二』：Ｒ一八一―一七一、二〇五）。川を泳いで逃げて、そのまま山中に隠れた者も目撃されている（『八』：Ｒ一八八―二五）。五月初頭の東北のことゆえ、服や半纏を着ていても炭火を燃やして暖を取るほど寒い夜だったが、襲撃された朝鮮人の多くは山中で五、六時間も隠れて過ごし、翌朝になってからそっと飯場に戻ったり、高田町の木賃宿に泊まったりしたと供述している（『二』：R一八一―四三五）。そのまま行方不明になった者もいたという（『二』：R一八一―四六一）。

(2)　日本人土工の集団形成

それでは、日本人土工はどのように集合し、襲撃に参加したのだろうか。親方や三役間での計画的な策動については次節で詳述することとし、ここでは当日夜の動員がどのように行われたかに絞って検討したい。

清水飯場での暴行が始まったのち、各飯場間の連絡はおもに帳付・世話役同士で行われた。例えば、木村飯場の養子は柿田飯場の帳付から、騒動が起きたため警備に出ろといわれ、これを了承したと供述している（『五』：R一八五―二二二）。したがって、当日に暴行に加わった土工の供述では、三役から指示を受けて動員されたというものが多い（『三』：R一八三―二八、一〇三など）。飯場での労使関係がそのまま動員のルートになっていたことがわかる。出動を命じられた際、「今朝鮮人カ騒キヲ起シタカラ此飯場ニモ来ルカモ判ラナイカラ起キテマブツテロ（警戒シロノ意味）」と言われたという供述もある（『二』：R一八二―一〇九）。

一方、有田組から出動の指示があったという供述もある。柿田飯場の土工は有田組詰所から「今事務所カラ電話カ来タカ、鮮人カ大勢上（梅木方面）ノ方ニ上ツテ行ツタカラ警戒シテ呉レトテ来タカラ頼ム」との指示が出たという（『二』：Ｒ一八二一―二二四）。各飯場の世話役・帳付などがそうしたように、有田組も朝鮮人が来襲したと煽りながら日本人土工を出動させたことを示す供述といえるが、襲撃に対する有田組の直接的な関与を示す供述はこれ以外には見当たらない。ただし、事件当夜、親方の一人である柿田が有田組事務所に行ったところ、「有田組ノ事務所ノ方カラ、コンナ騒キヲ出シテオ前等カ此処ニ来テ居ツテ困ル。帰ツテ止メテヤレ」と言われたと供述している（『五』：Ｒ一八五一―三七二）。有田組は事件の発生を認識していたものの、下請負人である親方衆に事態の収束を任せ、明確な対応をとらなかったことがうかがえる。

集まった日本人土工には、同士討ちをしないために向鉢巻をし、どこの飯場の者かわからないように半纏を裏返しに着用し、山と川の合い言葉を言うなどの取り決めをしたという（『六』：Ｒ一八六一―八一、九八など）。実際に、夜の暗い中での襲撃であったため、朝鮮人と誤認したことによる同士討ちがあった。

これらの集団に参加しても、顔見知りの朝鮮人の場合には暴行しない傾向が見られる。例えば朴（松本）飯場の襲撃において、清水飯場の石工は朴と「仝一棟ニ居住シテ居ルノテ到底松本飯場ニ乗リ込ンテ暴行スル気ニハナレナカツタノテアリマス。子供等モ仲ヨク遊ンテ居リ、生活必需品モ毎日借貸シテ居リマス」（『三』：Ｒ一八三一―一三三〜一三四）と供述している。また小川飯場の土工も下部屋の徳本飯場の襲撃にあたっては、皆知っている朝鮮人だから可愛そうに思って行かなかったと述べている（『六』：Ｒ一八六一―二四五）。第一節で述べたように、鉄道工事現場は限定的な空間であっただけに、労働や生活を通して日常的に朝鮮人と日本人との関係はつくられており、その密接度によっては暴力をふるうことをためらうケースがあった[7]。

(3) 日本人女性の動向

矢作村の鉄道工事の飯場にいたのは、襲撃に加わったような成人男性だけではない。飯場で食事の世話をする飯炊婦もいれば、日本人・朝鮮人問わず、親方・飯場頭・土工らの家族もいた。以下では、日本人女性に焦点を当てて、襲撃に際しどのような関わり方をしたのか検討したい。

当夜襲撃の集団に加わった土工は、餅屋を襲撃した土工から「朝鮮人ハ皆ナ山へ逃ケタ女ヤ子供等ハ危険タカラオーヤ（家主）へ頼メ」と言われ、妻を家主の家に避難させている（『三』：R一八三―四四）。朝鮮人を襲撃したことで、今度は朝鮮人が反撃しに来るかもしれないという憶測が生まれ、女性や子どもが襲われないように避難させた者が多かった[8]。

しかし、女性は襲撃に全く関与しなかったわけではない。さまざまな形で襲撃に一定の役割を果たした女性もいる。一つは、自らの飯場への伝令の役割である。柿田飯場の下部屋の飯場頭は、事件当夜に柿田の娘が飯場に来て、「人夫二三名ヲ出シテ呉レ」（『二』：R一八二―一八〇）と言ったと供述している。また島岡飯場では親方の妻が部屋の土工に対し「今下ノ方カラ伝令カ来タカ皆ンナ仕度シテ出テ下サイ」というので、出動したと述べている（『三』：R一八三―八一）。このように、飯場頭がすでに襲撃現場に出ている場合などには、妻が指令を伝達した。さらに島岡の妻は、島岡が事前に調達した匕首四本を、「之ヲ持ツテ清水方ニ警戒トシテ行ツテクレ」と配下の者に渡し（『四』：R一八四―三一〇など）、襲撃によって死者が出たことを知ると、その匕首を鞘のまま風呂下の炉で焼いた

（『五』：Ｒ一八五─一三三〜一三四）。

ここまで積極的な関わり方でなくとも、事件当夜、木村飯場・岡村飯場・大澤飯場・清水飯場などで炊出しをしているが、その多くは飯場にいる女性の手によった。飯場の部屋を貸している大家の娘など、地域住民を含めて炊出しを行ったケースもある（『二』：Ｒ一八二─四八など）。こうした炊出しは、日本人土工だけでなく、後述する自警団や消防手に対しても行われた（『二』：Ｒ一八二─五四）。

女性が日本人土工に警備を依頼したという供述も数多い。例えば、気仙沼のほうから山を越えて朝鮮人が襲来する噂を「家ノ人夫ノ妻カ云フテ来タ」（『三』：Ｒ一八三─一九八）という供述や、飯場頭の妻が「朝鮮人ノ襲撃ヲ受ケテハ大変タ」と恐怖を訴えたという供述がある（『八』：Ｒ一八八─一三〇）。事件の翌日にも女たちが集まって、今日は東京から大勢の朝鮮人が押しかけてくるようだと言い合っていたという供述もある（『二』：Ｒ一八二─一四八）。

以上のように、実際に襲撃の主体となったのは日本人男性であったが、そのことは日本人女性に襲撃への加担や朝鮮人への蔑視がなかったことを意味しなかった。女性も炊出しのような後方支援を担ったり、出動の指令を出したり、証拠の隠滅を図ったりするなどの役割を担っていた。これらは男性の指示を受けて行われた側面も大きいが、しかしそれほど単純な構図ではない。襲撃の主体になり得ない（力ではかなわない）という女性の置かれた状態は、自らの身の危険性を男性以上に強く感じさせ、その不安感が朝鮮人の反撃や襲来があるとのデマを生み出し（もしくは、デマを信じ込み）、日本人男性を警備へと促し、女性を守るという男性のジェンダー役割を引き出していったのである。日本人女性も、朝鮮人を一方的に襲撃するという状況にそのジェンダー役割に沿う形で関わっていた。

(4) 性暴力をめぐって

それでは、襲撃の際に朝鮮人女性はどのような状態にあったのだろうか。日本人土工の供述には、襲撃の際に「女子供ハ暴行スルナ」(『五』：R一八五一二八八)といった言葉が飛び交っていたというが、すべての朝鮮人女性が無傷であったわけではない。餅屋を営んでいた朝鮮人男性と日本人女性の夫婦は、襲撃を受けて逃げる際には夫婦ともに殴打され、負傷している。金(田中)宅にいた金の母も、朝鮮人土工をかばおうとして、棒で背中を叩かれて気絶したという(『十』：R一九〇一九一など)。

それに加え、襲撃の過程で朝鮮人女性が遭った被害には強姦があった。しかし、この点について、これまでの史料や聞き取り調査においては、あいまいな点が多い。日本土木建築労働組合本部常任委員会による一九三二年五月二〇日付の追悼文「同志『康有鴻』君の死を悼む」の文中には、事件について以下のような記述がある。

> あにはからんや五月四日、組の資本家は官犬、消防隊との結託の下に百余名の暴力団を組んで夜労働者達の飯場を襲撃して寝てゐる所を女、子供の外男は一人残らず撲り込み、この憎むべきファシスト暴力団は即死者三名、重傷者十八名、破壊建物三、強姦一件を起し悲惨極まる阿鼻叫喚の状を遺した。(全協ほか編　一九三二：二)

このように、五月四日夜から五日にかけての一連の暴行のなかに、強姦一件が含まれていたことが明記されている。全協の調査報告にも、「中一人の婦人は強姦された」と記されている(全協ほか編一九三二：七）。一方、警保局保安課が一九三二年六月にまとめた「岩手県大船渡線矢作村鉄道工事場ニ於ケル内鮮人土工乱闘殺傷事件顛末」でも、日本人土工から朝鮮人土工の妻を強姦したとの申告があり、捜査中であるとしている（警保局保安課　一九三二：一二）。

新聞報道はどうだろうか。気仙沼で発行された地域紙『大気新聞』では、「どさくさ紛れに強姦」との小見出を付して「この乱闘事件突発するや十三工区に働く朝鮮人某は妻を家に残して山中に逃げ込んだが、仲間の鮮人がどさくさ紛に乗じて人妻を強姦した事が発覚して盛署に引致された」と報じている（一九三二年五月七日二面）。ここでは、強姦被害者は朝鮮人土工の妻であり、加害者も朝鮮人土工であったとしている。

聞き取り調査はどうか。宮城・岩手朝鮮人強制連行・強制労働調査事業の報告の中には、様々な証言の要旨と並んで、餅屋を実質的に営業していた朝鮮人男性と内縁関係にあった日本人女性に対して、日本人土工が「傷を負わせた上、強姦するのである」と記されている（琴　一九七六：四三）。聞き取りをもとにする他の成果もこれを踏襲している（西田　一九八四：二九〇、小野寺　一九八五：一八〇、小野寺　一九八六：二九）。

このように、強姦があったこと自体は複数の史料から確認できるものの、誰が／誰に対して／どのような経緯で起こったことなのかは定かではなかった。この点、裁判記録では、警察の証人訊問調書のうち、強姦に関する供述を一点だけ確認できる。金屋敷の徳本飯場の隣に住んでいた朝鮮人女性に対する五月七日付の証人訊問調書がそれである。

この女性の夫は、第一一工区で働く朝鮮人土工であり、事件当夜は子どもと女性のみが自宅にいた。

午前一時頃に家の周りを大勢の者が取り囲み、うち一名が女性の家に侵入したが、布団をはいで「男ノ大人ガ居ナイナ子供等計リダ」と言って外に出て行ったという。それから間もなく隣家の朝鮮人土工の妻である女性がやって来て、「一寸来テ「カンテラ」ニ火ヲツケテ呉レ」と頼んだという（『二』：R一八一―二四八～二四九）。その後、カンテラに火をつけに隣家に赴いた時のことを、以下のように供述している（隣家の朝鮮人女性の姓名は□□□に置き換えた）。

ソレテ一回点火シタガツカズ二回目ニ点火シタトキ、一人ノ男ガ這入ツテ来テ、早クオ前ハ行ツテ寝ロト云ヒマスシ、□□□モ早ク行カヌト殺サレルカラ行ツテ下サイト申シマスノデ、私ハ自分ノ室ニ帰ツタノデ御座イマス。

私ハ自分ノ室ニ帰ツタ頃ハ表ノ方モ隣ノ方ニモ何ノ音モナクナツテ居リマシタ。

□□□ノ室ニ這入ツタ男ハ後ハ何ヲ何ウシタカ判リマセヌガ、只私ガ出ルト直ク□□□ガ男ニ対シテ燐寸ヲ貸シテ下サイト云フコトハ聞エマシタ。ソレカラ私ノ子供ガ二人テ泣キマシタノデ、ソノ声デ何モ聞エマセンテシタ。

男ガ出テ行ツタノモ判リマセンガ、只約三十分位過キタト思ヒマシタ頃ニ、□□□ハ一寸来テ呉レト申サレマシタケレトモ、私ハ子供ガ泣キマスノテ行キマセンデシタ。……

五日晩、警官ガ三名参リマシテ御調ベニナリマシタ際ニ、強姦サレテ腹ヤ陰部ニ傷ヲ負フタト云フコトヲ話シスルトキ、私ハ□□□ガ事件アツテ騒イテ居ルトキ、私ガ来イト言ハレテ□□□ノ家ニ行ツタトキ一人ノ男ガ戻ツテ来テ這入リ、私ヲ押出シタトキニ強姦サレテ傷ヲ受ケタモノダナト直感致シマシタ。
□□□ニ后デ聞キマスト、矢張リ其時ダッタ申シテ居リマシタ。ソレテ未ダ傷ガ良クナイソウデス。（『二』：Ｒ一八一―二四九～二五二）

「男」が日本人であるか朝鮮人であるかは明記されていないが、徳本飯場の襲撃のあとに「一人ノ男ガ戻ツテ来テ這入リ」とあることから、襲撃に加わった日本人男性が隣家の朝鮮人女性を強姦したとみてよい。このことは先に挙げた警保局保安課の記述とも合致する。裁判記録の簿冊に残っているのはこの一点だけであるため、これ以上の詳細を知る手立てはない。しかし、日本人土工による朝鮮人に対する暴力は男性だけに向けられたのではなかったこと、家族である朝鮮人女性に対しては性暴力という形で暴力が振るわれたことを、この史料から確認できる。

一方、聞き取り調査で強姦の被害者として名の挙がった日本人女性については、裁判記録のなかに本人や夫の供述、怪我の状況を医師が鑑定した鑑定書が残っている。それを見ると、餅屋が襲撃されてから、日本人女性は夫とともに逃走し、その際に帯につまずいて転倒して日本人土工から殴打されたが、最終的に夫婦で山の中に逃げ込んでいる。このプロセスで強姦の被害を受け、それが聞き取り調査によって明らかになった可能性もあるが、終始夫とともに行動していることからみても、この日本人女性が強姦被害者ではない可能性が高い。

第四節　殺意と計画性をめぐって

聞き取り調査の成果では、前節でみたような一連の朝鮮人飯場の襲撃が、事前に計画されたものであったことが指摘されているが、親方同士の間で襲撃の計画性と殺意とがどの程度存在したのかという点は、裁判記録の各調書においても大きな論点となっている。

以下では、計画性と殺意の二点をめぐって、親方・三役・その他土工らが、警察・検事局・予審の各取調べにおいて、どのように供述しているかを検討する。それらと聞き取り調査の成果を照合することで、各段階における供述の全体的な変化とその意味を明らかにしたい。

(1)　計画性について

まずは警察段階の供述を見ていきたい。襲撃の発端であった清水の供述であるが、第二節でみたように、清水は五月二日にはすでに朴の四〇〇〇円の要求を断る決意をしていたが、五月三日に各飯場に対して清水の身辺を警戒してほしいと要請したとし、各飯場から選ばれた「決死隊」によって、康用連らを「殺ツ付ケル」つもりだったと認めている（『四』：R一八四―一二〇）。このように、警察段階での供述は、事件の前日からすでに朝鮮人を襲撃することを考えていたという計画性を示している。

これと対応するように、島岡飯場の世話役も、五月三日に島岡に「明日ハ例ノ解雇手当問題テ清水ト鮮人等ト喧嘩ニナル事ト思フカラ、オ前ハ現場（作業地）ニ在ツテ合図カアツタナラハ直ク人夫ヲ寄越ス様ニシテクレ」と頼まれたと供述している（『八』：Ｒ一八八―二六一）。

　事件当日、大沢飯場の者は、島岡から朝五時に飯場に呼ばれ、朝鮮人が押し掛けてくる可能性があることを聞かされて「形勢カ悪クナツタラ、赤旗ヲ振ツテ報ラシテクレ」と言われたという（『三』：Ｒ一八三―一五二）。島岡飯場の土工の一人は、当日の午前一〇時頃に島岡から「オ前等ハ近クニアル土蔵ノ軒下ニ潜ンデ警戒シテ居レ、ソウシテ若シモノ時ニハ命令スルカラ直ク出張シテ鮮人等ヲ追ヒ帰セ、然シ可成先方カラ手出シシタトキヲ待ツテ追ヒ帰シテヤレ」と命じられたと供述している（『四』：Ｒ一八四―一八）。清水飯場の世話役は「愈々事起リ暴行ヲ決行スルトキハ、鮮人各飯場ヲ一斉ニヤルコトニ具体的計画カアツタカラテアリマス」といい、四日の朝、前日から各飯場から清水飯場に警戒に来ていた土工たちにその旨を伝えたと述べている（『四』：Ｒ一八四―二二一、二四六）。

　こうした計画性を示す供述は、検事局・予審・公判の調書でも見られる。五月四日当日については、木村飯場の養子は朝九時に親方の木村から、清水と朴とが「喧嘩」をするかも知れないから「土工等ヲ連レテ応援へ来イ」と言われたと述べている（『六』：Ｒ一八六―一〇八）。小松飯場の土工は、飯場頭が昼食の際に一同に向かって「今晩ハ何ウシテモ鮮人ヲヤツツケナケレハナラナイノタソウタ、今清水ノ若イ者達カ集ツテ話シテ居タ、オ前達モ応援ニ出ル事ニナツテ居ル」といい、注意事項を言い渡されたと供述している（『六』：Ｒ一八六―二五五）。予審の調書でも、事件当日の昼に今夜朝鮮人が来るから警戒するようにいわれたという供述がある（『十』：Ｒ一九〇―三八二）。

　このように、事件の発生以前から清水飯場を中心に何らかの計画や準備がなされていたことは、警察から公判段階までいずれの供述からもうかがえる。四日の夜に清水飯場において世話役が朴を殴ったことから始まった朝鮮人飯場の襲撃は、一見偶発的に起こったことに見えながら、前日から清水飯場の世話役を中心に各飯場に伝えられ、計画的に進められていたということである。加えて、「可成先方カラ手出シシタトキヲ待ツテ」とあるように、計画的でありながらその意図が読み取られないように、朝鮮人側から暴行が起こるのを待ってから襲撃するような指示も出ていた。この供述をふまえれば、前節で見たように、清水が朴に対して「虫ケラ」などの侮辱の言葉を浴びせたのは、「先方カラ手出シ」させて、それを機に「ヤツツケル」ための挑発行為だったとも読み取れる。

事件当時、盛岡建設事務所の工事掛として矢作詰所に勤務していた人物は、回顧録に「事件の前夜十八時頃、請負者の所長が私の下宿している旅館に来られ「今夜は外出しないよう」とのことであった。何があるか予測もしなかったが、翌朝、日本人土工百余名が、鮮人土工飯場を襲撃し、乱闘したことを知らされた」と記している（日本国有鉄道盛岡工事局　一九七八：五九）。襲撃が「翌朝」あったという表現からみて、「事件の前夜」とは事件当夜の発生前の段階という意味であろう。盛岡建設事務所長も何かあることを事前に知っていたのである。当然有田組も知っていただろう。事件前日の五月三日には盛岡建設事務所長と有田芳太郎はともに、矢作村に来て、工事現場を視察している（『公判調書』：R 一九二一―一九六）。

(2)　殺意をめぐって

そのうえで重要となるのは、加害者側に殺意があったのかどうかという点である。以下では、殺意をめぐって、警察から公判段階までの加害者の供述がどのように変化したのかを検討していく。

警察段階　警察の聴取書では、総じて殺意が明確に供述されている。不当な要求をした康や朝鮮人を殺して来いと命じたかという問いに対し、清水は「ソレハ命シマシタ」と認めている（『四』：R一八四─一二一）。斉藤は「私ハ鮮人カラ何等ノ害ヲ受ケテ居リマセンカ、兄弟ノ盃ヲ交ハシタ清水ノ為メニ、又一面ニハ各飯場頭トノ申合ヲ重ンシ、常時モ騒キノ原因トナル鮮人ヲヤッ付ケタノテ御座イマス」（『四』：R一八四─一二二）といった供述をしている。この「ヤツツケル」という言葉の意味について、小川は「其ノ「ヤツツケロ」ト云フ事ハ殺害ノ意味テアリマス」（『五』：R一八五─一二七一）と述べている。一方、島岡は「私共ノ殺ツ付ケルト云フ事ハ必ス殺スト云フ意味テハアリマセヌ、唯再ヒ斯カル不法行動ノ出来ヌ様、云ハゞ不具者ニナル丈傷害シテヤルト云フ意味テアリマス」（『五』：R一八五─一〇九）と強烈な暴力性を吐露してはいるものの、殺意は否定している。

各親方の三役も同様である。清水飯場の世話役は、清水が直接に朝鮮人の殺傷を命じたのではないが、「八年間面倒ヲ見テ貰ツタ御礼ニ、親父（清水ノコト）ノ犠牲ニナツテ松本ヲ殺スカ俺カ死ヌカ」と考えたと供述している（『四』：R一八四─一二八～一二九）。その他の土工は供述にばらつきが見られる。「殺シテモ構ハナイト云フ考ヘテ殴ツタ」という者もいる一方（『四』：R一八四─一三四五）、「殺ス」考えではなく「コラス」（懲らす）という意味（『八』：R一八八─一二九）であると供述している者もいる。

検事局段階　検事の聴取書では、この殺意がより明確な表現となっている。清水は、配下の者が朴の飯場を襲撃したことを受けて、「先方ヲ倒シ《〔ママ〕》カ此方カ殺サレルカ喧嘩ヲスル覚悟テアリマシタカラ、トウセ斯ウナツタ以上ハ先方ヲ殺シテ仕舞フニ如カスト考ヘ」たと述べている（『六』：R一八六―一二四～一二五）。斉藤は清水が上に行くように言ったので「ヤツ付ケテ仕舞ハウト考ヘタ」と述べ、「ヤツ付ケル」とは「殺ス」という意味であり、「殺シテ仕舞ハネハ問題カ解決シナイカラ愈々殺ス決意ヲシタノテアリマス」と述べている（『六』：R一八六―六〇～六一）。警察段階では、やっつけるとは殺すという意味ではないと供述していた島岡も、「私共ノ仲間テハ、他人ヲヤツツケルト云ヘハ殺シテ仕舞フト謂フ事テアリマス」（『六』：R一八六―一三〇）と供述を変更している。

三役やその他の土工も「ヤツツケテシマウ」という意味は「殺シテ仕舞フ考ヘテアツタ」と答えている（『六』：R一八六―一二七）。全協関係者や朴らを「殺シテ禍根ヲ絶ツ決心ヲ致シタノテアリマシタ」という供述もある（『六』：R一八六―七一）。「私トシテハ何ウシテモ殺サネハナラヌト云フ程ノ気持ハナカツタト思ヒマス」（『六』：R一八六―一九二）という者もあるが、多数の三役が殺意を認めている。警察段階で、殺すのでなく「コラス」のだと答えていた者も、検事局での取調べでは、各親方から「大和魂ヲ発揮スルノハ此時タ、鮮人ヲ見出シタラ叩キ殺シテシマイ」などと言われて、「戦争ニ行ク様ナ決心テ鮮人ヲ見付ケタラ叩キ殺ス決心」だったと供述している（『八』：R一八八―二九二）。「鮮人征伐ヲスルカラオ前モ応援シロ」と言われて出たという者もいる（『四』：R一八四―一五八など）。

このように、検事段階の供述では、警察段階の供述に比して殺意がより明確になっており、親分からの命令であったことが強調されている。親方衆の殺人教唆の罪に適合する文面となっている。

予審段階　ところが、予審になると供述が一変する。清水は「私等ハ最初カラ鮮人ヲ殺ス事ヲ計画シタノテハアリマセン、又殺ス必要モ無イノテアリマス」「喧嘩ヲシテ彼等ヲ追払ヘハヨイノテアリマス」と述べている（『七』：Ｒ一八七―二〇二）。斉藤も同様で、事件以前に親方衆が清水の決意を聞いた際に「殺ス事ヲ決議シタ訳テハアリマセン」と述べ、襲撃の際に清水が上のほうに行けと言ったのは「喧嘩ヲシテ追ヒ払ヘト云フ意味」と理解し、「行ツテ鮮人ヲ殺シテシマヘト云フ意味ニハ取ラナカツタノテアリマス」と述べている（『七』：Ｒ一八七―二三九、二四七）。また「ヤツツケロ」とは「殺シテシマヘト云フ意味テハアリマセン、喧嘩ヲシテ追ヒ払ヘト云フ意味テアリマシタ」（『七』：Ｒ一八七―二五二）と清水の供述を裏書きしている。

三役も同様である。清水飯場の世話役は、朝鮮人に棒をたたきつけて「懲ラシメテヤル考ヘテ」あり「必ス殺シテ仕舞ハナケレバナラヌト考ヘタ訳テモナイノテアリマス」と述べている（『十』：Ｒ一九〇―一九一～一九二）。その他の土工も、一転して殺意を否定している。「打チ殺ス心算」だったと答えた者も、「私ハ殺ス積リト云フ訳テモナイ」「皆其処ヲ通ル人カ叩イテ通ルノテ、私モ叩イテ見タ」と供述している（『十』：Ｒ一九〇―三八七）。

公判段階　公判においては、予審よりも徹底して殺意が否認される。親方衆の供述では、殺意のみならず「喧嘩」をするように指示したことも否定している。斉藤は「朝鮮人ヲ追払」えという意味で言ったが「喧嘩スル様云付ケタ訳テハアリマセン」と述べ（『公判調書』：Ｒ一九二―一一一）、小川も「喧嘩ヲシロト唆カシタ事ハナク、朝鮮人ヲ傷付ケル様言付ケタ覚エモアリマセン」と否定する（『公判調書』：Ｒ一九二一―一五四)。

三役やその他の土工も同様である。清水飯場の世話役は「殺ス気テ殴ツタノテハアリマセン」と殺意を否定し、頭部ではなく手や足を殴ったと述べている(『公判調書』：Ｒ一九二一―二二一〜二二四)。島岡飯場の世話役は朴を殴って「懲シメテヤラウ」としたのであり、「死ヌタラウトモ死ンテモ構ハヌトモ考ヘス、只ブン殴ル気テ行ツタ」という(『公判調書』：Ｒ一九二一―一八五)。短刀で康の背中を突き刺した土工は、刺したことは認めているが「殺ス気ハアリマセンテシタ」と述べている(『公判調書』：Ｒ一九二一―四二九〜四三〇)。

以上のように、親方・三役・その他土工のいずれにおいても、警察段階・検事局段階の取調べにおいて殺意を認める供述が多かったが、予審では一転して殺意を否認する者が多くなり、公判では全員が殺意を否定した。

(3)　兇器について

今度は角度を変えて、兇器に関する供述をみていきたい。兇器に何を用いたかは、その殺傷能力によって殺意の有無を確認する手がかりとなり、計画性を知ることができる。

聞き取り調査では、襲撃した者の一部が持っていた匕首が気仙沼町で事前に購入され準備されたものであったことが、実際に買いに行った人物などから証言されている(西田 一九八四：二二七〜二二八、小野寺 一九八五：二〇二〜二〇三)。殺傷能力の高い匕首を事前に購入していたことは、計画性と殺意の両方を示していると考えられる。

この匕首の購入については、裁判記録の各供述でも確認できる。警察段階では、親方衆の一人である島岡は、「決死隊ヲ清水ノ身辺ニ派遣スル事ニ決シタノテ」、五月三日に配下の者に二円を渡して気仙沼町で匕首を買わせ、白鞘四本を入手したと供述している（『五』：R 一八五―一二〇～一二四）。朝鮮人を殺害するためではなく護身用だったとしているが、襲撃の際に島岡の配下の者や土工が匕首を持って出ている。

しかし予審になると、島岡は供述を翻し、事件のために刀を買わせたのではないと述べ、匕首四本のうち口火を切るのに二本を、鉛筆を削るのに二本を使うつもりだったという（『七』：R 一八七―二七六～二七七）。匕首で鉛筆を削るとはあまりに不自然といえよう。匕首を買いに行かせたことは認めながらも、暴力行使のためではないことを強調したのである。公判の供述では、鉛筆はなくなり、工事現場で導火線を切るために購入したのだと述べている（『公判調書』：R 一九二―一四四）。島岡飯場の世話役や他の土工も三日の晩に同部屋の土工より「導火線ヲ切ルノニ使フノタト云フテ匕首一口渡サレ」たと供述している（『公判調書』：R 一九二―二八三、三四七）。しかしながら、現場で使う物なら、なぜ襲撃後に匕首を飯場に返したのかという判事の問いには、「理由ハ何ト申上ケテヨイカ判リマセン」と述べるにとどまる（『公判調書』：R 一九二―三四九）。

朝鮮人を刺した者が使った刃物は、「古イ短刀ヲ造リ直シタ刺身庖丁」（『四』：R 一八四―二一）であり、島岡が事前に購入した匕首ではない。それでも、親方の一人が事前に匕首を購入させたことは、配下の者や土工に対し、朝鮮人へどの程度の暴行を企図しているかを示す強烈なメッセージになったと思われる。

事前に準備されていたのは、匕首だけではなかった。被害者側の供述では、兇器は棍棒・薪や鶴嘴の柄であったとされる。加害者側の供述では、近くに積んであった薪を手に取って襲撃に加わったという供述が散見されるが、鶴嘴の柄については、「清水飯場ノ連中カ十三、四人、手ニツルパスノ柄ニスル樫ノ棒ヲ持ツテヤッテ参リマシタ」(『四』：R一八四―一五八）といったように、清水飯場の者が持っていたとする供述が多い。清水飯場の者二〇人以上のうち、半数以上が鶴嘴の柄を持っていたともいう（『四』：R一八四―一九三）。しかし清水飯場の世話役は、予審において、それらの棒は「別段用意ヲシテアッタ訳テハナイ」と供述している（『十』：R一九〇―一八三）。

鶴嘴の柄は殺傷能力が低いようにも思える。しかし聞き取り調査の成果では、当時柿田飯場で働いていた人物が次のように証言している。

朝鮮人が日本の飯場を襲ってくる、ということで、日本側が先に襲ったわけだ。ツルハシの柄をどべっと削ってさ、先さポマードを、油を塗って焼ぐど、固く〝しなる〟んだ。人を刺せば肉ががばっと取れてくるんだ。竹も油塗って焼いたわけだ。（小野寺　一九八五：二〇四）

鶴嘴の柄はこのように、殺傷能力が高まるように事前に加工されたものだと記憶されている。別の証言でも、「どこそこで竹を切ってきて、それを焼いて油をつけて竹ヤリのようなものを作った」「ツルハシの柄の丸まったところを角にした」と聞いたとされる（西田　一九八四：二二六～二二七）。清水の世話役の予審における供述に反し、土工の供述と聞き取り調査の結果は、襲撃のための兇器を事前に準備していたことで合致するのである。

(4) 朝鮮人の暴力性について

もう一つ、予審と公判における被告人の供述で顕著なのは、朝鮮人の暴力性・凶暴さを強調している点である。特に清水は、四月二八日のデモ以来、朝鮮人に匕首で脅されるなどしており、「今日ハ殺サレルカ明日ハ殺サレルカト思ツテ居リマシタ」と述べている（『七』：R一八七―二〇二～二〇三）。公判においても、清水は四月二八日のデモ行進の際に「云ウ事ヲ聞カヌ者ハ皆ナ朝鮮人ニ暴行サレタトノ事テシタ」と述べている（『公判調書』：R一九二―六五～六六）。柿田は朝鮮人から解雇手当を要求された際に「両三度鮮人ニ殴ラレマシタ」と供述している。殊に四月二〇日頃には道路上で、全協の崔石東に頬を殴られ、薪で背部を殴打されたほか、「大勢ノ鮮人ニ踏ンタリ蹴タリサレマシタ」と述べている（『公判調書』：R一九二―一七九～一八二）。五月三日に配下の者を清水飯場に派遣したのは、あくまで朝鮮人が「叩カウトスルニ相違ナイカラ、ソレヲ叩カセヌ様ニサセル心算」であったと主張する（『公判調書』：R一九二―二〇二）。

このように、親方たちの供述から殺意が消えるのにともない、朝鮮人の凶暴性が強調された。事件以前に朝鮮人側から暴力を受けていたことを強調することで、日本人側からの一方的な殺害ではなく、対等性のある喧嘩であったと主張する。そして、前項で述べたような親方たちによる事前の暴力の準備や指示は、すべて自衛のためであったと正当化するのである。

もっとも、朝鮮人による運動に限らず、当時の労働運動は実際に荒々しく戦闘的なものであった。

康用連らと同じ全協土建部のオルグだった朝鮮人は、一九三四年の姫川発電所工事場での争議の際、賃上げを認めない会社側に対して争議団は「ワーッと会談場所にまで押し入り、下請会社の代表できている連中を取り囲み、激昂して机をたたく者、代表の腕をつかみ、殴りかからんばかりになぜ賃上げを認めないのかと迫る者で会談場所は騒然となりました」と回顧している（金 一九七九：一六九）。「土方の飯場を拠点に労働運動をやっている人間には、会社側からさし向けられる暴力団との対抗上からも」一定の暴力行為は「日常茶飯事」だったともいう（金 一九七九：一六六）。

矢作事件の公判でも、柿田に対する解雇手当の要求を受けて、矢作村の工事現場を訪れた弁護士泉国三郎（労働農民党などに参画した人物）が証人となり、柿田の事務所における交渉の際に、六、七人の朝鮮人が「出スナラ出セ何愚図〳〵シテ居ル早クキメロ」と怒鳴っていたと供述している。康用連に「君達ノヤリ方ハ拙イテハナイカ、金ヲ取ルコトタケニ重キヲ置カスニ労働条件改善ニ関スル問題ヲ持出サネハナラヌテナイカ」とアドバイスしたと述べている（『公判調書』：R 一九二―四八八～四八九）。

それでも、デモ行進や交渉の場における粗野なふるまいとは別に、公判で親方衆が受けたとされる朝鮮人側からの個別の暴行は、作り上げられた供述であった可能性が高い。聞き取り調査では次のような証言がある。

時期を見計らって、こっちから準備して攻めたの。事件の三日ほど前、私にも（襲撃の）誘いがあったが、私に度胸ないから行かながった。もの凄がった。騒ぎのあと、有田組から〝事件の証人になってけろ〃って、頼まれたが、断ったの。なぞに（とにかく）〃嘘の証言してけろ〃って言うんだもの。〃朝鮮人に先に攻められたんで、こっちも襲撃した〃っつう証言をしろって言うのっさ。謝礼はうんとすっから、と言われたが、そんな金もらっても仕様ねえもの。結局、別の証人が三人、盛岡の裁判所に行きし〔ママ〕た。計画的っさ。有田組も（計画に）はまっていたど思うね。二人の飯場頭が計画、止めようどしたんだが、ダメだった。（小野寺 一九八五：二〇四～二〇五）

この証言によれば、日本人側から準備して暴行したが、裁判においては朝鮮人側が先に暴行したために日本人側も襲撃したと供述をするように金銭で依頼されたという。依頼主は明記されていないが、親方衆か有田組関係者、あるいはその弁護士であろう。公判調書を見ると、弁護側の申請した証人の中にこれに該当する日本人土工の供述が一つある。四月二〇日に柿田とその世話役が崔石東に殴られた現場に居合わせ、崔は柿田の顔を右手で打ち、さらに棍棒の様なもので右脇を殴り、止めに入った世話役を殴って負傷させたという供述である（『公判調書』：R 一九二―五一四～五一五）。聞き取り証言の「朝鮮人に先に攻められた」という「嘘の証言」とは、柿田が朝鮮人側から暴行を受けたのを見たという供述のことであるとすれば、柿田や他の親方衆が事件以前に朝鮮人から暴行を受けたという供述全般が疑わしいものになる。先に述べた泉も、柿田らが朝鮮人に殴られた話は「方々テ聞キマシタ」と述べているが（『公判調書』：R 一九二―四九三）、伝聞にすぎない。一方、柿田を殴ったとされる崔石東自身が公判で訊問を受けることはなかった。殴られた／殴ったのを見た／聞いたという被告人とその関係者の一方的な供述だけが証拠とされたのである。

(5) 供述が変化した要因

以上のように、警察・検事局段階では認めていた被告人の殺意は、予審・公判においては否認された。以下では、こうした供述の変化がどのようにして起きたのかを検討したい。

自白の強要　聞き取り調査では、警察の取調べが暴力的なものであったことが証言されている。被疑者として警察での取調べを受けた人物は、次のように証言している。

とにかく、二晩も三晩も寝かせないでネ／言え、言えというんだネ／何も言うことネ／あんだ勝手に（調書）書がえんやと言うと／勝手には書げネッて、髪の毛引っ張ったり、蹴っ飛ばしたり／調べられる時は立ってるわげだ。〝椅子に腰かげろ〟ってネ、言われでも立っているわげだ。〝掛げろったら、掛げろ〟という訳だ／腰かげようとするどネ、椅子取る訳だ。取るど、ひっくりげる訳だ／しゃにむに罪人にさせられたのもあるがも知れねえよ。（小野寺　一九八五：二〇八）

このように自白が強要され、その結果作りだされたのがここで警察段階での聴取書ということになる。予審でも、それ以前の聴取書と供述内容が異なることを指摘された被告は「警察署テモ責メラレタ」ためだと述べている（『七』：R一八七―二八〇、『九』：R一八九―一二四）。検事の聴取書についても、そのように供述した覚えはないと述べる被告もいる（『七』：R一八七―二五三、『十』：R一九〇―一二六）。警察・検事局段階の調書にはやはり取り調べる側の意図が色濃く反映しているのであり、その記述が加害者の意図をそのまま示しているわけではない。

しかし重要なのは、そうでありながらも、殺意の有無や兇器の準備について、聞き取り調査の内容と合致するのは、予審・公判での供述よりもむしろ警察・検事局段階での供述であることである。自白の強要があったとしても、結果として加害者や関係者の経験・記憶に相対的に近いものであった。このことは、この事件に関わる力が公権力だけではなかったこと、つまり予審・公判における各被告の供述には警察権力とは別の力が加わり、そのために被告の供述は聞き取りで証言された当事者の記憶とは、かけ離れたものになったことを表している。

有田組の動向　予審・公判段階で新たに加わった力の一つは、有田組である。有田組がまとめた「事件ノ経緯記録」によれば、事件後に有田組は負傷者の治療費・付添費・食事費を支払ったほか、警署に検束された者全員に食事を給与し、死亡者を矢作村金剛寺に埋葬した。このほか労働者やその家族に生活支援として一日三〇銭を支給した（『十二』：R一九一―一九三～一九五）。さらに、有田芳太郎と親交のあった関東国粋会の梅津勘兵衛などに、「内鮮融和労資協調」の見地から被害者への斡旋を依頼し、被害者に対して見舞金を支払うことで覚書や念書を取り交わした。「事件ノ経緯記録」の巻末にはこの覚書・念書の一部が掲載されている（『十二』：R一九一―二二五～二三二）。

この「事件ノ経緯記録」は、前半部分は第二節で詳述した小泉との対立や朝鮮人飯場頭・土工による待遇改善の要求について紙幅が割かれており、後半部分はこうした事件後の処置の説明に当てられている。事件そのものについては、日本人労働者の「平素ノ反目憎悪ノ激情」が爆破したものとし、

「鮮人ノ不逞ノ行為カ如何ニ痛烈ニ内地人労働者ヲ憤激セシメタルカヲ如実雄弁ニ指示スルモノニシテ、同時ニ内地人労働者ノコノ挙ハ何等私利私欲ヲ念トセス、一意唯以テ衆ノタメニ挺身憤激シタルヲ証スルモノト言ハサルヲ得ス」と述べている（『十二』：R一九一―一九〇、一九二）。末尾の「結語」では、「希クハ当社カ微衷幸ニ一般諒知セラレ、労資協調、内鮮融和ノ実績アカリ、負傷者速カニ回春ヲ欣ヒ、起訴者青天白日ヲ仰クコトヲアルニ至ラハ、当社ノ犠牲的奉仕亦大ニ有意義タルニ至ルヘク」と述べている（『十二』：R一九一―二一〇～二一一）。

このように、「事件ノ経緯記録」は加害者の行為がやむを得ないものであったという事情を説明するために小泉との対立まで遡って説明し、事後に被害者に対する誠意ある処置を執ったことを強調することで、加害者に対する温情的な司法判断を願う意図で書かれていた。「事件ノ経緯記録」が作成されたのは、一九三二年七月二〇日である。予審終結決定が出たのが八月一五日であるから、予審において免訴となることを期して編まれたものと見てよい。予審終結決定では被告全員が公判に付されており、「事件ノ経緯記録」が直接的な影響を与えてはいない。それでも「事件ノ経緯記録」が編まれたこと自体、この時点で有田組が弁護士から何らかの法的な助言を得ていた間接的な証拠といえ、そうした助言によって、予審における各被告の供述が変化したものと推測できる(9)。

弁護士の戦略　公判からは法廷で弁護人が立ち会うが、弁護側の最終弁論から、穏当な判決を引き出すための戦略が見て取れる。弁護人の塚崎直義らは、清水以下幹部には「殺意ナカリシモノニシテ」、その他の被告人も「殺意アリタルモノト認ムヘカラサル旨」を述べ、殺人罪が適用されないことを主張した。そして、事件は「被害鮮人ノ横暴ニヨリ誘発セラレタル事案ナル旨」を述べ、清水以下六名の親方衆は傷害教唆、その他の被告人は傷害・傷害致死が相当するとし、各被告人に執行猶予を求め、付和随行の者には罰金刑を求めている（『公判調書』：Ｒ一九二―五七七～五八〇）。

その妥当性を立証するために、弁護側が証人を用意しているが、「証拠調ノ申請」からその意図が読み取れる。「証拠調ノ申請」では、第一に、この事件は「執拗ニシテ悪辣ナル」小泉と金、さらには全協土建連合とが「通謀シテ」有田組やその下請負人に「多額ノ金員ヲ強要」し、全協土建連合は岩手支部を創設するため「策動」し、その目的を貫徹するために、有田組矢作出張所に押し寄せて「喧々怒号シ不穏極マル言動ヲ敢テシ」、親方の柿田に対して傷害を加えるなど、「アラユル脅迫手段」に出ており、被告らはさらなる襲撃が予測されたために、やむを得ず行動に出たのだとする（『十二』：Ｒ一九一―三）。その証拠として、⑶で述べた泉国三郎らが証人となって供述した。

第二に、騒擾罪の適用についてである。弁護側は、騒擾罪は「公共犯罪」であり「地方ノ静謐ヲ害スルニ依ツテ成立」するが、「被告等ノ行動ニ因リテ恐怖ヲ感シタルモノナク、寧ロ鮮人襲撃シ来ルヲ恐レテ」消防夫や自警団が結成されたと主張している。「民家ノ殆ント全部ハ被告等ノ飯場」であり、直接騒動を聞き付けて出動したのではないとする（『十二』：Ｒ一九一―五）。この証拠として、消防組として出動した地元住民が証人となり矢作村駐在所の巡査の指示で出動したことなどを供述した（『公判調書』：Ｒ一九二―五二六～五三八）。

第三に、特に短刀で朝鮮人の背中を刺した土工について、本人に殺意がなかったこと、刺した傷が致命傷ではなかったことを主張している。

以上のような弁護側の戦略をふまえれば、公判において殺意がなかったと主張した各被告人の供述は、弁護士の助言によるものであることは明瞭であろう。同様に、朝鮮人の凶暴さを強調する供述は、犯行がやむを得ないものであったことを示し、情状の酌量を求め、減刑や執行猶予を得る意図があったことがわかる。兇器の準備について、公判では導火線を切るためであったとされ、予審よりも相対的に合理性のある供述へと変化したことも理解できよう（ただし、そのように理由が容易に変転すること自体、供述の信憑性の薄さを示してもいる）。

公判において、検事もやはり「本件ノ動機ハ被害者ノ横暴ニ原因」するとしているが、首魁者である親方衆六人の行為は殺人教唆にあたると主張し、清水ほか一名に懲役一〇年、親方二名を含む五名に懲役五年、八名に懲役四年、六名に懲役三年を求刑するなどした（『公判調書』：R一九二一―五七一～五七五）。しかし判決では、先述のとおり被告人全員に殺意がなかったものとみなし、親方衆六人は傷害教唆・騒擾の罪で懲役一～二年となった。このほか懲役三年が二名（傷害致死）、懲役二～三年が一〇名、懲役一年以上二年未満が七名、懲役一年未満が四名、ほか二四人は罰金刑となった。親方衆六人とその他九人については三年の執行猶予が付いた。騒擾罪の適用を除き、弁護側の主張を認めた判決といえる。

それでは、被害者が耳にした「此野郎モ朝鮮人タカラ殺シテヤレ」「鮮人皆殺シテ仕舞フゾ」「面倒タカラ一匹ヲ逃サナイテ皆殺ニシテ仕舞ヘ」「矢張朝鮮人タ殺シテ仕舞ヘ」といった言葉は、いったい何だったのか。被告人ではない他の者が言ったとすれば、集団の中で殺意がある者がやはりいたということではないか。こうした朝鮮人側の供述との齟齬は問題にならず、事件から日本人側の殺意が払拭されて、朝鮮人側の横暴が事件の原因だったとの言説が前面化される結果となった。

第五節　警察と地域社会の関わり

(1) 警察の関与をめぐって

次に、警察と事件の関わりについて検討したい。関東大震災時の朝鮮人虐殺においては、警察（および軍隊）が自警団に朝鮮人の殺害を許可したことで大規模な虐殺となったことが指摘されている（山田 二〇〇三、姜 二〇〇三など）。この点、矢作事件の聞き取り調査の成果では、当時島岡飯場の小使いであった人物が、清水飯場の前に集合した人びとに対し、警察官が「朝鮮人の一人や二人は殺しても構わない……〔ママ〕罪にもとがにもならない」と言ったのを「直接聞いた」と証言しているとする（琴 一九七六：四三）。小野寺教郎『三陸の鉄路』では、該当部分の証言を次のように引用している。

> 松本の所〔朴の飯場〕へ〔襲撃に〕行って戻ってきて、皆んなが集合する間にだネ――。そこで朝鮮人の一人や二人は殺しても何しても罪にも咎にもならないんだ。余り悪いことするなら殺してもいい、というようなことを警察官が――なんという警察官だかそれも解らないし、ただ言うたと言うことで、そこで広まったわけだネ。（小野寺 一九八五：一九一）

この文面からすると、警官が朝鮮人の一人や二人は殺しても罪にもならないと言ったのを証言者が

「直接聞いた」とは必ずしも断言できないだろう。警官がそのように言っていたという話を聞いたという証言のように読み取れる。この点、聞き取りの際のテープやメモを今一度確認することが課題となるが、今回は果たせなかった。現段階でこの文面から確実にいえるのは、朴（松本）飯場の襲撃後、日本人土工たちが集まっているところで、朝鮮人を殺しても罪にならないと警官が言っていたという情報が流れ、それがその場の土工たちに共有されたということである。その認識のもと、日本人土工は、餅屋や朝鮮人飯場の襲撃に向かったことになる。

この点について、裁判記録のなかでは次のような供述である。趙（西村）飯場の襲撃について、飯場頭の趙は予審において「朝鮮人ガ日本人ニ反抗スルカラ警察ノ許可ヲ得テ殺スニ来夕《ママ》」といって殴られたと述べている（『十』：R一九〇―三四四）。趙の妻（日本人）の証人調書のなかにも、日本人土工一四、五人が飯場に乗り込んできた時に「女ヤ子供ハ殺シテモ仕方ガナイカラ外ニ出セ、警察ノ許可ヲ受ケテ来夕」と言ったと述べている（『二』：R一八一―一六七）。このほかにも、飯場頭の郭は予審において「警察カラ許可ヲ受ケテ鮮人ヲ殺スト叫ンテ、又叩カウトシマスノテ逃ケマシタ」と供述している（『十』：R一九〇―一〇一）。厳密にいえば、これらの供述は、警察が実際に許可したことを直接に示すものではない。飯場頭やその妻が日本人土工の一部による「警察ノ許可ヲ受ケテ来夕」という発言を耳にしたと述べているにすぎない。それでも、日本人土工が襲撃する際、警察による後ろ盾を得ているかのようにふるまったこと自体は、先に述べた聞き取り調査の内容と合致する。

問題は、なぜ日本人土工のなかに、警察官が殺害・襲撃を許可したという認識が生まれたのかという点である。一つの可能性は、聞き取り調査の報告にあるように、警察官が許可する文言を実際に発したことである。しかしたとえそうした発言をしていなかったとしても、警察官が現場にいたにもかかわらず、日本人土工の暴行を黙認する態度をとったことが強く影響したと思われる。

吉田飯場の日本人土工は、午後九時過ぎに警察官の乗った自動車が清水飯場の入り口に停車していたのを見たと供述している（『三』：Ｒ一八二一―一五九）。有田組の雇員も、午後一〇時頃には盛警察署の警察官四、五人が火薬庫のあたりに来て、異常はないかと尋ね、異常はないと答えると矢作駐在所のほうに引き返したと供述している（『三』：Ｒ一八二一―二六九～二七〇）。午後一一時頃には、木村飯場の大家宅でその家族とともに一人の巡査が暖を取っていたという供述もある（『三』：Ｒ一八二一―二三）。これらから総合するに、日本人土工が朝鮮人飯場を襲撃している時間帯に、矢作村駐在所などの警察官は現場周辺にいたことになる。しかし警察官が日本人土工の暴行を制止したり、鎮圧したりした様子はない。警察官がいながら日本人土工の暴行を止めないという黙認状態が、日本人土工が警察の許可があるようにふるまったことと密接にかかわっていたと考えられる。

なぜ警察官は黙認したのか。この理由を示す史料として二点提示したい。一つは、裁判記録のなかの「鮮人殺傷事件報告ノ件」である。これは一九三二年五月五日午前八時に盛警察署長が盛岡地方裁判所遠野支部検事に発した電話報告を文章化したものであり、全文は以下のとおりである。

大船渡線第十三工区鉄道工事請負有田組ニ於テ鮮人約七十名ヲ土工トシ居タル処、該工事竣工近キタル為メ先般来解雇手当ノ儀ニ付交渉中、昨四日該交渉決裂シ、午後九時鮮人約五十名気仙郡矢作村有田組事務所ニ押寄セ、内地人土工之ニ対抗シテ同村字梅木其他ニ於テ乱闘シ、即死三名

負傷者十数名（詳細尚判明セズ）ヲ出シタル事件アリ
右事件発スルヤ小職並ニ管下各警察官現場ニ急行、近接警察署員ノ応援ヲ求メ、現場保存負傷者ノ病院収容等ヲ為スト共ニ極力犯人発見ニ努メ居ル次第ニ有之候、至急検事ノ出張仰度此段及報告候也（『一』：R一八一―五～六）

このように、五月四日夜に朝鮮人五〇名が有田組事務所に押し寄せ、日本人土工と乱闘し、死傷者を出したと報告されている。五月五日の朝八時の段階でなお、警察は日本人側は押し寄せてきた朝鮮人に対抗して暴行をはたらいたと事実誤認をしていたことになる。五月四日夜の間中、警察官が日本人土工を取り押さえることなく、その暴行を黙認していたのは、この事実誤認に基づいていた可能性がある。全協による事件の調査報告に「官犬はたゞ手に提灯を持つて歩るき消防隊は方々に配置されて逃げ道を防いだ」とあるのも（全協ほか編　一九三二：七）、聞き取り調査で得られた「騒ぎが始まって最中のとき、巡査来たんですよ／ヤレッヤレッといったんですよ／（私も）聞いてんの」（小野寺一九八五：一九一～一九二）という証言も、この文脈で理解できよう。

もう一つは、一九三二年六月に警保局保安課が作成した「岩手県大船渡線矢作村鉄道工事場ニ於ケル内鮮人土工乱闘殺傷事件顛末」である。ここでは、矢作村駐在所の巡査は、飯場を襲撃された朴が矢作村の駐在所に駆け込んだことで事件の発生を知ったが、「鮮人土工ハ一旦逃避シ仲間ヲ集合シ清水方ヲ襲撃スル噂」があったため「之ヲ軽信シ」、万一の警戒のために矢作村の消防組第二部に応援を求めたとされる。矢作村に到着した高田警部補派出所の巡査も、朝鮮人が山中に隠れた形跡があり、数十名の日本人土工が「附近警戒ト称シ」て集合しているのを見て「多少不審ヲ抱キツ、」も周囲を警戒し、明け方になってようやく餅屋附近に二つの死体を発見し、盛署に連絡することとなったとする（警保局保安課　一九三二：一二～一三）。注目すべきは、このように初期対応が遅れた原因の一つは、日本人土工が「鮮人土工ノ来襲ニ対スル警戒ナルカ如ク装ヒタル」ためであり、捜査の進行にともなって、ようやく事件が「計画的且警察官ニ察知セラレザル様取運ビシモノナルコト」が判明したのだと弁明していることである（警保局保安課　一九三二：一三～一四）。

ここからわかることの一つは、警察が事件の間中、朝鮮人が日本人を襲撃するものと誤認して対応していたことである。もう一つは、一九三二年六月の段階では、警察は「鮮人土工ノ来襲ニ対スル警戒」という日本人土工の言い分は「装ヒタルコト」にすぎなかったという見解に立っていたことである。のちに出された判決では、「装ヒタルコト」であったはずの「鮮人土工ノ来襲ニ対スル警戒」を、実際にそうであったと見なしたわけだが、それは警察の当初の見解とはかけ離れたものであった。

この初期対応の遅れ自体は戦後の『岩手の重要犯罪』にも明記されているが（岩手県警察本部　一九五九：一八四～一八七）、これについて琴秉洞は、警察が日本人土工の襲撃を事前に知っていて見逃したことを隠蔽するための「官憲のウソ」であり、矢作事件は「資本家、官憲が共謀して兇暴な殺害意志を先行させて事を運んだ」事件であると述べている（琴　一九七六：四五、四九）。一方、当時の駐在所の巡査も、『岩手の重要犯罪』の記述について異を唱えている。初期対応は自らのミスではなく、事件発生後に盛署に何度も連絡したが「花見のため不在」だったのだと述べている（小野寺　一九八五：一九三二～一九五、西田　一九八四：二六七～二七七）。また巡査の長男は、「父に聞いたんですが、盛署に連絡したときは、〝そんなもの放っぽっておげ、起きたら起きたなりでいいがら放っぽっておげ〟と、こういわれた」と証言している（小野寺　一九八五：一九五）。これらの証言を受けて、地元のジャーナリストと郷土史家は、県警察や特高は親方衆による襲撃計画を事前につかんでいたが、朝鮮人の労働運動を抑圧するために襲撃をわざと見逃したのではないかという仮説を提示している（小野寺　一九八五：一九八〜二〇一、西田　一九八四：二七五〜二七七）。

この点について、裁判記録でいえることは少ない[10]。しかし「資本家、官憲が共謀」して起きた事件であるならば、警察段階での被告人の供述と、有田組の依頼による弁護士が入った公判段階の供述とが、あれほどまでに異なったのはなぜなのかという疑問が残る。少なくとも、「官憲」「警察」といっても、矢作村駐在所—高田町警部補派出所—盛警察署—岩手県警察—内務省警保局といった各レベルで利害関係が異なると考えられる。より詳細な史料的裏付けについては今後の課題としたい。

(2)　地域社会の関わり

これまで幾度か触れてきたように、事件のさなか、警察からの要請によって、矢作村の地元住民の一部は消防組や青年団（自警団）の一員として出動していた。消防組員の一人は公判において、「同夜警官カラモ気仙沼方面カラ朝鮮人カ押シ寄セルトノ噂タカラ出テ警戒セヨト命セラレ」たといい、五月四日夜から同月二六日まで二三日間にわたり警戒に従事したと供述している（『公判調書』：R一九二一五二七〜五二八）。他にも矢作村駐在所の巡査から「十二工区ノ朝鮮人カ大挙シテ押寄セテ来ルトノ事タカラ是非警戒ニ出ル様ニ」と言われたとの供述がある（『公判調書』：R一九二一五三四）。駐在所巡査が出動を要請する際に、「気仙沼方面カラ朝鮮人カ押シ寄セルトノ噂」を告げられていた点は重要である。警察の事実誤認については先に見たとおりであるが、その誤認が矢作村の地元住民へとそのまま伝えられていたことになる。

したがって、「消防組員ハ消防組員タケ単独行動テ警戒シタノテス。只実地ニ当ツテハ内地人土工等ト共同防衛ノ様ニナツテ居リマシタ」（『公判調書』：Ｒ一九二―五二八～五二九）というように、治安維持のために出動した消防組員はむしろ暴行した日本人側と行動を共にしていた。日本人土工側の供述にも、消防組や自警団が多数いたという記述が散見されるが（『四』：Ｒ一八四―一二一四、『六』：Ｒ一八六―一二六三など）、暴行を制止することはしていない。趙（西村）飯場の飯場頭は、自分が暴行を受けた時には「消防ガ多勢来テ見テ居タソウテアリマスカ、誰モ止メナカツタトノ事テアリマス」と供述し、夜明け頃に消防組員から「今度ハ俺達モ止メル事カ出来ナカツタカラ逃ケテ呉レ」と言われたとも述べている（『十』：Ｒ一九〇―三四五～三四六）。消防組員が炭火をくべているところに日本人土工も一緒に温まったり（『三』：Ｒ一八三―一二四）、一緒に夜を明かしたりしたという供述がある（『六』：Ｒ一八六―三〇四～三〇五）。地域社会もまた日本人土工による暴行を黙認していたのである。

事件後も朝鮮人土工に対する地元住民の警戒心は続いた。五月九日付の『大気新聞』は、矢作村では「三百名の鮮人土工が東京から押しよせるとか、相愛会本部に於ては復讐戦の協議中であるとか、殺された鮮人の幽霊が出る」などの流言飛語が飛び交っており、それゆえ「ワラビ取り等の山入季節なのに誰一人として仕事に出るものなく、また夜は勿論昼間でも道路を歩く村人もなく、全く火の消えた有様である」と報じている（『大気新聞』一九三二年五月九日）。先述のとおり消防組による警戒は五月二六日まで続いたが、六月一日から翌年の三月まで、矢作村からの請願を受けて、治安維持の目的で臨時駐在所が字梅木に設けられ、二名の巡査が派遣された（陸前高田市史編集委員会編 一九九九：四八、八七、九一）。梅木は朝鮮人飯場が集住しており、襲撃された餅屋があった地域である。臨時駐在所は一九三三年三月三一日まで続いた。前月の二月二七日に判決が出たのを受けてのことと思われる。

おわりに

裁判記録の各供述からは、戦後にまとめられた『岩手の重要犯罪』の内容と異なり、事件をめぐる実に多様な事柄が浮かび上がった。

第一に、事件の原因についてである。警察段階の取調べでは、朝鮮人飯場頭・土工らの置かれた状況と運動について詳細に供述されていた。全協の指導により作られた八箇条の要求は、朝鮮人だけでなく、日本人土工・出人夫も含めた飯場の労働者全体の待遇改善要求であり、これに対して日本人土工から一定の支持があったことを確認できた。しかしながら、被告人の減刑を図った有田組や弁護人の戦略によって朝鮮人側の「不当」さが強調され、その結果として、判決では朝鮮人飯場頭・土工らの有田組・親方による搾取の状況が顧みられることはなかった。そして戦後に編まれた『岩手の重要犯罪』では、それと同じ視点から事件が再記述されたのである。

第二に、襲撃の計画性と殺意についてである。警察・検事局段階の聴取書には、被害者側からは一方的な暴行であったことが供述されており、加害者側からは襲撃が計画的であったことや明確な殺意を持っていたことが供述されていた。これらは取り調べ時に強要された自白ではあったが、戦後に関係者によって語られた証言と合致している。しかしながら、予審・公判において弁護人が関わるにともない、加害者側はそれまでの供述を翻して殺意を否定した。その結果、「殺人教唆」「殺人」ではなく「傷害教唆」「傷害致死」という判決となった。

第三に、官憲の関与についてである。襲撃の現場で暴力が正当化された大きな要素は、警察や消防組などが日本人土工による暴行を黙認したことによる。関東大震災時の朝鮮人虐殺がそうであったように、日常的な労働の場における虐殺でも官憲や地域社会が後ろ盾となったことが大きい。黙認の直接的な理由としては、警察が事件当初に朝鮮人側が有田組を襲撃したと事実誤認をし、それを念頭に事件現場で警戒していたことが挙げられる。その事実誤認を隠すかのように、警察は被疑者に対して厳しい取り調べを行った。戦後の『岩手の重要犯罪』でも、この事実誤認については触れられていない。

第四に、有田組の関与についてである。事件当夜に有田組事務所から「朝鮮人襲来」に対する警備の命令が一部の飯場にあった。さらに予審終結前に有田組は「事件ノ経緯記録」を編み、朝鮮人飯場頭・土工の「不当」さを強調して、被告人の減刑を図った。また、有田組の用意した弁護人の戦略によって、朝鮮人側の「襲来」「暴行」の危険性があったことが強調され、朝鮮人側の暴行に対して日本人側が暴行したというストーリーが構築された。予審・公判における被告人らの供述の撤回は、被疑者を糾弾する警察・検事局の圧力が予審・公判において弱まったとたんに、減刑を画策する有田組の力が前面に出たために起こった現象といえる。

以上のように、矢作事件を朝鮮人と日本人との対等性のある「乱闘」と見なす見解は、事件当時から一貫したものではなかった。事件の現場において一度はそのように事実誤認がされながらも、警察・検事段階では日本人側の作為であったことがすでに指摘されていた。にもかかわらず、予審・公判段階において朝鮮人による不当な要求と「朝鮮人来襲」を原因とするかのようなストーリーに意図的にすり替えられ、対等性が強調されたのである。裁判記録は矢作事件の性質がそのように再修正され、固定化されたプロセスを示す史料群であった。

以上に挙げたすべての事柄、すなわち朝鮮人飯場頭・土工が置かれた搾取の構造や、それに対して待遇改善を要求した際に生じる圧倒的な暴力、それが運動の当事者に対してだけではなく民族単位に向けられること、それを官憲・地域社会が黙認・容認すること、朝鮮人が襲来するという話が容易に受け入れられること、裁判において朝鮮人側の供述があまりに容易にかき消され、日本人側に有利な供述が一方的に認められたことは、植民地支配―被支配の関係性によってもたらされたものといえる。このようなことが成り立つこと自体に、戦前の在日朝鮮人がさらされていた権力関係が象徴的に現れているのである。

それでもなお、矢作事件に関する当事者の経験と記憶は、そうしたすり替えられたストーリーによって完全にかき消されたわけではなかった。それとは異なる経験と記憶が地域社会に眠っており、一九七〇年代に行われた聞き取り調査の際に浮かび上がったのである。聞き取り調査にもさまざまな力学が働き、聞き手が聞きたい論点が語られやすい。そうだとしても、当時は口に出せなかった関係者の経験や違和感が、聞き取り調査で吐露されたことは間違いない。

本章によって得られた知見の多くは、そうした聞き取り調査の成果ですでに言及されていたことである。それらを史料で裏付けたこと自体に意義があると考えるが、それに加え、本章によって新たに得られた知見を二点あげたい。一つは、聞き取り調査の成果と符合する内容がすでに警察の取り調べであがっていたにもかかわらず、予審・公判においてそぎ落とされていったことである。ここには有田組の意向と関与が大きかったことが浮かび上がった。もう一つは、事件における女性の関わりについてである。聞き手の問題関心にも規定されて、聞き取り調査では日本人女性の加害の実態、朝鮮人女性の被害の実態は十分に明らかになっていなかった。この点、包括的に調書類が残っている裁判記録によって部分的にでも解明できたことが、本章の成果の一つである。一方で、聞き取り調査が仮説的に提示していた官憲と有田組との共謀という側面については、本章では十分に明らかにすることができなかった。襲撃現場での黙認という以上の官憲・有田組の関与の実態を検討することが今後の課題となる。

最後に、本章で得られた知見をふまえて裁判記録の史料論的な見解を述べておきたい。

第一に、警察・検事局における聴取書は、聴取した結果を取り調べる側がまとめ、証人・被疑者に読み聞かせて署名させる。弁護人の立ち会いがある公判の調書に比して、信憑性に欠けることは確かである。しかし本章が示したとおり、弁護人がいれば当事者の経験がそのまま供述されるとも限らず、警察段階で自白の強要が行われているからといって、その内容が当事者の経験と異なるとも限らない。裁判記録の記述の妥当性は、刑事訴訟手続きの段階性によって一律に判断できるものではなく、各事件において働きうる権力関係をケースバイケースで判断する必要がある。

第二に、警察―検事局―予審―公判という各段階は、被疑者・被告人や事件の争点が絞り込まれていくプロセスである。そのため、警察段階では、予審・公判よりも多くの証人・被疑者の聴取書が作成されることになる。強姦に関わる供述が警察段階の聴取書に含まれていたように、公判の争点から外れる事柄についても初期の取り調べから拾える可能性が高い。したがって、歴史研究においては、判決はもちろん、そこにいたるまでの調書類の史料的な価値は極めて高く、それらについても保存・公開することが求められる。

当然ながら、裁判記録を読解するにはそれ以外の史料を渉猟することが不可欠だが、供述が二転三転する今回の裁判記録は、聞き取り調査の成果なしにはまずもって読み解けなかった。聞き取り調査と裁判記録の両方が残っている希有な事件であったからこそ、なし得た分析といえる。これまでにも、土木工事現場を中心に朝鮮人・日本人の衝突事件が数多くあったことが指摘されている（朴 一九七九：一〇二、一四八、一六四、二五二～二五七）。矢作事件についても、新聞史料だけを見れば日本人・朝鮮人土工の「大喧嘩」「大乱闘」と報じられているにすぎない。当事者からの聞き取り調査ができない現在では困難であるが、衝突事件とされた他の事件の実態がいかなるものであったかを包括的に解明することが、近代日本の民衆史研究として重要な課題であることを、本章の成果は示唆している。

註

（1）以下、『盛岡有田組事件』全一二冊からの引用に際しては、巻数を『』で略記し、リール番号とコマ番号をＲ□―□の形で表記する。『矢作事件公判調書』は『公判調書』と略記し、同様にＲ□―□の形で表記する。なおこの史料に限らず、引用文中の〔〕は引用者による注記であり、（）は原文のママである。また適宜句読点を付した。

（2）矢作事件の判決については、主文、および理由のうちの事実部分（証拠・量刑の説明などは含まれない）が『岩手の重要犯罪』に掲載されており、従来はこちらが用いられていた（岩手県警察本部編 一九五九：一八八～二〇九）。裁判記録には、『岩手の重要犯罪』では省略されている部分を含めた判決の謄本がある。

（3）本章では、有田組の経営者である有田芳太郎、全協の本部委員であった康用連（康有鴻）など、研究上参照される可能性が高い人物を除き、事件に関わる人物の個人名を加害者・被害者とも極力明記しないで記述する。インターネット上での悪意ある書き込みが横行する昨今の現状では、研究論文であっても個人名を明記することで、今後の裁判記録（謄抄本）の新たな発掘や学術利用に悪影響が生じる可能性を否定できないためである。そのうえで、学術的な検証可能性が失われないために、飯場名がわかるように親方（下請負人）とその配下の飯場頭の姓を明記することとする。朝鮮人飯場頭については、史料には日本名で記されていることが多いが、判明する限り朝鮮名の姓を先に示し、日本名を括弧書きにした。

本章ではさしあたり右のような原則で執筆するが、これは朝鮮人虐殺という事件の性質を鑑みてのことであり、裁判記録を用いたすべての歴史研究に適用されるべき原則と考えているわけではない。また、このようにすることで、戦前の在日朝鮮人史においてただでさえ失われがちな個人名が、いっそう見えなくなるという問題が生じることも自覚している。時代状況と研究状況においていかなる原則に立つことが妥当であるかは、継続的に議論を重ねるほかないだろう。

（4）今回は、死傷者表に挙がっている以外の朝鮮人証人も含めて、出身地・生年・渡航年・経歴などについて包括的に分析するには至らなかった。今後の課題としたい。

(5) 朝鮮人飯場頭である朴の供述では、康らについて「友愛会ノ人」とされており、「友愛会ノ支部ヲ作ル相談ヲ皆ニサレタノテス」とある（『三』：R一八三一―二七三）。しかし日本人土工・飯場頭は一様に康の所属を「相愛会」と述べている。また「融和会」の人だという供述もある（『二』：R一八一一―四一二）。康らは素性を隠すために、全協と敵対的な関係にある相愛会の名称を用いて矢作村入りした可能性も考えられる。いずれにしても、全協らによる調査報告にあるように、康が全協の土建労働組合の本部委員であったことは間違いない。相愛会については、リングホーファー（一九八一）、倉持順一（二〇〇四）に詳しい。

(6) 朝鮮人男性が内縁の日本人女性の名義で経営していた飲食店で、酒・うどん・そばのほか餅をついて売っていたため、当時餅屋と呼ばれていた（『三』：R一八三一―三〇六）。

(7) このことは、関東大震災時の朝鮮人虐殺においても見られたことである（藤野二〇一五：二九九～三〇〇）。しかし関東大震災時と同様に、矢作事件でも知り合いの朝鮮人を保護した同じ人物が、見知らぬ朝鮮人には容赦なく暴力をふるってもいる。

(8) さらに、避難により普段いるはずの子どもがいないことから、朝鮮人が子どもをさらったに違いないという流言を生み出しもした（『三』：R一八三一―一三五、『八』：R一八八一―二〇三）。

(9) なお、公判において「事件ノ経緯記録」が証拠として取り上げられたことは確認できないが、そこには塚崎直義による多数の書き込みがある。また、公判調書に出てくる「証第五号ノ二」「証第十五号」は（『公判調書』：R一九二一―五四一、五四八）、それぞれ「事件ノ経緯記録」の巻末に参考資料として付されている有田組と下請負人との請負契約書、朝鮮人労働者からの解雇手当の要求を受けて金銭を支払った際の覚書と同一物か類似の物であると思われる。

(10) 事件当時に盛警察署長（公判時は岩手県警察部特別高等警察課次席）であった千田武三郎は、公判において、五月四日午後八時に矢作駐在所より電話で一報が入ったのち、五日午前一時に「応援ノ者ヲ送ツテ呉レ」との電話があったため、午前四時頃に現場に向けて派遣したと述べている（『公判調書』：R一九二一―四九五～四九六）。午前一時に応援の要請があったあと、実際に派遣するのが三時間後の午前四時である点には不可解さがある。

史料

岩手県編　一九三三　『岩手県統計書 昭和六年 第一編 土地及戸口其他（其ノ一）』 岩手県
警保局保安課　一九三二　「岩手県大船渡線矢作村鉄道工事場ニ於ケル内鮮人土工乱闘殺傷事件顛末」、JACAR（アジア歴史資料センター）Ref. A04010507000、昭和七年五月・議会資料（国立公文書館）
山東球磨　一九三〇　「直面したる労働争議に就て」『土木業協会会報』第三二号
全協・日本土木建築労働組合本部常任委員会・岩手事件対策委員会　一九三二　『岩手事件報告書（真相―其後の闘争前半）』、法政大学大原社会問題研究所所蔵
津田誠一　一九三三　『土木人物語』 ジャパンレールウエイ社
矢作村役場編　一九三七　『昭和拾壱年度　矢作村勢要覧』
『岩手日報』
『岩手毎日新聞』
『大気新聞』
「内鮮人土工乱闘殺傷事件」『特高月報』 一九三二年五月分
『盛岡有田組事件』全一二冊および『矢作事件公判調書』、東京弁護士会・第二東京弁護士会合同図書館所蔵刑事裁判記録マイクロフィルム、リール番号一八一～一九二、早稲田大学図書館所蔵

参考文献

岩手県警察本部編　一九五九　『岩手の重要犯罪――その捜査記録』 熊谷印刷出版部
岩手放送岩手百科事典発行本部編　一九七八　『岩手百科事典』 岩手放送
岩村登志夫　一九七二　『在日朝鮮人と日本労働者階級』 校倉書房

小野寺教郎　一九八五　『三陸の鉄路――その光と陰』三陸新報社
小野寺教郎　一九八六　「矢作事件――新たな事実を追って」矢作事件を考える集い実行委員会編『「矢作事件を考える集い」報告集』矢作事件を考える集い実行委員会
姜徳相　二〇〇三　『関東大震災・虐殺の記憶』青丘文化社
金賛汀　一九七九　『雨の慟哭――在日朝鮮人土工の生活史』田畑書店
金静美　一九八八　「三重県木本における朝鮮人襲撃・虐殺について（一九二六年一月）」『在日朝鮮人史研究』第一八号
金野格　一九九五　『騒擾』耕風社
琴秉洞　一九七六　「東北地方における朝鮮同胞強制労働と虐待の実態について（中その二）」『月刊朝鮮資料』第一六巻第九号
倉持順一　二〇〇四　「相愛会の活動と在日朝鮮人管理――関東大震災後の「内鮮融和」・社会事業と関連して」『法政大学大学院紀要』第五三号
佐藤泰治　一九八五　「新潟県中津川朝鮮人虐殺事件（一九二二年）」『在日朝鮮人史研究』第一五号
新岩手日報社編　一九四九　『昭和県政覚書　下巻』新岩手社
東北地方朝鮮人強制連行真相調査団編　一九七五　『東北朝鮮人強制連行の実態――新聞報道資料』朝鮮人強制連行真相調査団
長江好道ほか　一九九五　『岩手県の百年』山川出版社
西田耕三　一九八四　『朝鮮人虐殺・矢作事件』ＮＳＫ地方出版
日本国有鉄道管理局編　一九六六　『盛岡鉄道一五年史』日本国有鉄道盛岡鉄道管理局
日本国有鉄道盛岡工事局編　一九七八　『鉄道建設物語――盛岡工事局六〇年の歩み』日本国有鉄道盛岡工事局
朴慶植　一九六五　『朝鮮人強制連行の記録』未来社
朴慶植　一九七九　『在日朝鮮人運動史――八・一五解放前』三一書房

朴慶植　一九八六「数々の「矢作事件」――私たちはその中から何を学ぶのか」矢作事件を考える集い実行委員会編『「矢作事件を考える集い」報告集』矢作事件を考える集い実行委員会
広瀬貞三　二〇〇一「三信鉄道工事と朝鮮人労働者――『葉山嘉樹日記』を中心に」『新潟国際情報大学情報文化学部紀要』第四号
広瀬貞三　二〇一六「戦前の富士川水系笛吹川改修工事と朝鮮人労働者」『福岡大学人文論叢』第四八巻第一号
藤野裕子　二〇一二「刑事裁判記録マイクロフィルムの公開について――東京弁護士会・第二東京弁護士会合同図書館所蔵」『歴史評論』第七五〇号
藤野裕子　二〇一五『都市と暴動の民衆史――東京・一九〇五―一九二三年』有志舎
裵姈美　二〇一〇「一九二二年、中津川朝鮮人労働者虐殺事件」『在日朝鮮人史研究』第四〇号
矢作事件を考える集い実行委員会編　一九八六『「矢作事件を考える集い」報告集』矢作事件を考える集い実行委員会
山田昭次　二〇〇三『関東大震災時の朝鮮人虐殺――その国家責任と民衆責任』創史社
陸前高田市史編集委員会編　一九九六『陸前高田市史　第四巻　沿革編（下）』陸前高田市
陸前高田市史編集委員会編　一九九九『陸前高田市史　第八巻　治安・戦役・災害・厚生編』陸前高田市
マンフレッド・リングホーファー　一九八一「相愛会――朝鮮人同化団体の歩み」『在日朝鮮人史研究』第九号
渡部徹　一九五四『日本労働組合運動史』青木書店

第Ⅳ部　思想と学説

第9章　福澤諭吉の徴兵論・再考

尾原宏之

はじめに

一八八三（明治一六）年一二月二八日、徴兵令が大改正された。この改正によって、それまで存在していた各種の免役条項が削除され、猶予制度に切り替えられた。この〈事件〉は、徴兵適齢期に近い少年とその家族を動揺させた。

それ以外にも動揺した者たちがいる。私立学校の関係者である。改正徴兵令は、在学中の生徒などに与えられる徴集猶予その他の特典から、私立学校を排除した。この措置によって、私立学校では生徒が激減し、官立府県立学校では志願者が急増するという現象が観察された。私立学校存亡の危機もささやかれはじめた。

この時、強い反応を見せたのが福澤諭吉である。福澤は、慶應義塾に官立府県立学校と同様の特典を与えるよう求める願書を東京府知事に提出し、当時内務卿であった山縣有朋らにも工作を行った。

自身が創刊した『時事新報』には、私立学校保護を求める論説を掲載した。徴兵制度の意義と改革案を論じた『全国徴兵論』という小冊子も刊行した。

だが、これらの努力にもかかわらず、政府は慶應義塾に対して特典を付与しなかった。政府による私立学校そして慶應義塾への特典付与の拒絶は、しばしば「私学冷遇政策」という言葉で呼ばれる（寺崎　一九九九、小川原　二〇一一など）。

慶應義塾の視点から見れば、この一連の過程は冷遇と被抑圧の歴史であり、権利回復闘争の歴史である。そして、この視点からの研究はかなり完成されている。だが福澤研究から見て、あるいは政治思想研究から見て、福澤の言動にはまだ謎が多く残されている。福澤の言葉だから、という理由でつい過剰な意味づけや好意的な解釈をしてしまうことは多いが、はっきりいえば本件に関する福澤の主張は首尾一貫していない。そもそも、学問に従事する者が直接政治権力に保護を懇願すること自体、徴兵令改正の一〇ヶ月ほど前に刊行された自身の著書『学問之独立』の主張と矛盾するのではないか。まずこのことが、議論の出発点となる。

福澤は、私立学校における学問や教育を保護するための特典付与を強く求める。だがまたある時は、全国民男子が兵役を平等に負担することを強く求める。

端的にいえば、このふたつの要求を同時に実現することは困難である。現代的観点では、学問や教育の保護はよいことであり、私立学校の育成も望ましいことに違いない。だから、立場を変えればそれがただの例外的特権、逆差別にしか映らないことが、見えにくくなっている。

徴兵令に関する往時の議論を概観すればわかるように、免役や猶予などの特典を欲したのは学校関係者だけではない。官庁からすれば余人をもって代えがたい官吏・技術者を徴集されれば大いに困る。華族からすれば子弟を貧しい平民と同じ隊伍に置くことは社会秩序の崩壊を意味する。貧しい農家からすれば働き手を奪われるのは死活問題である。一家の祭祀のためにせっかく迎えた養子を取られたら「イエ」は断絶しかねない。産業界からすれば、極力生産活動に影響を与えないでもらいたい……。徴兵令の特典をめぐる議論は、あちらを立てるとこちらが立たない仕組みになっている。

現象面だけ見れば、福澤は官立府県立学校が享受できる例外的特権を自分たちにも要求しただけなのだが、学問や教育の保護、兵役の平等などの〈高尚〉な大義名分がその上から次々に被さってくるので、議論の全体構造や真意が見えにくくなってしまっているのである。

そこで本章では、いわゆる「私学冷遇政策」に対する福澤の具体的行動と、徴兵制度に関する言説を分離して検討する。最初に福澤の実際の行動と明治政府の対応について考察し、その後、徴兵制度に関する言説を検討する。後者についても、兵役論そのものと、特典問題に関する議論を分離して検討する。その上で、福澤の具体的な行動と言説戦略の変化を照らし合わせ、最後に福澤の言論における徴兵論の意味について総括する。

第一節　「特別ノ御取扱」をめぐって

一八八三年の徴兵令改正と福澤の対応について検討する前に、慶應義塾に対する兵役免除・猶予の変遷を概観する。徴兵令が制定された三年後の一八七六（明治九）年、福澤は東京府知事楠本正隆に対して慶應義塾本科第三等以上の生徒を免役にすることを願い出る伺書を提出し、東京府は文部省の指令を仰いだのち、翌年これを許可した。教育程度による免役を定めた徴兵令第三章「常備兵免役概則」第五条に該当する人物は「文部工部開拓其他ノ公塾ニ学ヒタル専門生徒及ヒ洋行修業ノ者并ニ医術馬医術ヲ学フ者」（傍点引用者、以下同じ）であるが、徴兵令参考改正第二〇条（一八七六年四月二〇日陸軍省達第六六号）に基づき、慶應義塾本科第三等以上の生徒にもそれに相当する学力があると認められたのである。改正第二〇条は「省使庁府県其他公私学校ノ生徒ハ都テ文部ノ生徒ニ比較シ外国語学三ヶ年間ノ教科ヲ卒業シタル生徒ニ相当ノ者或ハ専門学修業生徒ニ相当ノ者及中学教科ヲ卒ハル者ハ免役ニ属スヘシ」と定めていた（寺崎　一九九八：一～四）。つまりこの時点では、学校が官立か公立か私立かを問わず、学力のレベルによって免役にするか否かを判断するシステムになっていたといえる。

大きく変化するのが、一八七九（明治一二）年の徴兵令改正時である。この改正で教育程度による平時免役は、小学校を除く官立学校、公立師範学校・公立中学校・公立専門学校の卒業生[1]、外国に留学し二年以上の学科を終えた証書を持つ者に限られることとなった。平時一ヶ年の徴集猶予とされる者も、それらの学校で一定の課程を修めた者に限られた。つまり、ここで徴兵令本文に官立と公立学校の卒業生、留学生にのみ教育程度による免役の特典が与えられることが明記されたのである。寺崎修はこの改正に注目し、文部省の「私学冷遇政策」が明治一四年政変以前から開始された証左と指摘しつつ、慶應義塾関係者がこの改正に積極的に対処せず、世論の反応も鈍かったと評している（寺崎一九九八：四～七、同　一九九九：一五八～一六一）。なぜ対処もせず世論も鈍かったのかというと、一八七九年の改正が徴兵忌避の対症療法にとどまる中途半端な改正だったことに起因すると思われる。分家、女戸主への入婿、絶家再興など徴兵逃れの手段を禁止する但書が条文に付されているものの、戸主、嗣子、独子独孫など、免役条項はたくさんあった。そもそも免役料（代人料）制度は維持されており、二七〇円を支払えば「国民軍ノ外」免役となることができたのである（第六四条）。官立公立学校に特典を与え、私学には与えないことが明確になった改正ではあったものの、慶應義塾の卒業生や在学生がなんらかの形で免役要件を得ることは、さほど難しくなかったと思われる。「国民皆兵」に向けた本気度の高い改正でもなく大量の徴員も予定されていなかったことが、反応が弱い最大の理由であろう[2]。

徴兵令の条文が慶應義塾の死命を制する危険性が出てきたのは、一八八三年一二月二八日の改正である。この改正によって免役料は完全に廃止され、金銭納入による免役の道は途絶した。兵役免除は「廃疾又ハ不具等」の理由によって兵役に耐えられない者に限定された（第一六条）。そのほかは「猶予」のみとなる。ただし、戸主や「戸主年齢満六十歳以上ノ者ノ嗣子或ハ承祖ノ孫」なども「猶予」ではあるが、戸主や嗣子などの名義が維持されれば兵員不足時か戦時以外は徴集されないので、事実上の平時免役といえる。

慶應義塾をはじめとする私立学校に関係するのは、以下の条項である。

第十八条　左ニ掲クル者ハ其事故ノ存スル間徴集ヲ猶予ス

第二項　官立府県立学校小学校ヲ除クノ卒業証書ヲ所持スル者ニシテ官立公立学校教員タル者

第三項　官立大学校及ヒ之ニ準スル官立学校本科生徒

第十九条　官立府県立学校小学校ヲ除クニ於テ修業一個年以上ノ課程ヲ卒リタル生徒ハ六個年以内徴集ヲ猶予ス

このほか、満一七歳以上満二七歳以下の官立府県立学校卒業生が在営中の食料被服の費用を自弁する場合、一年間で現役を終えることができる「一個年間陸軍現役」制度も導入され（第一一条、技芸熟達による早期帰休も可能）、現役中に技芸に熟し行状方正であった者と、小学校を除く官立公立学校の歩兵操練科卒業証書を持つ者には早期帰休の道が開かれ（第一二条）、官立公立学校の教員は予備兵・後備兵の復習点呼が免除されることとなった（第二〇条）。

この改正徴兵令で教育程度による特典が認められているのは、「官立大学校」＝東京大学と、駒場・札幌の農学校、工部大学校、司法省法学校といった官立学校の本科生徒の在学中猶予、小学校を除く官立府県立学校一年修了者に対する六年間の猶予、その卒業生に対する「一個年間陸軍現役」、歩兵操練科卒業証書を持つ者の早期帰休、海外留学生に対する徴集猶予である。とくに官立大学校・官立学校本科生徒に対する徴集猶予は大きい特典であった。第三一条の「補充員ニシテ其期限内徴集ノ命ナキ者及ヒ第十八条第三項ノ生徒ニシテ二個年以上ノ課程ヲ卒リタル者ハ年齢満二十七歳迄之ヲ第一予備徴員トス」という条文と連動しているので、「官立大学校及ヒ之ニ準スル官立学校本科生徒」は二年以上の課程を終えれば二七歳まで戦時・事変時徴集のみの第一予備徴員となり、それが終われば三二歳まで後備兵を召集した後の段階で徴集される第二予備徴員となる（第三二条）。つまり、平時であれば徴集されることはないのである。

その一方で、私立学校の卒業生や在学生には配慮がなかった。改正後、特典を与えられなかった私立学校は深刻な生徒数の減少に悩まされることになる。若者が私立を避けて官立府県立を選ぶようになったからである。改正から一ヶ月後の翌一八八四（明治一七）年一月、慶應義塾では一〇〇名を超える退学者が出た。一八八二（明治一五）年に創設されたばかりの東京専門学校でも三〇〇名中六〇名が退学する事態となった（慶應義塾 一九五八：八〇八、早稲田大学大学史編集所 一九七八：五〇八～五〇九）。中江兆民は、みずからが経営する仏学塾が衰退していく経緯を語るなかで、「官益厳編兵之令、羅収国中壮丁靡遺、生徒稍々廃業帰郷、数年之間而仏学塾遂寂然矣」（中江 一九八六：三五）と回想した。

私立学校没落の一方で、特典が認められる府県立学校は大盛況となったようである。福澤の言葉によれば「従前各地方に教育の旨を奨励して少年の就学を勧るは一朝一夕の事に非ず、百方説諭に労して来者の少なきに苦しみたる者が、本年春以来は入学志願の者常に校門に市を成して去らず」（福澤 一九六〇 a：五七二）という有様となった。『朝日新聞』は、大阪府立中学校や堺師範学校、神戸師範学校などで起きた志願者急増に徴兵令改正の影響があると推測している（一八八四年二月一五日、九月一九日）。

それでは、この事態にあって福澤はどのような対応をとったのか。

まず慶應義塾では、小泉信吉、藤野善蔵、門野幾之進の三名を委員に選び対策を協議し、政府に対する働きかけを行うこととした。また福澤自身も、文部卿大木喬任や山縣有朋らに対して工作を開始

した（寺崎 一九九八：九～一〇、福澤 二〇〇一：七六、八六～八九）。

一八八四年一月、福澤は東京府知事芳川顕正に宛てて願書を提出、安政年間以来の学問と教育の沿革や、東京府からの地所拝借、前出一八七六年の兵役免除など過去の優遇の実績を述べ、官立府県立学校と同様の特典を与えるよう求めた。

御改正徴兵令中、第十一条、第十二条、第十八条、第十九条、第廿条の数項は、国中に学問を奨励保護し、少年生徒をして学事に望を抱かしむる為には軽からざる特典と奉存候。然るに此特典の及ぶ所は唯官立府県立学校とのみ有之、当私塾の如きは固より特典外の者に候得ば、迚《とて》も保存の見込は無御坐、一朝にして廃滅可仕は眼前の事に候得共、斯く相成候ては私始教員の者共多年の丹精も水の泡に帰し候儀、残念至極に不堪……前条学問保護の御趣意に被為基候て、当塾をも右特典部内の者として官立府県立学校同様の御取扱を蒙り候様仕度懇願の至りに候（福澤 一九六二：四二六～四二七）。

福澤は願書のなかで次のように述べている。慶應義塾は「全国洋学私塾」のなかで最も古い歴史を持ち、二七年間休まずに学問と教育に励んできた。すでに四三〇一名を教育し、彼らは官員となり、官公立や私立の学校の教職員となるなど、日本社会の表面で活躍している。それらの功績が認められ校地となる地所の拝借や、兵役免除などの特典も受けてきた。私立学校のなかでこれだけの実績があるのは慶應義塾だけである（「当塾に限り候」）。ところが改正徴兵令の官立府県立優遇によって「廃滅」してしまうかもしれない。「学問保護の御趣意」に基づき、慶應義塾の沿革や塾則、学風、教師と生徒の学力や品行などを調査し、官立府県立学校と同様の特典を与えて欲しい――。

また福澤は、一八八四年一月二九日、陸軍の実力者にして内務卿の山縣有朋に書簡を送り、慶應義塾に対する「特別ノ御取扱」を依頼した。

> 今回徴兵令ニ関シ、官立学校同様生徒ニ猶予ヲ願フモ、真実愧ル所ノモノナキガ故ニ、之ヲ願フコトナリ。是モ天下ノ私学一般ト申シテハ際限モナキコトナレバ、他ハイザシラズ、唯私方ノ学塾ニ限リテ、他ヨリ敢テ争フ可ラザル履歴由緒モ有之。又一方ヨリ行政ノ権力ハ是等ノ細事ニ付、臨時ノ処分モ敢テ難キコトニハ非ザル可シト信シテ、出願ニ及ヒタルコトニ御坐候……何分ニモ慶應義塾ノミニ限リテ別段ノ処分ト申スハ、施シ難シトノ御場合モアラン歟。若シモ然ル訳ケナラバ、爰ニ唐突ナガラ極内々申上度次第有之。即チ慶應義塾従前ノ由緒履歴ニテ、他ニ区別スルコト難シトノ義ニ候ハヽ、今ヨリ改メテ特別ノ御取扱ヲ蒙ルコトハ出来申間敷哉。其取扱トハ他ニ非ズ。彼ノ学習院ノ如ク、又近来創立ノ独逸学校ノ如ク、宮内省又ハ其他ノ筋ヨリ大ニ保護ヲ得テ、如何ニモ官立ニ準スルノ実ヲ表スル様致シ度、今回徴兵令云々ニ関セズ、唯官ヨリ学問保護ノ一点ヨリ申ストキハ、既ニ富有ナル華族ナドハ保護ヲ要スル訳ケモナシ。又独逸学校トテ誠ニ昨今ノ開基ナルニ、是等ヘ保護トアルハ、畢竟官ニテ文ヲ重ンゼラルヽノ趣意ニ出タルヤ明ナリ。然ハ則チ慶應義塾ナドハ最モ愁訴シテ可ナルガ如シ（福澤 二〇〇一：八七）。

福澤はこの書簡において、二段構えの説得を試みている。第一段階では、官立府県立か私立かという区別によって特典付与の是非を判定するのではなく、文部省が直接学校を調査して判定することを求めている。慶應義塾のような「私塾」は書籍や器械類の少なさなどから不規則に見えるだけで、「学問ノ大主義」に関しては官立学校とまったく同じである。もし必要ならば、文部省の「学者教員」が試験に立ち会ってチェックしてもいいし、直接試験をしてもらってもいい。それでも安心できないなら、日常の教育に関与してもらっても構わない。慶應義塾は、官立学校と同様の猶予を願うに足る教育を行っている自負がある。

これは、一八七三年の徴兵令が「文部工部開拓其他ノ公塾ニ学ヒタル専門生徒」を免役としつつ、前出の徴兵令参考で「文部ノ生徒」と同等の学力レベルの者を免役とする規定を用意していたこと、福澤がそれを利用して東京府知事から免役を許可されたことを踏襲したものである。つまり、公平な学校調査の成績に基づく特典付与の判定を求めている。

第二段階では、慶應義塾に対する「特別ノ御取扱」を求めている。私立学校一般の猶予を問題にすると際限がないが、慶應義塾に「限リテ」は、ほかの私立学校が文句をつけられない特別な「履歴由緒」がある。したがって「特別ノ御取扱」があるべきだ。同じく私立であるはずの学習院と、法律学政治学分野におけるドイツ学振興のために設立された獨逸学協会学校（一八八三年創立、初代校長は西周）のように、政府の保護を受ける「官立ニ準スル」扱いをして欲しい、というものである。

ここで福澤は、特別な「履歴由緒」を持つ慶應義塾にだけ「特別ノ御取扱」を求めている。要するにほかの（より劣った）私立学校はさておいて、慶應義塾だけ「官立」の側に寄せた取り扱いを求めたということである。「極内々申上度次第有之」といっているように、福澤自身もどこかで後ろめたいものを感じていたのかもしれない。

ちょうどその頃、東京専門学校の創立者のひとりである小野梓も徴兵令改正に強い危機感を持っていた。一月の「留客斎日記」には、文部卿に呈する文書を執筆し、大隈重信と段取りについて打ち合わせをした記録があり、同二五日には同人社の中村敬宇、二月二日に同志社の新島襄と徴兵令の問題を話し合った形跡がある（早稲田大学大学史編集所 一九七八：五〇九、小野 一九八二：四八三～四八四）[3]。その内容は明らかではないが、少なくとも私立学校間で意見交換ないし対応を協議する機運があったということであろう。この点からすれば、福澤の行動は抜け駆けと見えなくもない。教育内容に自信のある私立学校が連携して対応するという道もありうるからである。

だが、必ずしも福澤の行動を責められないのは、学習院と獨逸学協会学校の事例をあげているように、政府みずからが例外を用意していたからである。まず学習院に関しては、徴兵令改正直後の一八八四年一月二二日、中山忠能、松平慶永、毛利元徳、細川護久、鍋島直大、池田章政、松浦詮、長岡護美、加納久宜、立花寛治、上杉茂憲が、華族会館立である学習院を官立学校とする請願を行った。この請願を受けて華族会館長伊達宗城は副館長東久世通禧と協議し、宮内卿徳大寺実則に対して速かに学習院を官立学校とするよう申し入れた。そして、三月六日の太政大臣三条実美、左大臣有栖川宮熾仁親王、徳大寺、伊達、東久世、柳原前光らによる秘密会議を経て、四月一七日、学習院を正式に宮内省所轄の官立学校とすることが通達された。請願書に「本院ノ性格ハ純然タル私立ナルヲ以テ彼徴兵丁年者ノ如キモ官立学校ト同ク法律上ノ保護ヲ受ルヲ得ス」とあるように、徴兵対策をその最大の動機としていたことは明らかである（霞会館 一九八六：四五二）。改正徴兵令では免役料制度もないので、学習院に通う華族子弟は戸主や嗣子の猶予規定に該当する者しか猶予にならない。そこで、学習院そのものを官立学校にしてしまうことを思いついたわけである。[4] これは政府が例外なき「国民皆兵」を強調する一方で、華族子弟には抜け道を用意したと解釈されてもしかたない事態である。

獨逸学協会学校の場合も、その優遇は明白であった。獨逸学協会とその学校は、ドイツを範とする政府の態度に即して政府に人材を供給しようとした点、高官の肝煎によって作られたという点で「国策の一環」「準官立」の性格を濃厚に持っていたとされる（堅田 一九九九：一七～四七）。獨逸学協会学校は、一八八六（明治一九）年の徴兵令中改正追加[5]を根拠として、翌一八八七（明治二〇）年に官立府県立学校と同等のレベル（「文部大臣ニ於テ認タル之ト同等ノ学校」）と認定され、改正徴兵令中の特典が認められるようになった。[6] このほか、井上毅らと関係の深い熊本県の私立学校、済々黌などにも同様の措置がなされている。

福澤が山縣に書簡を送った時点では、学習院の官立学校化計画は進行中であり、獨逸学協会学校などに対する特典に至っては三年後の話である。しかし福澤は、両校が政府の保護を受けており、改正徴兵令に関してもなんらかの優遇措置があると踏んでいたからそれらの名前をあげたのであろう。改正徴兵令は、免役料の撤廃にもあらわれているように、法文上は富裕層に配慮していない。戸主や嗣子の猶予など以前からあった「イエ」保護のための措置、官立府県立学校の優遇という形であらわれた学問や教育の保護のための措置があるだけである。もし「学問保護」の観点から華族子弟の通う学習院や新設の獨逸学協会学校に対して官立府県立学校と同等の特典を与えるのであれば、徳川末期からの実績を誇る慶應義塾に与えられないはずがない。福澤の山縣宛書簡は、第一段階で学問や教育の水準によって学校を選別する〈公平〉な対応を求め、第二段階で、政府が保護している学校が改正徴兵令でも例外的に優遇されるとすれば、それらよりすぐれた学校である慶應義塾も「官立ニ準スル」扱いを受けて当然だ、という先回りした論理で説得を試みたといえる。

これが受け入れられなかったことは、すでに多くの研究で言及がなされている。前出の山縣宛書簡によれば、山縣そして当時の文部卿大木喬任の応接は決して悪くなかったようである。福澤は山縣宛書簡を面会の謝辞（「過日ハ拝趨、御用繁之御中寛〻得拝話、難有奉存候」）から書き起こし、「文部卿〔大木〕へも同様面唔内願候処、同卿ニモ決シテ疎外ノ意ナキモノ、如シ」「老台〔山縣〕ヨリ同卿〔大木〕ヘハ疾ク御内話モ被成下候由、文部卿ノ口頭ニモ現ハレ、芳情不知所謝、万〻御礼申上候」と感謝の辞を連ねている。社交辞令の応酬にすぎなかったにせよ、その後の展開はまったく福澤の意に反するものであった。

東京府知事への願書提出、それと並行して行われた山縣や大木に対する工作は失敗した。さらに、一八八六年の徴兵令中改正追加後、福澤は官立府県立学校と同等の水準にあることの認定申請を東京府知事高崎五六に対して行った。この時、東京専門学校、攻玉社、東京英和学校、東洋英和学校、済生学舎、同人社も認定を申請し、東京府では攻玉社と慶應義塾（予科を除く）、済生学舎を適当と認め、文部大臣森有礼に稟申書を提出したが、文部省は再調査を要求するなどして判断を留保した。そうしているうちに、一八八九（明治二二）年一月に徴兵令大改正があり、学校認定の基準も厳格化され、最終的に同年一〇月、慶應義塾の認定は却下された。慶應義塾が徴兵令中でなんらかの猶予を受けるにふさわしい学校と認められるのは、一八九六（明治二九）年のことである（寺崎　一九九八：二一～二五）。

政府が慶應義塾や私立学校に対する特典を否定する理由は、一八八四年に福澤が東京府知事に提出した前出の願書に対する文部省の意見書「慶應義塾生徒徴兵ノ儀ニ付文部省意見」[7]に明確にあらわれている。同意見書はまず総論として、改正徴兵令は教育保護に配慮しているが、そこには「国家ノ為メニ必須緊要ナルト学科其他諸準備ノ完整セルトノ二要項」を備えているかという基準があり、官立・府県立・町村立・私立の学校は「軽重緩急」を判断され区別されていることを説く。私立学校はたんに「国家ニ弊害ナキヲ認メテ」開設を許されているにすぎない。また、私立学校の「存廃盛衰」はめまぐるしく、外見と実態が乖離している場合も多々あり、厳正な手続きで認定することは困難である。そうなると生徒ひとりひとりを試験して官立府県立学校と同等か否かを認定するしかないが、多くの学科につき試験を行うには多数の官吏と多額の予算が必要で、それに見合う成果があるとも考えられない。

そう述べた上で、福澤の論拠を個別具体的に否定していく。第一に、慶應義塾は長い歴史を持ち多数の人材を輩出してきたというが、古い私立学校はほかにもある。過去の人材輩出の実績は事実だが、「一般教育ノ改良進歩」が見られる現在、「中学校ニモアラス、専門学校ニモアラス、一種雑駁ノ教育」を行っている慶應義塾を「国家ニ必須緊要ナルノ学校」すなわち官立府県立学校と比べることはできない。過去の教育実績に対しては別に褒賞を与えればいいので、徴兵に関して特典は必要ない。

第二に、福澤は過去に慶應義塾が東京府から受けた官有地の貸し下げ、兵役免除などの優遇措置を例示して改正徴兵令下での特典を求めているが、官有地貸し下げは徴兵と関係がなく、過去の兵役免除は当時存在した規定に従っただけのことであり、現在規定のない「特別ノ処分」を行う理由にはならない。

第三に、特典がなければ慶應義塾が「廃滅」するというが、たとえば町村立学校は官立府県立学校のような特典は得ておらず、官立府県立学校にしても教員生徒がみな特典を得られるわけではない。教育需要の高まりから官立府県立学校だけでは進学希望者を収容できないので、私立学校が「廃滅」することもない。たとえ「廃滅」したとしても、大した問題ではない。「万一私立学校ニシテ尽ク教員生徒ヲ失ヒ、該塾〔慶應義塾〕ノ如キモ一旦廃滅ニ皈シタリト仮定スルモ、国家ニ必須緊要ナル学校ニ比擬スヘキモノニ非サル上ハ、亦必シモ之ヲ患フルニ足ラサルナリ」。

このような文部省の冷酷な対応は、福澤も一応予期はしていたと思われる。前出の山縣宛書簡によれば、文部卿の大木は福澤に対して「疎外ノ意ナキ」態度をとりつつも「文部省中随分六ヶ布論説モ有之」と懸念を示したという。これを受けて福澤は山縣に対し「今ノ文部ノ吏員中、或ハ私立学ノ幸福ヲ祈ラザル向モ可有之」と訴え文部官僚の「隠然タルイヤミ説」を斥けるよう懇請した〔福澤 二〇〇一：八六〕。福澤の工作にもかかわらず、現実の結果としては文部省の「イヤミ説」が勝利を収めたことになろう。

それでは、政府内部に官立府県立と私立を厳格に区別することへの批判はなかったのであろうか。私立に対する差別待遇は、自明のこととして考えられていたのだろうか。次に節をあらため、政府内部の議論について検討する。

第二節　徴兵令改正過程における〈官〉と〈私〉

実は、政府による徴兵令改正の過程においても、官立優遇・私立冷遇の問題は認識されていた。一八八三年の改正にあたっては、元老院に徴兵令改正の政府原案が下付され、一一月一六日から公布一週間前の一二月二一日まで修正作業と審議が行われた。議官であり、かつ修正委員として元老院修正案の起草にあたった箕作麟祥は、官立府県立学校卒業生が在営中の食料被服の費用を自弁する場合一年間で現役を終えられる「一個年間陸軍現役」制度（第一一条）を、「金三百円ヲ納ムル者」にも適用する修正案（のちに政府によって削除）を説明するなかで、次のように述べている。

抑モ本案ハ、官府県立学校ニ於テ卒業セサレハ、高等ニ係ル私立学校ニ於テ卒業シ即チ下等ニ係ル官府県立学校ニ於テ修習スルヨリ数倍ノ学力ヲ有スト雖モ、第一項〔官立府県立学校卒業生〕ノ恩典ニ与カルヲ得ス。而シテ官府県立学校ニ修習セスシテ或ハ善良ナル教師ヲ聘シ若クハ盛大ナル私立学校ニ入ル者ハ、第二項〔金銭納入者〕ニ多カル可シ。且夫レ三百円金ヲ納ムルヲ得ル如キハ、中等以上ノ人民ニシテ多少教育ヲ受ケタル者ナリ。又華族ノ如キモ学習院ニ入ルナレハ、此学習院モ官立ニ非ス、華族ノ共立ニ係ル義学ナレハ、亦是レ第一項ニ入ル能ハス。仮令華族ニ非サル士族平民ニ至テモ、苟モ三百円金ヲ納ムルヲ得ル如キ資産ヲ有スル者ナレハ、其教育ノ素アルハ知ル可シ（元老院　一八八三：三三九〜三四〇）。

「一個年間陸軍現役」制度を官立府県立学校の卒業生に限定せず金銭納入者にも認めるべきという修正案は元老院で広く支持されていたが、修正委員の箕作が論拠のひとつに選んだのは「高等ニ係ル」私立学校に通う者が「一個年間陸軍現役」制度を利用できないという問題であった。府県立中学校の卒業生は知能が高いので一年で必要な技能を習得できるというのが「一個年間陸軍現役」制度の根拠であったから、それより高度な教育を行っている私立学校の卒業生にできないはずがないという批判は、たしかに痛いところをついていた。

元老院での徴兵令改正審議におけるもうひとつの事例は、議官渡辺洪基の修正提案である。実際に公布された改正徴兵令第一八条では「官立大学校及ヒ之ニ準スル官立学校本科生徒」が徴集猶予の対象となったが、実は政府原案ではたんに「大学校本科生徒」であった。それが第二読会に提出された同条の元老院修正案によって「大学校并ニ官立農学校ノ本科生徒」に、第三読会の再修正案で「官立大学校及ヒ之ニ準シタル官立専門学校本科生徒」に改められたのである。猶予されるべき生徒が所属する「大学校」に「官立」の文字が付け加わり、「之ニ準シタル官立専門学校」（最終的には「之ニ準スル官立学校本科」）も猶予対象となった。渡辺は再修正案で大学校に「官立」の文字を付加したことを疑問視し、次のように述べた。

其文章ハ「大学校本科生徒」ト修正スル原案ノ如クセサル可ラス。蓋シ我邦ニハ未タ私立大学校ノ設ケ有ラサレハ、特ニ官立ノ二字ヲ冒スルヲ要セス。且其官立大学校ニ準シタル者ハ、一ノ工部大学校アルノミ。駒場農学校、札幌農学校ノ如キハ唯専門学校ト名クルノミニシテ、未タ以テ大学校ニ準ス可キ者ナラス。即チ中学校ニ比ス可キ者ナリ。文化未タ進マサル今日ナレハ前陳ノ如ク修正シテ、学問ノ位地ノ高等ナルヲ示スヲ可トス。況ヤ苟モ大学校ノ名ヲ下タス以上ハ、官立ト私立トヲ問フヲ要セサルヲヤ（元老院　一八八三：七九四〜七九五）。

この修正提案は賛成者が少数だったため消滅したが、元老院側が選出した修正委員・再修正委員の意図は、将来設立されるかもしれない私立大学を徴兵令の特典から排除することにあった。改正教育令第五条に「法学理学医学文学等ノ専門諸科ヲ授クル所」と規定された「大学校」は、この段階では東京大学しか存在していなかったが、第八条の後に「以上数条掲クル所何ノ学校ヲ論セス各人皆之ヲ設置スルコトヲ得ヘシ」という一文がある。これによって、将来誰が大学を設置しようとするかわからなかったからである。修正委員・再修正委員を勤めた議官三浦安は、「教育令ニ拠レハ大学校ヲ設立スルハ何人ヲ問ハストノ明文アルヲ以テ特ニ官私ヲ分ツ為メニ之ヲ加ヘタリ」（元老院　一八八三：七九七）、再修正委員を勤めた議官柴原和も「官立ノ二字ノ要用ナルハ、文化日進ノ今日必ス私立大学校ノ興ル有ル可ケレハナリ」（元老院　一八八三：七九八〜七九九）と説明している。

また渡辺は、「官立大学校及ヒ之ニ準スル官立学校本科」を出た者が平時には徴集されない予備徴員となる制度にも反対した。卒業生は「一個年間陸軍現役」として服役せよというのである。大学校の生徒に猶予を与えているのは学業を成就させるための措置にすぎない。外国に留学にして博士号を取っても、外国にいる間しか猶予は認められておらず（第一八条第七項）、その後の特典はない。渡辺は「大学校生徒タル者ハ一日モ早ク卒業シ即チ其事故〔在学のこと〕消尽シタル以上ハ現役ニ服シテ国事ニ労セサル可ラス」と訴えたが、賛同者はゼロであった（元老院 一八八三：八八五〜八八六）。

官立優遇と私立冷遇というふたつの問題に敏感に反応した渡辺は、この約二年後の一八八六年に設立される帝国大学の初代総長となる。渡辺はとくに政治教育の面で私立学校に対して批判的であり、政府が政治経済学の方向性を主導すべきと考えていた（瀧井 一九九九：二七五〜二七九）。加えて集会条例起草者として知られ、民権派からは「国賊」と目され「官権大和尚」とも呼ばれた（伊藤 一九二九：三六一、森 一八八二：一六）。その一方で、渡辺は慶應義塾の出身者でもあり、福澤との関係も悪くなかったようである。民権派から憎悪されるようになって以降も同窓会には出席し、帝国大学総長就任時にも福澤から招かれ談笑した逸話が残されている(8)。その渡辺が将来の私立大学に含みを持たせる発言を残していたことは注目すべき事柄といえるだろう。

だが、徴兵令改正の最終局面で私立学校に対する配慮らしき発言を残した箕作や渡辺は少数派であった。元老院の徴兵令修正委員たちは、むしろ将来の私立学校に与えられる徴兵令上の特典を未然に防止するために「官立」の文字を冠する修正を行ったのである。

元老院の一連の審議に少なからぬ影響を与えたのが、議官と文部少輔を兼ねる九鬼隆一であった。九鬼は、文部省の最高幹部（「行政官」）にもかかわらず、疑似「立法府」である元老院会議で徴兵令の具体的条文を最終的に手直しできる立場にあった。議案の再修正作業にも立ち会って意見を「詳陳」したと会議筆記に記録されている。九鬼は、学齢と猶予期間の齟齬など、細かい問題点を教育制度の実態に即して修正した。官立大学校に準じる「官立学校本科生徒」が猶予対象になったのも、発端は九鬼の提案である（尾原 二〇一三：二六〇）。

その九鬼は慶應義塾の出身であり、一時は福澤ときわめて親しい間柄にあった。ところが文部省で教育に対する統制干渉の強化に乗り出し、さらには明治一四年政変で大隈重信と福澤の関係について政権中枢に密告するなどの行為があって以降、両者の関係は修復不可能なほど険悪になったといわれている（高橋 二〇〇八：三二～四七・二四三～二六五）。一四年政変以来、政府は自由民権運動と密接な関係を持つ慶應義塾や東京専門学校などの私立学校に対し、教場や寄宿舎へ間諜を派遣しての監視活動、父兄や本人を脅迫しての入学辞退や退学勧奨、官吏や東京大学教授の出講禁止といったさまざまな手段で圧迫を加えていた（佐藤 一九九一：五〇）。元老院会議においてさえ、徴集猶予の対象を「官立」大学校に限ることは、将来必ず創設されるだろう私立大学をあらかじめ徴兵令の特典から排除しておく政策意図があると広く認識されていた。文部省から見れば、徴兵令改正は政府主導で教育を再編する推進力として利用価値のあるものだったと考えられる。

もうひとつ政府内部の反応を確認しておくと、当時参事院議官であった森有礼が参事院に提出しようとした徴兵令改正案がある。森は徴兵令改正後の一八八四年八月に書かれたという「徴兵令改正ヲ請フノ議」のなかで、「徴兵猶予ノ特例」は「壮者ノ義心ヲ傷害シ全国ノ元気ヲ衰耗」するものであるから徴兵令改正を行うべきこと、「全国ノ男子」がみな服役するのは当然であるが「老幼廃疾刑累」などそもそも服役できない者と「智能ニ富ミ技芸ニ長シ及ヒ学術ヲ修メ国務ニ必要ナルノ目的」がある者は徴集すべきでないこと、後者については学校で操練を課して「尚武ノ気象ヲ養成シ以テ国民タルノ分ヲ守ラシムヘキコト」を説いた。さらに改正理由書案では、戸主や嗣子などの名義による猶予をなるべく減らして徴兵逃れの悪弊を防止すべき、また徴集猶予の対象が官立学校だけでは「穏当」でないので、類似の条項も含めて改正すべきと述べている。具体的な改正案は、おもに徴集猶予を規定した第一八条と第一九条の「官立府県立学校」「官立大学校」という語句に「之ニ准スル学校」という語句を付け加えるものであった。第一八条第三項の場合は、「官立大学校及ヒ之ニ准スル学校本科生徒ニシテ毎学科定員内ノ者」となり、第一九条の場合は「官立府県立学校（小学校ヲ除ク）及ヒ之ニ准スル学校ニ於テ修業課程ノ半期ヲ卒リタル生徒ハ其課程卒業ノ定期迄徴集ヲ猶予ス」となる。つまり、官立府県立学校という縛りがなくなり、その他の学校にも徴集猶予の道が開かれるということである。もちろん森は「官立府県立学校」や「官立大学校」に準ずる学校を認定する基準、大学校として必要な学科、各学科の必要人員などにも注意を払っている[9]（森 一九七二：三八～四二）。中野目徹は、森の改正案は参事院（総会議）には「諸般の事情から提案されなかったように思える」（中野目二〇〇〇：一八九）と推定しているが、政府内部にも改正徴兵令の官立府県立学校優遇と私立学校冷遇が「穏当」ではないと認識していた者がいた証左にはなろう。また中野目は、この改正案が福澤の活動と連動していたのではないかという仮説を提示したが、前出の山縣宛書簡で福澤が官立府県立と私立という外形的な区別ではなく、慶應義塾をはじめとする私立学校の内実を調査した上で猶予すべきか否かを判定すべきこと、また学習院や獨逸学協会学校といった政府の保護を受けている私立学校の名前をあげ、慶應義塾も「官立ニ準スル」扱いを求める資格が十分にあると主張していたことなどを考えると、その可能性は大いにあるように思われる。

第三節　福澤徴兵論の蹉跌

すでに見たように、学校経営者としての福澤は、官立府県立と私立という学校のあり方ではなく、教育の内容に即して徴兵令の特典を付与すべきという主張と、政府が特別扱いしている学校群に慶應義塾も加えるべきという主張の二方面作戦を採用した。だが、この福澤の主張には疑問がある。そもそも一八八三年の徴兵令改正が「国民皆兵」の原則の徹底化を押し出していたことは、福澤もよく認識していた。東京府知事に宛てた願書のなかでも「徴兵令御改正に付ては、全国の壮丁一様に兵役を負担可致様相成、公平無偏の御趣意とは竊《ひそか》に奉伺候得共、又一方には文を重んぜらるるの御趣意」（福澤　一九六二：四二六）と書いている。要するに、「公平無偏」の「国民皆兵」原則が厳然と存在するが、あくまでその例外として学問の「奨励保護」のための猶予や特典があるということである。では福澤は、学歴や教育程度によって兵役を猶予ないし軽減されることそのものが、不公平な施策だとは考えなかったのだろうか。

この疑問は、同じ私立学校である東京専門学校の創立者のひとり、小野梓の徴兵論や具体的な行動と比較するといっそう強くなる。小野は、プロイセン式の「国民皆兵」を是としつつも、一貫して服役期間の短縮を求めた。改正徴兵令の内容が発表された一八八三年一二月二七日の「留客斎日記」では、東洋の片隅にある海国の日本に多くの陸兵は必要ないこと、内乱に備えた少数の兵士で十分であること、各地の鎮台兵を中央に集めるべきことを説いた上で、大略次のようなことを述べている。今回の徴兵令改正で「服役之時期」を減らさないのに「免除之区域」を狭めるのは「社会之幸福」に甚大な害を及ぼす。兵役は「人民之職分」であるから免除を願うべきではないし、「免除之区域」を狭めること自体は必ずしも悪いことではない。しかし、少年が兵役に就くということは、「立身之好機」を失うことを意味する。それを防ぐよう努力するのは当局者の責務であり、そのためには（一律に）服役期間を短縮するしかない。しかし改正徴兵令は、期間については「旧制」[10]のままであり、非常に問題がある（小野 一九八二：四七八～四七九）。

小野はその主著『国憲汎論』の下巻[11]でも兵役について論じ、「定族就役の制」（つまり士族兵制）、「随意応募の制」（志願兵制）、「限男服役の制」（各種免役ありの徴兵制）、「国民皆役の制」（国民皆兵制）を比較した上で、プロイセン型の「国民皆役の制」を最良とした。その理由は三つある。特定の者ではなく「全国の人」がみな兵となるので兵士と一般人の利害が一致し、国民の権利侵害を防げること、国民（男子）が服役を経験して兵事に通暁するので、いざ事が起きた時に大量の兵力が得られること、したがって平時に大量の常備軍を置く必要がなく、また高給や年金で兵士を勧誘する必要もないので軍事費を節減できること、である。だが兵役によって「年壮の子弟」が「立身の機」を失う危険性がある。それを防ぐために、小学校に操練を導入する。「児童体操」に「操銃の一項」を加えてあらかじめ訓練を行っておけば、成人してから兵営で訓練する期間は短くて済むからである（小野 一九七八：五一八～五二三）。

明治前半期によく見られる兵式体操論と兵役短縮論の組み合わせではある。また、プロイセン・ドイツ型の軍隊が後世なにをもたらしたかについても当然一考の余地がある。しかし、小野が学歴その他の属性を理由とした免役や特典を否定し、「国民皆兵」の原則を堅持したままでの一律負担軽減を主張していることに注意が必要である。

また小野は、具体的な政策批評の次元でも免役や特典に否定的であった。立憲改進党員で埼玉県会議員の永田荘作宛書簡（一八八四年三月二一日）で、小野は埼玉の町村立（公立）中学校を県立に移管することを求める建議に反対し、改正徴兵令に言及した。町村立が県立に移管されれば「徴兵令の特典」を受けられると思って賛成する者がいるかもしれないが、「事の緩急軽重」がわかっていない。「徴兵令の特典」を期待するのは「情」の面では理解できるから咎めないが、「国民の義務を軽ずるの点に於て警しむべき所」がある、と小野は述べている。行政の干渉を受けやすい県立移管に反対するという主張に力点がある書簡ではあるが、具体的な政策の次元でも「徴兵令の特典」に懐疑的であることがわかる。また四月一日、小野は大隈と東京専門学校の面々に対し、改正徴兵令は私立学校の利益にとって「大害」だと語った。しかし用意した対策は、生徒数の減少に対応した学校経費の削減であった（小野　一九八二：二七二～二七四、四九一～四九二）。小野は、慶應義塾に対する特典を希求した福澤とはやや異なる姿勢で改正徴兵令を受けとめたように見える。

それでは、言論人としての福澤は、社会に向けてどのような徴兵論を主張しただろうか。同時期の『時事新報』論説を概観してみたい。徴兵令改正直後の一八八四年一月、福澤諭吉立案・中上川彦次郎筆記による『全国徴兵論　附改正徴兵令』が刊行された。これは前年一八八三年四月五日から七日にかけて『時事新報』に三回にわたって連載した論説「全国兵は字義の如く全国なる可し」と、翌年一月四日から七日にかけてこれも三回にわたって同紙に連載した論説「改正徴兵令」をひとつの小冊子にまとめたものである。つまり前半部「全国兵は字義の如く全国なる可し」は徴兵令改正をめぐる一連の騒動に巻き込まれる以前に執筆したもので、福澤の徴兵論の基本型をなすものと考えることができる。対して後半部は改正徴兵令が公布され、慶應義塾が対応に苦慮しはじめた時期に書かれたものである。

まず、前半部から概観する。福澤は、明治維新によって「封建門閥の制度」が廃されて法の下の平等の時代になった以上、士族以外の国民男子もみな兵役の責務を負わなければならないと説く。福澤がいう「全国兵」には次のような意義がある。第一に「兵士の数を多くす可きの道を開く事」。かつて兵事を担うのは一〇〇万程度の士族男子だけだったが、いまや全国民男子一八〇〇万から兵士を取ることができる。第二に「国役を国中に平等ならしむる事」。維新によって士族の「特典」は廃止された。農工商の国民は「男子は悉皆服役するの法」によって公平に兵役を担うことになる。第三に「全国の士気を振ふて活潑ならしむる事」。封建時代、「勇武」の性質を持つ者は士族のみだったが、全国民男子が交代で兵役に就くようになれば、「士気」があまねく国中に行きわたる。

福澤はこの「全国兵」を国の独立を守る最良の方法とした上で、日本の徴兵制度の問題点を指摘する。それは、免役料納付者、戸主、老親のある嗣子、官員、学士など免役となる者が多く、さらに戸籍を操作した徴兵逃れなどが蔓延する「不公平」がまかり通っていることである。福澤はこれを「全国の男子を包羅して一人も漏らすなきの一法」に改めることを主張する。その方法は、次のようなものである。まず免役条項を完全に撤廃し、「白痴風癲」「廃疾不具」を除く全国民男子が兵役義務を負うものとする。

だが全員が常備兵（現役兵）として徴集されるわけではない。「兵役税」を創設し、これを納める者は「常備軍役」を免除する。つまり、二〇歳になった日本の男子全員が兵役義務を負うが、三年間「常備軍役」に就くか、三年間「兵役税」（試算では年五円総計一五円）を納付するか選択できる、ということである。当然、多くの者が「兵役税」を選ぶので、支払い能力のない者だけが三年間の「常備軍役」を負担する不公平が生じる。そこで「常備軍役」に就く者には除隊時に「兵役税」を原資とした給付金（一名あたり一〇〇円）を支払い、生計を立てる元手を提供する。現役に応じる者が少なければ「兵役税」を引き上げ、給付金を増額して誘引すればよいし、逆に現役に応じる者が多すぎれば体格要件を厳しくして選抜すればよい。

この制度の問題点は、国民のうち貧乏人だけが兵事を担い、ほかは「文弱」に流れる懸念があることである。そこで「兵役税」を納付して免役になった者も三ヶ月程度入営して「調練」を受けるようにする。現状（この時点では一八七九年の改正徴兵令）では免役条項が多数あり、ほとんどの者が「護国の責」を果たしていない有様だが、「兵役税」の納付と短期入営によってその義務を果たすことになる。この改革によって、「全国兵」の三つの要素が実現できると主張した（福澤 一九五九b：三九五～四〇三）。

福澤の「全国兵」論は、明治前半期の小規模な常備軍と少ない徴集人員に対応したものである。この時期諸隊に所属する兵卒の総数は三万五〇〇〇名前後であり、一八八三年の徴集人員は二万三六〇九名である。全国の二〇歳男子総数は二七万一八七五名であるから、ごく少数の者だけが三年間の服役を強制されていたことになる。兵役とは、日清戦争後までは同世代男子のうち一割以下が負担する義務だったのである（陸軍省 一八八六：第二－六・第四－二三、加藤 一九九六：二〇）。

「兵役税」は、財政その他の理由から大量の兵員を徴集することができない、もしくは徴集する必要がない状況が前提となっている。少数の兵員しか徴集しないのだから、免役条項を減らしたとしても徴兵検査を受ける人数が増加するだけで、最終的に抽籤に当たって服役する人数が増えるわけではない。山口輝臣は、福澤の「全国兵」論にはふたつの「不公平」に対する施策の意味があることを指摘した。まず免役料や戸籍の名義、教育程度などによる免役・猶予の廃止によって階層的な「不公平」を是正し、その上で「兵役税」の創設によって実際に服役する者に給付金を支払い、兵役を免れた大多数の者との間の「不公平」を是正することである（山口 二〇〇四：三三一～三三六）。

だが「人を徴集するか、金を徴集するか」の二者を選択できることが本当に公平な制度なのかという疑問が残る。「兵役税」を払えなかった者は三年間現役兵としてフルタイムで拘束されて不自由と労苦を強いられ、その後も数年ずつの予備役、後備役で復習点呼が義務づけられるのに対し、「兵役税」を払った者は一生のうち三ヶ月程度の入営で済む。福澤は二年後の一八八六年二月二四日の『時事新報』論説「国役は国民平等に負担すべし」においてこの構想を再説し、「凡そ人間世界に銭を以て売買す可からざるものは殆んど稀なり」と述べていた（福澤 一九六〇b：五五九）。つまり、現役徴集の苦痛は金銭で償える、ということである。「兵役税」の年五円総額一五円という金額はどのぐらいの価値があるかというと、福澤が薄給でも志願者の多い例として示している巡査が月六円以上一〇円以下、一八八二年の『読売新聞』求人広告によれば、福島県半田銀山の職工の月給が七円五〇銭から一二円（一月一八日）、東京府避病院の看護婦（経験者）は日給五〇銭（七月一五日）である。月給一〇円と仮定すれば年間に半月分の収入を納付すれば済む。多くの者が多少無理をすれば払える金額に設定したのであろう。また福澤は一〇〇円の給付金について「貧家の子弟に於て連城の璧」といっているが、三年間の苦役の代償が巡査や職工の年収程度の金額であるという点も、判断に苦しむところではある。

福澤も認めるように、ほとんどの者は「兵役税」を納めて入営を免れようとするだろうから、軍隊は年五円の納付が困難で除隊後に一〇〇円の給付金をもらいたい貧乏人、あるいは「旧藩士族」（福澤 一九六〇b：五六二）に占有される。本論とは関係ないので深入りを避けるが、これは前出の小野梓が「貧人痴漢の藪淵」と呼んだ軍隊の形に近い。

この福澤の「全国兵」論は、現実の政策提言としては四つの意味を持つ。第一に、一八七九年改正徴兵令の下では、実際にほとんどの者が兵役の義務を果たしていないのであるから、「全国兵」の実現によって少なくとも「兵役税」納付と短期入営という形での兵役義務は果たされることになる。第二に、すでに常態化している貧困層への兵役負担の転化（藤村 一九七六）が固定され、永続的なものになる。最近の言葉でいう「経済的徴兵制」がより苛酷になったもの、と考えることもできよう。「経済的徴兵制」とは、現代の志願兵制軍隊は貧困層を経済的に誘引することで要員を充足しているという批判を含意する言葉であるが、一応は本人の自由意志が前提となっているのに対し、福澤の「全国兵」論の場合は「兵役税」を払えなければ即服役であるから、より強制度は高い。第三に、これは言及されていないが、ほとんどの国民が任意の時期に行われる短期入営以外は兵役負担を免れるので、必然的に経済活動や教育に与える影響を最小限に抑えることができる。第四に、陸軍兵力の強大化にブレーキがかかり、小規模な常備軍の維持が続くことになる。福澤は海軍拡張論を支持する傾向が強い（福澤 一九六〇ｂ：四八七～四九〇）ことも、背景にはあるだろう。

では、この福澤の徴兵論は、一八八三年の徴兵令改正を受けてどのように発展していったであろうか。まず、公布後に書かれた『時事新報』論説「改正徴兵令」すなわち『全国徴兵論』の後半部であるが、改正徴兵令を全文紹介した上で、「全く我輩の宿論に符合するには非ざれども、旧令に比すれば頗る徴集の区域を広くして、随て平等連帯の主義も遠きに達したるもの」「政府の美挙」と評価した。免役条項の撤廃は「全国兵」論で主張されていたことでもあるので、その方向性で改革が進んだことを評価したのである。

さらに、具体的に二点の問題提起を行っている。ひとつは、兵役が「賤役視」されている現状を改めるため、「社会の上流富貴有力の人々」が縁故などを駆使して子弟の徴兵逃れを行わず、「自然に任し、尋常一様貧賤の子と共に伍を為して現役に服せしめ」るようにすることである。「富貴の子」「良家の子弟」が兵役に服することで、兵役が「栄誉」になり、軍隊の品格向上にも役立つ。福澤は「実際に行はる可きや否や、之を明言すること甚だ難し」と述べているが、一種の皮肉として受けとめるべきであろう。一八七九年二月、福澤は右大臣岩倉具視宛に「華族を武辺に導くの説」と題した文書を送り、華族の兵事振興を提言した。そのなかで、華族子弟に関しては「徴兵の法」を別にし、「海陸軍の士官学校」に入れることを主張している。この時福澤の提言に賛同した華族は少数にとどまった（福澤 一九六三：一九九、中野目 二〇〇〇：一五四～一六二）。華族の多くが子弟を士官学校に入れることすら嫌がっていたのに、「貧賤の子」と一緒に服役させるはずがない。実際、すでに見たように華族は学習院を官立化することで問題に対処しようとした。また福澤は、のちに海外留学で猶予を得ていた次男捨次郎の帰国に際し、徴集を避けるために東京府か兵庫県の官吏にすることなどを検討した[12]。その頃、「所謂勅任官共之子弟ハ、壱人として服役したる者あるを聞かず。此方が独りヲネストにあるも馬鹿らしく」(福澤 二〇〇二：五四)と福澤桃介宛書簡に綴っている。「国民皆兵」を唱える政府高官や社会の上流層が、さまざまな抜け道を利用して徴兵を避けていたのである。

福澤が提起する第二の問題は、改正徴兵令の「教育上に関する」問題、つまりに私立学校に徴兵令上の特典が与えられない問題である。さすがに新聞紙上で慶應義塾に対する「特別ノ御取扱」を訴えるなどということはなく、山縣宛書簡で展開した説得の第一段階のみを採用した。これまでの教育に大きな役割を果たしてきた私立学校が「廃滅」する恐れがあること、私立学校を調査した上で特典を付与すべきことを説いたのである。「兵役税」の話はここで触れられていない。

こうして見ると『時事新報』のふたつの論説を組み合わせた『全国徴兵論』というテクストは、前半で「国役を国中に平等ならしむる事」を説き、その一方で貧困層の兵役負担の固定化に帰結する「兵役税」と給付金を提言し、後半では改正徴兵令の「平等連帯の主義」を賞賛して上流層も徴兵に応じるべきと説き、その一方で教育程度に応じた特典という圧倒的多数の国民から見ればあからさまな「不公平」を不問に付して私立学校への特典を要求する、というきわめて錯雑とした作品になっている。福澤にとっては、兵役の苦役性は金銭によって償えるものであり、また官立府県立学校が特典を受けているのに同程度以上の私立学校がそれを受けられないという「不公平」のほうがはるかに重要ではあっただろう。だが、それを割り引いても混乱は覆い隠しようがないように見える。

ここには、丸山眞男が『「文明論之概略」を読む』で指摘した、『時事新報』期の福澤の特徴がよくあらわれている。丸山は、『文明論之概略』を福澤の「唯一の体系的原論」「原理論」と呼び、国際関係や政治経済などの問題を扱った「時事論」と区別した。丸山の見立てでは、明治一〇年頃からの慶應義塾の肥大化、さらには『時事新報』創刊によって、福澤は「第一義的に著述家であることをやめて」、学校経営者・日刊新聞経営者・新聞ジャーナリストとしての役割を担うことを強いられた。『文明論之概略』に続く「文明の一般理論」の深化はそこで断念せざるを得なくなった（丸山　一九九六：三三六〜三五一）。複数の立場からの思考を同時に強いられていたことが、徴兵論の混乱にも影響していると考えられる。

なぜ平等一律の兵役負担を主張する一方で、私立学校への特典を要求できるのか。たしかに「全国兵」の構想が実現すれば、この問題は生じない。私立学校の生徒や卒業生はほかの者と同じように「兵役税」を納付し、それを原資として実際に兵役を負担する層に給付金が支払われる。それだけの話である。だが残念ながら「兵役税」は存在しておらず、採用される見込みもない。官立府県立学校は特典を受けているのだからこれと同じ扱いをしてくれというのは一見すると正当な要求だが、前に見たように私立学校の創立者という点では似ている小野梓が、徴兵令の特典を顧みずに町村立学校の県立移管に反対したことを考えると、すぐには正当化できない。

福澤がこのジレンマと向き合ったのは、一八八四年一月中旬頃のことと思われる。『時事新報』一月一八・一九日の論説「徴兵令ニ関シテ公私学校ノ区別」は、福澤全集非収録論説ではあるが、寺崎修はこれを福澤の手によるものと推定している（寺崎 一九九八：三二）。

第四節　特典獲得の失敗と「原理」への回帰

この論説は、まず前半部で改正徴兵令の官立府県立学校の特典を具体的に列挙、解説した上で、一八八〇（明治一三）年の改正教育令の条文（第一条、第二一条、第二二条、第四〇条、第四一条）や文部省達を列挙する。これらの教育法令によれば、公立と私立とを問わずすべての学校が文部卿の監督下にあり、設置と廃止も地方官と文部卿の認可を受けている。文部卿は吏員に私立学校を巡視させる権限を持っており、地方官は毎年文部卿に学事の報告を行っている。そして、私立学校に問題があれば理由次第でいつでも停止できる。教育法令上の公立学校と私立学校の違いは費用の出所だけであって、文部卿と地方官に生殺与奪の権と監督権を握られているという点ではなんら変わりはない。官立公立と私立で異なる待遇をしてよいとする法令上の根拠は、実はなにもない。論説はこう指摘する。

より重要なのは一月一九日に掲載された後半部である。前半の議論を踏まえ、私立学校を個別に調査して一定水準のものを徴兵令の特典対象に選定することは決して「至難ノ事柄」ではない、と説いた上で、官立公立と私立の違いを強調する意見への反論を試みている。

それは、このような意見である。学校教育のよい悪いは、学則や学科だけでは判断できない。それそれの学校には口で説明できないような「自家ノ主義」がある。それにはよいものと悪いものがあるので、公立私立の区別は必要だ（待遇に差があるのもしかたがない）。

これに対して、論説は次のように反論する。「気風」の違いは私立だけでなく公立にも存在する。そして、その違いこそが学問を発展させる。徳川時代には、昌平坂学問所があり、各藩にも藩校があり、同時に三都や各地方には私塾も多かった。そこには、「経義」を重視する学校もあれば、「詩文章」を専門とする学校もあった。同じ「経義」重視でも、朱子学を重んずる学校、古学を重んずる学校があり、「氷炭相容レザル」ような間柄もあった。儒学という「大主義」の下で、多様性が認められていたのである。こうして違った「学風」の学校や塾が共存していた状態は、教育に害をなすどころか、「日本ノ儒学」を大いに進歩させる原動力となった。

当時徳川ノ政府ヲシテ経義ハ必ズ程朱ニ限ルト法ヲ定メテ日本国中ノ学塾又其儒者ニ程朱外ノ異説ヲ唱ルヲ禁シ又コレヲ嫌悪スルノ意ヲ表スル如キ政略ヲ取ラシメタラバ儒道ノ振興決シテ見ル可ラズ。昔年ノ大儒物徂徠伊藤仁斎ノ父子モ古学ヲ唱ルヲ得ズ。下テ近世ニハ九州ノ亀井一家モ黙々シテ儒林ハ誠ニ寂寥タリシコトナラン。今其然ラザリシハ何ゾヤ。儒家ニ公私ノ別ナク各其学風ノ異ナルニ任シ、自然ニ競争ノ路ヲ開キタルガ為ニシテ其成跡ハ儒道一般ノ盛隆ナリト云ハザルヲ得ズ。然バ則チ今日文明ノ学問ニシテ公私共ニ之ニ従事シ或ハ理学ヲ重ンズル者アリ、或ハ文学法学ヲ専ニスル者アリ、理学中ニ種類アリ、文学法学モ亦一様ナラズ、其コレヲ教ヘ学ブノ方法モ処ニ随テ同シカラズ徳川時代、儒学の内部で行われた学派間の自由な競争が儒学全体の発展をもたらした。現在は「文明ノ学問」の内部に理学、文学、法学とさまざまな科目があり、そのなかでも方法は一様ではない。だが、江戸の儒学がそうであったように、学校や塾などの「多少ノ異同」は決して害にはならないのである。

「学風」の違う学校同士の自由競争が学問発展の原動力となるという記述は、『文明論之概略』巻之一の議論を彷彿とさせる。古代中国における諸子百家の勃興から始皇帝の焚書坑儒に至る過程を概観した、有名な箇所である。

秦の始皇、天下を一統して書を焚《やき》たるも、専ら孔孟の教のみを悪《にく》みたるに非らず。孔孟にても楊墨にても都て百家の異説争論を禁ぜんがためなり……然り而して秦皇が特に当時の異説争論を悪て之を禁じたるは何ぞや。其衆口の喧しくして特に己が専制を害するを以てなり。専制を害するものとあれば他に非ず、此異説争論の間に生じたるものは必ず自由の元素たりしこと明に証す可し。故に単一の説を守れば、其説の性質は仮令ひ純精善良なるも、之に由て決して自由の気を生ず可らず。自由の気風は唯多事争論の間に在て存するものと知る可し（福澤 一九五九a：二四）

論説の筆者が福澤だとすれば、私立学校の官立公立学校に対する存在意義を探し求めるなかで、再び『文明論之概略』の思考に立ち帰っていたことになる。『文明論之概略』では、日本の儒学が政府の専制と癒着し、それを助長したことを批判したが、ここでは、実はその内部で「異説争論」が行われていたという見方が示されている。

このことは、いくつかの厄介な問題を引き起こす。再び丸山眞男の「原理論」と「時事論」の区別を借りてこのことを考えてみる。「時事論」的に私立学校に対する差別を問題視するならば、実際福澤がそうしたように法律論でもなんでも駆使して巨大な権限を持つ政府に官立府県立学校と同等の待遇を求め、それを得ることが急務となる。しかし「原理論」的に見れば、また違った話になる。周の末期、諸侯の割拠のなかで「独裁専一の元素」が力を失い、その隙間から諸子百家があらわれて「異説争論」の状況となった、と福澤は説いた。それは「学者」が政府の庇護を求める姿勢とは反対のものではないのか。『文明論之概略』の福澤は、政治権力と学問との癒合を批判し、「学者の世界」の自立を希求したのではなかったか。

此学問なるもの、西洋諸国に於ては人民一般の間に起り、我日本にては政府の内に起たるの一事なり。西洋諸国の学問は学者の事業にて、其行はるゝや官私の別なく、唯学者の世界に在り。我国の学問は所謂治者の世界の学問にして、恰も政府の一部分たるに過ぎず。試に見よ、徳川の治世二百五十年の間、国内に学校と称するものは、本政府の設立に非ざれば諸藩のものなり……国内に学者の社中あるを聞かず、議論新聞等の出版あるを聞かず、技芸の教場を見ず、衆議の会席を見ず、都て学問の事に就ては毫も私の企あることなし（福澤一九五九ａ：一六〇）

この立場から見て最も望ましいのは、学問の場が社会から作られていくことであろう。そういう試みが、「人民一般の間」で日々積み重ねられていくことが専制政府の力を弱め、「文明」をもたらすのである。そうすると、山縣に「特別ノ御取扱」を求めたことは、どう解釈すればよいのであろうか。

次に『時事新報』に掲載された徴兵令関連の論説は、二月七日・八日の「私立学校廃す可らず」である。この論説と次に検討する「兵役遁れしむ可らず」は、原稿が発見されたことにより福澤の執筆であることが判明したと富田正文が『福澤全集』第九巻後記に書いている（福澤 一九六〇ａ：五七九〜五八〇）。「私立学校廃す可らず」のなかで、福澤は、私立学校を調査もしくは生徒を試験して特典を付与すべきという従来の主張を繰り返し、医術開業試験が学校の「官私の別」を問わず学力のみを測定していることを例示した。また費用の面に着目し、「尽善尽美」の東京大学をはじめとして、巨額の国税と地方税を費消するにもかかわらず官立府県立学校が多くの生徒を教育できないのに対し、私立学校は貧しいが「貧なる割合にして教育の法は存外に美」であり、また「教ふる者も学ぶ者も共に与に愉快を覚る」固有の性質もあり、教育を及ぼす区域を広くするには欠かせない存在であることを訴えた（福澤 一九六〇ａ：三九一〜三九八）。この時期は東京府知事宛の願書提出や山縣への工作が行われた直後であり、私立学校の監督は容易であること、特典を与える利点があることの強調に力点を置いたものと思われる。

論調が大きく変化するのは、七月三〇日掲載の「兵役遁れしむ可らず」である。この論説では、府県立学校に徴兵令の特典を得る目的の志望者が殺到している状況が論じられている。福澤はこれを戸籍操作と同等の徴兵逃れ行為と断定した。「徳義を重んずる学校」に特典目的で集まる志願者は「中心一点の偽」あるもので「誠意の大義」を欠く。したがって、すべての特典を廃止してひとりも兵役から逃れられないようにするべきである（福澤 一九六〇a：五七〇～五七二）。

福澤は末尾で、「我輩は曾て此辺の事を論じ、当時に在ては専ら私立学校生徒の為にしたるもの多しと雖ども、今や細事を顧るに遑《いとま》あらず、眼中既に私立校なし」と述べている。半年ほど前までは私立学校を調査して官立府県立学校と同様の特典を付与せよ、という論調であったのに対し、この論説では特典自体を廃止して全員を漏らさず徴集の対象とせよ、と主張している。この変化の根本的原因は、おそらく徴兵令の特典を求める福澤の願書が却下されたことにあるだろう。学校経営者としての福澤にとって最大の課題は、慶應義塾の「廃滅」を阻止することだった。それは生徒や就学希望者が特典のない慶應義塾を避けて特典のある官立府県立学校を選ぶことによってもたらされるわけだから、特典自体が消滅してしまえば官立府県立と私立の差は兵役義務と関係がなくなり、「廃滅」問題は自動的に消滅するはずだからである。

それと同時に、やはり慶應義塾への特典付与を政府や有力者に懇願するのは、福澤が『文明論之概略』などで展開してきた主張からすれば耐えがたいものがあったという推測もできる。徴兵令改正のほぼ一年前の一八八三年一月から二月にかけて、福澤は『時事新報』で論説「学問と政治と分離すべし」を発表し、福澤立案・中上川筆記『学問之独立』として公刊した。そこで福澤は、「今の日本の政治より今の日本の学問を分離せしめん」ことを訴えた。具体的には、文部省や工部省の学校を本省から分離して一時的に帝室の所管とし、ゆくゆくはそれらを民間に付与して帝室の援助を受ける「共同私有私立学校」とすることである。福澤にとって帝室は、「日本国全体の帝室」であり、政府の帝室ではない。前年の『帝室論』から引き継がれた「政治社外」にある「無偏無党」の帝室という理念を前提としてはじめて、私立学校の保護者としての地位が期待できる。政府に直接保護を依頼することは、政治と学問・教育の癒着をもたらすだけであろう。

ところが徴兵令改正を受けた福澤は、政府に対して特典付与を願い出て、山縣有朋や大木喬任に「特別ノ御取扱」を懇願した。また『時事新報』でも、私立学校への特典を公然と要求した。福澤がみずからの言論と行動の矛盾、さらには言論相互の矛盾に無自覚であったとは考えにくい。学校経営者としての福澤がその運動と工作に失敗した瞬間、言論人福澤が軛から解放されたといえるのではないだろうか。

その後も、一八八六年二月八日・同一九日の『時事新報』に掲載された『福澤全集』非収録論説「徴兵遁れの弊風」「官立公立の学校と徴兵令」で、徴兵逃れのための「官公立学校」入学が横行している状況が激しく批判されている。徴兵逃れのために他人の養子となる「徴兵養子」と、徴兵逃れのために「官公立学校」に入学する「徴兵入校」はどちらも腐敗である。これを防ぐためには「官立公立の学校に免役猶予の特典を廃するの一事」しかないと訴えた。

同年二月二〇日と二二〜二三日に掲載された「国役は国民平等に負担すべし」は、『全国徴兵論』で展開した兵役義務の平等と「兵役税」の構想を再説した（「兵役税」は年一〇円に増額）。趣旨は『全国徴兵論』と同様だが、ここでは「兵役税」の納付が困難な層のためにあらかじめ資金を積み立てておく「免役積金会社」の設立を提言し、掛金や利率などを図表入りで解説している（福澤 一九六〇b：五五七〜五六七）。

一八八九年の徴兵令大改正に際して、『時事新報』は一月二三日に「徴兵令」と題した論説を発表した。この徴兵令改正は一九二七（昭和二）年以前の最後の大改正として知られている。戸主、嗣子など戸籍の名義による猶予を全廃したことが大きな特徴のひとつである。論説はまずこの改正を「全国兵の主義に照すときは公平に進みたるもの、如し」と評価し、これまで横行していた戸籍操作による徴兵逃れが不可能になったことなどを「天下の一美事」と讃えた。「全国兵の公平」ばかりでなく「全国兵の実際」に着目していることが注目される。国境を陸地に囲まれたドイツやフランスなどの徴兵制度に基づく巨大陸軍を持つ国と、海国であるイギリスやアメリカのような志願兵制度の小規模陸軍の国を比較し、後者と同じ海国である日本に「全国兵」がどうしても必要なのかは簡単に判断できないと述べている。その上で「本来兵役は帝国男子たる者の義務」と主張し、「時事新報の持論」である「或は身体を以て服役し或は金を以て役に易るの手段」すなわち「兵役税」導入を再論した。注目すべきは、財政難に対応するために「昔年の免役料を再興して少しく其高を減じ二百七十円なりしを百円と為し百五十円とする」ことも視野に入れている点である。福澤の「全国兵」論からすれば、兵役義務の平等は常に金銭で達成可能なものであって、政府が手本としたプロイセン流の一般兵役義務から見た平等とは一貫して別のものであった。

おわりに

本章では、一八八三年の徴兵令改正に対する福澤の言動を、学校経営者としての具体的行動の側面、言論人としての言説戦略の側面に区分して検討した。具体的行動について、福澤は改正徴兵令が官立府県立学校だけに特典を与えていることを不公平と考え、慶應義塾への特典付与を要求した。その要求は、一、私立学校全体に適用可能な方法として、個別の学校調査や生徒の学力検査を通して適格性を判断すること、二、慶應義塾の特別な地位を認め、「特別ノ御取扱」をすること、の二つのレベルから成り立っていた。政府内部にも官立府県立と私立の区別について違和感を表明する者や修正に乗り出そうとする者がいたことを考えると、文部省の対応には問題が多く含まれていたといえる。

次に、言論人としての言説戦略について、兵役論と特典問題に関する議論を分離して検討した。福澤の『全国徴兵論』は、ほとんどの者が兵役義務を果たしていない現状を踏まえ、「兵役税」と短期入営制度によって全国民男子が多少でも兵役義務を果たせるようにする構想であった。一方で「兵役税」を支払った者は現役徴集を免れることができる。その結果「兵役税」を支払えない貧者が兵役を負担することになるが、その不公平を解消するために事実上の報酬を支払うシステムを用意した。このように、国民の大多数が「兵役税」と短期入営で兵役義務を履行し、ごく少数の者、主として貧困層が自分の身体を使って三年間軍務に耐え、その報酬を受け取るのが福澤の兵役構想であった。

徴兵令改正後、福澤は『時事新報』で私立学校にも特典を付与すべきという主張を行うが、それは兵役を平等にすることと根本的には矛盾する。加えて、政府に保護を懇願することも、年来の主張と矛盾する。だが、『文明論之概略』や『学問之独立』における思考は、福澤のなかから消えたわけではなかった。学校経営者、ジャーナリスト、そして理論家という複数の立場が福澤のなかに共存しており、それが『全国徴兵論』とそれ以降の記述を錯雑としたものにする原因となっている。

結果として、慶應義塾に対する特典付与は認められなかった。それ以降の福澤は私立学校に対する特典付与要求の主張を封殺し、官立府県立学校の特権廃止をもっぱら主張するようになった。それとともに『時事新報』論説で前景化してくるのは福澤の持論「兵役税」構想である。学校経営者としての失敗の結果、言説の次元では金銭で兵役義務は果たせるという主張を強めつつ、原点回帰していったのである。

註

（1）この場合の「公立」とは「使府県ノ設立ニ係ル」ものを意味する（改正徴兵令第一九条）。田中智子は、一八七二年の学制章程発布以来、わずか数年間を除いて「官立学校」「公立学校」「私立学校」が揃って法的に定義されないまま法律用語として用いられ、実態としても存在したことを指摘している（田中 二〇一一：三二三）。本章の対象である福澤諭吉の『時事新報』論説などでも、「公立」が教育令で規定された「地方税若クハ町村ノ公費ヲ以テ設置セル」学校を意味するのか、「府県立」を意味するのか判然としない場合がある。ここでは、各文書や論説の表現に従うことにする。

（2）一八七九年徴兵令改正の意義については、尾原（二〇一三）を参照。

（3）小野が執筆していた文書は「未発見で存否不明」とのことである（大日方 二〇一六：一八二）。なお中村敬宇と新島襄に面会した記録は次のとおり。「念五日　到東洋館筆財政論。訪敬宇翁、話徴兵令特例之事」「（二月）二日　到東洋館、裁書致之於北米。新島某来訪。関徴兵令之事聞鄙意也」。

（4）一八八三年の徴兵令改正の際、元老院で金銭納入による「一個年間陸軍現役」を志願可能とする修正案が可決された。これは華族対策の意味合いが大きい。しかし政府はこの修正を認めず、結果として華族子弟の現役徴集が法文上は回避できなくなったことが背景にある。修正過程と元老院の華族議官の対応については、尾原（二〇一三）を参照。

（5）「第十一条第十二条第十八条第二項第十九条中「小学校ヲ除ク」ノ下第二十条第三項第五項中「学校」ノ下ニ各左ノ十九字ヲ加フ　及ヒ文部大臣ニ於テ認タル之ト同等ノ学校」（一八八六年勅令第七三号）。文部省はこれに即して一八八七年三月三一日に訓令第五号を発し、①入学者は高等小学校卒業かそれと同等の学力があること②学校長や教員の任免が一定確実であること③資本の利子収入が二四〇〇円以上あること、という認定三条件を定めた（寺崎　一九九八：二〇）。

（6）一八八七年四月四日「文部省私立獨逸学協会学校ハ徴兵令中ノ官立府県立学校同等ノ学校ト認定ス」（『公文類聚』第一一編第二八巻）。

（7）国立公文書館所蔵「諸雑公文書」、中野目（二〇〇〇）に全文掲出。

（8）森（一八八二）には、渡辺が慶應義塾同窓会でスピーチを行った際、「自由論者」の塾員たちによって野次られ、壇上から引きずりおろされた逸話が紹介されている。その時福澤は「大ニ驚キ八方慰諭」したという（森一八八二：一八～一九）。また、帝国大学総長就任時に福澤らに招かれて会食した折、慶應義塾時代のいたずらについて福澤夫妻にからかわれた逸話を収録している書籍も多い（伊藤　一九二九：三六六など）。

（9）このことに関連する文部省の「准官立学校」構想、森と同志社の新島襄との交渉については、田中（二〇一二）を参照。

（10）小野はこれを「四年」と記しているが「三年」の誤記であろう。

（11）『国憲汎論』下巻の刊行は一八八五年だが、兵役について論じた第四三章「兵力の事を論ず」の末尾に、この章が一八八二年の執筆であることを窺わせる記述がある（小野　一九七八：五二六）。

（12）福澤の子息の徴兵問題については、山口（二〇〇四）を参照。

参考文献

伊藤痴遊　一九二九　『伊藤痴遊全集　第六巻』平凡社
小川原正道　二〇一一　『福沢諭吉「官」との闘い』文藝春秋
小野梓　一九七八　『小野梓全集　第一巻』早稲田大学出版部
小野梓　一九八二　『小野梓全集　第五巻』早稲田大学出版部
大日方純夫　二〇一六　『小野梓――未完のプロジェクト』冨山房インターナショナル
尾原宏之　二〇一三　『軍事と公論――明治元老院の政治思想』慶應義塾大学出版会
霞会館華族資料調査委員会　一九八六　『華族会館誌　上巻』霞会館
堅田剛　一九九九　『独逸学協会と明治法制』木鐸社
加藤陽子　一九九六　『徴兵制と近代日本　1868－1945』吉川弘文館
慶應義塾　一九五八　『慶應義塾百年史　上巻』慶應義塾
元老院　一八八三　「単行書・元老院会議筆記・三十二」国立公文書館所蔵
佐藤能丸　一九九一　『近代日本と早稲田大学』早稲田大学出版部
高橋眞司　二〇〇八　『九鬼隆一の研究――隆一・波津子・周造』未來社
瀧井一博　一九九九　『ドイツ国家学と明治国制――シュタイン国家学の軌跡』ミネルヴァ書房
田中智子　二〇一二　『近代日本高等教育体制の黎明――交錯する地域と国とキリスト教界』思文閣出版
寺崎修　一九九八　「徴兵令と慶應義塾」笠原英彦・玉井清編『日本政治の構造と展開――慶應義塾大学法学部政治学科開設百年記念論文集』慶應義塾大学出版会
寺崎修　一九九九　「明治十年代の文部省と慶應義塾――私学冷遇政策の沿革」『福澤諭吉年鑑』二六
中江兆民　一九八六　『中江兆民全集　第十七巻』岩波書店
中野目徹　二〇〇〇　『近代史料学の射程――明治太政官文書研究序説』弘文堂
福澤諭吉　一九五九ａ　『福澤諭吉全集　第四巻』岩波書店

福澤諭吉　一九五九ｂ　『福澤諭吉全集　第五巻』岩波書店
福澤諭吉　一九六〇ａ　『福澤諭吉全集　第九巻』岩波書店
福澤諭吉　一九六〇ｂ　『福澤諭吉全集　第十巻』岩波書店
福澤諭吉　一九六二　『福澤諭吉全集　第十九巻』岩波書店
福澤諭吉　一九六三　『福澤諭吉全集　第二十巻』岩波書店
福澤諭吉　二〇〇一　『福澤諭吉書簡集　第四巻』岩波書店
福澤諭吉　二〇〇二　『福澤諭吉書簡集　第六巻』岩波書店
藤村道生　一九七六　「徴兵令の成立」『歴史学研究』第四二八号
丸山眞男　一九九六　『丸山眞男集　第十四巻』岩波書店
森有礼　一九七二　『森有礼全集　第一巻』宣文堂書店
森為之助　一八八二　『自由官権両党人物論初編』九春社
山口輝臣　二〇〇四　「愛息の徴兵に立ち向かう福沢諭吉」『史淵』第一四一号
陸軍省　一八八六　『陸軍省第十年報』陸軍省
早稲田大学大学史編集所　一九七八　『早稲田大学百年史　第一巻』早稲田大学出版部

第10章　穂積八束と岡村司
――自由の重さの耐え難さ――

冨江直子

はじめに――「権利」の語にみる公正

「権利」ということばは、日本の固有語としては存在しなかった。権利は、英語の right などの西洋語に対応する翻訳語として、明治の日本で新しくつくられたことばである。

川島武宜が言うように、前近代の日本に権利ということばがなかったのは、そのようなことばを用いる必要がなかったからなのだろう。人びとがある事物を他から区別して認識し、またこれを指称する、あるはその必要を感じるという事実なしには、ことばは成りたち得ないからである（川島 一九六七：一六）。

right には〝正しさ〟の意味がある。right に対応する新しいことばが必要であったということは、この〝正しさ〟が、日本の伝統的な意味におけるそれではなく、日本の近代における〝正しさ〟であるということであろう。本章では、明治の二人の法学者が権利の語で論じた〝正しさ〟について考えてみたい。

第一節　権利をめぐる問い

(1)　正しさと力

権利のなかでも、日本の近代の始まりに登場したことばとしての「生存の権利」が、本章の主題である。「生存の権利」をめぐる本章の問いは、笹澤豊（一九九三）の議論に触発されたものである。笹澤が論じた権利の〈理〉と〈力〉とのパラドクスという問題を、生存権をめぐる問題として捉えたいと考えたのである。

まず、日本の近代の初めに、日本の知識人によってrightという西洋語がどのように理解されたのかを、福澤諭吉のことばから窺っておこう。

権理通義[1]とは、人々其命を重んじ、其身代所持の物を守り、其面目名誉を大切にするの大義なり。天の人を生ずるや、これに体と心との働を与へて、人々をしてこの通義を遂げしむるの仕掛を設けたるものなれば、何等の事あるも人力を以てこれを害す可らず（福澤　一八七二～一八七六：三八）

人の生命や生活や名誉や財を、力によって奪ったり侵害したりしてはならない。現実のあり様として強い者が、現実のあり様として弱い者を圧迫することは、力においては可能でも、rightにおいてはできない。福澤はrightをこのように説明している。

このように捉えられたrightは、「〈力〉の論理の排除という理念の上に成り立つ概念」（笹澤 一九九三：三〇）である。rightは、貧富強弱の不平等と弱肉強食の力が支配する（と観察される）〈現実〉に対して、〈理〉による支配を実現するための理念として理解された。

しかし、力が支配する〈現実〉に対して、rightはいかにして対抗することができるのだろうか。福澤が理解したrightは、力の論理を排除する〈理〉であると同時に、〈理〉の要求を実現するように迫る力でもある（笹澤 一九九三：三七）。笹澤が論じるパラドクスとは、力の支配を排除しようとするright自体が、力によって支えられているという事態である（笹澤 一九九三：五、三二）。rightが力の支配に対抗するには、力をもってするしかない。rightの思想は、「自らが否定し排除しようとするものによって、自らを支えている」という「きわめて奇妙なもの」（笹澤 一九九三：三～四）である。

(2) 翻訳語としての「権利」

原語と翻訳語とのあいだには、多かれ少なかれ意味のずれがある。rightと権利とのあいだの意味のずれについては、当時から同時代人が指摘するところであった（柳父 一九七六：七四）。権利という訳語には、原語のrightにはなかった〝力〟と〝利益〟という意味が付着する。rightに本来は含まれておらず、そしてrightの原義とは厳しく対立するはずの〝権〟＝powerの意味を、権利の語は帯びる（柳父 一九七六：第二章）。

これはしかし、笹澤が指摘するように、right に権利の訳語をあてた翻訳者たちが、right の思想と力の論理との密接な関連―― right の思想そのものが持つパラドクシカルとも見える構造――に気づいていたということを意味するのであろう（笹澤 一九九三：三一、一五三）。

本章では、幕末から明治初期にかけての right の翻訳に関する研究の知見を踏まえて、その後に続く広義の翻訳過程として、「権利」の解釈をめぐる言説を読んでいきたい[2]。明治憲法が制定され、権利の語が定着した後、憲法に規定された「臣民の権利」の解釈をめぐる議論として、right の広義の翻訳の試みが続いていったと考えることができるだろう。本章では、明治憲法下の権利概念をめぐる議論を読みながら、笹澤が提起した〝権利のパラドクス〟に関連する一つの考察を試みたいと思う。

(3) 生命・生活の自由権

本章は、生命・生活の権利――本章においてはこれを広く生存権と呼ぶ――を主題とする。『性法略』（一八七一）には、人が生まれながらに持っている「権」（「原有の権」）として、「生存の権」が掲げられている[3]。

第三編　生存の権を論す
第一條　生存の権とは我か生命を保守するの権を云
第二條　吾輩生存の権あり。故に何人に限らす非理の所業を以て吾輩の生命を奪ふことを得す

第三條　吾輩天より受けし生命に毀傷を受けさるの権も亦生存の権の属なり〔原文はカタカナ。以下、本章で資料を引用する際はカタカナをひらがなに改めている〕

この「生存の権」は、非理の所業によって生命や健康を害せられない権利、つまり生存の自由の権利である。「貧窮廃疾を救い危難に臨める者を助くる等の如きは道学の区域に属し性法の事に非ず」、つまり困窮する人の救済は道学の領域のことであって性法（自然法）の領域のことではない。天賦の権利としての生存の自由を論じたものとして、他に加藤弘之『立憲政体略』（一八六八）のなかに「生活の権利」のことばがある。中江兆民「権利之源」（一八八二）、植木枝盛「天賦人権弁」（一八八三）などにも、天賦人権としての生存権の宣言をみることができる。[4]

これら明治初期の生存権論が「生存を妨げられない自由」の権の論であったのに対して、今日の生存権論は、国家による積極的な配慮を受ける権利を意味する社会権の論であることが一般的である。しかし本章では、生存権の語を、生命・生活を妨げられない権利という意味から、公的な生活保障を受ける権利という意味まで、様々な意味の権利を含み得る広義の語として用いることとする。

以上に瞥見したように、日本の近代の初めに、生命や生活は力によって奪うことのできない天賦の権利であるという生存権の宣言があった。

本章で考察したいのは、この生存権にまつわる〝権利のパラドクス〟である。笹澤の議論に依拠して言うと、生存権が存立するためには、必ずしも〈理〉を受け付けないこの世の〈現実〉に対して、〈理〉の実現を迫る〈力〉が呼び出されなければならない。弱肉強食の力の支配に対して弱者の生命・生活を守るのは、いかなる〈力〉だろうか。

第二節　本章の目的と方法

(1)　穂積八束と岡村司

憲法は、これこそ〈理〉を実現するための手段である。憲法の目的は、統治者の権力に対して被治者の権利を保護することにある。

枢密院での憲法草案審議において、伊藤博文は、「抑憲法を創設するの精神は、第一君権を制限し、第二臣民の権利を保護するにあり」と述べている。『憲法義解』に「法律は各個人の自由を保護し、又国権の必要より生ずる制限に対して其の範囲を分劃し」(伊藤［一八九九］一九四〇：五三）とあるように、明治憲法が定める国民の権利は、法によって保護され、法によって枠づけられるものであった。

本章で取り上げるのは、こうした明治憲法の正統の解釈とは異なる解釈を提示した二人の法学者、穂積八束（一八六〇～一九一二）と岡村司（一八六六～一九二二）とによる議論である。本章が穂積と岡村の解釈を非正統の解釈とするのは、統治者の権力と被治者の権利との関係に着目してのことである(5)。

二人の法理論は共に非正統であるといっても、お互いの関係は全く対立的である。穂積が統治者の権力は法の限度内でないとしたのに対して、岡村は被治者の権利は法の限度内でないとした。穂積は天皇の絶対的権力とその保護の下にある国民の絶対的服従を説き、岡村は天皇と国民とが統治権を分有する「君民共治」を説いた。

二人の法理論はこのように非常に異なるものであるが、本章では、両者の論に共通する一つの問題意識に着目する。それは、近代資本主義がもたらす弊害としての貧困や不平等に対する問題意識である。[6] 二人は共に、自由主義と個人主義とを柱とする近代市民法が弱肉強食の力の支配をもたらすと考え、その力から貧者・弱者を守らなければならないことを論じた。

両者の論が大きく分かれるのは、富者・強者の圧迫から貧者・弱者を守るという〈理〉を、どのような方法で〈現実〉の世に実現していくかという点においてである。

(2)　〝穂積八束の克服〟という課題

穂積法学への視点　穂積八束といえば、論説「民法出でて忠孝亡ぶ」を著した伝統的家制度擁護論者として、また天皇の絶対的権力と国民の絶対的服従を説いた天皇主権論者として知られている。穂積は、伝統的共同体からの個人の解放を理念とする近代的個人主義を否定し、そして各人を政治的共同体の権利主体とならしめる民主制を排撃した。こうした論の持ち主としての穂積は、近代が奉じる価値に対する真っ向からの敵対者であった。
中村雄二郎は、穂積の思想と学説について、「この種の伝統主義は、革新派にとって自己をきたえてくれるべきまたとない教師であり、それとはっきり向い合うべきであったのに、それをしなかった、あるいは避けたところに、戦後の革新派の少なくとも思想的な脆弱さの原因が見られる」と指摘している（中村［一九六二］一九六七：一〇七）。中村がこの文章を書いた一九六〇年代の日本において、穂積の学説や思想はいまだきちんと克服されていなかった（中村［一九六二］一九六七：一〇六～一〇七）。

その後、穂積の思想と学説の研究は、思想史や憲法学史の領域で進められてきた。戦後の日本に個人主義、民主主義、立憲主義といった近代の価値を実現していくことを問題意識とする研究においては、穂積の法理論は乗り越えていくべき過去のことばであった[7]。

一方、穂積の法理論を日本の公法学の基礎を築いたものとして学説史のなかに位置づけ、その学問的意義と影響を明らかにするための検討も行われてきた[8]。

さらに、近代的価値に準拠して穂積法学を批判してきた戦後の研究に対して、穂積自身の問題意識と内的な論理とに即して穂積法学を読み解くことを目的とする研究も進められてきている。従来の穂積八束研究における近代主義的視座に対する批判ないし刷新として、新しい視点からの穂積法学の理解と評価とが提示されてきた[9]。

近代への批判者としての穂積八束——反近代か脱近代か　穂積法学に関する先行研究には、穂積の法理論を近代的価値への反動的抵抗の論として批判的に見る視点と、近代的価値の限界を超えて脱近代を志向する論として肯定的に（もちろん全面的な肯定ではないが）見る視点とを見出すことができる。穂積の法理論は、近代の価値に照らして見れば、克服されるべき対象でしかない。他方で、近代を相対化したり批判したりする視点から見れば、穂積の法理論は再評価されるべき要素を含んでいるようにも思われる。穂積の法理論は、〝近代〟のために克服されなければならないのと同時に、〝現代〟のために再検討されるべきなのかもしれない[10]。

先行研究で指摘されてきたように、穂積は、近代の自由主義・個人主義への批判として、「社会主義的」ないし「社会政策的」な議論を提示した。穂積は、近代資本主義がもたらす弊害としての貧困や不平等に目を向け、貧者の権利の保護や救済のために富の社会化を説いた[11]。つまり、穂積の論は「福祉国家論」的なのである[12]。穂積が論じた絶対的な国家権力は、貧者・弱者を保護する権力――いわば〝福祉的権力〟――であった。

穂積の法理論のこうした側面に着目した先行研究の知見を踏まえた上で、筆者が取り組みたいのは、穂積の法理論の再批判、改めての克服という課題である。穂積法学の現代における再検討は、穂積の論の肯定的な方向での読み直し――再評価――だけでなく、読み直した上での再批判でもなければならないだろう。本章では、今改めての形で中村の問題提起を受け止めたいと思う。

穂積の〝福祉的権力〟の論は、現代の日本の情況のなかでは必ずしも非難されるものではないかもしれない。様々なリスクに対して、国家が国民の生活や生存を守ってくれることは悪いことではないのではないか。国民の福祉や弱者の権利のために用いられる権力ならよいのではないか。

こんな風に〝守ってくれる権力〟を肯定しかねない今日の日本の情況に対して、憲法学者の西原博史は警鐘を鳴らしている。西原は、二一世紀初頭の日本で〝自由〟の論理から〝保護〟の論理への転換が進んでいると言う（西原 二〇〇九：一五一）。私たちの権利や自由を守ってくれる権力ならよいのだろうか。私たちはその〈力〉の保護の下で生きていくことをためらわなくてよいのだろうか。

もし、「憲法上の基本的人権が、国家の手を借りて守ってもらう権利という色彩を現実生活において強めようとしている」（西原 二〇〇九：一五六）のだとしたら、そして「憲法学が、「守ってもらえるならそれで良いではないか」と考える人々の前で、語るべき言葉を失って立ちつくしている」（西原 二〇〇九：一五五〜一五六）のだとしたら、穂積のことばを、とくに〝福祉〟を論じた穂積のことばを、今改めての克服の対象として設定することは意味のないことではないだろう。本章では、そのためのささやかな準備作業として、迂遠ではあるが、穂積と同じ時代を生きた法学者岡村司のことばを手がかりとして歴史のなかの〝穂積八束の克服〟を問うこととしたい。

(3) 〝穂積八束の克服〟への問い

穂積の論は同時代の法学者からの激しい批判を呼び起こした。穂積への批判者といえば、天皇機関説論者として穂積の論を批判した有賀長雄や美濃部達吉、民法典論争において延期派に立った穂積らに対して断行派として論争した梅謙次郎などが挙げられるだろう。岡村司もまた（岡村は天皇機関説論者ではなかったが）、穂積の法理論に対する批判者として法を論じた人物である。

なぜ〝穂積八束と岡村司〟なのか。それは、この二人が共に生存権の問題を論じ、そして生存権を実現する〈力〉をめぐって対照的な論を展開したからである。穂積は〈力〉によって支えられるものとしての権利を、何ら逆説的ではないものとして正面切って論じた。岡村は穂積の〈力〉の論を批判して、〝権利のパラドクス〟を解消する道を模索した。

岡村は、帝国大学の学生として穂積の講義を聴き、以来、穂積を論敵として自らの学問を形成していった。岡村の専門は民法であるが、憲法論にも重要な業績がある。家永三郎は、岡村が一八九九年に刊行した著書『法学通論』を、「きわめて卓抜な法律思想に富み、その一部を成す憲法論も憲法思想史上無視できない重要なもの」と評価している（家永 一九六七：一八二）。

岡村の法理論は、個人主義、民主主義、立憲主義などの近代の価値に照らして、その進歩性を高く評価されてきた。穂積が同様の視点から批判されてきたのとほぼ対照の関係になっていると言ってもよいだろう。岡村法学への肯定的評価が、穂積法学と対比する形で示されていることが少なくない（家永 一九六七、熊谷 一九七四、鈴木 一九九六）。そうした意味で、岡村司研究は、それ自体として〝穂積八束の克服〟のための言説実践であったとも言えるかもしれない。[13]

本章では、岡村自身による〝穂積八束の克服〟の言説実践を問いの対象とする。分析するのは、穂積の論を構成することばと岡村の論を構成することばとの関係である。本章で試みるのは、言説外の多様な要素にも着目して多元的な分析を行う思想史や伝記的な研究[14]とは異なり、ことばのなかの内的な相互作用に着目する分析方法である。本章の分析から明らかにできることは限られているが、穂積のことばを教師として、また穂積のことばに対峙した岡村のことばを教師として、自身のことばを顧みるための一つの方法にはなり得るだろう。

以下、穂積と岡村のそれぞれについて、主要な著書や論文における権利論を分析し、続いて生命や生活の権利に関する議論――本章では生存権論と呼ぶ――を分析していく。[15]

近代資本主義がもたらす貧困や不平等を目の当たりにして自由主義・個人主義の行きづまりを認識した知識人は、もちろん穂積と岡村だけではない。富者・強者の圧迫から貧者・弱者を守るという

〈理〉をどのような方法で実現していくかという問いは、同時代の多くの知識人に共有されていたはずである。本章では、この問いに対する二人の法学者による二様の答え方をみていこう。

第三節　穂積八束の権利論

(1)　権力と権利

権利は権力の賜物　弱肉強食の力が支配する〈現実〉に対して、生命・生活を侵害されない自由という〈理〉を実現していくのはいかなる〈力〉の作用によるのか。穂積の論においては、その〈力〉とは、国権すなわち天皇の権力である。

穂積法学において、国家の主権者たる天皇の権力は超越的かつ絶対的であり、国民はこの権力に絶対的に服従する。

臣民の国に従属して其の権力に服従するは絶対なり、無限なり、其の本来の服従は合意を条件とせす、法令を限度とせす（穂積　一九一〇：三四八）

鈴木安蔵が問うたように、いったい「この臣民に権利は存するか」（鈴木　一九七五：二四七）。戦後の憲法を知る私たちにとっては、この問いは反語としてしか問えないものである。しかし、穂積の論においては、国民の権利は、国家の絶対的権力があってこそ存立するのである。

憲法が保障する権利とは第一に国家権力からの自由であるという、当時の（そして今日の）「通説」からの批判に対して、穂積は自説の意味するところを説明している。人格権利の享有のために絶対無限の服従を否定することが立憲制の美果であるという「従来の通説」は、権力関係と権利関係との区別を知らないための法理の転倒である（穂積　一九一〇：三六〇〜三六一）。「権力と権利との分化は社会秩序の始なる」（穂積　一九一〇：三六八）ことが、穂積の憲法解釈を理解するための要点なのである。

権利は権力の賜なり、権力なければ権利なし。公正なる権利の関係は、一視同仁の絶大なる権力其の背後に立ち、之を保護するあるに非されは何に由りてか存立することを得ん（穂積　一九一〇：三六一）

なぜ、絶対的な国家権力が国民の権利の存立条件になるのだろうか。ここでの権利は、対国家的な権利ではないからである。国家以外の全方位からの侵害に対して——対社会的に——国家によって守ってもらう権利なのである。(16) 穂積の論においても、憲法は専制を防ぎ、国民の権利を守ることを目的とするとされている。ただ、想定されている専制が君主による専制ではないのである。「専制と謂へは即ち君主を連想するは世俗の誤解」であり、君主立憲の政体もあり、議院専制の政体もある。そして、「専制の最狂暴なる者は国民の名に於てするの専制なること近く仏国革命史の之を証する所」である（穂積　一九一〇：一一九）。「専制の最狂暴なる者」としての国民の専制——多数者の専制――が、穂積法学における最重要の仮想敵である。ここに、穂積の「権利」論を構成する中心的な論理がある。長尾龍一が指摘するように、多数者専制を圧制中の圧制として排撃することが、穂積の生涯を通じての主題であった（長尾 二〇〇一：二八三）。

対国家ではなく対社会としての権利を保護するのは、国家の〈力〉――穂積においては天皇の権力――である。国家権力は、社会のあらゆる強者の力の支配から弱者の権利を保護するのだから、唯一の、超越的な〈力〉でなければならない。穂積法学において、権利は「権力の賜物」である。国民の権利は、国家権力によってはいかようにも制限されるが[17]、社会におけるいかなる強者や多数者によっても制限されない。この権力なくしては、「権利は腕力」となり、「自由は弱者の肉を食ふの自由」となってしまうと穂積は言う（穂積 一九一〇：三六一）。

無権力の平等　穂積の論においては、およそ国家において、統治者と被治者とは分離されていなければならない。

抑々国家は治者、被治者の分界に成る、此の分界を否認するは国家を否認するものなり（穂積 一九一〇：二九九）

若所謂法治国の理想は国家と臣民との権力関係を権利義務の関係と為すことに在りとし権利は権力なり義務は服従なりと解すれば法治国の理想は国家と臣民とは平等独立の地盤に在り互に相ひ

命令し互に相ひ服従するの奇異の状態を現実にすることに存するか如し是れ治者被治者の分界の否認なり主権の排斥なり国家の解体なり（穂積 一九〇五：七一二）

穂積法学においては、公法は権力関係の法、私法は権利関係の法と定義される（穂積 一八九三b）。国民は、私法の上では相互に権利を持つが、公法の上では国家に対して何らの権利をも有しない。国家と国民との関係は、平等の権利関係ではなく、支配－服従の権力関係である。国家は個人に私権を与えるが、人に対する強制力――権力――は、国家が専有する。たとえば、債権者は債務者に対して請求をすることはできるが、強制をすることはできない（穂積 一八九三a：二七四）。

こうして社会のあらゆる主体を権力から疎外することによって、社会的権力による侵害から個人の権利が保護されるのである。国家の権力は、国家以外のあらゆる者の力から弱者を保護する力であり、この〝保護する力〟への服従こそが、権利の存立基盤である。穂積法学において、「権力は保護の力」であり、「権利は無権力」である。

権力は保護の力なり、保護とは強者の弱者を救助する意味にして単に保護といへは即ち権力を意味するなり（穂積 一九〇二：五四八）

臣民は絶対に、無限に、国権に服従す。此の完全なる服従あるか故に亦完全なる保護を受け、完

全なる保護あるに由りて権能の享有を全うすることを得るなり（穂積　一九一〇：三六〇）

穂積は、法の上の平等は、権力を天皇に集中し、すべての国民を国権に服従させることによって実現されると論じた。国民は国権の前ではみな平等に無権力となり、互いに力によって相手を支配することはできなくなる。「権力の私有を禁し、之を社会の公有」とするのが法であり、国家とは「権力公有の組織」である（穂積　一九一〇：三六八）。

智愚強弱の差は自然事実にして法は之を顛覆するの力あることとなし、惟、社会に絶大の権力の在るあり、弱者の急に趨き強者の暴を抑ゆることあらは其の地盤を平坦にすることを得へきのみ。何人も国権に対抗するの力なきことに由りて法上の平等あり、人格、権利の公正なる享有は此の法上平等の地盤に於てのみ之を視るものなり（穂積　一九一〇：三六五）

君主の権力を制約するものが一切あってはならないのは、もしそうした制約をなし得るものがあるなら、それが社会的権力として専制支配を行う可能性があるからである。社会から徹底的に権力を排除するために、権力の完全国有体制を敷くのが穂積の法理論である。

(2)　国家が保護する権利

国家による自由　穂積の論においては、権利は主権者の命令である法によって生じるのであり、法以前に権利は存在しない。法に先立って存在するのは君主の権力である。国民の国権への服従は、「合意を条件とせす、法令を限度とせす」、絶対で無限である（穂積 一九一〇：三四八）。

皇位は権力の本源にして百法の出つる所なり。憲法は天皇之を創定す、皇位は憲法に依りて存立するには非さるなり（穂積 一九一〇：二〇八）

既に明らかなように、穂積は自然法思想を否定する。生命と意思とは天賦固有であるが、人格と権利とは法の賜である（穂積 一九一〇：三六二～三六四）。『憲法提要』では、国民の公権が、その内容によって請求権、自由権、参政権に分類されている。権利の内容が、積極的に国権の動作を要求するときは請求権、消極的に国権の干渉を排斥するときは自由権、国権の動作に参与することにあるときは参政権である。

ところで、自由権こそ国家権力からの自由の権利ではないのだろうか。穂積自身が、「消極的に国権の干渉を排斥する」のが自由権であると説明している。しかし、穂積の権利論においては、自由権もまた、国家の〈力〉によって保護される権利であることが強調される。〝国家からの自由〟ではなく〝国家による自由〟なのである。

法律を排斥するに非す法律に依り不法の権力を排斥するなり。法律以上に自由権なし、法律以外に自由権なし、自由権は即ち法律の保障の下に存立する者なり（穂積 一九一〇：三七七）

穂積の論では、自由権とは国権の保護によって――法律の保障の下に――不法の権力を排斥する権利である。穂積の論に従えば、国権を排斥することで個人の自由権を守るという「通説」は、全く転倒した論理ということになる。穂積の権利論において、国権に対抗する権利というものは論理的にあり得ない。

穂積の権利論は、〝国家からの自由〟を否定するだけでなく、〝国家への自由〟をも否定する。穂積は国会の権限を制限することを主張し、政党政治や議院内閣制に反対論を唱えた。反対の理由は、議会の専制、多数政党の専制を防ぐためである。

穂積の権利論は、〝国家による自由〟つまり国家によって守ってもらう権利の論である。強者の力による圧迫から弱者の意思や利益を保護するためにこそ、国家の権力がなければならない。そして、あらゆる社会的権力から弱者を保護するためには、国家以外のあらゆる主体を権力から疎外しておかなければならない。〝権力の民主化〟は、権利のために阻止されなければならないのである。

穂積の権利論においては、権利のために国家の絶対的権力が呼び出されること、そして権利のために国民を政治的権力から疎外することは、何ら逆説的ではなく、権利の概念から導かれる全き論理である。〝守ってもらう権利〟にとって、〝権利のパラドクス〟はパラドクスでない。

保護する権力　穂積は、専制といえば君主の専制と考えるのは間違いであると言うが、絶対的権力を持つ君主が専制を行う可能性もあるはずである。統治者が被治者を守ってくれるとは限らないのではないか。これは、穂積の論に対する当然の批判であろう。岡村司もこうした批判を投げかけた論者の一人である。

しかし、穂積の論において、天皇が専制政治によって国民の権利を侵害する可能性は塞がれている。憲法による制限を受けない絶対的な君主権とは、何によっても枠づけられない天皇個人の意思であるというわけではない。坂井大輔（二〇一三b：五八三～五八五）、内田貴（二〇一八）が指摘するように、穂積の論において、「伝統としての国体」は天皇の意思によっても変更できないものと想定されている。内田のことばに依拠して述べると、万世一系の天皇のもとで歴史的に形成されてきた日本の国体は、天皇によっても変更することができない超越的な規範であり、天皇をも拘束する。この超越的規範によって、国家の戸主である天皇は、家族である国民の福利を図るためにその権力を行使するという制約を受ける（内田 二〇一八：三三四～三三七）。「権力は保護の力なり」（穂積 一九〇二：五四八）と定義づけられているように、穂積の論において権力とは、国民を守る力以外の力ではあり得ないことになっている。

村上淳一は、穂積の法理論が「国体」と「家」とを法の外で超実定法的に正当化しており、近代西洋の法的思考における法の自己循環（実定法による実定法の正当化）を維持できない論になっていることを指摘している（村上 一九九七：三七～四〇、五一）。国民の権利を支える天皇の〈力〉は、法の外に、それを枠づける規範を持っているのである。[18] 穂積の論においては、天皇の権力は、法以前の超憲法的な規範――伝統としての国体――によって、国民を保護することを義務づけられている。

天皇国を統治すと謂ふときは、君主の天職は国土人民を保護するに在るを掲明すると同時に、亦其の権力は天皇の身位に在るの義を明白にするなり。蓋民族の生存繁栄は最高の権、能く之を保護するに由る（穂積　一九一〇：一九〇）

第四節　穂積八束の生存権論

(1)　目的としての生存

生活の保障　穂積の論において唯一の価値とされているのは生存である。穂積は、人の生存目的は生存以外の何かにあるのではなく、生存そのものにのみあると言う（穂積　一九一〇：三七〜三八）。長尾のことばを借りて言えば、「保護を受ける以外の（独立心・自尊心等の）価値は何も存在しないことを自明の前提として「万能の主権ありて以て国家及個人の生存の完成を期すべき」」（長尾　二〇〇一：三六三）というのが、穂積の生存権論であった[19]。

穂積は、個人にとっても社会にとっても、真に大切なのは自由や参政権ではなく、衣食住の保障であると説いた。自由を与えよ権利を与えよと言う人びとが真に欲しているのは、米、暖かい衣服、金銭といった経済的な実利なのだと穂積は言う。

世の中の人々は自分の最終の目的を能く了解しないのでありますからして唯口には自由を与へよとか言ひますけれとも开は必竟自分の目的を解し得ないので真正に其の望む所其の欲する所は我

に米を与へよ我に暖き衣服を与へよ銭を呉れよと云ふのか真正なる終局の目的てある（穂積　一九〇〇：四三九）

衣食住の保障が目的であるから、その手段としての政治体制は、「立憲政体てあらうか君主専制てあらうか其様な名義には少しも構はす自由てあらうか圧制てあらうか権利ても束縛てもそんな名義には拘らない」（穂積　一九〇〇：四四二）。政治体制がいかなるものであっても、生存が保障されればよいと言うのである。

穂積の権利論は、何よりも生命・生活を守ってもらう権利の論である。個人主義的法理を批判する理由も生活の保障にあった[20]。個人と社会の生存の保障のためには、家には家族を養うための家産が、社会には貧民を養うための公産が必要である。個人を標準とする民法が、家産、公産をなくしてすべてを個人の所有権に委ねることは、貧民を餓死させることであると、穂積は論じた（穂積　一八九六：三二四～三二五）。

生存戦略としての共同体主義　穂積は、個人の生存と団体の生存とを、不可分一体のものとして論じる。個人は弱いので、団結しなければ生存競争を生き残れないと言うのである。

人の相依りて合同の生存を全うする之を団体と謂ふ。合同生存は人の天性なり、個独の人絶対に孤立せは其の類即ち亡ひんのみ、故に家を成し、部落を成し、国を成し、以て其の合同の生存を

全うするなり。合同の生存を全うするは即ち個独の生存を全うするの所以たり（穂積　一九一〇：一）

社会を離れて個人は生きられないのだから、社会の道徳に従うことは個人の生の条件である。穂積が道徳的教化を通じた国民統合を重視したことは、よく知られている通りである。

公同の心奉公の精神は個独の利害を顧みす専ら他愛の為にするか如くにして実は個人の生存を防護するの道たり。公に奉するは私を全うする所由にして社会と個人との生存は合一にして離るへからさるの原理に帰因するなり（穂積　一八九七：八八）

宇宙万物を統律する適者生存の規則に依り生存を競争するの武器を名けて道徳と謂ふなり。而して道徳は社会的適者たる資格要件を示すか故に亦個人的完成の道たる所以なり（穂積　一八九七：八九）

穂積の論においては、各人が社会の道徳に従い、社会に同化し、国家の団結を守ることが、滅私奉公としてではなく、「私を全うする」ための奉公として説かれている。国家・社会の利益のために個人を従属させるのではなく、個人の利益――生存の必要――から出発する議論である。

穂積が論じるのは、個人と社会の双方における生存戦略としての共同体主義である。個人の生存のための社会であり、同時に社会の生存のための個人である。従って、団体生存において公益と私益とは区別のないものになる[21]。

公権は公益の為に付与するの権利なりと謂ふか如きは、広く行はるると雖、何人も未た公益、私益の分界を正確に弁明し得たる者なし……予を以てすれは公益の為に私権を与へ、私益の為に公権を認むることあるを怪まさるなり（穂積　一九一〇：三七一）

しかし、生存戦略としての共同体主義が、個人の生存を否定する論理を内在させていることに留意しておこう。穂積は、個人の生存と団体の生存とは不可分一体であるとするが、それは団体の生存が個人の生存に優越する関係での不可分一体性である。国家は「汎く人類生存の完成の為」にあるとは言えても、それは「現在特定の個人」のためという意味ではない（穂積　一九一〇：三一）。従って、団体生存の論理は、国家が一個人の生命権を奪うことも正当化する。

特定人の現在一時の私益と社会永遠の広大なる利益とは時として相容れざることあるは固より其所なり。此場合に於て現在一時の個人の私益の為に社会の生存と目的とを犠牲に供せんか是れ民族としての滅亡なり。……社会の為には社会を害毒するものは其人を死刑に処するも猶之を排除す。社会生存の為めには人を戦場に駆って其生命を犠牲に供することに躊躇せず（穂積　一九一〇：三）

ただし、団体生存の必要のために一個人の権利を犠牲にできるという主張自体は、穂積に特有のものではない。たとえば『憲法義解』にも、[22]そして後にみる岡村の論にも、同様の主張がある。問うべきは、それぞれが異なる権利概念を論じながら、同じ主張に至るのはなぜなのか、ということであろう。

所有権の相対化　穂積の論が社会主義的な認識や主張を含んでいるということは、先行研究において注目されてきたところである。ただし、穂積の論は、自由競争を社会進歩の基礎と考え、公正な競争の機会を保障することを国家の重要な役割としていた点で、マルキシズムとは異なる（藤田 一九七八：五五～五六、六一）。穂積の論は、近代の自由主義・個人主義がもたらす負の側面を、伝統的共同体主義によって克服しようとするもので、一つの社会改良論と言ってもよいだろう。

穂積は、個人と社会の生存の条件として、所有権を相対化することを主張した。個人主義を本位とする近代の民法は強者にとって都合のよいものである。穂積はこうした観点から近代民法を批判した。[23]

之を国家的に観察するときは民法は社会財産の分配法なり（僕之をゾームの講義に聴く）資本と労力とを配合して産み成せる社会の富を各個人分賦するの権衡なり、社会は社会の社会なるときは社会の富は社会の有に帰すへき天地なるに似たり、財産と云ひ権利と云ふ人定の製作物にして何ぞ優者か劣者の食を奪ふの口実たるに過きさるを知らんや〔傍線・傍点原文〕（穂積 一八九一：二

一五）

> 所有権何物そ必すしも先天の理法には非らさるなり自己の衣食に供給するに要用なる程度に於て之を享有せのむ〔ママ〕へきも之を拡張して同胞を飢餓せしむるも亦国家は之を神聖なる権利とし保護せさるへからさるか立法者は貧民の為に一点の涙なきか（穂積　一八九六：三二三〜三二四）。

神聖不可侵とされる個人所有権は、今の社会においては、富者を富ませ貧者を飢えさせるのみであると、穂積は主張する。個人的私権を保護して経済の発達と福利の増進を遂げた欧州は「貧民の苦境」（穂積　一八九六：三二五）である。穂積は、「社会と其の忠良なる人民との間に相扶養するの責務あるの精神を認めよ」（穂積　一八九六：三二四）と求めている。

(2)　国家全能主義

穂積は、民衆が真に求めているのは衣食住の保障であり、そしてそれを実現するのは「国家全能の力」でなければならないと主張する。[24]

> 社会真正の需要は衣食に在るを以て民衆は早晩「君主よ国会よ我に一椀の飯を与へよ」と云ふの声を発するなるへし是れ主権の社会と関渉せむことを促す者にして国家全能の力を以て之に当るにあらされは恐らくは社会の平和を維持すること難からん（穂積　一八九〇：一八九）

制限選挙制の下の国会は富者の集まりであり、富者の利益のみを代表するものであるため、貧困や不平等の問題を解決する主体とはなり得ない。国会の利害と社会下層の人びとの利害とに軋轢があるとき、富者の圧制から下層の人びとを守ることができるのは、君主の全能の権力であると、穂積は説いた。

国会は財産の団塊なるか故に社会下層の希望たる社会の貧苦は社会之を負担すへしと云ふの主義を採ること能はす……国家全能の主権独り君主の身に在り能く国会を統御し能く社会の劣族を保護するの権力を把持するにあらされは国家の災害実に不測に出んとす然るに立憲制を談する者或は容易に主権制限の説を為す社会前途の為めに太た憂ふへきなり（穂積 一八九〇：一九〇〜一九一）

先に触れたように、穂積の論において、貧者弱者を保護するために権力を行使することは君主の義務である。国民を保護することは、君主の恣意に任された恩情ではなく、君主たるものに与えられた「天職」である。

方今の立憲君主は「君臨すれとも政治せす」と云ひて社会劣族の多数国会の為めに圧制せらるゝを傍観すること能はす進みて国家と同一体を為し国家の生存栄枯を自己の生存栄枯と為し全能の

主権を把持して以て社会劣族の天賦の保護者たるの天職を尽すの決意なかるへからす……社会各層の利害の軋轢は社会の上に超然たる全能の主権にあるにあらされは之を調和すること能はされはなり……社会の貧苦を負担するの劣族も亦神聖なる君主の全能権に倚頼して社会優族の圧制を免れ悲哀なる境涯を離れて社会福利の分配に当ることを得へきなり（穂積　一八九〇：一九二）

しかし、国家全能の権力は、個人の生存を絶対的に保護してくれるわけではない。先にみたように、穂積は、国家は国家自身の生存のために成員の生存権を奪うこともできるとする。天皇の権力が義務づけられているのは、第一義的には個人の生存権に対してではなく、国家の生存――国体の維持――に対してである。個人の生存は、国家の生存の内でのみ守られる。

(3)　多数者専制の排除――穂積八束の立憲主義

穂積は、制限選挙制の下の国会は貧者の利害を反映しないと批判した。しかし穂積は、貧者の利益を守ることを第一義的な理由として国会を批判したのではなかった。穂積の国会批判において基本的な問題とされたのは、国会が富者であれ貧者であれ多数者支配の場になってしまうことである。

穂積は貴族院議員として議会で行った演説で小選挙区制への反対論を述べている。その反対理由もまた、多数者専制の懸念である。ただしこの場合は、普通選挙制の下で字義通り数における多数者となる農民や貧者による専制である。穂積は次のように主張する。多数多数と言ってそれでよいものであるならば、世の中には農民が一番多数である。それなら農民の都合のよいことばかり実行して商工業者の不利益を顧みなくてもよいか。不幸にして世の中には貧民が最も多数である。ただ多数多数と言うならば貧民にご機嫌のよいようなことのみをするのが政府の本旨であるか。少数が多数を圧することは最も防がなければならぬ。しかし多数の圧制ということも防がなければならぬ（穂積　一九一二：一九七）。

このように、民衆政治の下で最も数の多い農民や貧者の意思や利益のみが政治を支配することに対して、穂積は強い懸念を表明した。穂積の論において一貫しているのは、富者であれ貧者であれ、多数者による少数者に対する圧制への批判である。

穂積の論において、多数者専制――「国民の名に於てするの専制」、「民衆多数圧制」――は、社会と個人との両方にとって最大の問題として位置づけられている。穂積は、「社会劣族を不断に圧制する社会的勢力」として国会を批判した。議院内閣制に反対したのも、一院制に反対して二院制を主張したのも、小選挙区制に反対したのも、それらが多数政党であれ、多数民衆であれ、多数者の専制を許す制度であることを理由としている。

多数であるがゆえに正しいわけではなく、多数者の意思が少数者の意思を拘束してよい道理はない。最大多数の福利が社会全体としての福利に一致するわけではなく、最大多数の利益が少数者の利益を犠牲にしてよい道理もないと言うのである（穂積　一八九九：四三一～四三二）。

穂積の論は、しかし、国家・社会からの個人の自由を足場として多数決民主主義を批判するのではない。穂積の多数決批判は、個人主義への批判でもある。国家の目的は最大多数の最大福利にあるという説は、個人の私利私益を超えた「団体としての公の福利」があることを忘れていると、穂積は批判する。

此の最大多数主義は国家社会の観念を現存個人の上にのみ限定し国家社会は個人的の生存の外に将来に向ふての永久の運命あることを忘れたる者なり個人の私利の外に団体として公の福利あることを知らさる者なり……多数の権利の絶対的主張は社会合同生存の破滅なりと云ふを憚らす（穂積　一八九九：四三二）

穂積の論における立憲主義の要点もまた、専制の排除にある。穂積の論じる立憲政体とは、権力分立によって、（国家のではなく）社会多数者の専制から国民の権利を守る体制を意味している。穂積は、一つの機関による専制を防ぐために立法、行政、司法の三権の分立が不可欠であると主張する。

国権の行動を分ち、各々其の機関を独立せしめ、以て権力の専制を防く、之を権力分立の主義と謂ふ。是れ立憲制度の骨髄たり。何か故に分権するか、専制を厭ふなり。何か故に専制を厭ふか。個人自主の自由と権利とを保全せんと欲するなり。我か憲法亦此の主義に則る（穂積　一九三五：六九）

ところで権力の分立は、君主権の絶対性と矛盾するのではないか。そうではなく、穂積の論じる権力分立は、君主権の絶対性を確立することによって専制を排除する。国務の最終の決定が天皇の大権にあることで、大臣であれ、議会であれ、一つの機関に決定権を持たせないのである（穂積　一九三五：二〇三〜二〇四）。

多元的社会観　穂積が権力の完全国有体制を説いた背景には、多元的な社会観があった。多様な利害が分立し、一つの意思の下に調和することのない社会の内には、権利の保護者は存在し得ないのである。穂積の論において、社会とは抽象的な個人の集合ではなく、様々な利害の集団によって構成されているものであると想定されている。

穂積はこうした社会観に基づいて、国会の理想的なあり方について、「社会に於ける種々な利害を成るへく其儘に縮写をするか如くに国会に写し出すことか目的」（穂積　一九〇〇：四四六）であるとする。「社会全体てわい〳〵多数て軋轢して騒くこと」を、小さい数のなかに掬い上げて、国会のなかで闘わせるのがよいと言うのである（穂積　一九〇〇：四四七）。

先に触れた穂積の小選挙区法案への反対論は、国論が一致しておらず多種に分かれているならその多種が議院に現れなければならない、ということを理由にしている。大選挙区の国家的利益は、「多数の跋扈を防いで少数者であつても独立者であつても成るべく此議員に選挙せしめて、さうして国論の種々様々なる所を写し出して公平の批判に俟たうと云ふこと」（穂積　一九一二：二〇二）である。

穂積は、社会とは多元的で、種々の利害が分立しているものであるという観察を述べるだけでなく、種々の利害の軋轢があることこそが望ましいと論じた。憲法は「政府と議院とか衝突すへきことを予期し否衝突することを希望して」制定されたと言ってもよいと、穂積は述べている（穂積　一八九八：

四二〇)。これは、岡村司が完全なる調和の社会を理想としたことと対照的である。

所謂立憲制なる者は二者〔政府と議会〕軋轢する場合あることを永遠の利益として創定せられたることは沿革及学説の証明する所なり(穂積　一八九八：四一九)

穂積は、「権力の指導の観念なく、自然力に由り社会自ら社会の秩序を全うするを得は即ち政治の観念なからん」(穂積　一九一〇：九)と言う。穂積の論は、社会の自生的な秩序形成が可能であるとも望ましいとも決して想定しないために、〈理〉を実現するための超越的な〈力〉＝国家権力による作為を必要とするのである。

穂積の法理論においては、〝国家からの自由〟は弱肉強食の力の支配に他ならない。「社会各層の利害の軋轢は社会の上に超然たる全能の主権あるにあらされは之を調和すること能はされはなり」(穂積　一八九〇：一九二)。穂積は、社会自身が正しい調和を実現していける可能性を認めないのである。

二人称の世界　穂積は、多元的で軋轢ある社会を一つの社会として秩序ある団結に導く方法は、天皇と国民とが向き合って支配－服従の——すなわち保護－被保護の——二者関係を結ぶことであると考えた。その関係のなかで、各人は天皇から命令され保護される客体となり、そして天皇の前で平等の権利主体すなわち国民となる。

穂積の論において、治者と被治者とは、統治の任を分有する〈われわれ〉ではなく、二者の関係として分離されている。社会の秩序と団結は、治者から被治者へ、被治者から治者へと向かう二人称の関係性によって成立する。保護する〈力〉と保護される権利は、この二者の関係性のなかにある。
国家すなわち天皇と国民とが向き合う二人称の世界において、国家は決して〈われわれ〉のものにはならない。だから国家は、〈われわれ〉内部の権力から、各人の権利を守ることができるのである。
これに対して、一つの社会を構成する〈われわれ〉の、一人称の世界を論じたのが、岡村の生存権論である。

第五節　岡村司の権利論

(1)　権利と権力

権利が権力を枠づける　『法学通論』（一八九九）における岡村の権利論をみていこう。岡村は、権利とは①各人をしてその本性を全うせしむるもの、②権利は他人を強制することを得べきもの、③権利は人の本分なり、と定義する。

権利とは各人をして其の本性を全ふせしめんか為めに他人を強制することを得へき人の本分なり
（岡村　一八九九：二〇六）

穂積の権利論が、力による支配を排除するために超越的な唯一の〈力〉として統治者の権力を置くのに対して、岡村の権利論は、〈力〉によって力の支配を排除するのではなく、〈理〉によって力を枠づける。岡村が権利論の正醇とする本分説がそれである（岡村 一八九九：二二五～二二六）。

人が生きていく上で、必ず為すべきことあるいは為すべからざることの本分がある。すなわち自他の本性を全うすることは人の為すべきことであり、これを害することは人の為すべからざることである。権利とは、人の本分の発動であり、その履践の確保である。たとえば君主が統治権を持つのは君主に治国安民の天職すなわち本分があるからである。父母が子に対して親権を持つのは父母に子を監護教養すべき本分があるからである（岡村 一八九九：二〇九～二一一）。

岡村は、「権利の実質に関する大段の見解は利と力と正との三者に在り」（岡村 一八九九：二二七～二二八）と言う。権利は大抵権利者を利するものであるが、しかし権利たる利は正当の利のみに止まるべきものである。また、権利は権利者に何かを遂行する力を与えるものであるが、権利たる力は暴力ではなく正当の力、正理に基づいた力である。つまり、利の正当なるもの、力の正当なるものが権利である（岡村 一八九九：二二八）。

岡村は「正の元素は一切の権利に通して存する所なり」（岡村 一八九九：二二八）と言うが、一切の権利が包蔵する「正」とは何だろうか。権利が含む「正」とは、肉体上および精神上の諸需要を満足させること、すなわち「本性を全ふする」ことである（岡村 一八九九：二二八～二二九）。たとえば、目で視る、口で食べる、智能によって善悪の判断をする、喜怒の感情を動かすというような、肉体上および精神上の諸官能を適度に作用することが、岡村の論に言う「本性を全ふする」ことである（岡村 一八九九：一九六～一九七）。

人か其の本性を全ふするは是れ善なり本分なり各人をして其の本性を全ふせしむるは是れ正なり之に依りて見れは権利の目的は正なり其の作用は強制なり其の実質は本分なり（岡村 一八九九：二二八～二二九）

岡村の定義による権利とは、人が本分としてなすべきこと――本性を全ふすること――を、他人を強制してでも実行できることである。

岡村の権利の定義には「他人を強制することを得」という要素が含まれる。これに関して岡村は、権利は人と人との関係においてのみ存すると言う。たとえば、人は禽獣に対して権利義務の関係を有することはない。法律がある種類の鳥を捕獲することを禁じるのは、統治者が公益上の理由に基づいて禁止するのであって、鳥が捕獲されない権利を持っているわけではない。また、人は自己自身に対して権利義務の関係を有することはない。生命権は自己の生命を他人に侵害されない権利であって、自己が自己の生命に対して権利義務を有するのではない（岡村 一八九九：二〇七～二〇九）。権利の関係は他人とのあいだでのみ成立する。このことは、後でみる生存権の議論にかかわってくるので留意しておこう。

統治者の権力　岡村も穂積と同じく権力と権利とを区別し、その関係を明確にしている。穂積が権力によって権利を存立させるのに対して、岡村は権力を権利の内に囲い込む。

岡村による統治権の解釈をみてみよう。岡村の論においては、統治者は被治者に対して権利を持つ。統治者と被治者との関係は、穂積が論じた支配－服従関係ではなく、権利－義務関係である。統治者には万民を保安する本分があり、統治者はその本分を履践するために統治権を有する。被治者が服従するのは、その権利に対する義務としてである。統治者が権力を専有するのは、権利を持つ結果としてである（岡村 一八九九：三〇九）。

たとえば、統治者は国家の秩序安寧を保持するために裁判の権利、刑罰の権利を持ち、人民は裁判を受ける義務、刑罰を受ける義務を持つ。人民は自ら裁判を行うことはできないし、刑罰を逃れることもできない（岡村 一八九九：三〇九）。

統治者が統治権を専有し、国民が権利を行使するためには統治者の権力の保護に頼らなければならないことは、岡村の論においても穂積の論と同様である。しかし、岡村の論においては、統治者の権力は、国民との権利義務の関係において枠づけられているのである。

> 統治者か統治権を有する所以のものは其の万民保安の本分を全ふせんか為めなり万人をして其の本性を全ふせしめんか為めなり是れ統治権の存在理由なり其の目的なり統治者と雖も決して此の目的の外に逸出すること能はす……統治者は人民を保安するの義務を有す人民は統治者に対して其の保安を受くるの権利を有す（岡村 一八九九：三一一～三一三）

岡村の論においては、統治者の権力は権利に還元される。これは、公法と私法との区別について、前者を不平等の権力関係の法、後者を平等の権利関係の法と定義した穂積への批判に他ならない。「法律関係は権利関係を以て一串すへきものにして若し法律の一部たる公法に於て権利の意象を認めさるときは法律を解体死滅せしむるもの」（岡村　一八九九：四二一）と、岡村は言う。岡村の論において、法律の根本原理は権利であり、法律関係は権利の関係に尽きる。

(2)　自然法と理想的権利

穂積の論じる権利が法を超越する権力に支えられるのに対して、岡村の論じる権利は法を超越する自然法に支えられる。岡村の論における自然法とは「人類が其の理性に由りて会得する理想に適合する法則」である。自然法は「人作法の標準」となり、「人作法の善悪を判断するもの」であり、立法者を指導する（岡村　一八九三：三二〇〜三二一）。

自然法の命じるところと〈現実〉のあり様とは同じではない。岡村の論も、〈現実〉のあり様が必ずしも〈理〉に適っているわけではないことを前提にしている。『法学通論』において岡村は、自然法に基づく権利は、成文法が規定する「現実的権利」とは別のもの、「理想的権利」であるとしている。理想的権利は成文法に先立ち、それに優越し、超越する。

理想的権利と自然法とは全く相合致して前後上下の別あることなし……理想的権利は成法の前に在り又其の上に在り理想的権利は人々の理性に依りて会得する根本の意象たる公理より推論演繹して発見することを得る所のものなり（岡村　一八九九：二三九〜二四〇）

岡村は、現状においては一致しない現実的権利と理想的権利とが、将来においては完全に一致することが社会の理想状態であると言う。

将来此の二者全く相合致するに至らは社会学者の所謂黄金の時代性法学者の所謂調和の時代にして万物相協和し一物の其の所を得さるものなきに至らんなり人類は正に此の理想に向て猛往奮進するものなりと雖も現代の光景は之を距ること尚ほ極めて遼遠なりと謂ふへし（岡村 一八九九：二四一）

岡村の論において、権利とは成文法によって創設されるものではない。権利は成文法に先立つ自然法が論じるところのものであり、その理想的権利のうちの何分かを、成文法が現実的権利として認定するのである。

後に岡村は、権利とは「正当なる行為の源因の無形的観念」であるとして、その「正当」について、次のように説明している。

正当といふ観念は時と共に遷転し世と倶に推移することを免れずと雖要するに時代精神の趨帰するところ万人の斉しく認めて正当とするところのもの即ら〔ママ〕一代与衆の允諾にかゝるところのものにして克く道理に適合するものは以て正当なる行為とするに敢へて異義を挟むべきにあらざら

んか〔傍点原文〕（岡村 一九一〇：四）

岡村の論において、権利を支える〈理〉としての自然法は、時代や社会によって変化し得るものとして意味づけられていく。時代や社会が「正当」とすることが、権利の正当性である。『法学通論』の後に展開されていく岡村の法理論は、法は時代状況に応じて社会の新しい需要に適応すべきであるとする自由法学に依拠するようになる[25]。自由法学とは、穂積が自らの法学の基盤とした概念法学を批判して登場した法理論である。穂積は、法典の条文の整合的な解釈を重視し、法を固有の体系として確立することを目指した。これに対して岡村は、法を、社会のあり方に呼応し、社会の要請に応えるものと考えた。岡村の論における自然法は、自由法学における自然法の考え方、つまり社会の変化に応じて変化する自然法である。〈理〉は社会の外にある超越的な何かではない。

こうした岡村の論は、牧野英一らが唱導していく大正期の自由法学への序章として位置づけられるだろう。自由法学とは、個人の自由を基底とする法理論ではなく、むしろ逆に統治行為を法の条文から自由にする法理論としての性格を持っている。『法学通論』の後、岡村の論は個人の権利や自由をめぐって大きく変化していくのである[26]。

(3) 自由の価値

話を『法学通論』に戻そう。『法学通論』の権利論はきわめて自由主義的な性格を持っている。以下、三点について確認しておこう。第一に権利の行使は義務ではなく自由であること、第二に生命権は絶対的であること、そして第三に、個人の権利は社会一般の利益に反しても保護されることである。

第一の点について、『法学通論』は、権利を行使するか否かは権利者の自由であるとする。たとえば、所有権に関して、所有権者に所有物に対する義務はないのであって、土地の所有者が必ずその土地を墾開して成果を収取しなければならないというような義務はない（岡村 一八九九：二四六）。

第二の点について、『法学通論』は、生命権を絶対的な権利としている。生活や生命の危機に際しては、自己の生命権のために、近親、戸主、市町村府県郡または国から救済を受けること、他者の物を奪うこと、他者を殺害することも正当化される（岡村 一八九九：五七二）。[27]

最後に第三の点について、『法学通論』は、個人の権利が、国家・社会の意思や利益に優越するとしている。一人の権利の遂行が社会の多数者の利益に反する場合であっても、一人の権利は保護されなければならない。

> 苟も我れの権利あらんか千万人の利益に反対すと雖も之を遂行することを得へきなり所謂火に入りて焼けす水に入りて溺れす是れ権利の貴重なる所以なり今多数の利益の為めには一人無辜の生命を奪ふも可なりと云ふは是れ決して権利の旨趣に非さるなり（岡村 一八九九：二一七）

自由を核心の価値とする権利論を論じた岡村は、ここからどのような生存権論を展開したのだろうか。次節でみていくように、岡村の生存権論は、この自由主義的な権利論から転回していくことになる。

第六節　岡村司の生存権論

(1)　生存権と所有権

生存権の優位　先にみたように、岡村は『法学通論』において、個人の生命権を絶対的な権利として論じていた。「民法と社会主義」(一九〇六)においても、岡村は同様の議論をしている。岡村は、個人の生命権行使の結果として、他の個人の所有権が制限されると言う。

飢餓に瀕して倒れそうな人が田畝の果実や店頭の菓子を盗んで食べても、その果実や菓子の所有者は、飢えた人のその行為を禁止することはできない。所有者は、他人が重大な危害を避けるために彼の所有物を使用することを禁止する権利を持たない(岡村　一九〇六：二二一〜二二二)。生存権と所有権とが衝突する場合には、生存権が優越するのである。

岡村が見ていたのは、富者に厚く貧者に薄い法のあり様であった。「今日の法律は富者の法律なり」(岡村　一九〇六：六二一)。本来、所有権の目的とする所は、「万人をして平等に平和の勤労に依りて生活の必需物を取得享用せしめ、以て弱肉強食の暴戻を禁ずる」ことであったのが、今や所有権はその目的に背馳して富者の富のみを保護して、窮民を生み出し、貧富の懸隔を拡大している(岡村　一九〇六：六二一〜六二二)。

今や所謂「ミリアルデール」と云ふ者を生じ、其の財産の大部は其の生活に必要ならずと雖も、法律は神聖なる所有権として厳に之を保護するが故に、多数の人は之が為めに生活の必需物を得ること能はず（岡村 一九〇六：六二）

所有権の将来として岡村が提示するのは、「個人制」と「共有制」との調和である。共有制とは、私人によるものなら「協力組合」（cooperative association）、国によるものなら公共事業の経営などを指す（岡村 一九〇六：六四〜六五）。

今日は自由利己の主義を重じ、共有制の部分極めて少なしと為すのみ。然らば則ち、将来の制度如何、之を知ること必ずしも難からず。即ち、個人制及共有制を適当に調和し、個人の自主工夫を滅却せざる限度に於て共有制を設立施行し、連帯利他の観念と自由利己の主義とをして、並び行はれて相悖らざらしむるに在るのみ（岡村 一九〇六：六四）

岡村は所有権の将来をこのように論じているのだが、本章の関心から問われてくるのは、個人制と共有制との調和へ向かう変化が、いかなる主体の働きによって実現されるのかという問題である。その鍵となるのが、岡村が提唱する社会連帯説である。

個人の自由と社会の公益　岡村の社会連帯説をみるまえに、岡村の生存権論における権利の性格に注意しておこう。所有権に対して生存権を優位に置く岡村の議論は、個人の生存権の絶対不可侵性が所有権を制限し得るという論理に基づいているのではない。所有権を相対化し得るのは「社会の公益」である。後でみるように、この「社会の公益」は、個人の生存権をも相対化し得る論理である。

今日は個人の自由も社会の公益の前には膝を屈せざるべからず、所有権も亦公益の為めには痛く制限せらるべきが故に、決して絶対不可侵の権利に非ずとの説益勢力を占むるに至れり（岡村　一九〇六：一二）

生存権のために所有権が制限されるのは、それが「社会の公益」の観点から正当であるからである。岡村の生存権論は、『法学通論』における自由主義的な権利論の延長の上にあるのではない。岡村自身が、英米の「個人的絶対的」な権利思想が衰退し、大陸の「社会的双対的」な権利思想が新しく盛んになってきているとして、権利概念の変遷を指摘している（岡村　一九〇六：一七）。今や、個人の自由も社会の公益の前には膝を屈せざるべからざる時代なのだと言うのである。

(2)　社会連帯説

団体生存　岡村は、権利の思想が時代と共に変化するものであるとしつつ、変遷進化する事実のなかに貫通偏在する「一定不易の原則」を求める（岡村　一九〇六：一〇三～一〇四）。岡村の論によると、社会進化論は変遷進化のなかに「団体生存の必要若くは利益」という一定不易の原則があることを示している。所有権はこの原則に従って変遷する（岡村　一九〇六：一一三～一一四）。

こうした文脈のなかで岡村が提示するのが、社会連帯説である。岡村は、弱肉強食の力の支配に対抗し得るものとして社会連帯説を説いた。

同国人に対する感情は、外国人に対する感情と異なりて、自ら相頼り相助くるの心あり。言語、思想、慣習、制度を同うすればなり。各人に平等の所有権を賦与せずして、各人に自由の労働に因りて所有権を取得するの機会を平等に保障す。一人其の所を得ざるあれば、他の全員は之を救護するの責任あり。鰥寡、孤独、無告の者をして、各聊頼する所あらしめ以て、団体生存の実を全うす。将来個人と社会との利害全く相一致するに至らば、正に人類進歩の極致と為す。此の社会連帯の説は、酷薄恩少なき生存競争の説に対して、其の弊を矯むるものなり（岡村 一九〇六：一一二）

岡村が論じる社会連帯とは、有機的に組織された団体としての国家の各員が「分業協力して以て共同生活の目的を達す」るという「争ふべからざるの事実」（岡村 一九〇六：一一二）、つまり団体生存の事実である。個人所有権が認められるのも、制限されるのも、この団体生存の原則に基づく。個人所有権に優越する価値としての生存は、個人の生存ではなく団体生存である。社会連帯説において個人の生存の保障が論じられるのは、団体生存を全うするためである。生存権もまた団体生存の原則に従うものとなる。

このように、岡村も穂積と同様に個人の生存は団体生活においてのみ存立すると論じていく。

此の説〔社会連帯説〕に依れは人類は団体生活を為すに因りて始めて其の生命を保全発達することを得一の社会に在りては一人は万人の為めに万人は一人の為めに相協力して始めて個人並に社会の生存発達を遂くることを得一の社会に生存する人々の間には断絶すへからさる一種連帯の関係を存す（岡村　一九一一：一六〇）

人が団体生活のなかでのみ生きられるということは、強者も弱者も共に一つの社会を成す者として互いに協力しあってこそ生きていけるということである。もし人びとが自己の利益のみを求めて他者の利益を顧みないなら、社会も個人も破滅する（岡村　一九一一：一六〇）。強者が弱者を圧迫することは、強者自らをも滅ぼす。

社会連帯説を踏まえると、社会のためにすることと、個人の生存のためにすることとの区別はなくなる。〝社会の生存〟に個人の生存が条件付けられていることから、公益と私益とを不可分一体のものとみなしていく議論は、穂積と岡村に共通である。

それで人間の仕事といふものは凡てが自分のためになると同時に社会のためになつている譬へば飯を食ふといふのも人間の生存要件と同時に社会のために活動の資を造るといふことになるではありませんか、だから道徳に公徳私徳を区別するのが頗る困難なと同様公益私益といふことも亦太だ六ヶ敷こと丶信ずる（岡村　一九〇八：八〇）

生存権の相対化　先に、一定不易の原則としての「団体生存の必要若くは利益」に従って、個人所有権が制限され得るという岡村の論をみた。この論理によって生存権のために個人所有権を制限することが正当化されるのだが、同じ論理が個人の生存権の制限をも正当化する。個人の生存権は、「団体生存の必要若くは利益」の原則に従う限りで保護されるものであり、絶対でも不可侵でもない。

今日の所有権制度が団体生存に有害ならんか、之を変更するに毫も躊躇すべきに非ず。……生命権も亦然り。人は団体生存を営むに因りて始めて生命権を保有す（岡村 一九〇六：一四〇）

岡村は、団体生存のために個人の生存権が剝奪される例として、死刑制度や防衛戦争における殺人を挙げている。もし内部から団体生存に危害を加える者があれば、国家は死刑によってその個人の生命権を剝奪する。もし外部から団体生存を侵害する者があれば、団体の成員は死力を尽くして団体を防護し、あるいは敵人を殺し、あるいは敵人に殺される（岡村 一九〇六：一四〇～一四一）。「生命権所有権は団体生存の為めに存す」（岡村 一九〇六：一四一）ということは、団体生存の必要に従うのでない限り、個人の生存権を奪うことはできないということでもある。

然らば団体は個人の本性を無視して恣に其の生命財産を剝奪することを得べきかと云ふに、是れ亦然らず。団体生存は個人の本性に基づく。個人の本性を保全するは、即ち団体生存を保全する

所以なり（岡村　一九〇六：一四二）

個人の権利の範囲は団体生存の必要に依りて之を限画すべく、団体は団体生存の必要に反して個人の権利を剝奪することを得ざるなり（岡村　一九〇六：一四二）

個人の生存権の制限は、団体生存の必要という〈理〉を条件としてのみ許される。いわば、団体を主語とした正当防衛権である。

『法学通論』において、権利とは「各人をして其の本性を全ふせしめんか為めに他人を強制することを得へき人の本分」であった。そして「本性を全ふする」とは、肉体上および精神上の諸需要を満足させることであった。つまり、各人の肉体上および精神上の諸需要を満足させるために、他人を強制し得る正当なる力を与えるのが権利であった。この権利論から、「団体生存の必要」のために個人の生命の剝奪を正当化する論理は、とうてい出てきそうにもない。

しかし、右にみた社会連帯の議論においては、団体生存が個人の本性とされ、団体生存の保全が個人の本性の保全と等置されている。岡村は、権利の定義を構成する「本性を全ふする」の解釈を、個人を基準とするものから団体を基準とするものへとずらし、そうすることで、「団体生存の必要」に個人の生存権を従属させる論理を組み立てている。(28)

岡村は、社会共存は正義の基準であると言う。社会共存を利することが正義であり、これを害することが不正である。そして権利は、社会共存を全うすることをその内容とすることになる。

抑も権利は正義の支柱にして正義は社会共存の要件たり社会共存を利するは正義の行にして之を害するは不正の行たり即ち反社会的行為たり（岡村　一九一四：四）

団体生存を基準として解釈された「本性を全ふする」ことのためには、他者への強制を含意するものとしての権利の概念を必要としない。むしろ、この本性は、強制を排除することでこそ全うされる。

権利の否定　岡村は、団体生存の事実の前に、権利それ自体を相対化していく。フランスの社会連帯説を学んで衝撃を受けた岡村は、「権利否定論」と題する論文を書き、権利の観念は無用であると論じるのである。

『法学通論』においては、自然法の論じる理想的権利と成文法が定める現実的権利とが合致する状態が理想であった。しかし、「権利否定論」では、法や権利を必要としない調和の社会が理想なのである。

近者偶仏国デユギユイ（Duguit）氏の書を読み権利の観念か形而上的妄想に過きさることを論するを見るに及ひて爽然として自失し心、死灰の如きもの数日、遂に権利の観念は果して爾く重すへきやを疑ふに至れり（岡村　一九〇九b：一）

社会連帯よりして人々必す遵踏すへき行為の規則を生す……其の本つく所は社会連帯の事実に在り如何なる社会と雖も此の規則あらさるはなし其の社会の全員は必す此の規則に服従せさることを得す乃ち国家の首長と雖も亦然り首長は社会連帯の目的の為めに其の強力を揮う是れ人民か其の命令に服従する所以なり人民は各其の力に応して社会連帯の目的に貢献す即ち社会的職分を行ふ故に能く他人を制することを得社会連滞〔ママ〕より生する行為の規則は高く国家個人の上に在り国家も個人も必す之に服従せさることを得す国家既に絶対的権利なく個人も亦利己的権利なし故に曰く権利の観念は無用なりと（岡村　一九〇九b：四）

『法学通論』で権利を定義した文章のなかの「本分」の語が、ここでは「社会連帯」に置き換えられている。統治者及び被治者が履践すべき各人の本分を論じる自然法は、「社会連帯の事実」という実質を与えられている。国家も個人も社会連帯に基づく規則に従う時、他者に強制する意思の力としての権利は必要のないものとなる。ここでは、自己と他人との関係が権利に枠づけられることが理想なのではなくて、自己と他人との関係が他者関係として現れないことが理想である。

「権利否定論」は、天賦人権説に基づく国家権力と個人の自由権との対立図式がそもそも間違いだと批判する。岡村は次のように論じていく。天賦人権説は、人が固有する権利があって、個人は国家によっても侵害することができない自由の権利を有つとした。しかし、そもそも国家と個人とを対立させて相互にその権利をおさえさせようとするのは根本において間違っている。なぜなら、国家と個人とは不可分の一体であるからだ（岡村　一九〇九b：五～六）。

個人を滅却して国家独り存すること能はす国家を傾覆して個人独り全きこと能はす国家と個人とは其の利害盛衰を同ふす為政者も被治者も為す所あるものは悉く社会連帯の目的に奔会して国運の発達を期するに非さるはなし個人固より自由あり其の自由を制限若くは放任して国家の枯瘁を致すときは其の制限若くは放任は不当にして国家の隆昌を来すときは正当なり是れ国家個人一体の結果なり（岡村　一九〇九b：六）

国家と個人とは利害盛衰を同じくするのだから、国家に対する個人の権利というものは語り得ないと、岡村は論じるのである。先にみたように岡村は、権力を権利の内に従属させることによって、法から権力の概念を排除した。今度は「社会連帯の事実」の内に、権利の理念を解消していくかのようである。[29]

調和の社会　団体生存を害するものに対する正当防衛権の主体である「団体」とは、具体的には何を指すのだろうか。

近代資本主義の弊害から貧者弱者を保護する主体を全能の国家と明示したのが穂積の論であった。岡村の論においては、その主体は必ずしも明確ではない。近代資本主義の弊害を克服する方法として岡村が提案するのは、次のことである。

今日の弊を救ふものは、頗る国有財産の範囲を拡張して其の利益を一般に霑被し、厳に財産の不正取得を禁じ、成るべく財産の集中を妨げ、財産を細分すべき制度を設くると同時に、上流階級に警告して利己奢靡を戒め、細民の救護に尽力せしめ、労働社会に訓戒して勤倹貯蓄の良習を養成し、自己の資本に依り独立し、若くは協力して労働することを得しむるに在り。余輩は之を措きて他に良策あることを見ず（岡村 一九〇六：一四三）

これについて熊谷開作は、「観念論であり、彼の論文を読みすすんできたものに幻滅の感さえ与える」との感想を述べている（熊谷 一九七四：一二四）。確かに、岡村が結論としたこのことばは、いかなる主体が団体生存の必要のための法や制度を実現するのかという問いに答えてくれてはいない。しかし、これこそ岡村の論から導かれる全く論理的な結論であるようにも思えるのである。為政者、上流階級、労働者など皆が〝社会の生存〟のためにそれぞれなすべきことをなし、互いに協働し、そして完全なる調和の社会を実現していくということは、まさに岡村が説いてきた社会連帯が指し示すものであろう。

「いかなる主体が」という問いに対して、岡村の論は、「われわれの社会自身が」と答えているのではないだろうか。穂積の国家全能主義に対峙した岡村の論が、ひとまず行き着いたのはここであった。

(3) 国家全能主義批判――〝穂積八束の克服〟

一人称の世界　岡村は、『法学通論』において、穂積の国家全能主義の論を否定し、国民多数の意思に基づく政治を行うべきことを説いている。

君主か常に無上聖智の神人たることは決して望むへからさることなるか故に假令其の権力の活動を渋滞せしむるの弊あるも尚ほ立憲代議の制に依りて国民多数の意思を徴し之に本つきて政治を行ふを以て利益ありとす（岡村 一八九九：六四八）

弱肉強食の力が支配する〈現実〉に対して弱者の権利を守るという〈理〉の実現を、超越的な国家の〈力〉に求めるのではなく、国民多数の意思のなかに、つまり民意による政治に求めることが、岡村の問題意識であった。岡村が説いた社会連帯説は、この問題意識に対するひとまずの答え方であったのだろう。

岡村が超越的な権力を呼び出すことなく権利を論じることができたのは、彼が議論の前提とする社会観が、穂積のそれとは異なっているからである。

穂積の論において、社会とは様々な利害によって分裂しているもので、多元的で軋轢あるものであった。そして、社会の自生的な秩序形成は、可能でもなく、また望ましくもないものであった。

これに対して、岡村の論においては、社会のあるべき姿は個と全体とが完全に調和する一元的なものである。岡村のこうした社会観は、『法学通論』における理想的権利と現実的権利の論から、社会連帯主義における団体と個人の論まで一貫している。理想とされたのは、他者への強制を含意する権利の概念が無用となる状態（「権利否定論」）である。

岡村が語ったのは、〈われわれ〉が〈われわれ〉を統治する一人称の世界である。

岡村は、民意による政治の下では国家の法律は国民の意思によって制定されるのだから、国民が法律に服従するのは、自己の意思に服従することだと言う。人民は、自らがあらかじめ承諾を与えた法律によってのみ制限されるのだから、完全に自由を享有することになる（岡村 一九一八：二四）。

為政者は人民の代表者と協議して、法律を設けて之を強制するのであるが、実は法律は人民が予め承諾を与へて居るのであるから、法律に服従すと云ふも、自己の意思に服従するのに異ならないのである。是れが所謂立憲自由の政治と云ふのである（岡村 一九一八：二四）

岡村の論においては、民意による政治の下では、国家および社会とその成員とのあいだには一切の緊張関係がない。国家・社会によるいかなる強制も、個人に対する外在的な力の作用ではなく、国家・社会の成員自らの意思の結果である。

これは〈われわれ〉という一人称しか存在しない世界であるから、他者に強制したり、他者から強制されたりすることは本来あり得ない。先に触れたように、『法学通論』では、権利は「他人に対するもの」と定義されていた。自己が自己に対して権利を持つことはないと。他者の存在しない一人称の世界では、権利関係は成立しないのである。

岡村の論において、社会は多様な複数の利害がせめぎ合う場としてではなく、一つの団体として生存する実体であるかのように論じられている。穂積の論が、国家の団結を実現するために〈力〉による作為を必要としたのに対して、岡村の論においては、〈〈現実〉の観察ではなく〉理想の状態を論じるにあたって、他者に強制する〈力〉を登場させる必要がないのである。[30]

権力の行方　国家の正当性の根拠が国民の生活の保障に置かれることと、個人権としての生存権が存立することとは、本来関係がない。むしろこれは、しばしば個人権としての生存権を否定する論理となる。他方で、社会の共同態に個人の生活保障の基盤を求めることもまた、しばしば個人権としての生存権を否定する論理を構成する。穂積と岡村の生存権論の検討から浮かび上がってくるのは、〝福祉〟と〝人権〟とをめぐるきわめて基本的な問題である。

穂積の権利論は、個人の権利を侵害する社会の力と、その力に超越する絶対的な〈力〉によって個人の権利を基礎づける国家とを登場させる。語られないのは、個人の権利を侵害するものとしての国家の力である。

岡村の権利論には、個人の権利を基礎づける社会（「政治的社会」としての国家を含む[31]）のみが登場する。個人の権利を侵害するものとしての社会の力も、国家の力も、語られない。権利を侵害するものがない世界では、権利の理念を語ること自体が意味を持たない。

穂積の論が国家と個人との緊張関係を無とするのに対して、岡村の論は国家を含む社会と個人との緊張関係を無とする。社会的権力を排除するために国家権力を論じた穂積の論よりも、岡村の社会連帯説は徹底した権力排除の論である。岡村は、社会連帯の語彙によって、国家権力による強制なしに社会的権力を解消しようとした。

しかし、岡村の論において権力は排除されたのだろうか。あるいは、権力の語をもって名指されないほどに、〈われわれ〉自身の意思とみなされるほどに、完璧に内部化されたのだろうか。

おわりに――自由の重さに耐える知を

穂積の権利論は、社会的権力への警戒から、国民の権利を保護する全能の〈力〉を国家に託し、個人権と国家権力との緊張関係を無いことにしてしまった。一方、個人権と国家権力との緊張関係を別の形で無いことにしたのが岡村の論であった。岡村は権力一般を解消する論を展開し、その先に個人権の観念を解消してしまった。

岡村はその法学者としての人生において、国家を人民の国家とすること、人民の意思を国家の意思とすることを一貫して追究した。民意による政治が実現する未来に、岡村はいかなる生存権の可能性を予期していたのだろうか。社会（国家）とその成員とを不可分一体とする岡村の社会連帯説において、社会（国家）からの個人の自由というものは、無意味になってしまったのだろうか。

しかし、岡村は晩年に次のようなことばを書いている。

> 自由と生命とは殆ど同一価値を有つて居るのである。……今日は自由政治より更に進んで保護政治（社会政策）と云ふ様なことを云ふことになつては来たが、併し自由を捨てると云ふのではなく、唯其の弊害を補正すると云ふのである。国家が窮民を保護すると云ふが如きも、窮民は国家

に対して保護を要求する権利があるからであつて決して御情的に恩恵慈善を施すと云ふのではない〔傍点原文〕（岡村 一九一八：二四～二五）

岡村は、社会の連帯と個人の自由との容易ならざる関係を考究する道の途中で人生を終えたのかもしれない。岡村自身が超えられなかった岡村の生存権論を、その後に続く人びとは超えていけただろうか。

樋口陽一は、「人民の意思による国家権力の掌握があったうえで、国家権力＝自分たちの意思をもあえて他者として見る緊張関係」の上に、近代立憲主義の「国家からの自由」が成立してきたことを指摘している（樋口 一九九一：二〇）。〈われわれ〉自身の意思をもあえて他者として見ること、そして〈われわれ〉自身のものとなった国家からの自由にこだわり続けることが、岡村の生存権論を超えていく道であり、そして今改めての〝穂積八束の克服〞の道ではないだろうか(32)。

「本当の自由とは、人間の本性からいえば相当に無理をしないと、その重さに耐えられないという性質のものなのである」と、樋口は言う（樋口 二〇〇〇：三〇）。岡村の生存権論は、人間の本性にとっての無理とは逆に、「みんなに合わせて」生きていくことを命じているように読める。樋口のことばに沿えば、本当の自由とは、社会共存の本性との緊張関係にあるものとして語られるはずである。自由を奉じることが人間の本性にいかなる無理を強いるのかを、絶望的なまでに知っていたのは、自由なき保護を論じた穂積の方だったのだろう。

岡村の論だけが穂積の乗り越え方ではない。岡村の論への違和感や警戒から穂積の論の肯定へと向かうのではない。二人が共に語り得なかったことば——自由の重さに耐えるための知——の探究へと向かわなければならないだろう。

＊　本研究はJSPS科学研究費補助金17K04112の助成を受けたものである。

註

（1）福澤は『学問のすゝめ』のなかで、rightを「権理通義」あるいはこれを略して「権義」と記している。
（2）幕末から明治初期にかけてのrightの翻訳過程は先行研究によって詳細に明らかにされている（前田　一九七五、柳父　一九七六、野田　一九七九、熊谷　一九九一など）。また、明治憲法制定に先立つ民権論の時代における権利の受容過程については石田雄（一九六八）や松本三之介（一九六九）の研究がある。
（3）一八六二年から幕府の留学生としてオランダに渡った西周と津田真道は、ライデン大学のフィッセリングの下で西洋法学を学び、自然法学を日本に伝えた。『性法略』は西と津田が受けたフィッセリングの講義の記録を神田孝平が翻訳したものである。明治文化研究会編（一九六八〔第三版〕）『明治文化全集第一三巻　法律篇』日本評論社に採録されている。
（4）明治の初めからの日本における主要な生存権の議論とその歴史的展開については、松尾敬一（一九五四）、中村睦男（一九八九）の論考によって知ることができる。中江兆民と植木枝盛の生存権論について、松本による論考がある（松本　一九七五：一八三〜一八六、松本　一九九三：七一〜七二、九〇〜九一）。
（5）明治憲法解釈の正統と非正統をめぐっては研究者による議論があり、穂積八束の天皇主権説を正統派とする見方と、反対に天皇機関説を正統派とする見方とが示されてきた。詳細は、家永三郎（一九六七：九〇〜九二、一二九～一三一、一七一～一七六)、鈴木安蔵(一九六七)、長谷川正安(一九九三:一一四～一一七)を参照されたい。

(6)このことについては熊谷開作がつとに指摘している。熊谷は、岡村と民法典論争における延期派(穂積八束)とが、共に資本主義社会が内蔵する矛盾に気づいていたことを指摘している(熊谷 一九七四:一二一～一二三)。

(7)穂積八束を取り上げた論考は数多くあるが、思想史、憲法学史において穂積を主要な分析対象とした研究として、長谷川(一九五九、一九九三)、家永(一九六七)、マイニア、R・H(一九七〇＝一九七一)、鈴木安蔵(一九七五)、井田輝敏(一九七六)などが挙げられる。

(8)藤田宙靖(一九七八)、塩野宏(一九八九)は、穂積法学が、日本の公法学の基礎を築いたものとして、学説史上に重要な位置づけを持つことを明らかにしている。

(9)長尾龍一(一九七〇、一九七四、一九九六、二〇〇一)は、穂積の法理論の形成を、時代とその生涯に即して包括的に明らかにし、歴史のなかの穂積の学問的営為を描き出している。近年の研究成果として、坂井大輔(二〇一三a、二〇一三b、二〇一六)が、穂積の主観的意図に着目しながら、穂積の学問を民法、憲法、行政法、そして道徳をめぐる領域にわたって総体的に把握する研究を行っている。そして内田貴(二〇一八)が、穂積の法理論を日本における西洋法学受容の一つの形として、明治日本の歴史的文脈のなかに位置づけて分析し、穂積法学の歴史的かつ内在的な理解をもたらしてくれている。

(10)村上淳一は、穂積の近代民法批判について、「日本における「前近代」が「近代」を経由せずに「脱近代」に移行するであろうことを示唆する指摘である」と述べている(村上 一九九七:四九)。

(11)穂積の法理論をこうした視点から分析したのが、藤田、坂井である。藤田は、穂積が提起した真の問題は〝自由〟か〝福祉〟かの選択の問題であったことを指摘している(藤田 一九七八:五七)。坂井は、穂積の論を「社会の現状および行く末に対する洞察力の上に成立した、彼なりの政策提言」として位置づけるべきことを指摘し(坂井 二〇一三b:六一四)、穂積八束の本質を〈天皇制共産主義者〉とまとめている(坂井 二〇一三b:六一六～六一七)。また、林尚之(二〇一二)が、穂積の法理論が社会福利の増進のために君主権の絶対性と行政権の卓越を論じたことを指摘している。
(12) 樋口陽一は穂積の論が一種の「福祉国家論」であることを指摘し、それを批判的に論じている（樋口 一九八四）。本章は、この樋口の批判的視点に依拠するところがきわめて大きい。
(13) 鈴木良（一九九六）は、民法学者としての岡村の歩みに即してその思想と学問の形成過程を明らかにするものとして重要である。また、福井純子（一九九八）による「岡村司年譜・著作目録」があり、本章執筆において大変助けられた。
(14) こうした方法による分析として、長尾（一九九六、二〇〇一）、内田（二〇一八）などの先行研究から多くを学ぶことができる。本章は、言説外の様々な要因から二人の法学の形成を説明する視点ではなく、言説のなかの社会過程を分析する視点をとる。社会のなかのことばを見るのではなく、ことばのなかの社会を見ることが目的である。
(15) 本章の方法では二人の学問と思想の全体像を捉えることはできない。穂積が大きな影響力をもった国民教育の領域や、岡村が意義ある足跡を残した家族法の領域などについてはほとんど触れることができなかった。
(16)「国家によって守ってもらう権利」とは、西原博史の論考から示唆を得たものである。
(17) ただし、穂積は、これは政治とは区別された法の領域（法理）のことであって、政治論（政理）としては、主権者は法に従い、専制政治を避けることが、善政であり君主の美徳であるとしている（穂積 一八八九：一六九）。
(18) 林が帝国憲法の基本理念として指摘している「自然法」はこれに関連するだろう（林 二〇一二：一二二）。この「自然法」とは、帝国憲法が自然法を拒絶し欽定憲法主義をとったがゆえに逆説的に必要となったものとしての「自然法」である（林 二〇一二：一一七）。
(19) 穂積は、国家の生存目的もまた、生存そのものにのみあると述べている（穂積 一九一〇：三六～三九）。
(20) 藤田は、穂積の官僚主義が「決してそれ自体が固有の価値を有するものであるのではなく、結局国民の〝福利〟にこそ明確にその根拠が求められていることが、看過されてはならない」と指摘している（藤田 一九七八：五七）。

（21）こうした議論は穂積にのみ特徴的なものではない。たとえば、松本は、自由民権運動において重要な役割を果たした愛国社の再興趣意書（一八七八）のことばを紹介している（松本 一九六九：二一二）。

人の能く其権利を鞏固にし、其の幸福を維持して、安全なることを得る所以は、国家あるが為なり、夫れ国家の安危は、実に一人の安危に関す、故に一国安んずれば即一人も亦安んじ、一国危ければ、即一人も亦危し、嗚呼愛身愛国豈に二致あらん哉

松本は、天賦人権論においても、個人を社会と一体化し、個人の存在をつねに社会的に条件づける思考方法がみられることを指摘している（松本 一九六九：二一七）。

（22）「国権は危難の時機に際し国家及国民を救済して其の存立を保全する為に唯一の必要方法ありと認むるときは、断じて法律及臣民権利の一部を犠牲にして以て其の最大目的を達せざるべからず。此れ乃ち元首の権利なるのみならず、亦其の最大義務たり」（伊藤［一八八九］一九四〇：六三）とある。

（23）穂積の貧者・弱者への分配に関する議論は、ドイツ留学中にその講義を聴いたルドルフ・ゾームの影響であることが指摘されている（長尾 二〇〇一：二九六、坂井 二〇一六）。

（24）先の註で触れたように、穂積の論を「福祉国家論」の原型と捉えたのは樋口（一九八四）である。その「福祉国家論」とは、今日の一般的な意味での福祉国家論ではなく、一九五〇～六〇年代の改憲論のなかで論じられた「福祉国家論」である。この「福祉国家論」を含め、戦後日本における権利や福祉の言説と穂積の論との関係は興味深い検討課題である。拙稿（冨江 二〇一二）では、戦後日本の権利の言説の分析を不十分ながら試みているが、筆者にとって引き続き取り組むべき課題となっている。

（25）岡村は、「法律の活用」において、法律の目的は人民の生活状態を案じて社会の新需要新要求に応じるべきであるとする新しい学風として、ヨーロッパの自由法学を紹介している（岡村 一九〇九ａ）。

（26）後段でみる岡村の生存権論は、大正期に牧野英一によって唱導される自由法学に依拠する生存権論とよく似ている。牧野は、法の理念を、個人本位から社会本位へと、天賦人権説から社会連帯説へと転回すべきことを説いた。岡村の論は、こうした法理論に対する先導的な位置づけにあるだけでなく、一身のうちにこの転回を遂げた

議論として、興味深い対象である。伝統的共同体から個人を解放し、その後に個人をいかにして国家・社会へと統合していくかという問題に取り組んだのが、岡村の論であった。この点についてのより詳細な検討は、稿を改めての課題としたい。

(27) 自己の生命権のために「他人を殺害する権」とは、たとえば船が難破して溺れている数人が一片の板切れを求めて争って他の人を死に至らしめるというような場合を指している（岡村　一八九九：五七二）。

(28)『法学通論』において岡村は、国家の起源は人類の本性にあると論じている。そこでは、人類の肉体上および精神上の需要を満足させるために国家が成立したという解釈が示されている。

　人類は国家を成して生活するに及ひて孤独の生活に於て到底達すること能はさる目的を達することを得るなり即ち分業協力利を興し害を遠け肉体上及精神上凡百の需用《ママ》を満足せしめ益其の本性を完成することを得るなり（岡村　一八九九：一九二）。

(29) 岡村の論において、権利の相対化は西洋近代の相対化であった。岡村は西洋文明に対する東洋文明の優越性を説き、西洋の学者が民法を一種経典のように尊重するのは、西洋に真誠の道徳がないからで、真誠の道徳がある国では法律は全く無用であるとした（岡村　一九〇〇：二一）。フランスの学者から学んだ社会連帯説についても、東洋においては「余程以前から言明されていた」ものとして、仏教の「衆生恩」や朱子学の「感応」を挙げている（岡村　一九〇八：八一～八二）。

(30) 岡村は、国家の権力による強制を、個人と団体との完全な調和が未だ実現されていない段階における必要悪として論じている（岡村　一九〇六：一四二）

(31) 岡村は「国家は政治的社会なり政治的に組織せられたる個人の集団なり」としている（岡村　一九〇九ｂ：六）。

(32) 鈴木良（一九九八）は、岡村司ら初期の京都帝国大学に籍をおいた学者たちの学問と思想を、二〇世紀日本における自由主義の源流として位置づけている。岡村の権利論は二〇世紀の日本において、いかなる意味での〝自由〟の思想を先導することばであったのだろうか。大正期以降の生存権論を、〝自由〟との関係に着目して読んでいくことを、筆者の今後の課題としたい。岡村の生存権論を超えていく道は、岡村と社会連帯説の語彙を共有する大正期の生存権論をも超えていく道でもあり得るかもしれない。この課題は、冨江（二〇〇七）での議論と重なるが、旧稿の考察を少しでも深めることができればと思う。

参考文献

家永三郎　一九六七『日本近代憲法思想史研究』岩波書店
石田雄　一九六八「日本における法的思考の発展と基本的人権」東京大学社会科学研究所編『基本的人権二　歴史一』東京大学出版会
井田輝敏　一九七六『近代日本の思想構造——諭吉・八束・一輝』木鐸社
伊藤博文（宮澤俊義校註）［一八八九］一九四〇『憲法義解』岩波書店
植木枝盛　一八八三『天賦人権弁』（再録　明治文化研究会編　一九六七『明治文化全集第二巻　自由民権編』（第四版）日本評論社）
内田貴　二〇一八『法学の誕生——近代日本にとって「法」とは何であったか』筑摩書房
岡村司　一八九三「余が法学に関する概念」『明法誌叢』第一四号
岡村司　一八九九『法学通論：全』和仏法律学校・書肆明法堂（復刻版　二〇〇八　信山社出版）
岡村司　一九〇〇「西洋の文明」『日本人』第一二七号
岡村司　一九〇六「民法と社会主義」五（二）・（三）・（四）・（六）『内外論叢』（再録　中島玉吉・河上肇編　一九二二『民法と社会主義』弘文堂書房、復刻版　二〇一六　信山社出版）
岡村司　一九〇八「社会進化の新研究」『現代思潮二十一家講話』博文館
岡村司　一九〇九a「法律の活用」『京都法学会雑誌』第四巻第六号
岡村司　一九〇九b「権利否定論」『京都法学会雑誌』第四巻第一二号
岡村司　一九一〇（談）「法律の根本的観念」『日本警察新聞』第一四一号

岡村司　一九一一　「所有権ノ基礎観念ニ就キテ」『京都法学会雑誌』第六巻第一一号
岡村司　一九一四　「法曹の任務」『関西学報』第五号
岡村司　一九一八　「立憲自由政治と青年」『日本及日本人』第七三二号
加藤弘之　一八六八　『立憲政体略』（再録　植手通有編　一九七一　『日本の名著三四　西周　加藤弘之』中央公論社
川島武宜　一九六七　『日本人の法意識』岩波書店
熊谷開作　一九七四　「岡村司」潮見俊隆・利谷信義編著『法学セミナー増刊　日本の法学者』日本評論社
熊谷開作　一九九一　『近代日本の法学と法意識』法律文化社
坂井大輔　二〇一三a　「穂積八束の「公法学」（一）」『一橋法学』第一二巻第一号
坂井大輔　二〇一三b　「穂積八束の「公法学」（二・完）」『一橋法学』第一二巻第二号
坂井大輔　二〇一六　「穂積八束とルドルフ・ゾーム」『一橋法学』第一五巻第一号
笹澤豊　一九九三　『〈権利〉の選択』勁草書房
塩野宏　一九八九　『公法と私法』有斐閣
鈴木安蔵　一九六七　『憲法学三〇年』評論社
鈴木安蔵　一九七五　『日本憲法学史研究』勁草書房
鈴木良　一九九六　「自由法学の誕生――岡村司の民法研究について」『立命館大学人文科学研究所紀要』第六五号
鈴木良　一九九八　「近代京都に於ける自由主義思想の源流」『立命館大学人文科学研究所紀要』第七〇号
冨江直子　二〇〇七　『救貧のなかの日本近代――生存の義務』ミネルヴァ書房
冨江直子　二〇一二　「「生存権」の論理における共同性――戦後日本における「権利」の言説」盛山和夫・上野千鶴子・武川正吾編『公共社会学二　少子高齢社会の公共性』東京大学出版会
中江兆民　一八八二　「権利之源」『自由新聞』第五号（再録　松永昌三編　一九七四　『近代日本思想大系三　中江兆民集』筑摩書房）

長尾龍一　一九七〇「穂積憲法学雑記」『法哲学年報』一九六九年号
長尾龍一　一九七四「穂積八束」潮見俊隆・利谷信義編著『法学セミナー増刊　日本の法学者』日本評論社
長尾龍一　一九九六『日本憲法思想史』講談社
長尾龍一　二〇〇一「八束の髄から明治史覗く」長尾龍一編『穂積八束集』信山社出版
中村睦男　一九八九「第二次大戦前における生存権思想の形成」中村睦男・永井憲一『生存権・教育権』法律文化社
中村雄二郎　一九六二「穂積八束――この百年・日本の思想家」『朝日ジャーナル』一九六二・五・三（再録　一九六七『近代日本における制度と思想――明治法思想史研究序説』未來社）
西原博史　二〇〇九『自律と保護――憲法上の人権保障が意味するものをめぐって』成文堂
野田良之　一九七九「権利という言葉について」『学習院大学法学部研究年報』第一四号
長谷川正安　一九五九「憲法学史（中）」鵜飼信成・福島正夫・川島武宜・辻清明編『講座　日本近代法発達史七』勁草書房
長谷川正安　一九九三『日本憲法学の系譜』勁草書房
林尚之　二〇一二『主権不在の帝国――憲法と法外なるものをめぐる歴史学』有志舎
樋口陽一　一九八四「日本憲法学と「福祉」問題――「福祉」シンボルの憲法論上の役割」東京大学社会科学研究所編『福祉国家四　日本の法と福祉』東京大学出版会
樋口陽一　一九九一「自由をめぐる知的状況――憲法学の側から」『ジュリスト』第九七八号
樋口陽一編　二〇〇〇『ホーンブック憲法（改訂版）』北樹出版
福井純子　一九九八「岡村司年譜・著作目録」『立命館大学人文科学研究所紀要』第七〇号
福澤諭吉　一八七二〜一八七六『学問のすゝめ』（再録　慶応義塾編　一九五九『福澤諭吉全集第三巻』岩波書店）
藤田宙靖　一九七八『行政法学の思考形式』木鐸社
穂積八束　一八八九「法治主義ヲ難ス」『国家学会雑誌』第三巻第三三号（再録　穂積重威編　一九四三『穂積八

東博士論文集』有斐閣）

穂積八束　一八九〇「国家全能主義」『国家学会雑誌』第四巻第三九号（再録　穂積重威編　前掲書）

穂積八束　一八九一「国家的民法」『法学新報』第一号（再録　穂積重威編　前掲書）

穂積八束　一八九三ａ「権利ハ無権力ナリ」『法学新報』第二七号（再録　穂積重威編　前掲書）

穂積八束　一八九三ｂ「公法ハ権力関係ノ規定タルヲ説明ス」『国家学会雑誌』第六巻第八〇号（再録　穂積重威編　前掲書）

穂積八束　一八九六「新法典及社会ノ権利」『法学新報』第六〇号（再録　穂積重威編　前掲書）

穂積八束　一八九七「生存競争」『国民教育愛国心』（再録　長尾龍一編　二〇〇一『穂積八束集』信山社出版）

穂積八束　一八九八「憲法及内閣制」『法学協会雑誌』第一六巻第九号（再録　穂積重威編　前掲書）

穂積八束　一八九九「多数決」『法学協会雑誌』第一七巻第三号（再録　穂積重威編　前掲書）

穂積八束　一九〇〇「立憲政体ノ将来　附立法ノ方針及選挙法」『東京日々新聞』明治三三年一月一日（再録　穂積重威編　前掲書）。

穂積八束　一九〇二「我憲法ノ特質」『明義』第三巻第一二号（再録　穂積重威編　前掲書）

穂積八束　一九〇三「法律及社会問題」『東京日々新聞』明治三六年一月一日

穂積八束　一九〇五「公権利ノ観念」『法学新報』第一五巻第一二号（再録　穂積重威編　前掲書）

穂積八束　一九一〇『憲法提要　上』有斐閣

穂積八束　一九一二「小選挙区法案反対演説（第二十八帝国議会）」『大日本帝国議会誌』第八巻（再録　長尾龍一編　前掲書）

穂積八束（遺著）一九三五『憲政大意』日本評論社

マイニア、R・H（佐藤幸治・長尾龍一・田中成明訳）一九七一『西洋法思想の継受』東京大学出版会（Minear, Richard H. 1970. *Japanese Tradition and Western Law: Emperor, State, and Law in the Thought of Hozumi Yatsuka*, Cambridge, Mass.: Harvard University Press).

前田正治　一九七五　「「権理」と「権利」覚え書」『法と政治』第二五巻第三―四号
松尾敬一　一九五四　「近代日本における生存権思想の展開」『神戸法学雑誌』第四巻第三号
松本三之介　一九六九　『天皇制国家と政治思想』未來社
松本三之介　一九七五　『日本政治思想史概論』勁草書房
松本三之介　一九九三　『明治精神の構造』岩波書店
村上淳一　一九九七　『〈法〉の歴史』東京大学出版会
柳父章　一九七六　『翻訳とはなにか――日本語と翻訳文化』法政大学出版局

第11章　私有と自主立法権（Autonomie）

――法制史家中田薫の学問形成――

山口道弘

はじめに

(1)　本章の目的

オットー・フォン・ギールケは、自らが過去のゲルマン世界の遺した痕跡から再構成した「ゲルマン法」原理を、当時の法学主流を成す「ローマ法」原理に対立させた上で、対蹠的な両原理を止揚する新たな法秩序を構想した、一九世紀後半から二〇世紀初頭の代表的ゲルマン法学者である。大正日本の社会法学者は、そのギールケを魁とするゲルマン法学者の業績を移入して既存の法学を刷新し、以て当時喫緊の課題たる社会問題を解決せんとした。[1] やがて「ローマ法」と「ゲルマン法」との対立的側面を強調するのみならず、「ゲルマン法」的法概念に基づく法体系の全面的書換えの要求に迄進んだ日本の社会法学者の論調は、平衡感覚に優れたギールケよりも遙かに論争的であり、同時代の人文社会諸学にも大きく影響した。

今日の法学界では、ゲルマン法学由来の諸概念や、「ローマ法」と「ゲルマン法」との二項対立図式は、昔の様な神通力を持っていない。ゲルマン法学由来の諸概念は、利用され、批判され得る中立化された道具であって、「ゲルマン」対「ローマ」なる世界観的対立の影は薄くなった(2)。

他方、法学分野以外へのゲルマン法学の影響は、それが巨大であったにも拘らず、否、巨大であったが故に、一部の貴重な例外（松田 二〇一六等）を除いては、未だ充分に跡付けられていない。しかし、自らの使う概念の輸入された意図と、そこから不可避的に生ずる輸入者のバイアスとに頓着しない内は、先行研究の批判的読解なる歴史学の要件は何時迄も充たされないだろう。

そこで本章は、ゲルマン法学の日本に及ぼした影響の研究の端緒として、最初期のゲルマン法学輸入者であり、「日本のギールケ」とも呼ばれた、法制史学の大家・中田薫に取材し、その研究を深く規定した要因と、そこから生じたバイアスとを、中田の関わった論争や同時代の論壇の概況から描き出す事にした。

(2)　先行研究

中田に関する主たる先行研究には、石井紫郎、井ヶ田良治の両説がある。

石井は、一九世紀ドイツ歴史法学と、それを手本とした近代日本の法史学全般とを比較して、前者は「同時代社会に適用されるべき法を発見し、理論構成するための手段」であり、その歴史研究は取りも直さず同時代にあるべき国家・社会を構想するための道具であったが、これに対し明治から昭和戦前期に至る迄の日本の法制史学には、「ドイツのそれが抱いていたような実践的関心は表立っては現れなかった」、とした（石井 一九七一：一八〇）。その上で、総じて中田を初めとする「わが国の戦前における法史学は、（概ね）一九世紀ドイツのそれのもっていた実践的態度を抜きにして、その方法だけを継承し」、特段の目的も無い儘に、ドイツ歴史法学から輸入した「近代的（公法私法）峻別の論理と法教義学的概念構成」とを以て前近代日本社会を割切ると云う時代錯誤を犯した、と批判した（石井 一九七六a：一二二～一二四）[3]。

これに対し井ヶ田は、「たしかに中田は石井氏のいうように、ギールケにみられるような国家学的な雄大な構想を継承してはいなかったが、中田のほとんどすべての研究課題が、実践的関心から生まれていた」と反駁した（井ヶ田 一九八一b：三一〇（註六））。例えば、中田は、日本の相続の本質は祖名の相続であって明治民法の定める様な内容の家督（及び家督に附随する戸主権）の相続ではなかった、と主張したが、それは穂積陳重（民法典起草者）の相続史論に籠められた「国体論」を批判する為の発言であったし（井ヶ田 一九八一a）、「徳川時代に於ける土地私有権」（中田［一九一九a］一九三八a）を初めとする一聯の前近代土地国有説批判は、大正七年の大審院判決を批判する為に執筆された事は中田自身が明言する通りであるから、確かに中田は公法と私法とを峻別し、私法世界に研究対象を絞った結果として、その研究は「公法、国家権力、政治社会的なもの、身分関係などが捨象されている」けれども、しかし中田が全く実践的でなかった訳ではない（井ヶ田 一九八一b：三一二～三一三）。

上の両説は、何れも誤りではない。確かに日本の法制史家は本場ゲルマン法学者の様に法典論争で大立ち回りを演じはしなかったから、石井紫郎説は大局観としては正しいし、他方、個人に焦点を当ているならば、井ヶ田の説く如く、中田の実践的意欲を証拠立てる明文には事欠かないからである。[4] 但し、井ヶ田が自認する如く、井ヶ田の業績は、その時々に於ける中田の論敵を指摘するけれども、中田の生涯を貫く「イデオロギーや哲学等、研究者の研究主体にかかわる問題」（井ヶ田 一九八一ｂ：三一九）は、これを扱わなかった。この、井ヶ田の残した課題の解明が本章の主題である。

尤も、中田は面立った政治活動に積極的ではなかったから、その研究の根柢に何があったかを探るのは一筋縄では往かない。中田に依るゲルマン法学説輸入の恩恵を蒙った大正・昭和初期の社会法学者に依る中田評価も、両義的である。彼等は、ゲルマン法学流行の劃期を成した中田薫「徳川時代に於ける村の人格」（中田［一九二〇］一九三八ａ）を肯定評価するけれども（日本評論社編 一九五〇：八八〜八九〔末弘厳太郎発言〕[5]）、中田の前近代日本法制史研究の総体に対しては評価が定まらないか、幾許か否定的であり、例えば、中田はゲルマン法由来の諸概念を「非常に遠慮勝ちに、或いは逆に無理に」適応している、であるとか（日本評論社編 一九五〇：八九〔末弘厳太郎発言〕）、或る時期を境に社会の「ダイナミック」な実相を離れてゲルマン法学の「固定」的な当て嵌めに陥った、であるとか（日本評論社編 一九五〇：一二六〔戒能通孝発言〕）、要するに一貫したものとは捉えていない。

社会法学者や、その同伴者であったマルクス主義法学者は、下層農民の保護に繋がると考えられた入会の保全や[6]、地主に対する小作人の闘争を支援する為に、或は「ゲルマン的」共同体を同時代日本に在らしめんが為に、道具が必要であり、それがゲルマン法学であった。[7] これに対し、後で述べる様に、中田は江戸時代の村や入会の理解にゲルマン法学由来の概念を用いておきながら、「ゲルマン法」の精神とは根本的に相容れない筈の「ローマ法」的所有権概念に拘泥し[8]、「あらゆる所有権の中にブルジョワ的所有を見出さんと」し（金井 一九三〇：一一一）、「あらゆる時代に、所有権の存在を拾い集め」ていたに過ぎず（日本評論社編 一九五〇：二四三〜二四四〔平野義太郎発言〕）、要するに「中田先生の研究は運動の理論にならない」（戒能 一九六八：四一八）。ゲルマン法学を自らの鞏固な実践的意図に堅く結わえていた為に、社会法学者やマルクス主義法学者は、中田がゲルマン法学を輸入した根本動機は良く分からなかったのも、又、彼等の実践的意図に照らせば、それ以上に分かってやるだけの価値も無かったのも、共に当然と言うべきであろう。

しかし、本章執筆者の観るところ、この様な同時代になされた批判にも拘らず、終生、「ローマ法」的所有権概念に執着し続けた、と云う点、社会法学者・マルクス主義法学者や、その流れを汲む研究者が当惑し、批判した点にこそ、中田の内的な一貫性、その思想的体系を解明する緒が在るように思われる。次節以下では、その想定を検証したい。

第一節　私有の基底性――中田薫の初心

中田薫の法制史研究は、相続法を中心とする親族法史と庄園制を中心とする土地制度史とに大きく分かたれる。

(1)　土地共有と自治――内田銀蔵の土地制度史研究

土地制度史の領分では、班田収授法（土地公有・田地均分）と大化前代（土地私有・田地兼併）との対概念を基盤として、時々の政策の善悪を論ずる、半ば歴史学的で半ば政治的な言説空間が近世から在った（村山 一九七八）。明治に入っても、横井時冬は、初の土地制度史の通史たる自著・『大日本不動産法沿革史』（横井 一八八八）の中で、過去の土地政策を啻に理解するのみならず、その得失をも論評している。[9]

明治三〇年代後半に入ると、文学部系の国史学研究に西洋史学派（西洋史の研究者ではなく日本史学の一派である）が現れ、ダーウィン・マルサス流の社会進化論を社会法則として奉じ、人口膨圧の上昇がもたらすべき国際的生存競争の激化に対応すべく、国内に於ける国民統合の強化を主張した。国内に於ける社会問題の解決（社会政策）[10]を通じた国民の再統合、及び国際競争場裡での国家の生存に国民の眼を向かせ且つは為政者の参考資料と為すべく、西洋史学派は自国自民族の過去の中に、国民統合や国家の生存の為に役立ちそうな事例を発掘して世に広めた（山口 二〇一六）。[11]

その様な中、西洋史学派に属する経済史学者・内田銀蔵は、大学院卒業論文の一部として、「我國中古の班田収授法及近時まで本邦中所々に存在せし田地定期割替の慣行に就きて」と題する論文を提出し（内田［一八九八b］一九二一a）、更に『國家學會雜誌』上に、沖縄の割地慣行を論じた「沖縄縣の土地制度」（内田［一八九八c］一九二一b）を載せた。これ等は、「土地制度に關する問題は特に盛に論議せられ、現存狀態に伴隨する弊害を極言し、之に對し種々なる企圖と法按とを唱道するもの少なしとせ」ざる状況に鑑み、「種々なる土地制度の實際の効果如何を充分に取調べ參考の資に供」し、就中、「共産割替の慣習」を「個人永世私有の所為と比較して如何なる利弊あるか」を明らめんが為に成された（内田［一八九八c］一九二一b：一七四～一七五）、実に西洋史学派らしい意図を持った研究であった[12]。

内田は、先ず、日本律令の定める班田収授制と、その母法たる中国の均田制とを比較して、中国諸王朝の均田制は、「勞働力に應じ、及租税の負擔に對應して田を給する」、「生産力の多寡に比例」する土地配分であったが、それを継承した日本の班田収授制には幼老への班給が規定されるなど、「專ら各戸生活の必要に應じて田を班給する」制度であった事を明らかにし、更にその様な日本班田収授制の生活給養的特質は、律令継受以前から日本社会で一般に行われた耕地「共有の仕組」を取り込んだ結果であろうと推測した（内田［一八九八b］一九二一a：一二一～一二四）。そして、大化前代より社会に自生した土地共有の慣行は、割替主体たる村民が系譜意識を共有し、同じ氏神を信仰するなど、「村民間の情誼厚き」場合には成立し且つ存続し得るけれども、「國家の制度（律令班田収授制）として官司之が慣行の任に當」るや、煩瑣な手続と、それにも拘らず防ぎ得ぬ不正受給との故に、「遂に好果を收むる能はずして、壞廢に歸」してしまった、と述べた（内田［一八九八b］一九二一a：一七五）。

次に内田は、上記の「班田類似慣行大化前代先行説」（村山 一九七八：二二一～二二五）を補強すべく、江戸から明治に掛けて幾つかの地方で行われた土地割替制度を研究した。割替慣行と国家主体の班田収授制との関係を否定した後、田を新たに拓いた場合（新開）に、「人爲の施設を俟たず、耕地につき自然に極めて完全なる村民共産の仕組（定期割地慣行）發展し、而して定期に班田を行ひ村民各戸に平等に耕地を配分すること、能く久しく行はれ」た事例がある事から、内田は左の如く結論する。

今此近世の時期に、村は必ずしも同一氏族の團結ならず、土地の個々私有は普通當然の事と認められたる時に於て、尚ほ且つ或る新開地には、此の種の慣行自然に新に發生することを得たりとせば、上古の世、村が通常同一血族若くは同一部民の團結にして、氏若くは部全體の利害が特に重んぜられたる時に當りては、共産及定期班給の慣行は必らず〔ママ〕しも人爲の施設を俟たず、自然に頗る容易に起り得たること殆ど疑を容れずとす（内田［一八九八b］一九二一a：二五七）。

土地割替の究極因が自然発生的な情誼でしかないとすれば、そこから抽出さるべき社会政策的教訓は、政府が直接に手を下して土地を分配するよりも寧ろ、民間社会の情誼の涵養を通じて土地が自然に再分配される様に図るべきだ、と云う事である。実際に内田は、沖縄に対しては「舊慣に基づきて制度を立て、固有の弊風は之を改むるとも、共産割替の主義と精神は之を保存し急激なる改革を避くべしとの論に同情を表」し（内田［一九〇〇］一九二一b：一九九）[13]、社会問題の解決には、「一般の人々が「思ひやり」卽ち同情に富むと云ふ〔ママ〕こと愛情といふものを持て冷酷でない、自分勝手ばかり考へないで他の爲に進んで盡してやるといふやうな氣風を存する事」が「必要」だと主張したのであった（内田［一九一〇］一九二一b：五九五）。

内田の後には、京都帝大に於けるその同僚にして矢張り西洋史学派でもあった法制史学者・三浦周行に依る、班田収授の社会政策的な側面を強調した研究（村山 一九七八：三六〜三九）や、牧野信之助の土地割替慣行の研究等が続いた。しかし、内田の弟子であった牧野にしてからが、土地割替は近世の産物であり、「土地の上の不公平を免れしめ以て徴税の便宜に供したるもの」に過ぎず、「上代耕地共有制原因説に至つては各地の慣行に之を徴し其性質系統を研究する時は明白に誤解なるを知る」、と主張していた位であるから（牧野［一九一二］一九二八：二三二、二六四）、土地割替は条件が合いさえすれば何度でも復活する様な自生的秩序[14]である、と云う内田の見解の成立如何は、学界では長く論議が続く事となった（村山　一九七八：三九～四一）。他方、学界外論壇に於いては、同時代の自治や共産制への関心の昂揚と相俟って、内田の主張は政治的にして歴史学的な議題《アジェンダ》の一部に組み込まれていった[15]。

(2)　土地私有と自治——中田薫の土地制度史研究

最初期に属する論文、「越後國割地制度」（中田［一九〇四］一九三八a）、「日本庄園の系統」（中田［一九〇六a］一九三八a）、並びに「王朝時代の庄園に關する研究」（中田［一九〇六b］一九三八a）に於いて、中田も亦た、国家生存の条件や社会問題解決の参考資料を過去に探った。後年の論文とは異なり、この時期の中田の論文は、政策の利害得失を明示的に論評していて、例えば大化改新は「其前代に於ける土地兼併の恐るべき害悪より生じたる當時の社會問題」への応対である（中田［一九〇六a］一九三八a：四一、傍点は筆者に依る）、と云う様に同時代的関心が隠れない。しかし、中田は、内田と同じく社会問題解決に果たす自治の役割は、これを重視しつつも、土地公有については内田と評価を異にする事となる。

労働価値説——中田薫の土地割替慣行研究　「割地が學界の共同のテーマとして多くの研究者を登場

せしめるに至つたのは、直接には明治三十七年國家學會雜誌十八巻二〇五、六號に發表せられた中田薫博士の『越後國割地制度』であつた」（古島 一九四一：六四七）。しかし、中田は内田と異なり、土地割替慣行そのものよりも寧ろ「同一の村地内に於て其一部（而して大部分の地）には嚴格なる共同主義が行はれ、他の一部には自由なる個人主義が行はれ、極端と極端とが兩々相對峙して到る所に存在するの事實」に注目した（中田［一九〇四］一九三八ａ：六一六）。そして、その様な土地二分の原因を、中田は、「共同開墾の共有を生じ單獨開墾は私有を生」ずる、と云う「因果の理法」に求めた。個人単独の労働力投下が個人所有地を、共同の労働力投下が土地割替の対象となる共有地を生むのであって、地割制を以て太古村有の共産制の遺物とし、又は班田の遺制なりとするが如き論は、全然排斥」されねばならない。抑も中田にとっては、単独開墾の結果たる私有地を割地（共有地）に変える事、「利己心」の結果たる私有地を「公正なる觀念の前に、自らを犧牲に」する事は、人間の本性より推し在り得べからざる「非常の事」なのである（中田［一九〇四］一九三八ａ：六一七〜六一八）[16]。

しかも、割地に因って家族毎に配分された土地の内部に於いては、家属個々人の「經濟能力」の優劣に応じて、実質的には能力の高い個人へ土地が集中する傾向がある。その様にして生ずる格差は「條理ある個人主義」であり、その帰結としての割地慣行の空洞化を何れは法も承認せざるを得ない、と中田は考えた。そして、この「條理ある個人主義」を、中田が、人間の自然状態であり、且つは同時代の学者が参考とすべき「自然的平等」であると考えた事は、左の引用文に明らかである。

土地分配の標準は、經濟上に於ける各個人の能力なり。各個人の經濟的能力の大小は、即ち其持分に對する權利能力の大小なり。權利能力と經濟能力とは、此に始めて適當なる調和を得たり。古來の人爲的平等は、此變革に依て自然的平等に變じたり。是豈有益なる經濟上の教訓として、學者の當に記憶すべき事實に非る乎（中田［一九〇四］一九三八ａ：六二五）。

要するに、中田は、その土地割替慣行研究を通じて、労働による価値創造を理由として私的所有の正当性を結論する労働価値説の妥当性を、歴史的に跡付けたのである。

自生的秩序――中田薫の庄園制研究　尤も、「富の分配が頗る不平均になつたにより起つた」所の「社會問題」への処方箋が「學者」に求められている状況は変わらない以上（内田［一九一四］一九二一ｂ：六九一）、労働価値説を奉ずる中田は、共産共有以外の実用的な歴史、即ち、私有を前提としながらも社会がそこそこの調和を保ち得た様な歴史を提示する必要があった。この課題への解答が、「日本庄園の系統」及び「王朝時代の庄園に關する研究」であり、そこで中田は、以下に述べる様に、班田収授制崩壊の後に現れた庄園制を、問題解決の参考たるべき自生的秩序として提示している。

論文「日本庄園の系統」は、先ず中国の古代王朝の土地政策に言及する。そこでは原始的な村落共産の早期崩壊と土地私有の進展とに因って、「土地私有制發達の初期に於て多くの國民が度々實驗したる土地兼併の弊」が生じたが、この「社會問題」に応うるに、漢魏は自由放任主義政策を以てし、北魏隋唐は均田制を以てした。しかし、土地公有主義政策は政府の努力にも拘らず、「土地の自由取得を渇望する一般の經濟的趨勢」に抗し得ず、「遂に之を如何ともするに途な」くして破綻する。そして、均田制の様な土地公有主義が失敗する原因と、それが国家に及ぼすべき悪影響とに就いて、中田は、左の如く述べる。

凡そ個人の經濟上に於ける各般の活動は、皆其根源を個人の利己心（自己の需要を滿足せしめんが爲めに外界を支配せんとする意思）に發せざるものなし。而して此利己心なるものは、自己の經營に係はる一切の結果を擧げて、自己自から絶對に取得し、及びこれを處分するの自由を得るに至て、始めて圓滿なる滿足を見るものなるが故に、所有權の公認と取得自由の公認とは、個人經濟的活動の二大要件を成すものにして、其根底は深く人の性情に存するものと云はざる可らず。是を以て見れば土地の所有權を殆んど否認し、取得自由を極度に束縛する均田法や班田法の如きは、人の性情に戻り、經濟上の進歩發達を阻害すること甚しきものなること論を俟たず。……蓋し國力の充實は國民の經濟的發達に俟つ所多く、而して國民經濟の發展は個人の經濟上に於ける自由競爭を認容するにあらずんば、其充分なる效果を收むること能はずとせば、極めて個人の經濟的活動を束縛することの大なる共產制の如きは、全然富國強兵なる實力主義と相容れざるものと云ふべきなり（中田［一九〇六a］一九三八a：一二一〜一二二、四六）。

要するに、中田は「古代律令国家による私有制への干渉を否定的にみてい」た（古澤 一九九六：一三〇）。

さて、右の引用文中「富國強兵なる實力主義」は、中国古代の戦国時代に於ける国家の採るべき政策に就いての言である。この頃の中田が、同時代の社会政策学者や西洋史学派の様に同時代の世界を帝国主義の競争角逐と観ていたかどうか、は確証し得ない。しかし、「富國強兵」の教科書として読まれたマキャヴェッリに在学中から親しんでいたらしい事、[17] 及び、現実主義への愛着が中田の外の文章からも一貫して窺われる事、[18] ならびに、後に大学当局により「国家主義運動」団体に分類された、学生団体「國防研究會」を指導していた事（今野 二〇一八：三三四～三三五）、等から、本章は、「日本庄園の系統」執筆時の中田も、同時代の日本には「富國強兵なる實力主義」が必要であると考えていた、と判断する。重要な事は、「富國強兵」達成の為には「利己心」の現れとしての私的所有権の公認を中田が求めているのみならず、その所有権が「處分」権能を中心とする、排他的且つ「絶對」的なものとして概念されている事である。

人間本来の性情に悖った当然の結果として班田収授制が崩壊した後には、大土地所有者による国家分割、即ち庄園制が成立した。[19]「甚しく其威信を損じ、権力を失墜したる」国家の保護を受けられなくなった小規模土地所有者は、寄進（これを中田は職権留保付領主権寄進契約と構成する）に因って、受寄者から「對物保護（Reale Protektion）」（「法律上に於ける〔庄民に属する〕物の生存を保衛する」、「権力に基づく庇護」）を得た。

対物保護が弱小所有者に対する「政治的」保護であるが、庄園内部では、無資力者（浪人）に対する「對人保護（Personelle Protektion）」、即ち、「無資力者が自己の經濟上に於ける生存を保全せんが爲めに、資産家より財力に基づく援助を求めんとする經濟的保護」も同時に行われていた。具体的には、庄園の所有者が、「其土地に對して奴婢耕作法や、其他の大仕掛の直接耕作法を施すことなく、或はこれを自家の家人従者に恩給し、或は百姓に貸與し」た事を指す（中田［一九〇六b］一九三八a：二七四）。庄園所有者は、土地を「間接に收益するに止まりし爲め、土地の所有權は一部少数者の手に歸屬したれども、其用益は自ら多數者の手に分配され、土地兼併の弊害は、これが爲めに著しく緩和さる、ことを得」、その結果、「貧富の懸隔」から生ずべき「社會的大革命の慘禍」から免れ得たのである（中田［一九〇六b］一九三八a：二七四）。だから、無能無策にして有害なる事「猛虎」の如き国家が、庄園に於ける私的保護関係を「目して奸猾なりと云ひ、詐譌なりと云ふに至つては、其誣言も亦甚しと云ふべ」きだ、と中田は痛憤した（中田［一九〇六b］一九三八a：二七三～二七七）[20]。

ここ迄検討してきた中田の初期の研究からは、（ア）国家生存の条件として人間の本質的利己心の法的表現として所有権を重視し、（イ）格差問題の解決は社会の自生的秩序（自治）に任せるべし、との中田の実践的政治信条が窺われ得る[21]。そして、その信条の経験的妥当性は、これを自らの研究が担うと云う仕組みであった。

しかし、中田の理解する所の、庄園制に依る格差調整は、「當時の富豪」が、「巨大の土地を自己の手裡に收めたりとは云へ、これより生ずる總ての利益を、己れ獨り壟斷」せず、何故か利益の「一部を他に分配することを吝ま」なかったが故に可能になった物であって、要するに、富豪の「恩惠」頼みの仕組みである（中田［一九〇六b］一九三八a：二七五）。そこで、もう少し確実な基盤はないものか、と云うのは、以後の、特に留学以降の中田の課題となった。

次の第二節では、留学以後の中田の研究を検討する。予め要約すれば、留学以降の中田は、留学前から定まっていた筋に従って、（ア）私的所有権の研究に於ては、留学を通じて獲得した自由法説と、ゲルマン的所有権概念とを利用して、私的所有権の日本史に於ける普遍的存在証明を推し進め、（イ）古代・中世庄園制に続く自生的秩序として近世村落を法的に構成する傍ら、新たに、（ウ）自生的秩序の究極的根拠としての家族制度を見出し、これが保全にも力を注いだ。

第二節　私有権の常在——自由法説による班田制の改釈

自由法説とは、法の無欠缺を主張し法解釈を立法者意思の探究に局限する旧来の法解釈学に反対し、裁判官の自由な法発見に依る欠缺補充の必要性を説く、エールリッヒ、サレイユ、ジェニイ等が主唱した所の学説である（中田「佛蘭西に於ける自由法説」［一九一三］一九六四：二四三）。中田は自由法説に留学中に触れ、帰国後、これを大いに喧伝した[22]。

中田に依れば、自由法説は、「裁判官の自由な法発見」とは、裁判官の単なる主観的良心の発露（appréciation subjective）に依るのではなく、「科學」的な客観的正義（justice objective）に依るべきである、と主張し、その為に「各種の社會現象を研究し以て、法の本來の目的に、適應したる法則を、一發見適用すべし」、と主張する学説である（中田［一九一三］一九六四：二九二）。尤も、裁判官が「一人にして、總ての科學者たらんことは、……事實不可能」である。そこで、「裁判官以外に、社會諸學科を研究して、以て法律解釋適用の資料となし、裁判官を指導し、その任務を補助するもの」としての「法學」の存在が、「就中法制史法理哲學比較法學、立法政策學」の発展が求められる。特に「成法と社會との生存競爭」の趨勢を正しく見定め、裁判官の判断の基準となる規範を探し出し、以て裁判実務に裨益する法制史学の任務は重大である（中田［一九一三］一九六四：二九三～二九四）。斯かる自由法説の主張は、その初発から国家経営の参考たるべく法制史を研究して来た中田には、自らの法制史研究の社会的意義を明確に与えてくれる、心強いものと感じられたに相違無い。

しかし、自由法説が中田に与えた影響はそれだけに止まらなかった。自由法説は、法規ではなく、法曹・法実務を中心とする法の観察を中田に教えた。都合の良い事には、中田の観た所、前近代日本では自由法説が主流であった。「我が固有の法律は、これ卽ち自由法」であったが、「維新の専制と、外國法繼受の餘弊を受けて、一度は絶滅の厄運に陥」った、しかし、「今日に於ける自由法説の主張」に伴い「再生」するであろう、と中田は言うのである（中田［一九一三］一九六四：二九五～二九七）。

重要な事は、中田が、前近代日本法の解釈が自由法説に依っていたと云う理解から、前近代日本法制史の本筋は、法の文面よりも寧ろ時々の法曹に依る自由法説的な法実践の中にこそ見出されねばならない、と云う帰結を導き、且つ、それを自らの法制史研究に於いて実践した事である。それでは自由法説的な法実践が何処に見出されるであろうか。中田の答は、ドイツ歴史法学仕込みの彼らしく、過去の日本人の言葉の中に在る、と云うものだった。その議論の筋は粗々以下の通りである。

班田収授制の下では土地の処分は強く制限されていたから、当時は土地公有主義が行われていた、と見るのは無理もない。自分（中田）も以前（中田「日本庄園の系統」の執筆時）はその様に考えていた。しかし、「其當時の法律家及一般民衆が、私人の手に存する大多数の土地を、公有と見て居たか將た私有と考へて居たかと云ふ、其當時の法律確信に照らして、判斷」するならば（中田［一九二八］一九三八a：一～二）、今日と同様の所有権が確かに概念されていた事が判る。と云うのも、当時の人々は、自由に処分し得る動産の持主にも、処分の著しく制限された不動産の持主にも、何れも「主」と云う言葉を用いているからだ[23]。故に、律令制下にあっても、土地に対する私人の所有権は外部から大きく制限されていたけれども、所有権が抑も概念されていなかった訳ではない[24]。

同様に、近世の土地も処分権能が著しく制限されている場合があり、今日の所有権の観念からすると、江戸時代には私的所有権がなかった、と結論されるかも知れない。しかし、「徳川時代の法源及法律確信」に着目するならば、処分に制限の無い動産を持っている場合に用いられる「持」と云う言葉が、処分の制限された土地を持っている場合にも使われている。だから、現象としては兎も角も、概念としては今日同様の所有権が私人の所有地に対しても認められていたのである。つまり「此時代には或種の土地は、其讓渡に關して種々の制限を受けたれども、尚私人の所有地たるに妨げな」く（中田［一九一九a］一九三八a：四九四）、処分の制限は、「全く外部から課せられた法令の制限であつて、田畑所持權の本質（＝所有権）に内在しそれより發生する絶對的制限でない」（中田［一九三九］一九四三：四八七）。

更に処分が制限されていた朱印寺社領に就いても同様に寺社の所有権が概念されていた、と中田は言う。すなわち、今日でも華族の世襲財産の処分は華族世襲財産法に依り大いに制限されているが、「これが爲めに世襲財産及びその附屬物に對する華族の所有權は、その本質に於て普通一般の平民的所有權と異なつた、身分法的封建的特種の所有權であると論斷する法律家は一人も無いであらう。德川時代に於ける寺財處分の制限がその所持權の本質と關係なきこと亦同一である」（中田［一九三九］一九四三：四八六）[25]。

斯かる見解に対しては、処分権能は所有権概念の要素であって、これを欠く所有権は概念不能である、との反論が予想される。しかし、その様な反論は成り立たない、と中田は言う。抑も、近代所有権の雛型を提供した「羅馬法の所有權すらも、しかく圓滿無制限のものでは無かつた」し（中田［一九二八］一九三八ａ：一五）、「German 法系ノ所有權」に至っては、「伸縮自在なる彈力性を有」しており（中田［一九二八］一九三八ａ：一七）、「經濟的ノ需要ニ應シテ種々ノ階級若シクハ種類ニ分立スルコト可能ナ具體的ナ權利概念デアッタ、卽チ永久的所有權ノ傍ニ期限付、條件付所有權ガアリ、自由所有權ノ傍ニ負擔付ノ所有權カアリ、處分可能ノ所有權ノ傍ニ處分不可能ノ所有權カアルカ如キ之テアル」（中田講述 一九二八：一九一〜一九二、同旨：中田［一九一八］一九二六ａ：二二八）。よって歴史的に見れば、「讓渡（処分）の自由は所有權概念の常素なれども、之に缺く可らざるの要素」ではない（中田［一九一九ａ］一九三八ａ：五二二）。畢竟、所有権とは、「無制限であり能ふ」ものであれば充分である（中田［一九二八］一九三八ａ：一八、傍点ママ）。

（補）中田薫と社会法学者とのゲルマン的所有権概念理解をめぐる異同

中田と社会法学者とは、同じゲルマン的所有権概念を継受しながら、その内容に異同がある。制限のある場合でも、制限付きの場合でも、均しく《所有権》と呼ぶ、と云うゲルマン社会像は彼等の共通して認識する所であったが、その解釈が異なるのである。その様な現象を目にした中田は、今日とは全く異なるかに見える「ゲルマン法」的所有権の背後にも、排他的且つ絶対的な目的物の支配と云う、今日同様の所有権イメージがあり、それこそが本質なのだ、と解釈した。完全円満な所有権概念の実現を阻む物は、外部的な制約に過ぎない。斯くして、完全な所有権の実現こそが国家社会には欠かせないと信ずる中田は、識ってか識らずか、ゲルマン的所有権概念の核心にも、自らの重んずる所の完全なる所有権イメージを見出す。

これに反し、石田文次郎や戒能通孝等の社会法学者は、「ゲルマン法」的所有権の「本質は實に「利用」に在る」、と解釈した。例えば石田は、「土地所有權の本質を利用に置くことによつて、ゲルマン法の土地所有權が常に事實關係を基礎とし、所有と占有との區別なく、ローマ法の所有權の如き排他性もなく、又他物權との區別もなく、且所有權自身に内在的の制限を包藏し、土地所有が土地財産たると同時に土地支配の二重性を有してゐた總ての理由が明になると思はれる」と言う（石田 一九二七：一七九～一八〇）。彼等の考えるゲルマン社会では、所有権と云う言葉が使われる場合、完全円満なる所有権が指向される事は無く、寧ろ制限付き所有権が本質である。この様な解釈の背景には、「所有權が如何に外部的の制限を受けるにしても、所有權の社會化の問題には觸れない」（石田 一九二七：六四四）、だから現行の所有権概念を排して用益権を中心に物権法体系を再構築すべきだ、と云う、社会法学者の価値判断が存在すると考えられる。

二つの解釈は、歴史現象の説明としては決定的に誤っている訳ではなかったから、中田と社会法学者との対立は、解釈の背後に在る政治的信条の非妥協的対立、即ち水掛論に終始せざるを得なかった。片や中田が、徳川時代に於ける土地処分の「制限を一概に封建法的身分法と結び付けたり、或はそれを前提として徳川時代の土地所持権は純物権法上の権利ではなく身分法的分子を加味する特種の権利であると論ずる〔戒能通孝の入会研究を指す〕のは、我封建制の特異性（歐洲のそれに對して）も我不動産法の沿革も何れも、充分理解せぬ非歴史的獨斷に過ぎない」と言い（中田［一九三九］一九四三：四八六〜四八七）、片や戒能や平野が、中田は「あらゆる時代に、所有権の存在を拾い集め」る、時代錯誤の「ミスリーヂング」な研究者だと言い、互に相手を非歴史的だと批判しているが、これらの発言は共に正しく、しかし、相手への学問的批判としては共に完全に無意味であった。

第三節　村落と家族と——自主立法する自生的秩序

既述の如く、中田は、古代社会に於ける経済的弱者・生存競争の敗者は、庄園所有者に依り救済されていた、と考えた。しかし、所有者の「恩恵」の由って来たる所は、中田は説いていなかった。この課題の解決には、ゲルマン法学系統の西欧法制史文献の読み込みが役立ったようである。何となれば、そこでは、家族や親族や村落やらの団体内部の人的結合が所有権に（外的）制限を与えていた、と説かれていたからである。

> 羅馬法ノ所有權ハ個人主義的ノ概念デアルノニ反シ German 法ノ所有權ハ組合時《(的カ)》ノ團體的ノ色彩ヲ帶ビテ居ルトコロガ多イ，卽チ家族トカ親族トカ村落トカ云フ樣ナ團體的生活ニ起源シタ種々ノ制限ヲ受ケルコトガ多イ，又後述スル各種ノ共有制ノ如キモ共有者相互間ヲ結ビ付ケテヰルトコロノ人法的（或ハ身分法的）Personnenrechtlich[sic] 關係ニ拘束サレルトイフ點ニ於テ組合的ノ構造ヲ示シテヰル（中田講述 一九二八：一九四）.

所有権の排他性を自生的秩序に依って緩和する途を模索していた中田は、これら「家族トカ親族トカ村落トカ云フ様ナ團體的生活」の発見と保全とに尽力する事となる。

(1)　村落、そしてデモクラシー

「不卽不離」——実在的総合人としての村落　　中田は先ず、中世の団体、即ち庄園[26]の近世に於ける後釜として、近世村落を見出した（以下の本文に登場する、実在的総合人及び総有の概念に就いては、註（6）を参照の事）。

中田に依れば、近世の村落は、「日耳曼獨逸法の Genossenschaft の如き實在的總合人（reale Gesamtperson）である」。尤も、ゲルマン古代の Genossenschaft よりは団体としての一体性が強まっているから、real な村民総体のみが団体である訳ではなくて、村落の法人格が一応は観念されている（中田［一九二〇］一九三八a：九九〇）。但し、そこでの法人格は、「各村民の人格と全然分離獨立し、各村民と兩々相對立するが如き、（「ローマ法」の法人概念の如き）抽象的人格者では無くして、各村民の人格に依て組成され、各村民の人格に依て支持されて居」る。その為に、村は人格を有ち、その権利義務を持つし、各村民も人格を有ち、その權利義務を持つが、その両者の関係が「組織的有機的に相結合して居」て、村落の債務が同時に各村民の債務になったり、村持地を総有と云う形で共同所有する様な関係が成り立つ（中田［一九二〇］一九三八a：九八五）。敢て大雑把に言えば、実在的総合人としての村落に於ては、「ローマ法」的法人に於けるよりも、全体としての村落と各村民との間が、

ヨリ近い。

この様な実在的総合人たる村落では、各村民の利己心は団体によって制限されざるを得ない仕組みが採られていた。村持地の利用を例に取れば、村持地の所有権の内、用益権能は各村民が村落構成員たる限りに於いて有し、村持地の地盤の処分権能は実在的総合人の合意に依らねば成らないから、各村民は己が利己心に基づいて村持地を用益する為には、否応なく村落に留まり、その構成員の総意に依って掣肘されざるを得ない。実在的総合人の内部関係に見られる様な、利己心に基づき個別化に向かう契機と、全体への統合におもむく契機との綜合、単一性と複多性との止揚を、中田は好んで「不即不離」と呼んだ(27)。

しかしながら、明治二一年の町村制は、町村に「ローマ法」的な法人格を与え、実在的総合人の有した「複多性を全然驅除し盡くして、唯其單一性の一面のみを殘留せしめた」（中田［一九二七］一九三八a：一一〇二～一一〇三）。嘗ては総有されていた村持地も、法人たる町村の単独所有物となり、「市町村民ハ使用收益權ヲ有スル」に過ぎなくなった（中田講述 一九二八：二〇八）。

そこで中田は、一旦は消滅した実在的総合人の復活へと動いた。行動の第一は、自ら「徳川時代に於ける村の人格」及び「明治初年に於ける村の人格」を著して「永く忘却されて居た我固有の團體觀を、再び世人の記憶より呼び起こさんとすること」であり（中田［一九二七］一九三八a：一一〇五）、第二は、住民自治の振興――「地方的な事務の処理を当該地方住民の意思に基づいて行われるようにすること」（芝池 一九九四：一五）――を目論んで吉野作造の主唱したデモクラシー運動に棹さす事であった。

地方自治の二本柱の一つである団体自治――「地方的な事務を国から一定の独立性を有する地方団体が自己の意思に基づいて処理すること」（芝池 一九九六：一五）――は、明治二一年町村制の前後を通じて存続していた、と中田は見ていたので（中田［一九二七］一九三八a：一〇九七～一一〇二）、その「地方的な事務」、即ち、「町村が自己の意思を以て專行し得べき……町村固有の事務」を、「我固有の團體觀を……記憶より呼び起こさ」れた住民（「世人」）が処理すれば、実在的総合人の復活に繋がるであろう、と中田は考えた。「私法上の法律関係の形成（いわゆる私的自治（Privatautonomie））だけでなく客観法を形成する要の法源として、統一的なアウトノミー（自主立法権）概念を措定した」、彼のギールケ（齋藤 一九九四：三二）の徒らしく、中田は、町村の自主立法権 Autonomie に賭けた。その消息を、我々は、戦後地方自治法の成立を受けて書かれた中田薫「日本に於ける村落自治制」の一節に窺い得る。

明治二十一年公布の町村制は、その後幾度かの改正を經て最前まで行はれてゐたが、新憲法制定に伴ひ新に制定されたる地方自治法が最近これに代つた。此新法は獨り選擧參與權のみならず、議會の解散、議員長職員の解職、條例規則の制定、及び事務の監査等、重要なる四種の直接請求權を村民に附與した。その結果村民の村自治に對する參與の範圍は、從前に比して飛躍的に擴大され、村民の總意が村政の上に反映さるゝ度合は躍進的に強化された。從て今後村と村民との利害關係は從前よりも一層緊密となり、両者の交渉は一層親密となるであらう。もしも將來に於て此種の參政權が益々增殖し、例へば右直接請求權行使に關する村内小部落單位の選擧民總會（舊時の町内會の如き）を設置するが如き新制度が實施され、村と村民との政治的法律的關係が層一層緊密の度を加へて已まなかつたならば、その結果はどうなるであらう。單一體たる村と複多體たる村民とは、獨り政治面に於てのみならず法律面に於ても、二にして一、一にして二と云ふ不卽不離の不可分的關係にまで發展するであらう。これこそは德川時代以來明治二十年まで數百年間存續した複多的單一體としての村制への、事實的復歸ではあるまいか、非か（中田［一九四八］一九四九：一四～一五）。

自主立法に依る実在的総合人の復活　明治二一年町村制の如き「非歴史的立法」（中田［一九二七］一九三八a：一一〇五）に対抗し得る自主立法への冀求は、又、中田をして吉野作造のデモクラシー論の後を押さしめた。

中田の東京帝大に於ける同僚・吉野作造が主導したデモクラシー（民本主義）論は、議会制民主主義を打倒してプロレタリアート独裁政権の樹立を目論む急進的な社会主義者と、これ以上の議会勢力の進展を好まない保守主義者とに対抗し、主権の変更を論ぜずに、主権の行使に於ける民衆の政治参加の増大、具体的には普通選挙制と政党内閣制との確立を企図する議論である（苅部 二〇一六）。『中央公論』に載った中田の「デモクラシーと我歴史」（中田 一九一九b）は、吉野の議論を法制史の立場から補強する論文であった。論の冒頭、中田は、吉野の所謂る民主主義を「法律的デモクラシー」と、同じく民本主義を「政治的デモクラシー」と言い換えている。「何となれば所謂民本主義は一般民衆の安寧幸福を目的とする政治の謂で、必ずしも此目的を達するが爲めに民衆をして政治に參與せしむることを要するものでは無いからである」。斯くて、吉野の「済し崩し的な解釈改憲には歯止めを掛け」つつ（今野 二〇一八：二〇五）、上杉愼吉が主張する様な「仁政主義」としての「民本主義」と訣別した上で、「政治的デモクラシー」は、「公議輿論の力に依て遂行された王政復古の大事業に伴つて自發的に發達し來つた維新史の副産物」であって、単に「維新後に於いて歐米から輸入し移植した新思想」ではなく、「五個條御誓文以後に於ける輿論政治の發展は、一歩は一歩と民衆を政治に參與せしめ、民意を政治の要素となすことに向かつて進み來たつたもので、而かも常に五個條御誓文の趣旨を擴充し敷衍し來たものに外なら」ず、「此意味に於て所謂民主主義（政治的）は五個條御誓文に依て公認された我日本帝國の國是である」、と中田は結論する（中田 一九一九b：二三～二八）[28]。

国民の政治参加の拡大は、「不卽不離の不可分的關係」の国家規模での実現を将来すると考え、且つその運動が「自發的に發達し來つた」、歴史主義的正当性を有するものであったと理解し得るならば、参政権拡大運動としての大正デモクラシーに対する中田の好意は蓋し当然であったと言えよう。

(2)　非法律関係としての家族制度

「倫理道徳を基礎とする親族協同體」　所有権の排他性を調整する自生的秩序の第二は、これを中田は家族制度（家制度）に求めた。

一九一二（明治四五）年の「古法制三題考」から[29]戦後の民法改正に際して書かれた「わが家族制度の沿革」、「民法改正と家族制度」に至る迄、中田は一貫して、日本の伝統的家族制度の内部関係を

「権利義務を中心とせずして、倫理道徳を基礎とする親族協同體たること」に求め（中田 一九四六：一二）、「「家」の存在が、基本的に倫理、道徳的なものであって法的なものではなく、権力的なものではなく保護関係であり、ローマ的 Potestas ではなくしてゲルマン的 Mundium であった」と主張した（井ヶ田 一九八一a：四〇）。

中田に依れば、抑も伝統的家族制度は、「祖名相續」から転じた「家名相續」、即ち、家督の代々の相続に依って「家自身の生命を永遠に存續せしむること」を目的とする。従って、その相続法も、家名相続法（家名維持の為にする相続人の選立順位の定め。嫡子単独相続を原則とする）を主とし、遺産相続法（家名維持の為にする増加分を家督に与えると云う諸子異分主義に依る（中田［一九二五］一九二六a：五五））は従であった（二元的相続法（中田［一九一八］一九二六、［一九三三］一九四三、一九四六））。斯かる二元的相続法は、近世の武士階級の慣習に於いては一元化され、明治民法に継承されたが、それは、中田に依れば、例外的事象を一般化した「非歴史的立法」である（中田 一九四六：一二）。

家名相続を主目的とする家の内部関係、即ち、家の代表者たる家長（家督）と家属（族人）との関係[30]は、「法律的なるよりも寧ろ倫理的・道徳的なるもの」（中田［一九一八］一九二六a：二五九、傍点ママ）、権利義務関係に非ずして、「保護（扶持扶助）」「與力」「扶助」を本質とする所の倫理道徳関係である（中田 一九四六）、と云うのが中田の一貫した主張である。「律令制定前から存在していた我固有の家族制は、（唐令の規定する）共産制とは對蹠的な家父専有制であ」り（中田 一九四七a：二、同旨：中田［一九二六b］一九四三：一三五一）[31]、その財産を以て家長は家を維持・代表し、又、「父祖に代て族人に保護を加ふるの倫理的義務」を果たし（中田［一九二五］一九二六a：二七二）、「寄邊なき己れの親族に對して、祖先に代つて飽くまで保護を加へてやらねばなら」ない（中田 一九四六：六）。「反對に族人は、父祖に示したると同一の尊敬と從順とを」家督に「表明するの責務を負」う（中田［一九二五］一九二六a：二七三）。斯かる「家庭内に於ける倫理の維持」に対し、前近代の日本政府は重大な関心を抱いたが、家族内を権利義務関係で以て直接に規律するよりも、寧ろ、「家名相續法、養子法、遺産相續法等に依て、充分の保護」を与えて家族団体を外護する途を撰んだ（中田 一九四七b：三）。従って、明治民法が「家族居住の指定、婚姻の承諾、離籍の言渡し等三、四の軽微なる権利を掲げて、これを戸主権と名づけ、戸主権と戸主の財産権との相続を称して、家督相続という、前古無類の新制度」は（中田［一九一四］一九八四：一九七）、「反歴史的な制度であると非難」されねばならない（中田 一九四六：一二）。他方、家族内倫理維持への配慮を欠いた戦後の民法改正案に対しては、中田は、「家族生活を軽々に法律の埒外に放置し去らんとする」物であると批判し（中田 一九四六：一二）、「「氏」を手がかりとして民法中に「家」類似要素を護持しようとした」牧野英一（和田 二〇一〇：四四）を通じて臨時法制調査会に働き掛けている（中田 一九四七b：二）[32]。

しかし、中田の家族制度論は、戦友の牧野とは、重要な点で相違していた：両者共に、取引的契約関係を家族から排せんとし、相互扶助を主とする家族倫理を法と並ぶ社会秩序の根幹として位置付け（牧野［一九二四］一九二六：一五七）、戦後民法改正に際しては、戸主権・家督相続の規定を削除した上で家族制度を「二十世紀らしく再構成」すべき事を主張した点では揆を一にするが（牧野［一九四七］一九四九：一〇二）、牧野の想定する家族倫理の効力範囲が直系血族であるのに対し、中田の想定する家族倫理の効力範囲は共同生活する同居親族であったのである。両者の相違は、牧野と中田との共通の論敵であった我妻栄（民法改正案の起案者でもある）が夙に指摘する所であるが（我妻 一九五一：一九三～一九四）、確かに中田自身も、「此倫理道徳は單に彼我の間に於ける血族關係の認識のみよりは發生し得ない。親族が家を同ふし食を共にし互に苦樂を相分つと云ふ協同的生活の裡からのみ發生し得るのである」と言っていた（中田 一九四六：一二）。

　中田自身は明言はしなかったが、共同生活を送る内に、所有者（家長）が自己の所有物に対する排他的専有を緩和して無所有者（族人）に対して恩恵的な扶助を為す、と云う中田の理解した家族制度の構造は、中田が好意的に評価した他の自生的秩序にも通底している。庄園制に於ては、農業経営を共同で行う内に土地所有者（庄園所有者）が直接耕作者（作人）に用益権を「恩恵」的に割き与え、割地慣行は共同開墾が生み、総有を行う村落自治制の存立は「村民各自に共通たる利害問題」（中田［一九四八］一九四九：八）の存在に因った。中田は、家族内で培われた「自然的家庭倫理」こそ全ての社会倫理の源、「同胞愛・祖國愛・人類愛にまで發展して行く所の、人倫大本の温床」に外ならない（中田 一九四六：一二）、と主張したが[33]、中田所謂る「倫理」には、思想としての倫理のみならず、思想に対応した、特定の内部構造を有つ団体をも含まれていた様である。

新民法への抵抗　牧野を通じた家族制度存置運動は失敗に終わり、戸主権と家督相続のみならず団体としての家そのものが法律の世界から姿を消した。しかし、中田は絶望するどころか、「戸主權と家督相續」との廃止が、「一時傳統的家制を歪曲した不純分子を一擧に拂拭して、それ（家族制度）を純粋無垢の本然の姿に立戻らしめた」この機を捉えて、「自主的立法權」Autonomie を行使し、伝統的家族制度を法的に再建すべし、と提言した。中田の考案に係る自主的立法の段取りは左の通り。

今後に於ても、養子の自由を利用することによつて、家名相續を目的とする養子ができる。昔ながらの婿養子も改姓の自由を利用することによつて事實上可能である。遺言の自由を利用することによつて家名相續人に家名維持の爲めに他子よりも倍額又はそれ以上の遺産を留保せしむることが可能である。更に又彼に對して系譜祭具墓所を附託することによつて〔民八九七Ⅰ但〕一族の正統たる位置を象徴せしむることができる。かくして我傳統的家の倫理的目的は完全に達成され、經濟的基礎は必要の程度まで強化され得る。唯缺くる所は戸主權の繼承のみであるが、それはわが固有の家の構成要素でなかつたことは既説の如くである。かく論じて見ると立法者が全然法の埓外に驅逐したと信じたわが傳統的家族制度は、改正法の下に於ても依然法の保護を受け法に依つて維持さるゝ所の法律上の家であると云ふことができる。……今やわが國人は前記の養子、改姓、遺言の三自由を十二分に活用して以て、法の表面からは消え去つた所の傳統的家を維持する爲めの相續法を、法の外に於てしかし法の手段に依つて確立する自主的立法權を回復しなければならぬ。これは又法律の干渉程度が少いだけ、それだけ大きかつたわが傳統的家の自治の回復をも意味する（中田　一九四七b：四、傍点ママ）。

自主立法による家族制度の再建を目論む中田に対し、我妻は、「私としては、わが國の人々の多くが、博士の警告を信奉してこれ等の制度をもつて傳統的な家を維持する手段とすることがあつては、甚だ遺憾」だ、と述べた（我妻 一九五一：一八三）。この中田と我妻との対立は、独り家族制度についての対立たるに止まらず、国家内部の諸団体の有する自主立法権についての、国制（憲法）の根本についての争いでもあった。両者ともに鞏固な歴史主義者であったが、中田が、家や村落等の自生的秩序を「國法又は領法によつて外部より……附與されたものでもな」い自主立法権の妥当範囲として括り出し（中田［一九四八］一九四九：三）、その保全を図るのに対し、我妻は、近代の「多くの文明諸國においては、家庭の内部秩序は、家長の法律的な權威と親族團體の自治的な權威から離れ、國家の特殊な制度によつて、維持されるようにな」りゆくべきものであって、以前は自主的立法権を行使した様な団体も、「人情と道義に從つて」考案された、国家による「内部の規律」を受けるべきだ、と信じていたからである（我妻 一九五一：二七九）。

＊　＊

中田は晩年、古代から近世に至る前近代日本法の法源論の通史・「古法雜觀」を著した。そこでは、支配者に依る制定法に、やがて民衆の確信を代表する判例法、慣習法が法源として加わり、後には並立するに至った、自由法説に沿った「進歩」（法源拡大）過程が描かれている。これは中田には喜ばしい歴史であろう。

しかし、他方で中田は、「過去の人は此法の主觀的作用たる「自分の私法」を、權利概念に構成するには餘りにも無力であつた。それは我古法が支配者の利益擁護を目的として人民に課せられた「支配者法」で、自己の自由を確保することを目的として、人の中より生れ出でた「人民法」ではなかつたからである」とも言っており（中田［一九五二］一九六四：六五）、そうであるならば自主的立法権の行使に由る自生的秩序の再建などは無理だろう。これを中田が悲観したか、楽観したか、今の私には判じ難い。

おわりに

近代日本法制史には、立法的静観論（gesetzgeberischer Quietismus）の大きな流れがあるが（小山一九五八：二一二）、私有権と自主立法権を持つ自生的秩序との尊重に依って特徴付けられる中田の言説も、立法的静観論の一つとして位置付けられよう。立法的静観論は、強制秩序たる法（西洋法）に対置された倫理道徳を社会秩序の基底に見、非西洋的な在り方を示す家や村落を倫理道徳の容器と見做して法の外に保全し、法治国家の次に来たるべき道徳国家の種子にしようとする思想であり、井上毅や谷干城は無論の事、国家の「共有」なる像から参政権を導き、所有領域内への国家の干渉を厭うて自治と自由とを求めた、自由党系の政治家・思想家達（高島二〇一四、真辺二〇一五）も、その流れを汲むと言えるのではないか。

伝統的な家や村落は、高度経済成長期以降、漸次消滅に向ったとされ、立法的静観論の依り立つべき現実の根拠も亦た失われつつある様にも見える。[34] 又、前近代日本の諸団体に対し自主立法権を認めぬ立場も法制史学界では有力である。[35] しかし、中田薫がその一部である所の、立法的静観論者に依る野党的活動の根強さ、しぶとさ、そして、現在に於ける排他的所有権への我が国民の執着（吉原二〇一七：一一〇〜一一八）を思えば、「土地と国民の具体的統一体としての国家観」としての立法的静観論が有する潜在的勢力は、その起源が仮に前近代には遡り得ぬにせよ、国民全体に向けて何らかの公正を提言する際には、しかるべく注意されるべきであろう。

＊　本研究はJSPS科学研究費補助金15K16912の助成を受けたものである。

註

（1）その典型は、平野義太郎『民法に於けるローマ思想とゲルマン思想』（一九二四）、石田文次郎『土地總有權史論』（一九二七）であり、後者はギールケを論じた単著も出版している（石田 一九二九、一九三五）。前者の「平野は、ギールケを中心としたゲルマン法学の思想を『民法におけるローマ思想とゲルマン思想』において論じ、日本民法の中で顕在化した問題をゲルマン法学の方法論によって解決しようと試みた。……〔そこで平野は〕ローマ法＝法曹法＝個人主義的＝非土俗的、ゲルマン法＝民衆法＝団体主義的＝土俗的、という対立図式を作り上げた。そして共同所有も、此の図式のもとで、個人主義的なローマ法の「共有」「法人単独所有」対、団体主義的なゲルマン法の「総有」「連有」という形で示されることになる」（岡田 一九九五：七八〜七九）。

（2）水津（二〇一六）は、今日の状況を主として民法学の立場から簡潔に纏めている。

（3）この点では石井紫郎に依る中田批判は、平野（［一九三三］ 一九六二）に代表される様な戦後マルクス主義者の法制史学批判を自覚的に継承している。猶、平野の法史学史研究に就いては、福島（［一九七八］ 一九九五：四一七〜四一八）を参照の事。

猶、古澤直人も中田を「三浦周行とは対照的に、ひたすらアカデミーの枠に立てこもることによって、法制史研究のなかに確固たる位置を占めることになるが、同時に歴史畑の日本史研究者にとっては容易に近付きがたい、いわば独立峰として孤立」した、と評価しており（古澤 一九九六：一三一）、中田の実践的性格を低く見る点で、石井紫郎と共通する。

（4）本文に挙げた外、「徳川時代に於ける人賣及人質契約」の同時代の雇用法制への関係は、それぞれ中田の明示する所である（［一九三二］一九四三：三六四）。『中央公論』に掲載された「デモクラシーと我歴史」（中田 一九一九b）のデモクラシー運動への、『法律新報』に掲載された「わが家族制度の沿革」（中田 一九四六）、「我太古に土地の村落共有制や家族共産制があったか」（中田 一九四七a）、「民法改正と家族制度」（中田 一九四七b）、並びに「日本に於ける村落自治制」（中田［一九四八］一九四九）の戦後改革への関係は、その内容及び掲載誌の性格より明らかである。

（5）末弘は、自治体の財政基盤の確立や住民の精神的統合の強化を目的とする入会廃止（部落有財産統合）に反対し、零細農民保護の為に入会を保全すべきであるとの論陣を張り（末弘 一九二一b：六七〇）、入会保全に役立つように民法を解釈した。即ち、民法は今も昔も入会の処理を原則として慣習に委ねているが（民二六三・二九四）、末弘は、入会の慣習を共有（持分権譲渡に因る外部者の容喙や、分割請求に因る入会集団解体の契機となる）とは全く異なったものとして法的に記述したのであった。此の際に、日本民法には共有以外の共同所有類型が規定されていなかったので、末弘によってドイツ法から輸入された概念が、「同有（連有・合有・総有）」である（末弘 一九二一a：四〇六〜四〇七、岡田 一九九五：七四〜七六）。

（6）以下の本文に現れる、実在的総合人、共同所有（共有・合有・総有）及び入会権に就いて、一般的な教科書の説明を以下に示す。

（一）共同所有の三類型――共有・合有・総有

一つの物を複数人が共同で所有することを共同所有と云う。共同所有は、共同所有者に対する団体的拘束の程度により、現在では、学説上、共有、合有、総有の三類型に分けられる。

「民法は、二四九条以下において、共同所有の原則形態を共有と呼び、その法律関係をおおよそ次のように構成している。共有者は、共有物に対して持分権と呼ばれる権利を有し、此の権利を通じて共有物全体に支配を及ぼすことができる。共有者は、持分権をいつでも処分することができ、これにより共有関係から自由に離脱することができる。また、共有物の分割を求めることができる。これにより、共同所有関係を解消して、単独所有を実現することができる。

共有者の持分権は共有物の全体に及ぶ権利だとしても、共有者各人が同じ権利を有するから、共有物の現実の管理・利用・処分については、相互に制約しあうことにならざるをえない。そこで、共有物の管理が共有者の持分の割合に応じた多数決によるものとされたり、共有物の処分は共有者全員の一致によらなければならないものとされたりしている。要するに各共有者は、共同所有関係にある間の権利行使については一定の団体的拘束に服するが、共同所有関係の解消またはそこからの離脱により団体的拘束を免れる自由を有する。民法の起草者は、共同所有では共同所有者が互いに権利を制約しあうことになるため物が効率的に利用・処分されない結果になりがちであり、社会経済上好ましくないと考えていた。そのために共同所有関係が容易に解消されるような規定が基本とされたのである」（佐久間 二〇一〇：一九〇）。

共有よりも、団体的拘束が強い共同所有として、講学上、合有が類型立てられている。合有とは、組合財産に典型的に見られるような、「共同所有者が持分権を有するが、その処分を制約され、財産分割の請求をできない共同所有形態」を云う（佐久間 二〇一〇：一九二）。

合有よりも、更に団体的拘束が強く、共同所有者に持分権が認められない様な共同所有を、総有と云い、特に入会の処理の際に用いられる。「山林原野など（入会財産）が、特定の所有者に属するわけではなく、長年にわたって一定の地域の住民によって共同で管理、利用されていることがある。このような場合を、入会という。入会の実態は、入会財産はある地域の住民の集団（入会団体）に属する財産であり、入会団体の定めに従って管理・処分されるというものである。

ところが、入会団体には〔通例では〕法人格がない。そこで、実態に適した法的処理をするために入会財産の所有関係は、次のように法律構成されている。すなわち、入会財産は、入会団体の構成員（入会権者）全員の共同所有に属する。しかし、ここでの共同所有者たる入会権者は持分権をもたない（最判昭和五七・七・一民集三六巻六号八九一頁）。したがって、入会権者による持分権の処分、共同所有関係からの離脱（たとえば、転居）による払戻請求、入会財産の分割請求もありえない。入会権者は、入会財産の管理処分に関する決定に入会団体の団体構成員として関与することができ、また、入会団体の定めに従って入会財産から利益を収めることができる」（佐久間 二〇一〇：一九三）。

（二）　実在的総合人

民法に於ける法人は、その構成員とは別個の法的人格を持ち、自然人と同様に権利を有し義務を負うが、厭く迄も観念《ideal》上の存在たるに止まる。

「ローマ法」に由来するとされた上記の法人概念に対し、「ゲルマン法」に特徴的な団体概念として実在的総合人（reale Gesamtperson）がある。実在的総合人は、法人格は持っているけれども、その法人格は実在する―real《知覚し得る》な―「その構成員の総体そのもの」であって、実在する構成員の集団の外に別の観念的人格が存在するわけではない、とされる。例えば或る村が実在的総合人であるならば、その「村の公課は同時に各村民の共同負擔であり、村の出入は同時に各村民の共同訴訟であり、村の持地は同時に各村民の共同利用地であり、村の債務は同時に各村民の共同債務である。換言すれば〔法人としての〕村の権利義務が、村と〔村の構成員である〕村民との間に、或關係に於て分屬する」様な組織を持つ（中田［一九二〇］一九三八a：九八五）。例えば、共同所有に於ける分属関係は、上記（一）で述べた総有である。そこでは、或る村が「ローマ法」的法人であったならば、「村が財産を所有する」とは、その財産が（構成員の外に観念された）法人としての村に専属するのに対し、或る村が実在的総合人であるならば、その財産は構成員全員に総有的に帰属する。その構成員は、「財産の共同所有者であるとはされるが、団体の定めに従って使用収益することを認められるだけで、財産に対する持分権を有しない。したがって、財産の分割請求や持分権の譲渡、脱退による持分権の払戻もありえない」（佐久間 二〇〇八：三七九）。

（三）　入会権

「入会権は、一定の地域の住民集団が山林原野などを共同で利用する慣習上の物権である。民法は、共有の性質を有する入会権と（二六三条）、共有の性質を有しない入会権を認めている（二九四条）。入会地を入会権者が共有（総有）する場合が前者、第三者……が所有し、入会権者はその用益権能のみを準共有（総有）する場合が後者にあたる……。……民法は、慣習によるほか、前者については共有の規定を適用し（二六三条）、後者については地役権の規定を準用するものとしている（二九四条……）。しかしながら、入会権について共有の規定が適用され、地役権の規定が準用される余地はほとんどなく、ほぼもっぱら慣習によって規律される。入会権は実質的に入会団体に帰属するというのが実態であるため、入会団体の構成員に権利が帰属することを前提とする民法の規定を適用すると、実態にそくした処理ができないからである。この実態にそくした処理を可能にするために総有という考え方がとられるようになった」（佐久間 二〇一〇：二四三）。

（7）彼等が入会闘争に籠めた種々の政治的意図は、「〈討論〉現代私法の思想(1)――入会権をめぐって」（渡辺ほか 一九七二）に於いて平易な言葉で表現されている。

（8）座談会「日本の法学」にも参加していた戒能の著書『入会の研究』（戒能［一九四四］一九五八）は、あげて中田入会理論への批判であった（戒能［一九五六］二〇〇八：八八七～八八八、上谷 一九八四：二〇九～二一三）。批判の内容は、上谷（一九八四：二〇九～二一三）が纏めている。

（9）他方で、「「考証派」国学者」横山由清（藤田 二〇〇七）の「田制」「田制私考」（横山 一九二六）は、明治初年の左院及び元老院に於ける立法の参考資料たるべくものされた為か、得失の論評に謙抑的である。又、この横山の考証の結果（横山編 一八八三）に依った『日本社會事彙』下巻（経済雑誌社編 一八九一）の項目「デムセイ（田制）」「ハムデム（班田）」も、得失を論評しない。

（10）「社會政策と云ふ語は……放任主義竝に社會主義とは異なり、「現在の私有的經濟組織を維持し、其範圍内に於て個人の活動と國家の權力とに依て階級の軋轢を防ぎ、社會の調和を期する」主義を意味す」（内田［一九一六］一九二一b：五五五）。

（11）西洋史学派及び近代日本法制史学の成立は、近代国学（「考証派」国学）からの影響（藤田 二〇〇七、二〇一二）、文明史と史論史学とからの影響、並びに逍遥以降の文学理論の影響を考慮せずには本来語り得ないが、紙幅の都合に由り、別稿を期して記述を略する。

(12) 明治から現代に至る、土地所有・割地慣行に纏わる思想史・研究史に就いては、奥田晴樹『地租改正と割地慣行』第一編（二〇一二）に概説されている。

(13) 沖縄の地割制度に関する現在に至る研究史は、西里（一九八一）、田里（二〇一三）を参照されたい。

(14) 自生的秩序とは、「人間が自覚的、目的的に作り出したものではないのに、結果的に高度に（生物の各器官がそうであるのと同じ意味で）「合目的的」であり今や人間の社会生活に不可欠ともいえる制度」の総称である。それ等の制度は、「人間から独立しているという意味での「自然」に属する現象でないにもかかわらず、人間の意図または企図によるという意味での「人為」でもない、……「自然」と「人為」の中間に、どちらにも属さない第三のカテゴリーに属するものとして独立に把握される」（嶋津 一九八五：一〇）。

(15) 例えば、五・一五事件の決起将校に影響したとされるアマチュア歴史家兼政論家の権藤成卿（河野 二〇一七）も、班田収授は、「濱官富豪が私有兼併」を排せんが為に、「農民本來の成俗」に基づき立てられ、「自治集團の熟談協議」を以て実施され、「今でも三宅島其他處々に共遺習が殘つて居る」等と、社会的自治慣行としての土地公有の伝統に就いて言及している（権藤 一九三二：六九〜七〇）。

(16) 土地割替慣行の「起源を共同開墾に求め、共同開墾によつてのみ土地共有制が存しうるのであつて、私有關係の共有化を極めて困難のものとする」論調と平仄を合わせる如く、中田は、「割地制は、全く私法上の合意にして公法上の制度に非ず」（中田［一九〇四］一九三八ａ：六三二）と、土地割替の「共有的色彩、村民の自治性」を「強調」してもいた（古島 一九四一：六四八）。

(17) 中田と西洋史学派との接触を証す直接の証拠は見付かっていない。但し、間接の証拠となり得る記述は、「吉野作造日記」大正一三年一一月一九日条（吉野 一九九六：三八六）に在る。そこでは中田は吉野との会話中（ふたりは当時、東京帝大法学部の同僚であった。在欧以来の彼等の交流に就いては、七戸 二〇一七：七五八〜七六二に詳しい。東大総長・古在由直に依る吉野作造の学生思想問題担当顧問への任命〔大正一〇年〕も中田の発案に依っていた（中田［一九三八b］一九八三：四一一〜四一二、今野 二〇一八：二九五））、桐生政次・豊田多賀雄が翻訳したマキャヴェッリ君主論に就いて触れ、それを吉野は早速購入している。西欧語を能くした両者にはマキャヴェッリを邦訳に頼る必要は無かったであろうし、邦訳を参照するにせよ二〇年以上前の旧訳に当たる必要は無かったろう（後掲の表〔明治大正期のマキャヴェッリ邦訳書〕）。しかし、兎にも角にも中田が桐生・豊田訳の君主論という、西洋史学派に近い関心よりなされたマキャヴェッリの、しかも二昔も前の邦訳書に通じていた事は記憶に留められて良い。

猶、桐生悠々（政次）は中田の大学に於ける同門であり（一九〇〇〔明治三三〕年、帝国大学法学部政治学科卒）、吉野は彼等の後輩であると共に、一九一八（大正七）年には、傑族主義に依る桐生から、その民本主義を批判される、と云う間柄であった（太田編 一九八〇：一六三、井手 一九八〇：一二八〜一二九）。

さて、中田の「日本庄園の系統」では、春秋戦国時代の土地政策の得失を語る文脈に於いてマキャヴェッリが現れる（「春秋戰國時代はマキアベリー時代の伊太利と云ふべきなり」〔中田［一九〇六a］一九三八a：二一一〕）。無論、当時の中田がマキャヴェッリに関する智識を何処に拠ったかは判らない。但し、明治三〇年代にあって、マキャヴェッリは——時には戦国策などの中国古典と併せて——、外交に於ける現実主義と内政に於ける社会政策との併用を主張する、同時代日本に指針を与える教師と目されていた（例えば、山路［一八九七］一九八三）。同様の理解は西洋史学派にも顕著である。これらの状況証拠、及び、中国古典とマキァヴェッリとを富国強兵の参考書として併論する事を以て、学生・院生時代の中田が西洋史学派と同様の問題関心からマキャヴェッリを読み、その読書の記憶が大正一三年の吉野との会話に顕れたのではないか、と私は推測する。

表〔明治大正期のマキャヴェッリ邦訳書〕

一八八六（明治一九）年　尼果羅・瑪基亜威里（永井修平訳・井上毅閲）『君論』博聞社
一八八六（明治一九）年　マキヤウェリー（杉本清胤訳）『經國策』集成社
一九〇二（明治三五）年　桐生政次・豊田多賀雄訳纂・高橋作衛校閲『マキャヴェリー經世策』普及舎
一九〇六（明治三九）年　マキャヴエリ（林董訳）『羅馬史論』博文館

一九一八（大正七）年　マキヤヴェルリ（吉田弥邦・松宮春一郎訳）『君主經國策』興亡史論刊行会
一九一九（大正八）年　ニコロ・マキャヴェルリ（廣田直三郎訳）『兵法論』興亡史論刊行会
一九二一（大正一〇）年　ニッコロ・マキャベリ（黒田正利訳）『君主論』岩波書店

(18) ①「カウチルヤの『政治論』」に於いて、「マキアヴヱリーに比せられ」る、古代インドの現実主義者カウチルヤの挙げた国家構成七要素のうち、「最後の盟友に至ては今日の國際關係に於ても猶依然國家生存の一要素たることを失はない、世界大戦前に於ける獨墺伊三國同盟露佛同盟日英同盟、大戦後に於ける佛中心の小國協商墺伊の提携佛露の接近日滿攻守同盟、其他曰く不可侵條約曰く相互援助條約、否國際連盟すらも、何れも名義は世界平和或は歐洲平和或は東洋平和の爲めと稱すと雖も、その實は自國の生存に必要缺く可からざる盟友の種々相に外ならない」との同時代認識を示している（中田［一九三四］一九四三：一五七二、一五四七～一五四八、傍点は論者に依る）。②「『支那律令法系の發達について』補考」に於いて、中田は、「儒道法術いずれを用ゆべきかは、結局世の治亂國の盛衰如何にかかる」との機会主義的現実主義信条を披瀝するのみならず、覇道の法家達に対する共感を隠さない。中田に依れば、韓非子は「極端な反道徳主義冷酷な嚴罰主義」を主張した廉で批難されるが、実は「深かく世相を洞察し、人性を現實の中に捕え」得て、「現實政治の最良の途」を実践したに過ぎず、「衆を救い民を利する」為には「一身の危險を冒すも敢て辭」さない、「眞に國を憂い民を愛する忠誠の士であった」し、凡そ「時勢の變化を知る現實政治の局に當る政治家は常に道化〔か〕を棄てて政治の權道を取らざるを得なかつたのである。之は「風俗之流弊」ではない。隨時濟世の唯一最善の道であった」（中田［一九五二］一九六四：一四八、一五四）。

(19) 猶、中田の理解では、庄園制の成立には、日本政府の不適切な施策も与っていた。すなわち、唐が国家分裂を見越して庄園領主に不輸権を認めなかったのに反し、日本政府は庄園領主に不輸権を与えた為、それ迄は「純粋なる經濟上の制度」（私有地）に過ぎなかった庄園を、国家権力の及び得ない国家内国家にしてしまったのであった（中田［一九〇六b］一九三八a：三三）。

(20) 夙に古澤直人が注目した様に、朝廷から征討権・支配権を委任され、軍事大権、所領知行権、家士進止権を掌握した、元暦年間の源頼朝を（中田講述 一九八三：一一四）、「頼朝は其名義は一朝官に外過ぎずと雖、其実は天皇と相対したる第二の主権者」（中田［一九〇七］一九三八a：八八一）と言う中田には、確かに「事実的支配に即して歴史を考えるという……発想」が在った（古澤 一九九六：一三二）。本文に記した所の、中田に依る庄園制への高評も同根である。

(21) 信条（イ）の存在に就いては、井ヶ田（一九八一a、一九八一b）や永原（［一九七五］二〇〇八）が、《国家権力（公法）に対する私法の独立・擁護》と云う視点から既に指摘していた。

(22) 自由法学はドイツでも流行っていたにも拘らず（牧野 一九五三：六九）、中田がフランスの自由法学を主題とした理由は、論文「佛蘭西に於ける自由法説」の原形である、法理研究会例会（一九一二［大正元］年一〇月二四日）に於ける報告（中田 一九一二）の前月に三潴信三が「獨逸に於ける自由法學の概觀」（三潴 一九一二）をしていたからに過ぎず、選択には特に意味はあるまい。猶、フランスに於ける自由法説とその日本への移入に就いては、大村（二〇〇九）を参照の事。

(23) 中田が班田収授制下に円満なる所有権概念の存在を主張するに至った、ヨリ詳細な過程に就いては、村山（一九七八：五四～五九）を参照の事。

(24) 加えて中田は、遅くとも大正一一年以降の講義以降、大化前代に於ける土地私有権の発達をも主張するようになった。これと律令制下に於ける土地私有権の承認とから、中田は、班田類似慣行大化前代存在説を初めとする古代日本土地共有説を否定するに至った（中田講述 一九八三：一一七～一一八）。大化前代に於ける土地公有主義不在への中田の確信は、その後、東洋法制史家・仁井田陞が中田の指導の下に執筆した、「古代支那・日本の土地私有制」（仁井田［一九二九］一九八〇）の挙げる多くの「太古ニ私地ガ發達シタ證據」に依って一層強められた（中田講述 一九三七ヵ：三五～三七）。

(25) 中田の近世土地私有権肯定論は学界に強く影響したが、論の嚆矢ではなかった。「封建的土地保有制度」と「民法的土地保有制度」との区別（領知と所持との区別）を、宮岡恒次郎「吾國土地保有制度の沿革に就て」（一九〇三）が夙に提示していたからである。これ等の近世土地所有権についての戦前の論争に就ては、小倉（一九五一）を参照の事。

(26) 尤も、中田に依れば、古代中世に於ける庄園も既にして庄園所有者と作人とから成る団体ではあった。すなわち、所有者と作人とは「單ニ經濟的〔関、以下同〕干係ニ止マラズ、法律上、保護ト服從トノ干係ヲ伴フ。卽チ庄民ハ自由ニソノ土地ヲ離ル、コトヲ得ズ。又庄民ノ不法行爲ニ付テハ地主ガ代リテ其ノ責ニ任ズ。反對ニ庄民ニ加ヘラレタル不法行爲ニ付テハ地主ガ代リテ之ヲ起訴ストイフ風ニナレリ。簡單ニ云ヘバ地主ト庄民トハ法律上一ノ團體卽チ庄園團體ヲ組織」する（中田講述　一九二七：四六）。

(27) 総有に於ける「『不□〔卽〕不離」ノ關係』（中田講述　一九二七：二〇八）、村落内部の「二にして一、一にして二と云ふ不卽不離の不可分的關係」（中田［一九四八］一九四九：一五）、等と用いられる。

(28) 五箇条の御誓文を政治的デモクラシーの国是を確定した文書と見做す中田の歴史解釈は、後に尾佐竹猛等、オールドリベラル公認の憲法史叙述に継承された（榎本　二〇一五：四～八）。

(29) これに先立ち、「養老戸令應分條ノ由來」を中田は刊行しているので、その家族法への関心は初期に遡ると知られる。しかし、同論文の眼目は、唐令を継受するに当り、「或ハ日本固有ノ慣習ノ爲メニ或ハ立法者ノ短識ニ基ク誤謬ノ爲メニ前後縫綴ノ織工ヲ經タルコト」（中田　一九〇三：六一）の指摘に在って、同時期の「日本庄園の系統」「王朝時代の……」と同様に（律令）政府批判の色は濃いけれども、「固有ノ慣習」たる家族制度の内容には、後年の改稿版「養老戸令應分條の研究」（中田［一九二六b］一九四三）の様には踏込んでいなかった。

(30) 家長と家属との関係の語により、律令制下では戸主と妻又は子孫以外の家属即ち弟姪との、中世では家督乃至家長（惣領又は嫡子）と弟姪との、近世では当主と厄介（妻又は子孫以外の家属）と呼ばれた関係を総称する。

(31) この主張は、中田（一九〇三）以来堅持された。中田は言う、「此家父専有制は事毎に唐制の移植と模倣とにこれ努めた當時の我急進的立法者と雖も、これに對しては一指をだに觸れることが出來なかつたほど、それほど根強い傳統と支配とを我が國民の間に有つてゐた」、と（中田　一九四七a：二）。

(32) 牧野、中田並びに我妻を含む、民法改正時の諸見解の対立は、来栖（［一九四九］二〇〇四：二八〇以下）が簡要を得ている。

(33) 斯かる主張を補強する為に、中田は、良き国家の基盤としての家庭倫理の尊重を説くポルタリスの民法典序論を引用したりもした（中田 一九四六：一三）。

(34) 高度成長期以降に於ける伝統日本社会の消滅は、実地調査を行う民俗学者が最も良く知る所であろう。尤も、現在に於いても、例えば家一つ取り上げても、墓参や法事などの世代を超えて継承される諸規範は妥当しているのみならず、「養子慣行が変容するなかで、血縁に対する意識はむしろ近現代で強まっているとも言える」（米村 二〇一四：二〇五〜二〇九）。

(35) これは、齋藤誠が関一『都市政策の理論と實際』（一九三六年）を引用しながら明らかにした所であり（齋藤 一九九〇：一〇〇〜一〇三）、又、石井紫郎の一連の著作に通底する主張でもある（端的には、石井 一九七六b、石井・司馬［一九七六］一九八〇、増田ほか 一九八二）。

史料　名前の下の［　］内は初出年を表す。

石田文次郎　一九二七『土地總有權史論』岩波書店

石田文次郎　一九二九『ギールケの團體法論』ロゴス書院

石田文次郎　一九三五『オットー・ギールケ』三省堂

内田銀蔵　［一八九八a］一九二一a「經濟史の性質及び範圍に就きて」

内田銀蔵　［一八九八b］一九二一a「我国中古の班田収授法及近時まで本邦中所々に存在せし田地定期割替の慣行に就きて」（未発表。改題して「我国中古の班田収授法」）

内田銀蔵　［一八九八c］一九二一b「沖縄縣の土地制度」

内田銀蔵　［一九〇〇］一九二一b「日本古代の村落制に就きて」

内田銀蔵　［一九一〇］一九二一b「佛教の經濟思想」

内田銀蔵　［一九一四］一九二一b「古代支那に於ける社會問題」

内田銀蔵　［一九一六］一九二一ｂ「中等階級政策に就きて」
内田銀蔵　一九二一ａ『日本經濟史の研究　上巻』同文館
内田銀蔵　一九二一ｂ『日本經濟史の研究　下巻』同文館
太田雅夫編　一九八〇『桐生悠々自伝――思い出るまま・他〔新装版〕』現代ジャーナリズム出版会
戒能通孝［一九四三］一九五八「所有と所持」
戒能通孝［一九四四］一九五八『入会の研究』一粒社
戒能通孝［一九五六］二〇〇八「私の法律学の歩み」同『法律時評　一九五一――一九七三』大学図書
戒能通孝（戒能通厚編）一九六八「私の法律学――文献解題をかねて」『日本の裁判――戒能通孝博士還暦記念論文集』日本評論社
金井昂　一九三〇「徳川時代に於ける土地所有權について」『社會科學』第六巻第一号
経済雑誌社編　一八九一『日本社會事彙　下巻』経済雑誌社
権藤成卿　一九三二『君民共治論』文藝春秋社
末弘厳太郎　一九二一ａ『物權法　上巻』有斐閣
末弘厳太郎　一九二一ｂ『物權法　下巻』有斐閣
中田薫　一九〇三「養老戸令應分條ノ由來」『法學協會雜誌』第二一巻第一号
中田薫［一九〇四］一九三八ａ「越後國割地制度」
中田薫［一九〇六ａ］一九三八ａ「日本庄園の系統」
中田薫［一九〇六ｂ］一九三八ａ「王朝時代の庄園に關する研究」
中田薫［一九〇七］一九三八ａ「鎌倉時代の地頭職は官職に非ず」
中田薫　一九一二「佛國に於ける自由法説に付て」『國家學會雜誌』第二六巻第一一号
中田薫［一九一三］一九六四「佛蘭西に於ける自由法説」
中田薫［一九一四］一九八四『徳川時代の文学に見えたる私法』岩波書店

中田薫［一九一八］一九二六a「中世の家督相續法」
中田薫［一九一九a］一九三八a「德川時代に於ける土地私有權」
中田薫　一九一九b「デモクラシーと我歷史」『中央公論』第三四巻第五号（通号三六九）
中田薫［一九二〇］一九三八a「德川時代に於ける村の人格」
中田薫［一九二五］一九二六a「養老令戸令應分條の研究」
中田薫　一九二六a『法制史論集　第一巻――親族法 相續法』岩波書店
中田薫［一九二六b］一九四三「唐宋時代の家族共產制」
中田薫［一九二七］一九三八a「明治初年に於ける村の人格」
中田薫［一九二八］一九三八a「律令時代の土地私有權」
中田薫［一九三一］一九三八a「德川時代の不動產擔保法續考」
中田薫［一九三二］一九四三「德川時代の人賣及人質契約」
中田薫［一九三三］一九四三「祖名相續再考」
中田薫［一九三四］一九四三「カウチルヤの『政治論』」
中田薫　一九三八a『法制史論集　第二巻――物權法』岩波書店
中田薫［一九三八b］一九八三「古在氏の想出」
中田薫［一九三九］一九四三「德川時代の所持及び寺領に就て」
中田薫　一九四三『法制史論集　第三巻――債權法及雜著』岩波書店
中田薫　一九四六「わが家族制度の沿革」『法律新報』第七二二号（一二月）
中田薫　一九四七a「我太古に土地の村落共有制や家族共產制があつたか」『法律新報』第七三七号（八月）
中田薫　一九四七b「民法改正と家族制度」『法律新報』第七四一号（一二月）
中田薫［一九四八］一九四九「日本に於ける村落自治制」同『村及び入會の研究』岩波書店
中田薫　一九四九『村及び入會の研究』岩波書店

中田薫　［一九五一］一九六四「古法雑觀」
中田薫　［一九五二］一九六四「『支那律令法系の發達について』補考」
中田薫　一九六四『法制史論集　第四巻──補遺』岩波書店
中田薫講述　一九二七『西洋法制史──昭和二年度東京帝國大學講義』石川米太郎
中田薫講述　一九二八『西洋法制史（獨逸）完──昭和三年度東大講義』文信社
中田薫講述　一九三七ヵ『日本私法法制史（全）〔昭和十一年度東京帝國大學法學部最終講義〕』帝大プリント聯盟
中田薫講述（石井良助校訂）一九八三『日本法制史講義』創文社（大正一一年度日本公法史・私法史講義筆録）
仁井田陞　［一九二九］一九八〇「古代支那・日本の土地私有制」同『中国法制史研究　土地法取引法〔補訂版〕』東京大学出版会（改題して「中国・古代日本の土地私有制」）
日本評論社編　一九五〇『日本の法学』日本評論社
平野義太郎　一九二四『民法に於けるローマ思想とゲルマン思想』有斐閣
平野義太郎　［一九三三］一九六二「観念論法学の批判──史観と法律史の方法」同『法の変革の理論』法律文化社
牧野英一　［一九二四］一九二六「生存權」同『生の法律と理の法律』有斐閣
牧野英一　［一九四七］一九四九「民法の改正と家族主義」同『新憲法と新法律』良書普及会
牧野英一　一九五三「留学時代の憶い出」同『法律學を志す人々へ』有斐閣
牧野信之助　［一九一二］一九二八「越後國地割制度の起源を論ず」同『武家時代社會の研究』刀江書院
三潴信三　一九一二「獨逸に於ける自由法學の概觀」『國家學會雜誌』第二六巻第一一号
宮岡恒次郎　一九〇三「吾國土地保有制度の沿革に就て」『法學協會雜誌』第二一巻第一二号（一二月）
山路愛山　［一八九七］一九八三「戦国策とマキヤベリを読む」岡利郎編『山路愛山集㈠〔民友社思想文学叢書　第二巻〕』三一書房
吉野作造　一九九六「吉野作造日記」『吉野作造選集　第一四巻〔日記二（大正四─一四）〕』岩波書店
横井時冬　一八八八『大日本不動産法沿革史』九春堂

横山由清　一九二六『日本田制史』大岡山書店
横山由清ほか編　一八八三『旧典類纂　田制篇』有隣堂
我妻栄　一九五一『新しい家の倫理〔訂正版〕』学風書院

参考文献

井ヶ田良治編　一九七四「中田薫」潮見俊隆・利谷信義編著『日本の法学者』日本評論社
井ヶ田良治　一九八一a「法制史上の「家」――中田薫学説の成立」同志社大学人文科学研究所編『共同研究日本の家〔同志社大学人文科学研究所研究叢書一五〕』国書刊行会
井ヶ田良治　一九八一b「日本法制史学の「現在」性――中田薫の「土地私有権史」論を中心に」矢崎光圀・八木鉄男編『近代法思想の展開』有斐閣
石井紫郎　一九七一「法の歴史的認識について――歴史と近代主義」『ジュリスト』増刊「理論法学の課題――法哲学・法社会学・法史学〔基礎法学シリーズⅢ〕」有斐閣
石井紫郎　一九七六a「中田薫」永原慶二・鹿野政直編『日本の歴史家』日本評論社
石井紫郎　一九七六b「日本法制史の立場から」日本土地法学会編『近代的土地所有権・入浜権〔土地問題双書六〕』有斐閣
石井紫郎・司馬遼太郎〔一九七六〕一九八〇「所有の思想」司馬遼太郎対談集『土地と日本人』中央公論社
井出孫六　一九八〇『抵抗の新聞人――桐生悠々』岩波書店
榎本浩章　二〇一五「「公議輿論」と幕末維新の政治変革」博士論文
大村敦志　二〇〇九『二〇世紀フランス民法学から――学術としての民法Ⅰ』東京大学出版会
岡田康夫　一九九五「ドイツと日本における共同所有論史」『早稲田法学会誌』第四五巻
奥田晴樹　二〇一二『地租改正と割地慣行』岩田書院
小倉武一　一九五一「徳川期の封建的土地所有制に關する論争」同『土地立法の史的考察』農業評論社

小山博也　一九五八　「条約改正（法体制確立期）」鵜飼信成ほか編『講座　日本近代法発達史　第二巻』勁草書房
上谷均　一九八四　「共同体的所有の法的構成に関する一試論（一）」『民商法雑誌』第九〇巻第二号
苅部直　二〇一六　「〈解説〉「憲政の本義」の百年」吉野作造『憲政の本義――吉野作造デモクラシー論集』中央公論新社
来栖三郎　［一九四九］二〇〇四　「学界展望・民法」『来栖三郎著作集Ⅰ――法律家・法の解釈・財産法』信山社
河野有理　二〇一七　「「社稷」の日本史――権藤成卿と〈偽史〉の政治学」同『偽史の政治学――新日本政治思想史』白水社
古島敏雄　一九四一　「割地制度に關する文獻」『農業經濟研究』第一六巻第四号
今野元　二〇一八　『吉野作造と上杉愼吉――日独戦争から大正デモクラシーへ』名古屋大学出版会
齋藤誠　一九九〇　「条例制定権の歴史的構造（三）――「アウトノミー」と「自主法」」『自治研究』第六六巻第六号
齋藤誠　一九九四　「条例」『法学教室』第一六五号
佐久間毅　二〇〇八　『民法の基礎　総論』有斐閣
佐久間毅　二〇一〇　『民法の基礎　二　物権〔初版補訂版〕』有斐閣
七戸克彦　二〇一七　「九州帝国大学法文学部と吉野作造（一）――九州帝国大学法文学部内訌事件の調停者」『法政研究』第八三巻第四号
芝池義一　一九九四　「団体自治と住民自治」『法学教室』第一六五号
嶋津格　一九八五　『自生的秩序――F・A・ハイエクの法理論とその基礎』木鐸社
水津太郎　二〇一六　「憲法上の財産権保障と民法」宍戸常寿・曽我部真裕・山本龍彦編著『憲法学のゆくえ――諸法との対話で切り拓く新たな地平』日本評論社
高島千代　二〇一四　「減租請願運動と自由党・激化事件」高島千代・田﨑公司編著『自由民権〈激化〉の時代――運動・地域・語り』日本経済評論社

田里修　二〇一三「地割についての諸問題」田里修・森謙二編『沖縄近代法の形成と展開』榕樹書林
永原慶二［一九七五］二〇〇八「歴史意識と歴史の視点」『永原慶二著作選集　第九巻　歴史学叙説・二〇世紀日本の歴史学』吉川弘文館
西里喜行　一九八一「沖縄県近現代史研究の現状と課題」同『論集・沖縄近代史――沖縄差別とは何か』沖縄時事出版
福島正夫［一九七八］一九九五「平野義太郎先生と法律学」『福島正夫著作集　第八巻　法と歴史と社会とⅡ』勁草書房
藤田大誠　二〇〇七『近代国学の研究〔久伊豆神社小教院叢書五〕』弘文堂
藤田大誠　二〇一二「近代国学と日本法制史」『國學院大學紀要』第五〇巻
古澤直人　一九九六「日本近代法史学史における「中世」」『法制史研究』第四六号
増田四郎ほか　一九八二「国家の諸相〈シンポジウム〉」『思想』第七〇〇号
松田宏一郎　二〇一六「大正・昭和初期における「国家」と「団体」の理論構成」同『擬制の論理　自由の不安――近代日本政治思想論』慶應義塾大学出版会
真辺美佐　二〇一五「初期議会期における板垣退助の政党論と政党指導」『日本史研究』第六三七号
村山光一　一九七八『研究史　班田収授』吉川弘文館
山口道弘　二〇一六「南北朝正閏論争と神皇正統記」『藝林』第六五巻第一号
吉原祥子　二〇一七『人口減少時代の土地問題――「所有者不明化」と相続、空き家、制度のゆくえ』中央公論新社
米村千代　二〇一四『「家」を読む』弘文堂
和田幹彦　二〇一〇『家制度の廃止――占領期の憲法・民法・戸籍法改正過程』信山社
渡辺洋三ほか　一九七二「〈討論〉現代私法の思想(1)――入会権をめぐって」渡辺洋三・利谷信義編『現代日本の法思想――福島正夫先生還暦記念』日本評論社

〈主要業績〉
『町村「自治」と明治国家――地方行財政の歴史的意義』（山川出版社、2018年）
「企業の移動と地域社会・地方行財政――大正期における金町製瓦の事例から」（『愛知県立大学大学院国際文化研究科論集』第20号（日本文化編第10号）、2019年）

藤野 裕子（ふじの ゆうこ）　［第8章執筆］
東京女子大学現代教養学部准教授
1976年生まれ。早稲田大学大学院文学研究科博士後期課程単位取得退学、博士（文学）
〈主要業績〉
『都市と暴動の民衆史――東京・1905-1923年』（有志舎、2015年）
「表象をつなぐ想像力――ルポルタージュ読解試論」（『歴史学研究』第913号、2013年）

尾原 宏之（おはら ひろゆき）　［第9章執筆］
甲南大学法学部准教授
1973年生まれ。東京都立大学大学院社会科学研究科政治学専攻博士課程単位取得退学、博士（政治学）
〈主要業績〉
『軍事と公論――明治元老院の政治思想』（慶應義塾大学出版会、2013年）
『娯楽番組を創った男――丸山鐵雄と〈サラリーマン表現者〉の誕生』（白水社、2016年）

冨江 直子（とみえ なおこ）　［第10章執筆］
茨城大学人文社会科学部准教授
1973年生まれ。東京大学大学院人文社会系研究科博士課程修了、博士（社会学）
〈主要業績〉
『救貧のなかの日本近代――生存の義務』（ミネルヴァ書房、2007年）
「福祉権保障と国家――闇市から福祉国家へ」（尾形健編『福祉権保障の現代的展開――生存権論のフロンティアへ』日本評論社、2018年）

〈主要業績〉
「共有林経営の展開と拡大造林——長野県飯田市山本区の事例（1950-1980年）」（『歴史と経済』第232号、2016年）
「近代日本の国有林野制度の定着過程と地域社会——福島県東白川郡鮫川村の事例」（松沢裕作編『森林と権力の比較史』勉誠出版、2019年）

若月 剛史（わかつき つよし）　［第3章執筆］
関西大学法学部准教授
1977年生まれ。東京大学大学院人文社会系研究科博士課程修了、博士（文学）
〈主要業績〉
『戦前日本の政党内閣と官僚制』（東京大学出版会、2014年）
「昭和戦前期における技術官僚の土木工学振興論」（『科学史研究』第277号、2016年）

佐々木 雄一（ささき ゆういち）　［第4章執筆］
首都大学東京法学部助教
1987年生まれ。東京大学大学院法学政治学研究科博士課程修了、博士（法学）
〈主要業績〉
『帝国日本の外交1894-1922——なぜ版図は拡大したのか』（東京大学出版会、2017年）
『陸奥宗光』（中央公論新社、2018年）

池田 真歩（いけだ まほ）　［第6章執筆］
日本学術振興会特別研究員
1987年生まれ。東京大学大学院人文社会系研究科博士課程修了、博士（文学）
〈主要業績〉
「明治中期東京市政の重層性——星亨と区議－有力公民層の対抗関係を通じて」（『史学雑誌』第121編7号、2012年）
「地方と国家の間の首都計画——市区改正取調の開始と東京府庁」（『史学雑誌』第126編3号、2017年）

中西 啓太（なかにし けいた）　［第7章執筆］
愛知県立大学日本文化学部准教授
1987年生まれ。東京大学大学院人文社会系研究科博士課程修了、博士（文学）

編者・執筆者紹介

佐藤 健太郎（さとう けんたろう）　［編者　第5章執筆］
千葉大学大学院社会科学研究院准教授
1976年生まれ。東京大学大学院法学政治学研究科博士課程修了、博士（法学）
〈主要業績〉
『「平等」理念と政治——大正・昭和戦前期の税制改正と地域主義』（吉田書店、2014年）
「大正期の東北振興運動——東北振興会と『東北日本』主幹浅野源吾」（『国家学会雑誌』第118巻第3・4号、2005年）

荻山 正浩（おぎやま まさひろ）　［編者　第2章執筆］
千葉大学大学院社会科学研究院教授
1969年生まれ。東京大学大学院経済学研究科博士課程修了、博士（経済学）
〈主要業績〉
「農業生産の発展と労働供給—— 20世紀初頭大阪府泉南地方における織物業の生産動向との関連を中心に」（『社会経済史学』第77巻第4号、2012年）
「後発の利益と農業生産の発展——戦前日本における府県別農業生産力の変化と農家の家計所得（1891 ～ 1929年）」（『千葉大学経済研究』第30巻第3号、2015年）

山口 道弘（やまぐち みちひろ）　［編者　序、第11章執筆］
千葉大学大学院社会科学研究院准教授
1979年生まれ。東京大学大学院法学政治学研究科博士課程修了、博士（法学）
〈主要業績〉
「南北朝正閏論争と神皇正統記——漢文脈から文明史へ」（『藝林』第65巻第1号、2016年）
「制度としての傍輩——『吾妻鏡』頼朝挙兵記事に於ける佐々木氏伝承を中心に」（『千葉大学法学論集』第31巻第3・4号、2017年）

青木 健（あおき たけし）　［第1章執筆］
慶應義塾大学経済学部非常勤講師
1983年生まれ。慶應義塾大学経済学研究科後期博士課程修了、博士（経済学）

公正から問う近代日本史

2019年3月25日　初版第1刷発行

編著者　佐藤健太郎
荻山正浩
山口道弘

発行者　吉田真也

発行所　合同会社 吉田書店

102-0072　東京都千代田区飯田橋2-9-6 東西館ビル本館32
TEL：03-6272-9172　FAX：03-6272-9173
http://www.yoshidapublishing.com/

装幀　野田和浩　　印刷・製本　シナノ書籍印刷株式会社
DTP　閏月社

定価はカバーに表示してあります。

ISBN978-4-905497-74-5